国家社科基金后期资助项目
出版说明

后期资助项目是国家社科基金设立的一类重要项目，旨在鼓励广大社科研究者潜心治学，支持基础研究多出优秀成果。它是经过严格评审，从接近完成的科研成果中遴选立项的。为扩大后期资助项目的影响，更好地推动学术发展，促进成果转化，全国哲学社会科学工作办公室按照“统一设计、统一标识、统一版式、形成系列”的总体要求，组织出版国家社科基金后期资助项目成果。

全国哲学社会科学工作办公室

国家社科基金
GUOJIA SHEKE JIJIN HOUQI ZIZHU XIANGMU
后期资助项目

犯罪论争议问题研究

Research on Controversial Issues of Criminal Theory

贾济东 著

法律出版社
LAW PRESS·CHINA
——北 京——

图书在版编目(CIP)数据

犯罪论争议问题研究 / 贾济东著. -- 北京 : 法律出版社, 2021
ISBN 978-7-5197-5894-3

Ⅰ. ①犯… Ⅱ. ①贾… Ⅲ. ①犯罪学-研究 Ⅳ. ①D917

中国版本图书馆CIP数据核字(2021)第173537号

犯罪论争议问题研究
FANZUILUN ZHENGYI WENTI YANJIU

贾济东 著

责任编辑 韩满春
装帧设计 李 瞻

出版发行 法律出版社
编辑统筹 学术·对外出版分社
责任校对 杨锦华 王沁陶
责任印制 陶 松
经 销 新华书店

开本 710毫米×1000毫米 1/16
印张 18.75 字数 316千
版本 2021年8月第1版
印次 2021年8月第1次印刷
印刷 北京虎彩文化传播有限公司

地址:北京市丰台区莲花池西里7号(100073)
网址:www.lawpress.com.cn
投稿邮箱:info@lawpress.com.cn
举报盗版邮箱:jbwq@lawpress.com.cn
销售电话:010-83938349
客服电话:010-83938350
咨询电话:010-63939796

书号:ISBN 978-7-5197-5894-3
定价:78.00元
凡购买本社图书,如有印装错误,我社负责退换。电话:010-83938349

基金项目
国家社会科学基金后期资助项目，项目批准号：16FFX012

目　　录 Contents

第一编　导　　论

第二编 客观要件

第二编(上) 客观构成要件

第二编(下)　排除客观违法的事由

第三编　主观要件

第三编(上)　主观构成要件

第三编(下)　排除主观责任的事由

第四编 修正形态

第一编　导　　论

第一章　犯罪论争议问题序说

从注释刑法学提升到教义刑法学是我国刑法学四十多年来发展的主要成果。[①] 犯罪论是刑法教义学的核心，备受学界关注，历来是学者研究的重点。可以说，犯罪论的每一个问题都是历久弥新的讨论话题，每一个主题都汇聚了不同的学术观点和经典判例，而每一个问题又都一直处于发展变化之中，值得持续深入研究。这也是本书以犯罪论争议问题为研究对象的缘起。

“犯罪构成与犯罪概念一样，是犯罪论体系乃至整个刑法学体系的灵魂和基石，是其他犯罪论理论得以展开的核心和基础。”[②]因而，本书以犯罪的实质为主线，以犯罪论体系（或称犯罪构成理论体系）为总纲，从犯罪构成的两大要件即客观要件（包括客观构成要件和排除客观违法的事由）和主观要件（包括主观构成要件和排除主观责任的事由）以及犯罪的修正形态三个维度展开，选取若干争议问题，从理论、规范和适用的角度进行研讨。正如有学者所言，“关注中国实定法与德日实定法的差异，是开展中国刑法教义学的起点，同时也向中国刑法教义学提出了更高的要求”[③]，本书在参酌域外经验的基础上，努力提出适合中国国情的、具有中国特色的理论观点和制度安排，为司法实践提供合理的解决方案。

一、本书的研究主线

本书以犯罪的实质为研究主线，而犯罪的实质则是围绕行为无价值论与结果无价值论的根本分歧展开的。本书不主张绝对的结果无价值论，也不赞同绝对的行为无价值论，而是在研讨二者的基础上，提倡行为无价值二元论的主张，并以行为无价值二元论作为贯彻全书的主线，指导相关主题的研究。可以说，本书研讨的问题，是在行为无价值二元论视域下展开的，研究的出发点和结论体现了折中和融合的国际大势。这种折中和交融，在当前大陆法系与英美法系的冲突与消解的过程中，尤其是在以反腐败和反洗钱为代表的国际公约的规则和司法实务的处理中，得到了最为淋

---

① 参见陈兴良：《注释刑法学经由刑法哲学抵达教义刑法学》，载《中外法学》2019 年第 3 期。

② 《刑法学（上册 · 总论）》，高等教育出版社 2019 年版，第 89 页。

③ 王莹：《中国刑法教义学：经验、反思与建构》，载《法学家》2020 年第 3 期。

漓尽致的体现。

二、本书的研究框架

本书的研究框架是围绕犯罪论体系而搭建的。通过梳理我国犯罪论体系的争议与共识，围绕理论层面的逻辑性和精细化以及实践层面的实用性和简便性的基本要求，根据主观与客观相统一、原则与例外相协调、定性与定量相结合的指导原理，本书提出并论证了“客观构成要件、排除客观违法的事由、主观构成要件、排除主观责任的事由”的四阶层犯罪论体系，并按照四阶层体系的构造搭建全书的研究框架。

通说认为：“犯罪构成，就是依照我国刑法的规定，决定某一具体行为的社会危害性及其程度而为该行为构成犯罪所必需的一切客观和主观要件的有机统一。”①“根据我国刑法，任何一种犯罪的成立都必须具备四个方面的构成要件，即犯罪客体、犯罪客观方面、犯罪主体、犯罪主观方面的构成要件。”②“在刑法理论上，可以将其中的犯罪客体要件和犯罪客观方面的要件统称为客观要件，将犯罪主体要件和犯罪主观方面的要件统称为主观要件。客观要件和主观要件的有机统一，就形成了犯罪构成。”③

随着德日教义刑法学的引入，我国刑法学界出现了阶层式犯罪论体系与四要件犯罪论体系的理论争辩。例如，张明楷教授认为：“当前关于犯罪论体系的讨论，显然比较形式化，大多是围绕犯罪构成是法律规定还是理论概念、犯罪构成应当由几要件组成、构成要件应当如何排列而展开，并没有讨论应当以什么支柱构建犯罪论体系。本书旨在说明，应以违法与责任为支柱构建犯罪论体系。”“大体可以认为，我国传统的犯罪论体系，是以‘客观’与‘主观’为支柱建立起来的，亦即：犯罪构成是犯罪客体、犯罪客观方面、犯罪主体、犯罪主观方面的有机统一（以下简称四要件体系）；刑法理论将客体与客观方面进一步提升为‘客观’，将主体与主观方面进一步提升为‘主观’；主观与客观的统一（主客观相统一），成为我国犯罪论体系的基本特点乃至核心。”④也就是说，张明楷教授认为，主客观相统一的传统的犯罪论体系是有缺陷的，因而主张以违法与责任为支柱建构犯罪论体系。

---

① 高铭暄、马克昌主编：《刑法学》（第9版），北京大学出版社、高等教育出版社2019年版，第47页。

② 高铭暄、马克昌主编：《刑法学》（第9版），北京大学出版社、高等教育出版社2019年版，第48页。

③ 《刑法学（上册·总论）》，高等教育出版社2019年版，第95页。

④ 张明楷：《犯罪论的基本问题》，法律出版社2017年版，第3页。

本书的立场与上述两种观点均不相同,却又联系紧密。一方面,本书借鉴了传统理论关于主客观相统一的主张,并将之作为"四阶层体系"的三大指导原理之一,但并不主张犯罪客体、犯罪客观方面、犯罪主体、犯罪主观方面的四要件体系,而是提出客观构成要件、排除客观违法的事由、主观构成要件、排除主观责任的事由的"四阶层体系"。另一方面,本书虽然坚守主客观相统一的原则,但并未排斥违法和责任的阶层体系,相反"四阶层体系"的构成要件充分体现了违法与责任的阶层架构。客观构成要件表明行为的客观违法,主观构成要件表明行为的主观责任,排除客观违法的事由是符合客观构成要件的例外,排除主观责任的事由是符合主观构成要件的例外。客观构成要件与客观违法、主观构成要件与主观责任分别是形式与实质的关系。客观构成要件与排除客观违法事由、主观构成要件与排除主观责任事由则分别是原则与例外的关系。

其中,客观构成要件主要包括行为主体、行为、结果、因果关系、行为对象、数量和情节;排除客观违法的事由包括正当防卫、紧急避险、自救行为、正当业务行为、履行职务的行为、被害人承诺、法令行为等;主观构成要件包括故意、过失和目的;排除主观责任的事由包括责任能力、期待可能性、违法性认识可能性等。客观构成要件和主观构成要件加在一起,被称为"犯罪类型",具有犯罪个别化机能。

全书分为导论、客观要件、主观要件、修正形态和结论五大板块。除了导论和结论部分外,其他内容都是按照"四阶层体系"的构造逐步展开的。客观要件分为客观构成要件和排除客观违法的事由,分别讨论了不真正不作为犯的作为义务、刑法因果关系理论、防卫限度的认定、紧急避险的利益衡量以及被害人承诺的规范与适用。主观要件分为主观构成要件和排除主观责任的事由,分别讨论了过失犯罪构造理论、违法性认识可能性在犯罪论体系中的地位以及企业合规与单位刑事责任。企业合规与单位刑事责任是近年来的研究热点,本书基于组织体责任论和积极预防主义的立场,提出了完善立法的建议方案。修正形态部分重点讨论了共同犯罪的疑难问题和教唆犯的性质。由于出版篇幅的限制,共同犯罪的疑难问题仅仅是大纲式的展开,更深一步地耕耘留待未来去进行。

三、本书的研究目的

本书所讨论的犯罪论的若干争议问题,既是长期备受关注的理论课题,也是当前司法实践中难以回避的现实问题。理论的争议很大程度上源于立法的先天不足和实践的困惑,而立法的缺陷和实践的难题又集中反映了理论准备得不充分。理论与实践之间不仅没有形成良性互动的关系，而且往往互相掣肘，是当前理论与实践争议不断的主要原因。因此，本书的研究，就是要以问题为导向，围绕司法实践提出的难题，梳理学说的脉络，考察立法的妥当性，对各种理论和观点条分缕析，以找寻较为妥当的解决方案，或者明晰理论思考的进路，或者总结司法适用的标准和界限，或者提出立法完善的建议。总之，从问题出发，寻找解决问题的金钥匙，实现理论、立法与司法的良性互动和协调发展，就是本书的研究目的和初心。

第二章 犯罪的实质

刑法客观主义是现代各国影响较大的刑法理念，刑法客观主义认为犯罪是对社会有害的行为，不能将主观的恶意作为处罚的根据。[①] 我国刑法学受德日刑法学的影响，针对犯罪的实质，存在行为无价值论和结果无价值论的对立。简单地说，在构成犯罪事实的两个因素即行为和结果当中，将行为（的违法）作为犯罪本体的见解，就是"行为无价值论"；相反地，仅将结果（的违法）作为犯罪实质的见解，就是"结果无价值论"。这里所说的"行为"，是指人的外部态度和内部态度（包括内心意思在内）；所谓"结果"，就是行为所引起的外界变动，就是对社会外界所造成的影响（对法益的侵害或者危险）。从刑法基本原理的角度来看，行为无价值论除了考虑侵害原理之外，在一定程度上还顾及了道德主义（以及家长主义）的因素；相反地，结果无价值论，从功利主义的角度来看，完全试图以侵害原理为基础建立犯罪论。

从对立的历史来看，所谓学派之争，在德国，20 世纪 20 年代之后就逐渐趋向平息，古典学派（客观主义刑法学）和近代学派（主观主义刑法学）的对立形式发生了变化，随着犯罪论体系的不断发展，逐渐向现在所谓的结果无价值论和行为无价值论的对立转变。在日本，二战后近代学派主观主义刑法学的影响逐渐减弱。从 20 世纪 50 年代中期开始，在客观主义刑法学的内部，受德国学者韦尔策尔的目的行为论影响的行为无价值论逐渐兴起；进入 20 世纪 60 年代之后，与行为无价值论相对立的结果无价值论逐渐展开，二者之间展开了反复的讨论。正如日本学者所言，"如果说受到德国刑法学极大影响的日本刑法学有其自己特色的话，恐怕其最大的特色就在于结果无价值在日本所占有的重要地位"。[②]

近年来，我国学者在引进德日阶层式犯罪论体系的同时，引入了结果无价值论和行为无价值论，并展开了学术之争。结果无价值与行为无价值，原本是关于违法性本质的对立。现在，这种对立已经扩展到整个犯罪论领域。

---

① 参见周光权：《现代刑法的理念与方法》，载《法治研究》2020 年第 6 期。

② ［日］山口厚：《日本刑法学中的行为无价值论与结果无价值论》，金光旭译，载《中外法学》2008 年第 4 期。

第一节 行为无价值论与结果无价值论的根本分歧

德国、日本等国刑法理论的通说采取了构成要件符合性、违法性、有责性的犯罪构成体系。针对犯罪的实质或者实质违法性的理解,存在结果无价值与行为无价值之争。

一、行为无价值论与结果无价值论的含义

大体而言,对于与结果切断的行为本身的样态所作的否定评价,称为行为无价值;行为无价值论认为,行为本身恶、行为人的内心恶是违法性的根据。对于行为现实引起的对法益的侵害或者危险所作的否定评价,称为结果无价值;结果无价值论认为,违法性的根据在于行为造成了法益侵害或者危险结果,即结果恶才是违法性的根据。

(一)行为无价值论

行为无价值论,又称行为不法、行为反价值、人的不法论或人的违法论,其特征在于认为行为人的目的、故意、义务违反等与法益侵害一起成为违法判断的对象。行为无价值,是指行为者的行为本身不法。这里的行为,包括与之相连的目的性、故意、意图等。

在行为无价值的概念中,违法性判断的对象应纳入作为行为人主观因素的故意等内容。也就是说,传统的犯罪论中,行为的客观方面属于构成要件或者违法性,而在发现主观的违法要素之后,主观的要素也成为违法判断的对象,因此行为无价值就意味着与作为行为主体的行为人有关的不法的所谓“人的不法”。行为无价值的概念包括:第一,法益侵害的样态,即行为违反某种行为规范要素;第二,在实施行为时对违法事实的认识等主观的违法要素。关于应否承认主观的违法要素,理论上存在激烈的争论。

1. 一元的行为无价值论

一元的行为无价值论认为,不法完全取决于行为无价值,结果无价值只不过是处罚条件而已。具体而言,只有行为才是刑法禁止的对象,为防止一定的结果发生,规范所要求的是禁止或命令其所针对的对象实施一定的行为,结果不是直接禁止的对象。决定不法重要的是,行为人基于什么样的心情实施行为;而结果的发生只是偶然的产物,对于违法性论而言并

不重要。[1] 因此,未遂犯才是犯罪的基本类型。故意、过失属于主观的违法要素,由于构成要件是违法类型,因而也是构成要件要素(构成要件的故意、过失)。一元的行为无价值论的理论构成简单明快,但批评者认为这种观点违背了客观的违法性论当初的出发点,有陷入心情刑法之嫌。

2. 二元的行为无价值论

正由于一元的行为无价值论存在明显缺陷,现在采取这种观点的学者极为罕见。当今的行为无价值论者多主张二元的行为无价值论,换言之,二元论是行为无价值论内部的多数说。二元的行为无价值论,又称二元的人的不法论、违法二元论。它同时考虑行为无价值与结果无价值,认为两者都为不法奠定根据。二元的行为无价值论认为,通过引起事态无价值而违反评价规范是结果无价值,而违反以一般人为对象的作为命令的决定规范则是行为无价值,原则上必须综合两者才能认定不法。例如,故意杀人和过失致人死亡从结果无价值的观点来看没有区别,但这明显与人们的法感觉相矛盾。因此,违法论中必须将两者评价上的差异作为问题。

二元的行为无价值论具有三个特征:第一,承认主观的要素是不法的根据;第二,单纯违反行为规范也可以是不法;第三,这种意义上的违反行为规范,是指一般人都可以遵守规范,而该行为人却不遵守规范,因而具有"规范违反性"。[2]

(二)结果无价值论

结果无价值论立于法益侵害说,从客观上理解违法,认为违法判断的对象应尽可能地限于客观因素。结果无价值,又称结果不法、结果反价值,是指引起法所否定的事态,也就是违反评价规范,引起不应当出现的"通过行为所实现的外部的事态"。本来刑法就具有保护法益的机能(保护机能),而从评价规范又可以引导出"保护规范"或者"保障规范"。特别是从被害人的角度来看就是不许侵害法益的保障规范。结果无价值,在结果犯中意味着违反这样的保护规范。[3]

在结果无价值论中,不法的内容,意味着客观的法益侵害或威胁,行为无价值的要素应还原为法益侵害或威胁。故意、过失属于责任的要素,因此故意杀人与过失致人死亡在违法论的层次上没有区别。由于结果无价值论认为责任非难的理论前提在于引起法所不允许的事实,所以又被称为因果的违法论。同时,它认为违法评价与人的行为无关,而只是对一定事

---

① 参见[日]日高义博:《违法性的基础理论》,张光云译,法律出版社 2015 年版,第 53~54 页。

② 参见[日]山中敬一:《刑法总论》(第 2 版),东京,成文堂 2008 年版,第 415 页。

③ 参见[日]山中敬一:《刑法总论》(第 2 版),东京,成文堂 2008 年版,第 412 页。

态的单纯评价，因而也称物的违法论。

结果无价值论认为，只要发生了法益侵害或威胁的事实，就可以进行违法评价。例如，甲照章驾车绿灯时通过十字路口，而乙则闯红灯强行左转导致与甲的车相撞，乙当场死亡。结果无价值论认为，只要甲的行为与法益侵害结果有因果关系，甲的行为就是违法（只是因为其没有结果发生的预见可能性所以不具有责任）。换言之，结果无价值论认为主观的认识不应当影响到违法的有无，唯有如此才能确保违法判断的明确性、可视性，从而严格区分违法判断和责任判断。

二、行为无价值论与结果无价值论的沿革

结果无价值与行为无价值作为三阶层犯罪论体系中实质违法性的不同理解，其历史沿革与犯罪论体系的发展密切相关。行为无价值论与结果无价值论原本是违法性领域的争论，但现在已经遍及刑法总论与刑法各论的诸多方面。

（一）德国的行为无价值论与结果无价值论的产生

客观主义刑法理论起先认为违法性的本质是对权利的侵害，后来取而代之的是法益侵害说。法益侵害说认为，刑法的目的是保护法益，违法性的实质是对法益的侵害或者威胁。所以，现实产生的法益侵害及其危险（恶的结果）就成为违法性的根据。由于结果是客观的东西，所以，结果无价值论与客观的违法性论的观点基本上是一致的。韦尔策尔将上述客观主义的违法论贴上了结果无价值论的标签，并对之进行了批判，提出了行为无价值论。韦尔策尔指出，并不是与行为人的内容相分离的法益侵害就可以说明违法，行为只有作为一定的行为人的作品时才是违法的。行为人设立何种目标，采取什么客观行为，行为人以什么心情实施行为，在这种场合行为人负有什么义务，所有这些与可能发生的法益侵害一起，决定行为的违法。具体而言：

受自然主义思维方式的影响，李斯特与贝林提出了古典犯罪论体系。古典犯罪论体系首先将犯罪区分为犯罪的主观面与客观面，构成要件与违法性属于犯罪的客观面，责任属于犯罪的主观面。换言之，违法是客观的，责任是主观的。

新古典犯罪论体系在维持古典犯罪论体系基本框架的基础上，批判了其自然主义、实证主义的方法论，把新康德主义的认识论引入刑法方法论之中，根据刑法自身的目的和价值观重新理解和评价古典犯罪论体系。新古典犯罪论体系对古典犯罪论体系的最大变化在于构成要件的领域。新

古典犯罪论体系中的构成要件已经不再是纯粹的客观概念,它包含主观的要素,也包含需要法官评价的规范的要素。在违法性方面,新古典犯罪论体系提出了实质的违法性论。借助于这种学说,理论上认可了法律规定以外的超法规的违法性阻却事由。但是,此时违法性的判断仍然是客观的。

20世纪30年代开始,目的行为论的犯罪论体系开始扮演支配性的地位。目的行为论的犯罪论体系的核心是目的行为论。从20世纪30年代开始直至“二战”后,韦尔策尔提出的目的行为论风靡一时,直接促使了犯罪论体系的变革。根据目的行为论,人的行为的本质是有目的的追求活动,即人以因果关系的认识为基础,在一定范围内预见自己的活动会产生一定的结果,据此设立各种各样的目的并选择达到目的的手段,朝着这些目的有计划地进行活动。目的性(意思的内容)是行为的本质要素。据此,故意对于行为而言就具有本质的意义,“故意不再仅是责任的形式,而是作为统制行为的因素在构成要件阶段也具有重要的意义。目的行为论的犯罪论体系使不法概念主观化,责任脱主观化、规范化。不法中的行为无价值观念被提到前台,与结果相比,行为的形态对于犯罪的成立而言具有更重要的意义(人的不法论)”①。韦尔策尔主张,对于大多数犯罪来说,法益侵害或者法益侵害的危险固然是至关重要的,但它仅仅是人的违法行为中的组成要素,不能说仅凭法益侵害或法益侵害的危险就足以说明行为的不法。在刑法当中,法益侵害(结果无价值)只有在人的违法行为中(在行为无价值之中)才具有意义。②

虽然德国刑法学后来产生了新古典与目的行为论相结合的体系、目的理性体系,但是韦尔策尔提出的行为无价值论与结果无价值论,在德国、日本等国的刑法学中产生了巨大的影响。在德国,经过对纯粹结果无价值论的反思和对一元行为无价值论的批判,在不法领域触碰和体验了主客观两极的德国刑法学最终走向了折中。“如今关于不法概念的探讨涉及的是避免极端的立场(仅以行为不法或仅以结果不法为基础来建构不法的概念),并且承认行为不法与结果不法是不法中具有同等地位、相互并存的两个要素。”③行为无价值二元论是德国的通说,“犯罪的构成要件可以区分

---

① [日]山中敬一:《刑法总论》(第2版),东京,成文堂2008年版,第131页。

② 参见[德]汉斯·韦尔策尔:《目的行为论导论》(增补第4版),陈璇译,中国人民大学出版社2015年版,第40页。

③ 陈璇:《德国刑法学中结果无价值与行为无价值的流变、现状与趋势》,载《中外法学》2011年第2期。

为客观构成要件和主观构成要件,不法也可以区分出行为不法和结果不法”。①

（二）日本行为无价值论与结果无价值论的发展

20世纪40年代末,日本继受德国刑法理论,行为无价值论一度成为主流学说。结果无价值论,即将法益侵害或法益侵害的危险理解为违法性的观点,在行为无价值论出现以前就存在了。其代表性的学者有泷川幸辰、佐伯千仞等。但是,在今天的日本所倡导的结果无价值论,主要是在50年代以后,在批判行为无价值论的过程中不断成熟起来的。其中平野龙一是最有影响力的学者。平野龙一曾经是目的行为论的支持者,但其后改变了立场。特别是70年代以后,平野龙一从刑法的任务是保护法益的立场出发,主张应当排除对行为无价值的考虑,应该重视结果无价值。其后,结果无价值论得到了内藤谦、中山研一、西田典之、山口厚、前田雅英等学者的支持与发展。日本的行为无价值论中,单纯的以行为无价值作为违法实质的行为无价值一元论基本不存在;一般的观点是,行为无价值和结果无价值两者都考虑。

日本学者佐伯仁志指出:“刑法的犯罪论中,二战前,旧派和新派的学派之争居于中心位置;二战后,新派的主张迅速失去了支持,学派之争也偃旗息鼓了……战后,结果无价值论和行为无价值论之争取代了新派和旧派之争,在刑法学中占据了中心位置。”②在日本,行为无价值论和结果无价值论之间的争论,从针对一般违法性的讨论,转移到对具体解释论的争论。对于结果无价值论与行为无价值论的对立,虽然相对于以前显得沉寂了,可是,这并不是因为一方的立场相对于另一方取得了压倒性的胜利而被终结,而是共同认为在若干个别的问题上仍然存在尖锐的对立。当然,正如日本学者所言,“不可以认为行为无价值论或结果无价值论中的某一个是正确的,从而选择它并将其贯彻到底……现实中的解释论所做的工作是,在各个坐标轴中,在彻底化了的两个极端之间寻找妥当的点。而这个‘妥当的点’是随着时代变动的”③。

近年来,我国刑法学者在引入德日刑法理论的同时,展开了行为无价值论与结果无价值论之争,其争辩焦点与德日刑法学中的争论的焦点大致

---

① [德]乌尔斯·金德霍伊泽尔:《刑法总论教科书》(第6版),蔡桂生译,北京大学出版社2015年版,第72页。

② [日]佐伯仁志:《刑法总论的思之道·乐之道》,于佳佳译,中国政法大学出版社2017年版,第6页。

③ [日]前田雅英:《刑法总论讲义》(第6版),曾文科译,北京大学出版社2017年版,第28页。

相同。行为无价值论与结果无价值论的争论,推动了我国刑法学科的发展和讨论问题的深入,但应该从宏观的理念和立场层面的讨论回归到微观、技术性问题的回应。①

三、行为无价值论与结果无价值论的主要争论

结果无价值论与行为无价值(二元的行为无价值论)的对立是贯穿于从刑法的本质机能到刑法总论与刑法各论等非常广泛领域之中的问题讨论。就刑法总论中的主要论点而言,结果无价值论与行为无价值论的观点对比如表1所示②:

表1　结果无价值论与行为无价值论学说对立情况一览

	结果无价值论	行为无价值论
刑法的本质机能	法益保护机能	规制机能、秩序维持机能
实质的违法性	法益的侵害或危险(法益侵害说)	偏离社会相当性的法益侵害或危险(规范违反说)
正当化的一般原理	法益衡量说(优越的利益说)	社会相当性说
思考方法	法益论的路径	规范论的路径
主观的违法要素	对目的犯的目的、未遂犯(着手未遂)的故意存在肯定说的观点	肯定的倾向
主观的正当化要素	否定	肯定
过失犯	旧过失论 (以预见可能性为中心)	新过失论(新新过失论) (以结果回避义务为中心)
未遂犯、不能犯	客观的危险说、具体的危险说	抽象的危险说、具体的危险说
共犯	因果共犯论、惹起说	不法共犯论、责任共犯论
可罚的违法性	法益侵害的(绝对的、相对的)轻微性	法益侵害的轻微性+偏离社会的相当性

展开来说,结果无价值论与行为无价值论在以下几个方面表现出尖锐的对立:

1. 刑法的任务、机能是法益保护还是规制机能、秩序维持机能?结果无价值论强调,刑法的作用在于当公民的合法权益遭受侵犯时,对其进行

① 参见陈璇:《结果无价值论与二元论之争的共识、误区与发展方向》,载《中外法学》2016年第3期。

② 参见[日]关哲夫:《结果无价值论与行为无价值论的对立及其趋向》,王充译,载《吉林大学社会科学学报》2016年第5期。

保护,刑法的核心在于通过保护公民的法益保障其自由,只有从法益保护的角度才能准确地说明刑法的任务和机能。行为无价值论认为:“由于法是为了保护生活利益的存在,因此法益保护是刑法的基本原则,所以就要贯彻结果无价值论,这是不是很片面的思考呢?即便法并不是为了教习社会伦理的存在,但仍然无法否认法作为将社会生活上的规则强制客观化为社会规范的手段之功能。为了保护生活利益,这样的社会规范是必要的。”“即使行为侵害了法益、但被社会规范所允许的情形不也是随处可见吗?偏离社会规范行为的违法性难以被讨论,就是因为违法性的讨论不仅要考虑侵害生活利益的一面,还要考虑行为的偏离社会相当性的行为无价值的一面,从刑法的机能是法益保护、社会规范维持的立场出发,不是也可以为这种思考方法提供根据吗?”①行为无价值论认为,刑法的任务在于通过保护法益来保持人类共同生活的各项条件。就此而言,把违法性的实质解释为法益侵害或者危险是正当的,违法性的实体首先在于对法益的侵害或者危险,行为无价值以结果无价值为前提,并将二者结合起来。

2. 违法性的本质是法益侵害还是规范违反?结果无价值论将违法性理解为对法益的侵害或者威胁,现实产生的对法益的侵害或者威胁就成为违法性的根据。当然,关于法益概念,存在实质的法益概念与形式的法益概念之争。② 行为无价值论认为刑法的目的是保护社会伦理秩序,因此违法性就是对作为秩序基础的社会伦理秩序的违反。或者说,结果无价值论认为,行为在客观上是否侵害或者威胁了法益是决定有无违法性的客观标准;行为无价值论则认为,在把握违法性实质的时候,不仅要考虑法益侵害的方面,而且还要考虑违反社会伦理规范的方面的立场。现在的行为无价值论认为,凡是违反行为规范而非社会伦理规范,且具有法益侵害或者危险的行为才具有违法性。

3. 没有侵害法益的危险性时,能否根据行为的反伦理性、义务违反性进行处罚?结果无价值论认为,在行为没有侵害法益的危险性时,不管行为如何具有反伦理性与义务违反性,也不能以犯罪处罚。一元行为无价值论认为,如果行为具有反伦理性、义务违反性,即使没有侵害法益的危险,也要以犯罪论处。二元行为无价值论认为,违法性的判断必须同时考虑行为无价值和结果无价值,违法性的判断基准是行为本身是否无价值,是否

---

① [日]关哲夫:《结果无价值论与行为无价值论的对立及其趋向》,王充译,载《吉林大学社会科学学报》2016年第5期。

② 参见张明楷:《论实质的法益概念——对法益概念的立法批判机能的肯定》,载《法学家》2021年第1期。

违反行为规范体系，并由此造成了法益侵害。在行为无价值论看来，“首先以结果反价值来对违法判断进行框架设定，那么行为反价值的判断就是，在由结果反价值所设定了的不法框架内，使不法往减少的方向来发挥机能”。①

4. 违法判断的“静”的对象是主观的因素还是客观的因素？结果无价值论否认故意是违法要素；行为无价值论则将故意作为违法要素。此外，结果无价值论者一般不承认其他的主观违法要素，或者只在主观要素决定法益侵害的有无与程度时，才承认主观的违法要素；行为无价值论者则普遍且宽泛地承认其他主观的违法要素。

5. 违法判断的“动”的对象以什么为中心？结果无价值论主张以结果为中心判断行为是否违法；而行为无价值论提倡以行为为中心判断行为是否违法。

6. 以什么时间为基点判断违法性？结果无价值论一般主张对违法性的有无进行事后判断；而行为无价值论主张以行为时为基点进行判断。

7. 违法性阻却的一般原理（根据）是什么？结果无价值论主张法益衡量说，立足于法益衡量和法益阙如的原理，展开关于违法性阻却的一般理论；行为无价值论采取社会的相当性说或者目的说，认为并不是将所有的法益侵害都作为违法并予以禁止，只有脱离社会相当性的法益侵害才是违法的。

8. 是否承认主观的正当化要素？结果无价值论否定主观的正当化要素；行为无价值论承认主观的正当化要素。

9. 对过失犯采取何种立场？结果无价值论采取旧过失论；行为无价值论采取新过失论或者新新过失论。

10. 在未遂犯、不能犯、共犯、可罚的违法性等问题上均存在争论。

第二节　行为无价值二元论之提出

受德日刑法学的影响，我国刑法学界存在行为无价值论与结果无价值论学派之争。伦理学主要有三大理论，即结果论、非结果论和美德伦理学。这三大理论既是判断人的行为对错的重要依据，也是违法性判断的理论根基。有学者将伦理学中的行为功利主义与规则功利主义运用到违法性领域，引发了行为功利主义违法观与规则功利主义违法观之争。结果无价值

① ［日］日高义博：《违法性的基础理论》，张光云译，法律出版社2015年版，第59页。

论和行为无价值论相互批判,都存在一定的片面性或缺陷,应当采取行为无价值二元论。

一、行为无价值二元论的理论基础

(一)功利主义

结果论是以行为结果为基础或者关心结果的理论,主张人们应当以将要带来好的结果的方式行动。功利主义是结果论的重要形式。

结果无价值论认为,违法性的实质法益侵害及其危险,应当客观地考察违法性。结果无价值论的伦理学基础是功利主义。功利主义可以分为行为功利主义和规则功利主义。前者强调人人都应该使自己的行为为其影响所及的每个人都带来最大量的好处。后者强调每个人都应该始终确立和遵循会给一切相关者带来好处的规则。[①]

结果无价值论的伦理学根据是行为功利主义兼顾规则功利主义。[②] 它要求在尊重法律规则与违反法律规则所引起的社会危害结果之间进行比较。但是,两害相权取其轻本身不足以证明正当事由。因为追求功利所采取的防卫或避险方式必然会与尊重个人权利相冲突。[③] 根据行为产生的结果来进行评价,功利主义会忽视道德或法律权利。功利主义最明显的缺陷在于不尊重个体权利。

正如贝卡里亚所言,“人们牺牲一部分自由是为了平安无扰地享受剩下的那份自由”,“没有一个人会为了公共利益而将自己的那份自由毫无代价地捐赠出来”,“每个人都希望交给公共保存的那份自由尽量少些,只要足以让别人保护自己就行了”[④]。生命是一切法益的基础,是人存在于世界的前提,理性人一般不会将自己的生命自愿让渡出来,功利主义也通常不能用生命法益衡量进行避险。“痛苦和欢乐就像我们做算术的加法一样简单,与决定人类的生死无关。”[⑤]正当防卫或紧急避险中的法益衡量结果即便维持甚至增加了社会整体利益的总和,但如果超出了为了互助而彼此认可的合理忍受的范围,也不能被视为正当。

---

① 参见[美]雅克·蒂洛、基思·克拉斯曼:《伦理学与生活》(第9版),程立显、刘建等译,世界图书出版公司、后浪出版公司2008年版,第40~41页。

② 参见周啸天:《行为、结果无价值论哲学根基正本清源》,载《政治与法律》2015年第1期。

③ 参见[英]威廉姆·威尔逊:《刑法理论的核心问题》,谢望远、罗灿、王波译,中国人民大学出版社2015年版,第317页。

④ [意]贝卡里亚:《论犯罪与刑罚》,黄风译,中国法制出版社2005年版,第10~12页。

⑤ [德]理查德·大卫·普雷希特:《该不该把桥上的男人推下去》,周海燕等译,中国青年出版社2009年版,第146页。

(二)道义论和美德伦理学

行为无价值二元论认为,结果无价值不能单独决定行为的违法性,只有当行为既存在结果无价值,也存在行为无价值时,才能肯定行为的违法性。行为无价值二元论的伦理学根基除了功利主义,还有道义论和美德伦理学。

非结果论不以行为结果为基础或不关注结果,主张判断行为只看行为是否符合另外某个或某些道德标准、公正不公正。康德的义务伦理学即道义论是其中最重要的理论。康德认为,除了善良意志,任何其他东西本身都不是善的。“意志”是指按照道德规则、律法或原则行事而不关系利益或结果的人的独特能力。康德主张的绝对命令是发现道德绝对的主要方法。绝对命令断言,如果认可某一行为的规则不能为一切人所奉行,那么该行为就是不道德的。在康德看来,任何人都不应仅仅被视为或用作达到别人目的的手段,每个人本身就是独特的目的——至少在道德上是如此。这被称为康德的实践命令。如果我们要合乎道德地行动,就必须服从我们的理性和意志,按照义务感行动。为了将来拯救千万儿童而对一百名婴儿做实验,康德肯定认为此类实验是不道德的。如果实验程序是拯救一位儿童的唯一办法,又能为医生提供将来也许能够拯救更多儿童生命的资料,康德或许会同意实验,因为倘若如此,一个人就不仅仅被用作达到一种目的的手段,而且他本身也被视为目的。[①] “人不是手段,而是目的”,对生命的紧急避险涉及将他人作为手段的问题,康德的实践命令不允许对生命的紧急避险。根据康德的实践命令,生命法益之间的利益衡量原则上是不被允许的。康德的道义论构成了生命法益衡量的重要理论基础。

不仅如此,“人不是手段,而是目的”这一实践命令也说明了目的不能证明手段的正当性。如前所述,结果论有一个重要的问题在于用目的证明手段的重要性,非结果论对此进行了质疑,努力争取最大多数人的最大幸福是否永远公正?由此导致的大多数人的最大幸福有时不也同时给少数人带来了一些很坏的结果吗?在努力为最大多数人创造最大功利的同时,有时对极少数人来说是极不道德的。其中,康德认为每个人本身就应被视为目的,绝不仅仅是手段。为了对所有社会成员都努力做到公平正义,这种态度似乎比仅仅努力实现最大多数人的最大好处更合乎道德。

关于如何实现公平正义,人们最广为流行的一条规则就是《圣经·新

---

① [美]雅克·蒂洛、基思·克拉斯曼:《伦理学与生活》(第9版),程立显、刘建等译,世界图书出版公司、后浪出版公司2008年版,第54~55页。

约》中的黄金律(the Golden Rule),亦即康德所谓的“可逆性标准”,这一标准通常表述为:“你想要人家怎样待你,你就要怎样待人。”换言之,你要想弄清楚在任何境遇下什么是该做的道德之事,你就要躬身自问:“如果我是我的道德行为的承受者,我会喜欢为我做些什么?”这就是所谓的“设身处地”“换位思考”。① 与康德的“可逆性标准”相仿,罗尔斯的正义论提出了“平等的正义”,假定“无知之幕”保证没有人知道他在社会中的地位、优缺点、价值或者目的,使契约各方处于平等的原始状态,并被当作有道德的人而同等地对待,实现订立的社会契约的平等性和公正性。行为具有正当性,归根结底就是社会观念上能够认可,即具有社会相当性。社会相当性就是强调人们之间都可以接受的、相互认可的同理心。“你想人家怎样对你,你就要怎样对人家。”

美德伦理学,又称德性伦理学,不太关注结果或规则,更关注如何通过行好人或“德行”人之所行,发展人的内在道德品质即美德。“功利主义将结果(或事态)当作核心理念,道义论强调道德规则,而美德伦理学则关注品格或人格的卓越品质。”②当代美德伦理学强调,一个人应当培养自己内在的善良情感或意向,而不光是合乎道德地行动。合乎道德地行动并不是对意向的背离,而是按照在美德培育中确立起来的意向去行动。以行为者为基础的作为普遍性仁爱的道德把普遍的仁爱或公正的仁爱本身作为最高和最好的动机,它仅仅根据行为的动机如何接近普遍的仁爱来评价行为。③ 美德伦理学对行为正当性的评价更加注重其目的或者动机的正当性。换言之,行为人的主观意思会影响行为正当性的判断。

(三)综合主义

由此可见,行为无价值二元论的伦理学根基除了功利主义,还有道义论和美德伦理学。我国学者将结果无价值论、行为无价值论的哲学基础分别对应于行为功利主义和规则功利主义④,对伦理学基本理论存在严重误解,是值得商榷的。“真正值得我们思考的不是如结果无价值论和新行为无价值论一般将社会伦理赶出犯罪论体系,而是如何去构建一个理论框

① 参见[美]雅克·蒂洛、基思·克拉斯曼:《伦理学与生活》(第9版),程立显、刘建等译,世界图书出版公司、后浪出版公司2008年版,第147页。

② [美]劳伦斯·索伦:《法理学词汇:法学院学生的工具箱》,王凌皞译,中国政法大学出版社2010年版,第65页。

③ 参见[美]休·拉福莱特主编:《伦理学理论》,龚群主译,中国人民大学出版社2008年版,第384页。

④ 参见张明楷:《行为功利主义违法观》,载《中国法学》2011年第5期;周详:《规则功利主义违法观之提倡》,载《清华法学》2013年第1期。

架,使得刑法中的伦理判断规范化。”[①]结果论、非结果论和美德伦理学这三大理论既是判断人的行为对错的重要依据,也是违法性判断的理论根基。根据综合主义伦理学的观点,坚持行为无价值二元论更加全面。

二、行为无价值二元论之提倡

由于人类社会具有无限大的复合性,而这种无限大的复合性迄今不曾被社会科学以实证的方式测定,对这种无限大的复合性而言,将控制系统“法律”予以定理化几乎不可能。[②] 人文社会科学的研究没有终点。“像绝对的必然性,绝对精确,最终真理等观念都是应当从科学中排除出去的幽灵。”“相信只有一种真理而且自己掌握着这个真理,这是世界上一切罪恶的最深刻的根源。”[③]任何刑法理论都不可能是最终的权威构建。一种理论的“正确性”是暂时,而不是永久的。在刑法学中,没有一种理论是唯一正确的理论。[④] 无论是行为无价值论还是结果无价值论都不是唯一正确的理论,相互之间存在种种质疑或批判。

行为无价值论对结果无价值论的批判,集中在以下几点:(1)结果无价值论忽视了刑法规范既是评价规范,又是意思决定规范,仅认为违法是违反评价规范,因而扩大了违法概念。(2)并非任何侵害或者威胁法益的行为,都被刑法规定为犯罪;另外,刑法规定的某些犯罪并没有侵害或者威胁法益,只是违反了规范。(3)许多犯罪要求特定的行为方式,表明不是仅由结果决定违法性。(4)结果无价值论的主张者事实上承认主观的违法要素,这与结果无价值论相矛盾。

结果无价值论对行为无价值论的批判,可归纳为以下几个方面:(1)行为无价值论认为刑法的目的与作用在于保护社会伦理的行为价值,但是,刑罚是一种重大的痛苦,并非维持社会伦理的适当手段;而且在现代社会,何种伦理正确也是相对的;将维持社会伦理作为刑法的任务,不仅是对刑法的过分要求,而且容易在法的名义上强制他人服从自己的价值观;刑法原则上只有在违反他人意志、给他人法益造成了重大侵害或者危险时才予以适用。(2)行为无价值论一般认为,缺乏社会的相当性是违法性的本质,但社会相当性的概念并不明确。(3)行为无价值论导致结果成为违

---

① 贾健:《新行为无价值论的困境与出路》,载《现代法学》2018 年第 6 期。

② 参见[德]许迺曼:《刑法体系思想导论》,载许玉秀、陈志辉编:《不移不惑献身法与正义——许迺曼教授刑事法论文选辑》,台北,春风煦日论坛 2006 年版,第 255 页。

③ [德]M. 玻恩:《我的一生和我的观点》,李宝恒译,商务印书馆 1979 年版,第 97 页。

④ 参见张明楷:《刑法学研究的五个关系》,载《法学》2014 年第 6 期。

法要素之外的东西，甚至成为客观的处罚条件，这是不能被人接受的。(4)行为无价值论将故意理解为一般违法要素，这容易导致违法的主观化乃至道德化，与客观的违法性相矛盾。

自行为无价值论与结果无价值论产生以来，一直相互争论、相互批判，没有一方完全战胜另一方，且在相互竞争中不断完善发展。如前所述，德国刑法通说是行为无价值二元论。日本学者也批判单一的结果无价值论。"结果无价值论无视关于主观的违法要素的20世纪初期以来刑法学的发展经过，想退回到以前的状态。只有通过一并考虑结果的无价值和行为的无价值，才能正确地评价违法性。"①就连主张结果无价值论的日本学者前田雅英也认为，"不可以认为行为无价值论或结果无价值论中的某一个是正确的，从而选择它并将其贯彻到底"，现实中应"在彻底化了的两个极端之间寻找妥当的点"②。犯罪行为的违法性根据它的结果无价值(对保护客体的侵害和危险)和行为无价值(在行为实施中使用的方式和形式)来确定。因此，本书提倡行为无价值二元论。

第三节 本书的立场选择

德日刑法体系源自贝林、李斯特创立的构成要件符合性、违法性、有责性的阶层体系。行为无价值论与结果无价值论原本是违法性实质的争论，首先是在德日三阶层体系下展开的。德日司法实践也是按照层层递进的逻辑顺序认定犯罪的。不同的学者之所以坚持不同的理论，其中很重要的原因在于构建的犯罪论体系的不同。德日古典犯罪论体系、新古典犯罪论体系采用结果无价值论，目的论犯罪论体系以后开始主张行为无价值论。③"事实上，纯粹的古典自由主义刑法从来没有存在过"④，"犯罪论体系，应当随着社会的发展和由此引发的新课题而变迁，牧歌式的市民社会中的犯罪论体系，对于将现代危险社会中的犯罪现象体系化而言是无能为力的"⑤。

与此相对，我国四要件犯罪论体系是按犯罪客体、犯罪客观方面、犯罪主体、犯罪主观方面的顺序排列。在我国四要件理论中，排除犯罪性的事由是在犯罪构成要件之外研究的。在我国传统刑法里，行为无价值论与结

---

① [日]大塚仁:《刑法概说(总论)》，冯军译，中国人民大学出版社2003年版，第313页。

② [日]前田雅英:《刑法总论讲义》(第6版)，曾文科译，北京大学出版社2017年版，第28页。

③ 参见贾济东:《外国刑法学原理(大陆法系)》，科学出版社2013年版，第117~122页。

④ [德]埃里克·希尔根多夫:《德国刑法学:从传统到现代》，江溯、黄笑岩等译，北京大学出版社2015年版，第25页。

⑤ [日]山中敬一:《刑法总论》(第2版)，东京，成文堂2008年版，第130页。

果无价值论得不到很好的体现。“无论在结果无价值论还是行为无价值论之间的论战中，还是在形式解释论与实质解释论之间的对决中，传统派始终是沉默的一方。”①

在德日刑法学中，“不法和罪责是犯罪的两个基本要素……在今日的刑法学理中，人们（几乎）一致赞同区分不法和罪责”②。本书认为，犯罪论体系既要考虑理论的逻辑性，又要关注实践的可操作性。结合我国刑法理论和司法实践的实际，如果按照从客观到主观、从形式到实质、从原则到例外的逻辑层次，本书认为，犯罪的认定可以按照客观构成要件、排除客观违法的事由、主观构成要件、排除主观责任的事由四个阶层依次进行。这就是本书所主张的四阶层犯罪论体系。③ 客观构成要件表明行为的客观违法，主观构成要件表明行为的主观责任，排除客观违法的事由是符合客观构成要件的例外，排除主观责任的事由是符合主观构成要件的例外。客观构成要件与客观违法、主观构成要件与主观责任分别是形式与实质的关系。客观构成要件与排除客观违法的事由、主观构成要件与排除主观责任的事由则分别是原则与例外的关系。

无论是行为无价值论还是结果无价值论都不是完美无缺的理论。伦理学中的结果论、非结果论、美德伦理学三大理论既是判断人的行为对错的重要依据，也是违法性判断的理论根基。结果无价值论过分强调功利主义，而行为无价值二元论除了坚持功利主义，还兼顾道义论和美德伦理学。在四阶层犯罪论体系下，本书坚持行为无价值二元论。违法性的认定在结果无价值判断的基础上，开展行为无价值的判断。行为无价值以结果无价值的存在为前提，以行为无价值来限定处罚范围。行为无价值二元论的立场影响到犯罪论的诸多方面，本书将在行为无价值二元论的视角下展开后文的论述。

当然，正如德日刑法学提出的从“体系思考”向“问题思考”的转变④一样，本书在坚持四阶层犯罪论体系及行为无价值二元论的原则上，主要展开对具体问题的讨论，注重具体问题的解决与具体结论的妥当性。

---

① 劳东燕：《结果无价值与行为无价值论之争的中国展开》，载《清华法学》2015 年第 3 期。

② ［德］乌尔斯·金德霍伊泽尔：《刑法总论教科书》（第 6 版），蔡桂生译，北京大学出版社 2015 年版，第 48～50 页。

③ 参见贾济东、赵秉志：《我国犯罪构成理论体系之完善》，载《法商研究》2014 年第 3 期。

④ 参见［日］平野龙一：《刑法的基础》，黎宏译，中国政法大学出版社 2016 年版，第 194 页。

第三章　犯罪论体系

犯罪论体系（或称犯罪构成理论体系）是刑法学理论的基石。因为它不仅确定了犯罪成立的一般条件，而且为司法者提供了一套判断犯罪的基本思维方法和步骤，在认定犯罪的司法实践中发挥着重要的指导作用。也正因如此，犯罪论体系一直是我国刑法理论界和实务界十分关注的焦点问题。本书拟在梳理近年来围绕我国犯罪论体系引发的诸多争议以及达成的若干初步共识的基础上，探寻我国犯罪论体系发展的内在规律，进而提出完善我国犯罪论体系之对策。

第一节　我国犯罪论体系争议与共识之梳理

随着德日教义刑法学引入我国，三阶层的犯罪论体系对我国传统刑法学中的四要件犯罪论体系形成重大冲击，并出现了三阶层和四要件的理论争辩。① 晚近以来，犯罪论体系是否需要重构的问题成为我国刑法学界争论得比较激烈的一个热门话题。其中，我国的犯罪论体系与德、日等国的三阶层犯罪论体系孰优孰劣已成为争论的焦点：有学者提出应对我国的犯罪论体系进行阶层化改造；②有学者主张我国的刑法学理论应当去苏俄化，而代之以德、日等国的三阶层犯罪论体系；③也有学者主张我国应以不法和有责为支柱构建二阶层犯罪论体系；④也有学者认为我国的犯罪论体系虽然需要完善但是不必重构。⑤ 上述学者的观点大致可分为“重构论”和“改良论”两大类。

持“重构论”的学者的观点又可以细分为三种。持第一种观点的学者主张我国应构建违法和责任二阶层体系。其理由是：我国传统的四要件犯罪构成理论将犯罪客体作为构成要件并不合适。因为犯罪客体与犯罪构成的其他三个要件并不处于同一层次，犯罪客体是被反映、被说明的现象。

① 参见陈兴良：《注释刑法学经由刑法哲学抵达教义刑法学》，载《中外法学》2019 年第 3 期。

② 参见周光权：《犯罪构成四要件说的缺陷：实务考察》，载《现代法学》2009 年第 6 期。

③ 参见陈兴良：《犯罪论体系的位阶性研究》，载《法学研究》2010 年第 4 期。

④ 参见张明楷：《构建犯罪论体系的方法论》，载《中外法学》2010 年第 1 期。

⑤ 参见高铭暄：《论四要件犯罪构成理论的合理性暨对中国刑法学体系的坚持》，载《中国法学》2009 年第 2 期。

同时,我国传统的四要件犯罪构成理论意味着犯罪构成的四个要件只能综合起来发挥作用,没有区分违法与责任。我国传统的四要件犯罪构成理论由于否认没有责任的违法,因此不能说明对13周岁的未成年人或者精神病患者实施的杀人行为能否防卫的问题,也不能合理地解决共同犯罪的某些问题,如难以处理17周岁的甲为15周岁的乙入户盗窃而放哨的案件,更不能合理地解释某些刑法分则条文中的"犯罪"概念。我国传统的四要件犯罪构成理论虽然要求客观与主观统一,但是难以理顺客观与主观的关系,不能保障从客观到主观认定犯罪。此外,我国传统的四要件犯罪构成理论没有在体系内讨论正当防卫、紧急避险等违法阻却事由。① 基于上述理由,该学者主张构建二阶层犯罪论体系,即认为我国的犯罪论体系应由不法与责任组成。"不法是指符合构成要件且违法……在行为符合构成要件后,只需要判断是否存在违法阻却事由……责任要件是对不法的非难可能性。"②也有学者认为,考虑到违法和有责在当今刑法学理论中与构成要件符合性判断的融合趋势,以违法和有责为支点构建二阶层的犯罪论体系应该是反制平面化犯罪论体系的最好出路。③ 持第二种观点的学者认为,来自苏俄刑法学理论的四要件体系是没有构成要件、没有出罪事由、没有归责、没有阶层的犯罪构成,并且四要件的顺序"是可以随意排列的"④,因此以德、日等国的"三阶层的犯罪论体系取代四要件的犯罪论体系就是一种必然的选择"。⑤ 持第三种观点的学者认为,对我国传统的四要件犯罪论体系进行阶层化改造是大势所趋,主张构建"犯罪客观要件、犯罪主观要件、犯罪排除要件的三阶层体系",⑥先判断客观的违法,再判断主观的责任。⑦

面对持"重构论"的学者对我国传统的四要件犯罪论体系的批判,持"改良论"的学者及时给予了回应。有学者指出,我国传统的四要件犯罪论体系与三阶层犯罪论体系一样具有过程特征,三阶层"逐步过滤"与四要件"逐项筛选"之间只是方法论的区别,很难说哪一种方法绝对合理。并且,我国传统的四要件犯罪论体系与三阶层犯罪论体系一样具有出罪的功能。我国传统的四要件犯罪论体系中的四大要件既是积极要件又是消

① 参见张明楷:《刑法学》(上)(第5版),法律出版社2016年版,第100~103页。
② 张明楷:《刑法学》(上)(第5版),法律出版社2016年版,第103~104页。
③ 参见刘艳红:《犯罪构成体系平面化之批判》,载《法学研究》2011年第5期。
④ 陈兴良:《犯罪构成论:从四要件到三阶层一个学术史的考察》,载《中外法学》2010年第1期。
⑤ 陈兴良:《犯罪论体系的去苏俄化》,载《政法论坛》2012年第4期。
⑥ 周光权:《刑法总论》,中国人民大学出版社2011年版,第67页。
⑦ 参见周光权:《现代刑法的理念与方法》,载《法治研究》2020年第6期。

极要件，当缺失其中任何一个要件而否定犯罪成立时，即发挥了出罪的功能。阻却犯罪行为是置于犯罪论体系之内还是之外只是犯罪论体系叙述的问题，并不影响其实际功能的发挥。① 该学者还认为，我国传统的四要件犯罪论体系是一种历史性的选择，符合我国的国情，逻辑严密、契合认识规律、符合犯罪的本质特征，相对稳定、适合我国的诉讼模式。② 目前，四要件犯罪论体系居于我国刑法学理论通说的地位，并且在我国的法律实务界也获得了普遍的认同。“重构论”与我国传统的犯罪构成理论相比，很难说前者具有明显的优势，更何况在当代德、日等国刑法学界，三阶层犯罪论体系也备受质疑。因此，我国传统的四要件犯罪论体系不必重构，更不必引进德、日等国的三阶层犯罪论体系。最近甚至有个别学者认为，犯罪构成理论在犯罪认定过程中并不具有实际作用，阶层犯罪论体系并不比传统四要件犯罪构成理论在实践的意义上更具优势。③ 当然，也有学者认为，我们既不可夜郎自大，也不可妄自菲薄，而应在肯定我国传统的四要件犯罪论体系合理性、实用性的基础上对其做一些改良。④

至于如何改良我国传统的四要件犯罪论体系，有学者指出，我国传统的四要件犯罪论体系实际上是对德、日等国三阶层犯罪论体系的简化，在明确指出犯罪成立的各种要件及其排列先后顺序方面，可以说完全满足犯罪论体系的基本要求；同时，不区分形式要件与实质内容，而是将二者结合起来一体考虑，结构简单、方便实用是其长处。当然，这种犯罪论体系也存在如下两个问题：(1)造成了犯罪概念单一化的结果，使不法的犯罪概念没有存在的余地；(2)虽然上述四个方面的要件排列有序，但是由于在形式上将四个方面的要件并列于一个平面上，因此大大弱化了犯罪论体系具有的指引法官思考方向的作用。⑤ 正因如此，有学者主张构建两层次递进式的犯罪论体系，将犯罪构成要件改造为客观要件和主观要件两个方面。⑥

面对持“改良论”的学者与持“重构论”的学者之争论，我们既需要睿智的洞察力，又需要理性的判断力。一般而言，只有客观评判中外的犯罪论体系，才有可能在借鉴中不断完善我国传统的犯罪论体系。正如我国有

---

① 参见高铭暄：《关于中国刑法学犯罪构成理论的思考》，载《法学》2010 年第 2 期。

② 参见高铭暄：《论四要件犯罪构成理论的合理性暨对中国刑法学体系的坚持》，载《中国法学》2009 年第 2 期。

③ 参加王充：《犯罪构成理论与犯罪事实认定关系考察》，载《法律科学》2020 年第 1 期。

④ 参见赵秉志、王志祥：《中国犯罪构成理论的发展历程与未来走向》，载赵秉志主编：《刑法论丛》第 19 卷，法律出版社 2009 年版，第 61~63 页。

⑤ 参见黎宏：《刑法学》，法律出版社 2012 年版，第 62、65~66 页。

⑥ 参见黎宏：《刑法学》，法律出版社 2012 年版，第 62、65~66 页。

的学者所言:"中国刑法学体系也不是尽善尽美的,还存在一些或此或彼的问题,但这些问题可以通过完善加以解决,在改革中继续加以坚持、发展。"[①]可以说,无论是持"重构论"的学者还是持"改良论"的学者对于我国的犯罪论体系需要发展和完善这一问题已经基本达成共识。那么,我国的犯罪论体系应该如何发展和完善呢?其实,无论是持"重构论"的学者强调的三阶层犯罪论体系之逻辑性和层次性,还是持"改良论"的学者强调的四要件犯罪论体系之实用性和简便性,均从不同的侧面揭示了犯罪论体系发展和完善的基本要求,因而二者的立足点从实质上看并非对立的,而是兼容和互补的。下面将以上述争议与共识为基础展开研讨。

第二节 犯罪论体系发展和完善之基本要求

犯罪论体系大体上可分为大陆法系国家的犯罪论体系、中俄的犯罪论体系、英美法系国家的犯罪论体系和国际刑法的犯罪论体系四类。[②] 这四类犯罪论体系都有各自的构造和优缺点。其中,德、日等国的三阶层犯罪论体系对我国的犯罪论体系影响最大。日本有学者认为,犯罪论体系是基于一定的综合原理的指导,对构成犯罪一般成立要件的各种个别认识、原理或理论说明进行整序,通过明确其内部的联系而使判断某种情况是否犯罪或是否符合犯罪成立要件的过程合理化、机能化的实践的认识体系。[③]这一观点表明,犯罪论体系既要考虑理论的逻辑性,又要关注实践的可操作性。正因如此,理论层面的逻辑性和精细化与实践层面的实用性和简便性就成为犯罪论体系发展和完善的基本要求。

一、理论层面的逻辑性和精细化

逻辑性和精细化是犯罪论体系的内在追求。任何一种犯罪论体系要想有影响力、生命力,就必须具有较强的逻辑性和较严密的精细化。正是由于存在这样的内在要求,因此任何一种犯罪论体系都是在追求逻辑性和精细化的过程中不断得到发展和完善的。

---

① 参见高铭暄:《论四要件犯罪构成理论的合理性暨对中国刑法学体系的坚持》,载《中国法学》2009年第2期。

② 由于受国家政治力量的博弈以及英语作为联合国的工作语言和事实上的国际交流语言等因素的影响,国际刑事法院罗马规约在犯罪构成方面基本上采用了英美法系国家刑法的双层次犯罪构成体系。但是,国际刑事法院罗马规约采用的犯罪构成体系在结构上也存在问题。参见[美]乔治·P.弗莱彻:《美国刑法理论的形成》,蔡爱惠译,载《中外法学》2009年第2期。

③ 参见[日]山中敬一:《刑法总论》,东京,成文堂2008年版,第118页。

以德、日等国的三阶层犯罪论体系为例,根据日本刑法学通说,所谓犯罪,是指该当于构成要件、违法且有责的行为。根据罪刑法定主义的原理可以引导出构成要件该当性的要件,根据法益保护主义的原理可以解释违法性的要件,而根据责任主义的原理可以引导出责任(有责性)的要件。犯罪的成立是按照构成要件该当性、违法性和有责性的顺序来判断的。①这种位阶式的排列所体现的逻辑性是不言而喻的。

"刑法学是最精确的法学。"②精细化的特点从德、日等国三阶层犯罪论体系诸要素的确立及其体系地位的演变历程可见一斑。关于第一阶层的构成要件,德国学者贝林在早期将其等同于犯罪类型,但是在晚期则对构成要件与犯罪类型作了区分,认为"构成要件一般是犯罪类型的纯粹指导形象"③。构成要件本质上是刑法规定的要素,是对行为事件纯外在的描述,是行为类型。但是,现在一般认为,构成要件是指刑罚法规规定的犯罪类型,就是在刑罚法规中除去法律效果(法定刑)之外的部分。刑法分则条文规定的各个犯罪类型,都是当罚行为即违法、有责且值得处罚的行为类型。④ 构成要件并不限于客观的、记述的东西,规范的、主观的内容也应包含于构成要件之中。自目的行为论提出之后,刑法学界主张将故意和过失视为构成要件要素的见解居主流地位。其理由在于:(1)行为在构造上是主观和客观的统一体;(2)故意杀人罪与过失致人死亡罪的条文表述不同,因而其构成要件也不相同。⑤

关于第二阶层的违法性,早期的刑法学者都认为违法是指行为在形式上与法制的要求背道而驰,破坏或危害法益。⑥ 认定行为人的行为构成犯罪,就是对行为人的行为作出客观的、法律上的否定评价。构成要件该当的行为是否违法,只需要检验行为是否存在法定的违法阻却事由即是否正当防卫和紧急避险即可认定。但是,后来的刑法学者主张应考察行为实质的违法性,因而既承认存在法定的阻却事由,也承认存在一定的超法规的阻却事由。

关于第三阶层的责任,早期的刑法学者都认为其是指与客观行为对应的心理事实,即心理责任。责任虽然存在于主观方面,但是其以客观的构

---

① 参见[日]山口厚:《刑法总论》,东京,有斐阁 2007 年版,第 23~25 页。

② [德]克劳斯·罗克辛:《德国刑法学总论》第 1 卷,王世洲译,法律出版社 2005 年版,第 1 页。

③ [德]恩施特·贝林:《构成要件理论》,王安异译,中国人民公安大学出版社 2006 年版,第 7、23~24 页。

④ 参见[日]大谷实:《刑法讲义总论》,黎宏译,中国人民大学出版社 2008 年版,第 100 页。

⑤ 参见[日]松宫孝明:《刑法总论讲义》,钱叶六译,中国人民大学出版社 2013 年版,第 42 页。

⑥ 参见[德]李斯特:《德国刑法教科书》,徐久生译,法律出版社 2006 年版,第 167 页。

成要件该当性和违法性为基础，表现为行为人与构成要件该当性、违法性行为之间的心理联系。[①] 责任能力是责任要件，故意与过失是两种不同的责任方式。后来，有责性的本质从心理责任演变为规范责任，[②]有责性的判断标准由外在的事实对象与行为人的心理联系转变为对心理状态的规范评价即非难可能性或谴责可能性，从而出现了超法规的责任阻却事由。"采取规范责任论，则会采取实质的责任论。与实质的违法论一样，实质的责任论认为，若没有谴责可能性，就没有责任，也没有可罚性。为此，即使实定法上并无规定，也应肯定存在超法规的责任阻却（事由）。"[③]超法规的责任阻却事由通常是指无期待可能性。一般认为，责任的要素包括责任能力、违法性意识的可能性和期待可能性。[④]

德、日等国的犯罪论体系从古典体系到现在的目的理性体系经历了一两百年的时间，在众多刑法学者的努力下，不断被逻辑化和精细化，甚至被誉为"最精确的法学"。

我国犯罪论体系的发展和完善同样致力于追求逻辑性和精细化。受黑格尔哲学和马克思主义主客观相统一思想的影响，长期以来，我国刑法学界的权威学者认为，犯罪成立的要件基本上可以分为客观要件和主观要件，在此之下进一步细分为犯罪客体、犯罪客观方面、犯罪主体、犯罪主观方面四大要件，且依次排列。我国犯罪论体系四大要件的"排布并不是杂乱无章的，而是符合人们的认识规律的"。[⑤] 与此同时，我国也有学者提出了另一种观点，认为犯罪构成四要件按照犯罪发生和演进的逻辑顺序，应

---

① 参见［德］恩施特·贝林：《构成要件理论》，王安异译，中国人民公安大学出版社2006年版，第7、23～24页。

② 有学者认为，责任观念经历了先从"结果责任论"到"心理责任论"、后从"心理责任论"到"规范责任论"、再从"规范责任论"到"功能责任论"的演变过程，"功能责任论"是对其他责任理论的扬弃，更值得提倡。但是，持"功能责任论"的学者认为，"功能责任论"中的责任不是行为人个人的问题，而是为了实现对法的忠诚的训练、对秩序的信赖的安定化而需要追究的东西。为了一般预防，使个人成为服务于社会稳定的工具，即把个人当作手段，这有损人的尊严。因此，德、日等国的刑法学理论通说坚持"规范责任论"。参见冯军：《刑法中的责任原则：兼与张明楷教授商榷》，载《中外法学》2012年第1期；［日］山中敬一：《刑法总论》，东京，成文堂2008年版，第587页。

③ 参见［日］西田典之：《日本刑法总论》，王昭武、刘明祥译，法律出版社2013年版，第179、50页。

④ 参见贾济东：《外国刑法学原理（大陆法系）》，科学出版社2013年版，第288页。也有学者认为责任的要素应包括责任能力、责任的故意、过失、违法性认识、期待可能性等。参见林山田：《刑法通论》（上册）（增订10版），北京大学出版社2012年版，第247页。

⑤ 高铭暄：《论四要件犯罪构成理论的合理性暨对中国刑法学体系的坚持》，载《中国法学》2009年第2期。

为犯罪主体→犯罪主观方面→犯罪客观方面→犯罪客体的逻辑顺序。① 这种观点也逐渐获得一些学者的认同。②

根据主客观相统一的原则，将犯罪成立的要件分为客观要件和主观要件是有充分根据的。至于在客观要件之下是否需要细分出犯罪客体和犯罪客观方面，在主观要件之下是否需要细分出犯罪主体和犯罪主观方面，则存在争议。有学者认为，犯罪客体实际上是保护客体，即刑法保护的法益，或者说是制定刑法条文的目的，将刑法条文的目的作为犯罪构成的一个要件，并不合适。③

对于排除犯罪性的事由在犯罪论体系中的地位，我国刑法学界也存在争论。我国刑法学界的权威学者通常是在犯罪构成要件之外研究排除犯罪性的事由，认为“正当行为，是指客观上造成一定损害结果，形式上符合某些犯罪的客观要件，但实质上既不具备社会危害性，也不具备刑事违法性的行为”④。对此，有学者认为，我国传统的四要件犯罪构成理论在犯罪的主观方面之后讨论正当防卫、紧急避险等违法阻却事由，一方面，这种体系安排割裂了违法性的判断，表现为先判断客观危害，接着判断主观责任，然后又回来判断客观危害。事实上，对于没有侵害法益的行为，不需要也不应该判断所谓主观责任。另一方面，这种体系安排容易使人们认为正当防卫、紧急避险是完全符合犯罪构成的行为，因而容易导致将正当防卫、紧急避险认定为犯罪的结果。⑤ 也有学者对我国刑法学界权威学者的观点作了修正，认为“所谓排除犯罪性的行为即使在形式上也不符合全部犯罪构成要件，而只符合犯罪构成客观要件”。⑥ 持这种观点的学者将排除犯罪性的事由纳入犯罪构成体系中考虑有其合理之处，但是将排除犯罪性的事由作为评价的对象予以评价则表明其仍然存在不合理之处。

上述争论体现了我国学者对犯罪论体系逻辑性和精细化的不懈追求。虽然大陆法系国家的犯罪论体系与我国的犯罪论体系的构造有所不同，但是基本的成立要件是相同的，包括客观要件与主观要件，当然，还可能包括排除客观违法的事由和排除主观责任的事由。二者的主要分歧在于这四个成立要件的内容是什么以及它们的地位如何。世界上没有唯一正确、永

① 参见赵秉志：《犯罪主体论》，中国人民大学出版社 1989 年版，第 49 页。

② 参见苏惠渔主编：《刑法学》，法律出版社 2001 年版，第 79 页。

③ 参见张明楷：《刑法学》（上）（第 5 版），法律出版社 2016 年版，第 101 页。

④ 高铭暄、马克昌主编：《刑法学》，北京大学出版社、高等教育出版社 2011 年版，第 126 页。

⑤ 参见张明楷：《刑法学》（上）（第 5 版），法律出版社 2016 年版，第 102 页。

⑥ 李希慧主编：《刑法总论》，武汉大学出版社 2008 年版，第 261～262 页。

恒不变的理论体系。正如日本有的学者所言:"犯罪论的体系是作为整理犯罪的思考、把握其判断的手段而存在的,因此,即便在体系上有若干不协调、各个要素之间的界限不是很明确,只要考虑的大方向是明确的,也可以说,这种体系是完美的。"[①]在此需要指出的是,犯罪论体系的完美是相对的,犯罪论体系需要发展和完善才是绝对的。

即使是被誉为"最精确的法学"的德、日等国的三阶层犯罪论体系,也存在需要进一步精细化和逻辑化之处。例如,在对违法性阻却事由存在误认的场合,德、日等国的判例和理论通说都主张否定故意犯的成立而肯定过失犯的成立。但是,这种在判断构成要件符合性阶段肯定故意,在判断责任阶段又否定故意的做法,会产生所谓的"飞镖现象":故意犯构成要件该当性→违法性阻却的否定→责任故意的否定→过失犯的构成要件该当性。[②] 虽然可能会有学者认为,构成要件的故意与责任的故意不同,前者的判断标准是客观的,后者的判断标准是主观的,但是只要区分构成要件的故意与责任的故意就表明仅凭构成要件并不能区分故意犯与过失犯,即构成要件的犯罪个别化机能无法实现。况且,在肯定构成要件的故意、否定责任的故意的场合可能会肯定责任的过失,这样一来便会产生"构成要件上是故意的、责任阶段是过失的"矛盾现象。之所以会出现这种矛盾现象,是因为其犯罪论体系并不完全合理。因此,有学者认为:"毋宁说是,构成要件与故意或过失相结合,从而实现犯罪个别化的机能;为了避免混乱,将两者合并起来并冠名为'犯罪类型',而与构成要件加以区别,比较妥帖"[③]。其意思是说,不将故意与过失涵括于构成要件之中,而将其定位为责任的要件,认为故意的认识内容既包括符合构成要件的事实,又包括欠缺违法阻却事由的事实。行为人只有对符合构成要件的事实和欠缺违法阻却事由的事实都有认识,才成立犯罪的故意;否则即为过失。换言之,该学者认为故意和过失都是责任的要素,而非构成要件的要素。

上述各种犯罪论体系的发展过程表明,追求犯罪论体系理论层面的逻辑性和精细化,力图形成最精确、最完美的刑法学,既是犯罪论体系的内在要求,也是影响其发展方向的关键因素。

二、实践层面的实用性和简便性

作为认定犯罪的规格或者司法操作的模式,犯罪论体系无疑具备实践

① [日]平野龙一:《刑法总论I》,东京,有斐阁1972年版,第88页。
② 参见[日]山口厚:《犯罪论体系的意义与机能》,付立庆译,载《中外法学》2010年第1期。
③ [日]松宫孝明:《刑法总论讲义》,钱叶六译,中国人民大学出版社2013年版,第42页。

的机能。作为实践的认识体系,其意义在于:通过明确犯罪的成立条件,控制法官以及涉及搜查、追诉活动的警察、检察官的判断,进而保证刑法得以正确适用。[①] 实践的机能决定了犯罪论体系应当是面向现实的学问,应当追求现实的妥当性和实践的可操作性,具有鲜明的实践品格或者说务实风格。[②]

一般认为,英美法系国家犯罪论体系的构建以经验为逻辑起点,以实用为价值目标,力图反映司法运作的过程,是司法实践经验的总结和升华。犯罪本体要件与合法辩护事由,一方肯定,另一方否定,简单明了。这种双层次犯罪论体系凸显了英美法系国家抗辩式的诉讼模式。"第一层次侧重体现国家意志,表现为公诉机关的权力,确立行为规范,发挥刑法的维护秩序和保卫社会的功能;第二层次侧重体现公民权利,发挥刑法的保障人权的功能,制约国家权力。"[③]因此,英美法系国家的犯罪论体系在实践层面具有实用性和简便性的特点。

德、日等国的三阶层犯罪论体系则在追求逻辑性和精细化的过程中或多或少地忽略了其实践的机能。正如日本有的学者所言:"(德、日)刑法学者的努力,在于建立一个犯罪论的体系性理论构成。和某种要素是不是为成立犯罪所必要,或者和该要素如所谓责任能力的内容为何的研究相比,有关该要素是违法要素,是责任要素,或者责任能力是责任的前提还是责任要素的内容的探讨更为重要,即研究内容更加集中在这种体系构成方面。学者们的任务似乎就是创新'自己'的体系。'我认为''我这样主张'——这种似乎自己就是法一样的语言,没有反应地四处充斥。"[④]由于理论与实践相脱离,因此德国刑法学界有人提出了犯罪阶层无用论的观点。[⑤] 当然,上述观点可能有些极端,但是也说明德、日等国的刑法学理论存在唯体系化的倾向,体系的实用性和简便性不强,烦琐的操作模式降低了司法效率。学者们在反思"体系性思考"的不足时,也日益强调"问题性思考"的重要性。[⑥]

我国传统的四要件犯罪论体系是根据主客观相统一的原则,按照查证

---

① 参见[日]西田典之:《日本刑法总论》,王昭武、刘明祥译,法律出版社 2013 年版,第 179、50 页。

② 参见高铭暄:《关于中国刑法学犯罪构成理论的思考》,载《法学》2010 年第 2 期。

③ 储槐植、江溯:《美国刑法》,北京大学出版社 2012 年版,第 30 页。

④ [日]平野龙一:《刑法的基础》,东京,东京大学出版会 1969 年版,第 247 页。

⑤ 参见许玉秀:《当代刑法思潮》,中国民主法制出版社 2005 年版,第 53 页。

⑥ Vgl. Claus Roxin, *Strafrecht Allgemeiner Teil*, Band I, 4. Aufl., München, Verlag C. H. Beck, 2006, S. 220.

犯罪的逻辑顺序依次展开的,易于为法律实务工作者理解和接受。① 即使是非专业人士,一旦接触我国的犯罪论体系也会记忆深刻。当然,由于长期以来我国审判机关的刑事判决书说理不透彻,刑事判决书一般只是简单地指出被告人的行为符合刑法某一条规定的犯罪成立条件,而不具体阐述判决理由,不阐明被告人的行为是如何符合犯罪成立条件的,②因此导致人们误认为我国的司法实践并没有严格按照四要件犯罪论体系定罪处罚。事实上,司法人员在具体适用法律时,仍然是以主客观相统一的原则为指导、按照四要件犯罪论体系予以认定的。如果仅从实践层面的实用性和简便性进行考察,那么应该说我国主客观相统一的四要件犯罪论体系是可取的,只是其逻辑性和精细化还有待作进一步的完善。

日本有学者认为,刑法理论中的"犯罪论体系类似于语言学中的'语法'。要建构思维以及相互交流,'语法'是必不可少的工具,正如世界上存在多种语言一样,不可能存在一种完全'正确的语法'。同样,由于彼此的关注点与历史背景不同,也可能存在数种犯罪论体系,探讨哪一种体系才是'正确的体系',这是毫无意义的"③。但是,犯罪论体系应当具备内部的逻辑性和外部的实用性,则是各国学者的基本共识。如前所述,德、日等国的三阶层犯罪论体系以逻辑性和精细化见长,而我国传统的四要件犯罪论体系则以实用性和简便性取胜。若能取二者之长,使之兼具逻辑性、精细化和实用性、简便性,则有助于促进我国犯罪论体系的发展和完善。

第三节 我国犯罪论体系完善的路径选择

一、基本立场

近年来,我国有学者指出,在我国,一元犯罪论体系独存的时代已经结束,多元犯罪论体系并存的时代已经到来。④ 如上所述,针对我国传统的四要件犯罪构成理论,刑法学界出现了"重构论"与"改良论"的激烈争论。面对我国刑法学者关于犯罪论体系激烈交锋的局面,日本有学者颇有见地地指出:"在中国,与改革开放政策一样,刑法理论的全球化现在也被认为是一个课题。据闻中国的刑法学特别是犯罪体系论有向德、日犯罪体系论

---

① 参见储槐植、高维俭:《犯罪构成理论结构比较论略》,载《现代法学》2009 年第 6 期。

② 参见张明楷:《刑法格言的展开》,北京大学出版社 2013 年版,第 59 页。

③ [日]松原芳博:《刑法总论专题研究(二)》,王昭武译,载《河南省政法管理干部学院学报》2010 年第 4 期。

④ 参见张明楷:《构建犯罪论体系的方法论》,载《中外法学》2010 年第 1 期。

转变的动向。我以为,中国应有适应中国实际的体系论,而不应直接照搬其他国家的体系论。尽管如此,了解其他国家基于其具体国情而发展出的固有的体系论,对于思考本国的体系论还是大有裨益的”。① 本书认为上述观点值得我们重视并深以为然,正所谓旁观者清。当然,我国也有学者认为:“阶层犯罪论体系还存在诸多缺陷,中国刑法学不能照搬其内容”。②“与具体教义学理论移植的原料择拣相比,如何在甄别德国刑法教义学不同学派基础上进行本土体系化建构,无疑是未来中国刑法教义学发展所面临的命运抉择。”③

“犯罪构成理论不仅仅是刑法学术研究的基石,而且是刑事法治建设的基石。”④我国传统的四要件犯罪构成理论自形成至今已经有六十多年的历史,其简便性、实用性早已深入人心。虽然有学者主张马上将我国传统的四要件犯罪论体系彻底推倒重来,直接引进德、日等国的三阶层犯罪论体系,但是由于德、日等国的三阶层犯罪论体系具有复杂性和多样性,“德国刑法学中针对刑法的内容而提出的违法与责任区分的理论设想未必就适合于解读中国的刑法规定”,⑤加之缺乏实践层面的实用性和简便性,大多数学者和法律实务人员均认为很难立即接受,因此对我国传统的四要件犯罪论体系加以改造,使之兼具逻辑性、精细化和实用性、简便性就成为我国刑法学界和法律实务界的理性抉择。鉴于此,本书主张以改良的思想为指导来发展和完善我国传统的四要件犯罪论体系。

那么,对我国传统的四要件犯罪论体系应当如何进行改良呢?本书拟从指导原理和体系构造两个方面来论述我国犯罪论体系发展和完善的基本构想,并从具体适用的层面对“四阶层犯罪论体系”予以验证。

二、指导原理

(一)主观与客观相统一

主观与客观相统一是我国传统刑法学理论的基本原理。主观与客观相统一的基本含义是:追究犯罪嫌疑人、被告人的刑事责任时,必须同时考察其主客观两个方面的条件,并要求其主客观两个方面的条件有机统一。主客观条件的有机统一并不是主客观要件的简单相加,而是各个要件之间

① [日]松宫孝明:《刑法总论讲义》,钱叶六译,中国人民大学出版社2013年版,第42页。
② 周光权:《价值判断与中国刑法学知识转型》,载《中国社会科学》2013年第4期。
③ 王莹:《中国刑法教义学:经验、反思与建构》,载《法学家》2020年第3期。
④ 高铭暄:《关于中国刑法学犯罪构成理论的思考》,载《法学》2010年第2期。
⑤ 王充:《犯罪构成理论与犯罪事实认定关系考察》,载《法律科学》2020年第1期。

存在密切联系的有机统一。主观要件支配客观要件,客观要件反映主观要件。主观要件的认定是建立在客观要件基础之上的,客观要件具有规制主观要件的作用。只有坚持主客观相统一,才能既防止客观归罪又防止主观归罪。

(二)原则与例外相协调

原则是关于事物内部本质联系与发展变化的客观规律的一般规定,具有普适性与确定性的特点。例外是关于事物内部联系与发展变化趋势的特殊规定,具有个别性和偶然性。例外既存在于原则之外,又寓于原则之中,[①]"没有无例外的原则"。[②] 有的学者甚至认为,刑法中的例外是一种普遍现象。[③]

如前所述,对于排除犯罪性的事由在我国传统的四要件犯罪论体系中的地位至今仍存在争论。由于该事由可以直接用于判断行为是否构成犯罪,因此本书主张将其纳入犯罪论体系中予以讨论。排除犯罪性的事由既包括排除客观违法的事由,也包括排除主观责任的事由。由于按照主客观相统一的原则,犯罪论体系应当包括客观要件和主观要件,客观要件表明行为人的客观违法,主观要件表明行为的主观责任,因此排除客观违法的事由是符合客观要件的例外,排除主观责任的事由是符合主观要件的例外。可见,客观要件与排除客观违法的事由、主观要件与排除主观责任的事由分别是原则与例外的关系。

(三)定性与定量相结合

由于1997年《中华人民共和国刑法》(以下简称《刑法》)第13条"但书"规定"情节显著轻微危害不大的,不认为是犯罪",而刑法分则中也设立了"情节严重""数额较大""情节恶劣"等犯罪成立标准,因此这种立法模式被认为是定性加定量的认定犯罪模式。又由于西方国家的立法一般只作定性规定,而定量衡量交由司法实务部门予以解决,因此我国学者对立法应否作定量规定的问题产生了争论。

我国刑法中含有定量因素的具体犯罪可分为两类:一类是直接作了数量限制的犯罪,如盗窃罪等;另一类是在法律条文中写明"情节严重的""情节特别恶劣的"或"造成严重后果的"才应受刑罚制裁的犯罪。显然,在上述两种情况下行为人的行为必须符合定量的规定才能构成犯罪。除了上述约三分之二的犯罪明确规定了定量因素外,我国刑法分则中尚有约

---

① 参见梁根林:《责任主义原则及其例外》,载《清华法学》2009年第2期。

② 张明楷:《犯罪构成理论的课题》,载《环球法律评论》2003年第3期。

③ 参见储槐植:《刑法例外规律及其他》,载《中外法学》1990年第1期。

三分之一的犯罪没有明确规定定量因素。但是,触犯后者的犯罪行为,根据《刑法》第 13 条“但书”的规定,也可以认为不构成犯罪。① 换言之,《刑法》第 13 条“但书”的规定属刑法总则的规定,即使刑法分则中没有明确规定定量因素,其实也暗含了定量因素。

有学者认为,罪量应作为独立于罪体和罪责的第三要件,在性质上类似于大陆法系国家刑法理论中的客观处罚条件,不需要行为人对其有认识。② 但是,在大多数情况下,我国刑法中规定的罪量要素都是体现行为客观违法内容的,是符合客观要件的典型表现,若不将其纳入主观责任的认识范围,则有违主客观相统一的原则。也有学者认为:“原则上,数额型罪量要素和后果型罪量要素可以归入定量构成要件要素,其与定性的构成要件要素共同决定构成要件的该当性,因此,数额型和后果型罪量要素作为客观构成要件要素。”③本书赞成后一种观点,认为我国刑法中的定量要素即罪量要素原则上属于客观要件的内容,需要行为人对其有所认识。由于我国刑法特别规定了定性加定量的认定犯罪模式,因此我国的犯罪论体系应当体现定性与定量相统一的特点。

三、体系构造

根据主观与客观相统一的原则,犯罪成立的要件基本上可分为客观要件和主观要件。根据原则与例外相协调的原则,犯罪成立的要件也包括排除客观违法的事由和排除主观责任的事由。符合客观要件的行为和缺乏排除客观违法事由的行为都是主观要件认识的内容。根据定性与定量相结合的原则,犯罪成立的要件还包括定量要素,定量要素既属于客观要件的内容,又属于主观要件认识的内容。因此,本书认为,在改良后的我国犯罪论体系之下,犯罪成立的要件应包括客观构成要件、排除客观违法的事由、主观构成要件和排除主观责任的事由,即“四阶层犯罪论体系”。④

日本有学者认为,如果想要找到一种能够确保法的安定性、认定上容易、能够排除恣意的犯罪论体系,那么就不能对犯罪成立与否进行直觉的判断或者使用“全体的考察法”;否则,就会使对犯罪的判断变得很危险,判断者的恣意也容易增大。但是,对犯罪论分得过细,可能只具有理论上的价值,没有实践上的意义。从这种意义上讲,对犯罪进行客观与主观、原

---

① 参见储槐植:《刑事一体化论要》,北京大学出版社 2007 年版,第 100~101 页。

② 参见陈兴良:《本体刑法学》,中国人民大学出版社 2011 年版,第 344 页。

③ 梁根林:《但书、罪量与扒窃入罪》,载《法学研究》2013 年第 2 期。

④ 贾济东、赵秉志:《我国犯罪构成理论体系之完善》,载《法商研究》2014 年第 3 期。

则(构成要件)与例外(阻却事由)区分的二分法,是安定、合理和妥当的。[①]因此,该学者根据客观与主观、原则与例外的二分法,主张构建客观的构成要件、主观的构成要件、违法阻却事由、责任阻却事由的犯罪论体系。虽然该学者也将犯罪成立要件分为客观的构成要件、主观的构成要件、违法阻却事由、责任阻却事由,并且客观的构成要件和主观的构成要件结合在一起似乎可以起到犯罪个别化的作用,但是其将违法阻却事由置于主观的构成要件之后势必导致出现故意和过失既是构成要件要素又是责任要素的结果。由于仅凭构成要件并不能区别故意犯与过失犯,构成要件的犯罪个别化机能无法实现,因此该学者构建的犯罪论体系仍然存在不足。

鉴于排除客观违法的事由是客观构成要件的例外、排除主观责任的事由是主观构成要件的例外,并且主观构成要件必须置于客观构成要件和排除客观违法的事由之后,本书认为,我国的犯罪论体系应当按照"客观构成要件→排除客观违法的事由→主观构成要件→排除主观责任的事由"的顺序依次展开。在此须特别指出的是,在判断行为人的行为是否构成犯罪时,只要行为人的行为不符合前一个要件,那么对后面的要件就不需要再作判断。

在四阶层犯罪论体系中,客观构成要件主要包括行为主体、行为、结果、因果关系、行为对象、数量和情节;排除客观违法的事由包括正当防卫、紧急避险、自救行为、正当业务行为、履行职务的行为、被害人承诺的行为、法令行为等;主观构成要件包括故意、过失和目的;排除主观责任的事由包括责任能力、期待可能性、违法性认识可能性等。其中,客观构成要件和主观构成要件的统一,即为"犯罪类型",具有犯罪个别化的机能。

四、具体适用

由于"四阶层犯罪论体系"也应当在对具体问题的解决中得到验证,因此下面将从我国刑法规定的某些"罪""犯罪"的含义以及刑罚与保安处分的适用条件两个方面作些检验。

(一)我国刑法规定的某些"罪""犯罪"的含义

有学者认为,我国刑法中使用的"对正在进行行凶、杀人、抢劫、强奸、绑架以及其他严重危及人身安全的暴力犯罪""犯盗窃、诈骗、抢夺罪""过失犯前款罪""明知是犯罪的人""明知是有罪的人""明知是犯罪所得"等

---

① [日]前田雅英:《刑法总论讲义》(第6版),曾文科译,北京大学出版社2017年版,第18~19页。

表述按照德、日等国的三阶层犯罪论体系都是符合构成要件的、违法的行为，而按照我国的犯罪论体系，这些“犯罪”是指客观方面的行为。[①]

本书认为，这些“罪”和“犯罪”是指符合犯罪的客观要件且缺乏排除客观违法事由的行为。如果行为虽符合犯罪的客观要件但具有排除客观违法的事由，那么就不属于这里所说的“罪”或者“犯罪”。这里所指的“罪”或者“犯罪”相当于刑事政策学所说的犯罪，正如日本学者大谷实所言：“就是对社会危害极大，放任其发生便不能或难以维持社会秩序，因而有必要作为刑事政策对象的行为。其不是仅指刑法中的犯罪，而是广泛地指有必要科处刑罚等刑事制裁的反社会行为，包括精神病人以及不满 14 周岁[②]少年的触犯刑罚法令的行为，即触法行为以及少年的非法行为在内”。[③]

当然，也有人认为，“明知是犯罪的人”“明知是有罪的人”“明知是犯罪所得”中的“犯罪”是指符合犯罪构成的行为。这种观点也被我国法律实务部门中的许多人所赞同，但是并非我国刑法学理论的通说。[④] 其实，这种观点很容易产生刑法处罚上的漏洞，因而不为大多数学者所接受。

（二）刑罚与保安处分的适用条件

我国《刑法》第 5 条规定：“刑罚的轻重，应当与犯罪分子所犯罪行和承担的刑事责任相适应。”其意思是说，刑罚的适用必须以行为人已实施犯罪行为为前提，并且刑罚应与罪行相均衡。《刑法》第 17 条第 5 款规定：“因不满十六周岁不予刑事处罚的，责令其父母或者其他监护人加以管教；在必要的时候，依法进行专门矫治教育。”《刑法》第 18 条第 1 款规定：“精神病人在不能辨认或者不能控制自己行为的时候造成危害结果，经法定程序鉴定确认的，不负刑事责任，但是应当责令他的家属或者监护人严加看管和医疗；在必要的时候，由政府强制医疗。”这两款规定表明，虽然行为人没有达到刑事责任年龄或者缺乏刑事责任能力，但是只要其行为符合客观要件且缺乏排除客观违法的事由，就可以对其适用保安处分。

本书认为，对行为人判处适用刑罚的必须是行为人的行为符合犯罪客

① 参见张明楷：《犯罪构成体系与构成要件要素》，北京大学出版社 2010 年版，第 22 页。

② 我国于 2020 年 12 月颁布的《刑法修正案（十一）》对《刑法》第 17 条进行了修改，修改后的第 17 条第 3 款规定：“已满十二周岁不满十四周岁的人，犯故意杀人、故意伤害罪，致人死亡或者以特别残忍手段致人重伤造成严重残疾，情节恶劣，经最高人民检察院核准追诉的，应当负刑事责任”。

③ ［日］大谷实：《刑事政策学》，黎宏译，中国人民大学出版社 2009 年版，第 3 页。

④ 参见谢福志、郭新：《窝藏未成年人的盗窃所得应如何定罪》，载法律资讯网 2021 年 2 月 27 日，http://m.dyzxw.org/? act=a&aid=118939&cid=1。

观要件和主观要件，且缺乏排除客观违法的事由和排除主观责任的事由；而对行为人判处适用保安处分的必须是行为人的行为符合犯罪的客观要件和缺乏排除客观违法的事由，并且行为人属于无刑事责任能力或限制刑事责任能力的人。

由此可见，如果犯罪论体系按照客观构成要件→排除客观违法的事由→主观构成要件→排除主观责任的事由的顺序依次展开，那么就能够同时满足理论层面的逻辑性与精细化和实践层面的实用性与简便性的双重要求。这也是本书提倡构建我国"四阶层犯罪论体系"的原因之所在。

日本有学者指出："犯罪论体系最好能够做到：就体系内部而言，理论上不矛盾，具备尽可能地将思维过程予以可视化，且可加以验证的明晰性；对体系外部而言，能更好地反映属于社会事实的犯罪的实质，有助于解释与适用刑法，并有利于发现刑法理论上的问题。"①从这种意义上讲，"四阶层犯罪论体系"既富于逻辑性，又简便实用，在一定程度上反映了我国犯罪论体系的现实状况和未来走向，因此其是一种比较科学、可行的犯罪论体系。

① ［日］松原芳博：《刑法总论专题研究（二）》，王昭武译，载《河南省政法管理干部学院学报》2010年第4期。

第二编　客观要件

第二编(上)　客观构成要件

第四章　不真正不作为犯的作为义务

现实生活中,像“小悦悦事件”“范跑跑事件”“的哥见危不救案”“快播案”层出不穷。我国刑法总则与分则却没有明确规定不真正不作为犯,司法机关在面临不真正不作为犯的个案时,缺少全国统一的立案标准和处罚标准。而我国刑法理论主要以作为犯为中心展开研究,对不作为犯的著述较少,对不真正不作为犯的研究更是少之又少。2015 年的司法考试题目中考察行为人在火灾中先救女友而不救母亲最终导致母亲死亡的行为如何定罪,司法考试给出的答案是行为人应构成不作为犯罪。题目中的案例以及给出的答案引起了刑法学界的激烈讨论,有学者以此案例为切入点从犯罪构成的角度探讨不真正不作为犯罪。①

比较而言,德、日刑法学者对于不真正不作为犯的作为义务研究,呈现从形式义务论到实质义务论,再到形式与实质相统一的义务论的变化历程。而我国的作为义务论通说仍然坚持形式义务论,尽管在外在形式上较为明确,但并未从实质上说明为什么义务人应当阻止危害结果的发生。司法实践在确定是否存在作为义务时,往往会突破我国通说的作为义务理论的范围,创造出一个个通说的“例外”。因此,刑法理论界必须重新面对现实,深化对不真正不作为犯作为义务理论研究的深度和广度,以适应我国司法实践的需要。

第一节　不真正不作为犯作为义务概说

一、不真正不作为犯的内涵

在刑法理论中,行为可以分为作为与不作为。不作为犯包括真正不作

① 董桂武、肖媛媛:《论不纯正不作为犯认定的评价内容及顺序——以母亲女友案系列案认定为例》,载《法律适用》2016 年第 5 期。

为犯与不真正不作为犯。刑法将不作为当作构成要件要素加以规定,是真正不作为犯;刑法没有将不作为当作构成要件要素加以规定,行为人却以不作为的方式实施了通常由作为实施的构成要件的,是不真正不作为犯。根据我国与日本通说,所有法律规定的作为犯都可能存在不真正不作为犯的形式。不真正不作为犯在行为形式上表现为不作为,而在处罚上依据的是作为犯的法条。

真正不作为犯在刑法中有明确规定,对其进行处罚与罪刑法定原则通常不存在冲突。然而,刑法没有直接规定不真正不作为犯,那么,对其进行处罚就会产生是否违反罪刑法定主义之嫌。我们有学者也提出:“以法益保护为由在中国处罚不纯正不作为犯,违反罪刑法定原则。”①正如日本学者所言:“从形式的观点看,的确存在着这种疑问,但是,在现实上对母亲想杀死婴儿故意不喂奶、放置不管的不作为,刑法能付之不问?从社会观念上看,这样的不作为无疑是当罚的。刑法理论的构成有必要尽可能地与社会观念相符合……因而,可以解释为刑法第199条的‘杀人’中已经包含着它。这样,关于不真正不作为犯,不应当认为刑法上没有处罚规定,而应当认为在形式上是作为犯的规定中实质上一并包含着不真正不作为犯。”②根据上述通说观点,从保护法益的角度来看,对不真正不作为犯进行处罚,并不违反罪刑法定主义。但有学者提出,不真正不作为犯的终极问题是边界问题,③如何把握不真正不作为犯的边界,需要从作为义务的界定开始。

二、不真正不作为犯作为义务的界定

按照我国刑法理论通说,不作为犯的成立,通常需要满足三个要件:第一,行为人具有实施某种行为的特定法律义务;第二,行为人能够履行作为的特定法律义务;第三,行为人并未履行作为的特定法律义务。

我国通说认为,行为人具有实施某种行为的特定法律义务即作为义务,是不作为成立的前提条件。对于不作为犯罪而言,作为义务至关重要,它能够体现出不作为犯的主要行为事实与犯罪构成的核心特征。

关于不真正不作为犯的作为义务的界定,刑法学界主要存在以下三种观点:

一是行为说,认为作为义务的内容仅仅为实施特定的积极行为。有学

---

① 高艳东:《不纯正不作为犯的中国命运:从快播案说起》,载《中外法学》2017年第1期。

② [日]大塚仁:《犯罪论的基本问题》,冯军译,中国政法大学出版社1993年版,第83页。

③ 参见姚诗:《不真正不作为犯的边界》,载《法学研究》2018年第4期。

者指出,作为义务是指行为人应当实施某种行为的义务。[①]

二是结果防止说,认为作为义务的内容是防止作为犯构成要件结果的发生。有学者认为,作为义务是指防止结果发生的义务。[②]

三是行为与结果防止统一说,认为作为义务既包含行为人实施一定的积极行为的内容,也包含阻止犯罪结果发生的内容,防止构成要件结果发生是作为义务的目的。有学者将作为义务界定为行为人所负有的实施特定积极行为以阻止危害结果发生的义务。[③]

本书认为,将不真正不作为犯中作为义务的内容解释为单纯的实施积极行为,或者限定为对构成要件结果的阻止都是片面的。作为义务的内容包括实施法规范期待的积极行为和防止对应的"作为犯"的法益侵害结果发生两项内容,其中行为义务是手段,防止结果义务是目的。这里的"法益侵害结果"与上述广义危害结果同义,是没有被构成要件类型化的,不等同于结果犯中的"构成要件结果"。不真正不作为犯就不限于结果犯中,也可以发生在行为犯、危险犯等其他犯罪形态中。比如,在我国刑法中,传播性病罪属于行为犯,可以以不作为实施,明知自己患有梅毒、淋病等严重性病而不告知对方,继续卖淫、嫖娼。决水罪是抽象的危险犯,也可以不作为实施,如不关闭防水堤的水门,或者不开放泄洪闸,等等。

第二节　我国作为义务理论通说及司法难题

自清末沈家本法制改革以来,我国刑法学理论一直向西方学习。清末到新中国成立前,我国主要学习日本,引进了不真正不作为犯的三大形式来源理论,包括:法令,合同、无因管理等法律行为以及条理、习惯。

新中国成立以后,人民政府宣布废除以"六法全书"为代表的国民党政权的全部法律,我国刑法理论随之全面学习苏俄。苏联刑法学者杜尔曼夫认为,不作为的义务可以"导源于法律的明文规定,导源于其本人所承担的义务,导源于其职务或业务上的要求,或导源于其本人先前之行为及社会主义共同生活之规则"[④]。孟金沙也认为,不真正不作为犯的作为义务

---

① 参见高铭暄主编:《刑法学原理》(第1卷),中国人民大学出版社2005年版,第540页;陈兴良:《教义刑法学》,中国人民大学出版社2010年版,第238页。

② 参见[日]曾根威彦:《刑法学基础》,黎宏译,法律出版社2005年版,第122页;张明楷:《刑法学》(上)(第5版),法律出版社2016年版,第151页。

③ 参见李金明:《不真正不作为犯研究》,中国人民公安大学出版社2008年版,第141页。

④ [苏]杜尔曼夫:《苏联刑法概论》,杨旭译,新华书店1949年版,第13页。

的根据包括:“一、法律,例如,法律规定父母有抚养子女之义务;二、由契约与职务所赋与之责任,例如,转辙手有转换轨道或发出警号以预防火车出事故的责任;三、由该人之以往行为所发生之责任,此以往行为使国家利益或社会利益或各个公民利益置于极危险境地者,例如,已破开人腹腔之外科医生,有完成其已开始之工作之义务,如因其手术中途停止,而使病人死亡,则此外科医生将依故意或过失杀人罪处罚”。[①] 俄罗斯学者伊诺加莫娃—海格也认为,作为的义务的法律根据主要包括:一是法律规定;二是职业或职务要求;三是合同关系;四是行为人的先前行为。[②] 通过对苏俄刑法理论的引进和发展,我国形成了不真正不作为犯的作为义务四来源说。

在我国,一般认为,作为义务主要有以下四种来源:(1)法律明文规定的义务;(2)职务或业务上要求的义务;(3)法律行为引起的义务;(4)先行行为引起的义务。

作为义务四来源说是我国刑法理论与司法实践的通说,本书将对作为义务四来源说的含义与司法难题进行探讨,并予以回应。

一、法律明文规定的义务之司法难题

(一)法律明文规定的义务的内涵

法律明文规定的义务,其中,法律既可以是民事法律,也可以是行政法律。前者如《民法典》规定的家庭成员之间的相互抚养的义务;后者如《保守国家秘密法》规定的保护国家机密的义务等。需要注意的是,对法律不能作狭隘的理解。行政法规、地方性法规、部门规章以及民族自治地方的单行法规等,均属于此处的法律,即对法律采用广义的理解。当然,当某一法规、规章对公民规定了违反宪法或法律的特定积极行为义务时,就不能为刑法所肯定。

理论上对宪法中规定的义务可否作为不作为犯的义务来源还存在一定的争议。一般认为,宪法是原则法,通常情况下其规定的义务不能作为不作为犯的义务来源,但如果其他任何法律法规都没有作出规定,行为人不履行该宪法义务的行为严重危害社会的,可成为不作为犯的义务来源。[③]

(二)以李某不作为故意杀人案为例

被告人李某明知自己的同居女友(已怀孕)喝农药自杀而不救助,自

---

① [苏]孟金沙主编:《苏联刑法总论》(下册),彭仲文译,大东书局1950年版,第332页。

② [俄]伊诺加莫娃—海格主编:《俄罗斯联邦刑法(总论)》,黄芳、刘阳、冯坤译,中国人民大学出版社2010年版,第69~70页。

③ 参见赵秉志主编:《刑法总论》(第2版),中国人民大学出版社2012年版,第175页。

己独立离开，导致女友得不到及时救助，后抢救无效死亡。二审法院认为，被告人李某与女友发生性关系致其怀孕，李某对其女友及腹中胎儿负有道德意义上的义务，且在女友喝农药后处于极度危险状态时，其在场有义务施救而不救助，致女友死亡，因此，构成不作为的故意杀人罪。①

本案中，被告人对同居女友见死不救，这种不作为的行为肯定是要受到道德谴责，但是否构成犯罪却存在争议。法院认为，同居女友处于危险之中，被告人有特定法律义务实施救助，但是具体是什么法律义务，并没有进一步交代。在我国，同居关系属于情谊行为，不为民法所调整，属于道德调整的范畴，没有法律的明文规定，所以法院也说不出具体是什么法律义务。同居男友对处于危险中的女友是有救助义务的，不是依据法律的明文规定，而是出于法益保护的要求，对亲密的共同生活关系或生活共同体负有作为义务。

在亲密的共同生活关系中，共同生活的家庭成员，如配偶、父母与子女、兄弟姐妹，或类似婚姻关系的同居人之间，都有保证人地位。只有婚约，但无共同生活的，则没有保证人地位。一夜情的男女不能与同居者相提并论，彼此没有保证人地位。分居的夫妻有无保证人地位，要看分居的情形，若分居后形同陌路，彼此无意祸福与共，保证人地位便不复存在。这里所说的同居关系，不包括分租房子的室友。单纯的共同生活，如宿舍的室友、教室内的同学、看守所及监狱的狱友，无保证人地位。②

与此相关，危险共同体是指为达特定目的所组成的彼此信赖互助，并互负排除危难义务的团体，如高峰登山队、沙漠探险队、深海潜水队等。这些危险共同体的成员之间，都互相居于保证人地位。至于临时性的游戏团体，或一起大吃大喝的一群酒肉朋友，则非危险共同体，无保证人地位可言。③

虽然我国法律对公民规定了很多作为义务，但是成文法毕竟存在局限性，有些关乎个人生命健康的重要的道德义务并没有为法律所规定，比如婚姻法规定以外的亲密的公共生活关系以及危险共同体之间的相互救助义务。这些重要的道德义务关乎根本性的个人法益和社会法益，且在日常生活中大量存在，所以需要纳入刑法的调整范围。我国司法实践经常面对

---

① 参见金华市中级人民法院刑事附带民事裁定书，(2000)金中刑终字第 90 号。

② Hans-Heinrich Jescheck, Thomas Weigend, *Lehrbuch des Strafrechts Allgemeiner Teil*, 5. Aufl., Berlin, Drucker & Humblot, 1996, S. 622；[德]冈特·施特拉腾韦特：《刑法总论 I——犯罪论》，杨萌译，法律出版社 2006 年版，第 370~372 页；林东茂：《刑法综览》(修订 5 版)，中国人民大学出版社 2009 年版，第 120 页。

③ 参见林山田：《刑法通论》(下册)(增订 10 版)，北京大学出版社 2012 年版，第 159~160 页。

类似案件,却没有明确的刑法理论予以解释,但是,司法机关往往将其纳入刑法规制的范畴。所以,我国的刑法理论研究应当予以回应,将亲密的公共生活关系以及危险共同体之间的救助义务列为刑法中的作为义务范畴。

二、职业或业务要求的义务之司法难题

(一)职业或业务要求的义务的内涵

职业或业务要求的义务是指担任某种职务或从事某项业务的人由于其职务本身和业务的性质决定的负有某种特定的作为义务。行为人不履行这种义务的情形,实际上就是不履行职务或者业务本身的职责。如警察有抓获歹徒的义务,发现歹徒行凶而不与之搏斗,就是不作为;如幼儿园的老师照看小孩时,看到小孩溺水而不管不顾,造成小孩死亡,应负故意杀人的责任;又如单位的保安有保护财产安全的义务,在值班期间发现小偷不制止,并接受小偷的"贿赂",放任小偷偷东西,构成盗窃罪。①

需要注意的是,职务或业务要求的义务成为不作为义务来源有两个条件,一是义务限于职务或者业务所涵盖的范围之内;二是在行为人担任职务或者从事业务的期间产生。

职业或业务要求的义务并非都有法律的明文规定。在法律明文规定的情况下,职业或业务要求的义务与上述法律明文规定的义务相重合,除法律之外的单位的规章制度,具有法律效力的,也可以成为不作为的作为义务来源。② 如果明显违背法律原则和精神的,司法实践中,应撇开其内容,根据具体案情重新确定作为义务的有无和具体内容。

(二)以肖某玩忽职守案为例

肖某是主管安全生产的政府官员,孙某在肖某所管辖的辖区内筹建加工厂,安全事故发生后,肖某才得知该厂的存在。法院认为肖某工作严重不负责任,未及时发现其辖区内的安全生产隐患,致使事故发生,造成人民利益受到重大损失,其行为成立玩忽职守罪。③

根据刑法的规定和《河南省安全生产条例》,被告人负有辖区内安全生产监管职责,负有职业或业务要求的作为义务而不作为,应当承担刑事责任。但问题在于,到底还有哪些或者哪个级别的国家工作人员要对此案负刑事责任?

我国《刑法》第 397 条只规定,国家工作人员玩忽职守,致使国家利益、

---

① 参见(2010)汴刑终字第 60 号判决书。

② 参见陈兴良:《本体刑法学》(第 2 版),中国人民大学出版社 2011 年版,第 209 页。

③ 参见(2012)平刑再终字第 1 号裁定书。

公共利益和人民利益遭受重大损失，构成玩忽职守罪。大体而言，国家工作人员的具体职责是认定玩忽职守罪的关键。首先，玩忽职守罪的主体是国家工作人员，而国家工作人员的认定标准，除了身份外，还包括从事的公务活动或职权。① 其次，玩忽职守是一种不作为，不作为的义务来源就是职务或业务的要求，即职责所系。最后，玩忽职守行为与危害结果的认定，也离不开行为人的职责。因为根据条件说，作为一种不作为，如果行为人履行了职责，结果就不会发生，那么，玩忽职守行为与危害结果之间就存在因果关系，只有符合这些条件才构成玩忽职守罪。

在司法实践中，职业或业务要求的义务的具体判断本身是个难题。到底行为人负有哪些明确规定的或约定俗成的作为义务，难以用一个统一的标准进行衡量，必须结合具体案件具体判断。至于因领导、主管、监督而产生的作为义务，则更是难以判断，到底哪些或者哪个级别的领导要对下属的不作为负有监督责任，刑法理论和司法实践都难以给出一个明确的标准。所以，厘清职责、明确职业或业务要求的义务是处理这类司法问题的核心。

三、法律行为产生的义务之司法难题

（一）法律行为产生的义务的内涵

法律行为，是指在法律上能引起一定的权利、义务关系的行为。通常而言，在作为义务理论中法律行为主要有合同行为、自愿承担行为等。②

合同行为会产生合同义务，合同义务包括给付义务和附随义务。给付义务，是指合同的一方当事人负有一定作为或不作为的义务；附随义务，指为履行给付义务或保护当事人人身或财产上利益，在合同发展过程基于诚信原则而产生的义务。在财产交易的过程中，如果交易的一方因为不清楚某些事项而陷入认识错误，可能引起不必要的财产损失时，基于诚实信用原则，另一方负有及时准确告知该方这些事项的积极作为义务。③ 例如，某

---

① 2002年12月28日《全国人民代表大会常务委员会关于〈中华人民共和国刑法〉第九章渎职罪主体适用问题的解释》规定："在依照法律、法规规定行使国家行政管理职权的组织中从事公务的人员，或者在受国家机关委托代表国家机关行使职权的组织中从事公务的人员，或者虽未列入国家机关人员编制但在国家机关中从事公务的人员，在代表国家机关行使职权时，有渎职行为，构成犯罪的，依照刑法关于渎职罪的规定追究刑事责任。"

② 在社会生活中，人的法律行为是多种多样的，不仅行为人按照有关法律规定实施的行为是法律行为，而且凡是自愿承担某种实施一定行为或者避免损害结果发生的义务，都是法律行为，都可以产生一定的法律义务，因而能够成为不作为的义务来源。

③ 参见［日］大谷实：《刑法讲义总论》（新版第2版），黎宏译，中国人民大学出版社2008年版，第136页。

顾客甲到自行车用品店选购了一辆山地自行车，并与老板乙商定好价格4700元，老板娘丙正好回到店里。老板乙便指着甲跟丙说：“你给这位顾客开票，4700元，山地自行车一辆。”乙说罢就在一旁忙着修车。丙领甲进屋开票后就出来做其他事情，也没有收取甲应付的价款。乙、丙夫妇其实发生了误会，丙以为乙先前已经收了款，自己只负责开票，乙却以为丙开票后同时收了款，故两人都没有要甲付款的表示。甲见两人都没有收钱，便赶忙把山地车骑走。该案经侦破后，由于甲怠于履行告知义务，所以成立不作为的诈骗罪。①

所谓自愿承担行为，是指行为人基于自己的自主意思而在事实上承担了防止某种法益危险发生的义务。例如，O允许严重醉酒的V进入自己的家中，并允许V使用自己的洗漱间，但V在洗漱间注射毒品，当V快要不行的时候，O没有提供任何帮助，致使V没有得到任何救助而最终死亡，法院认为O应当承担相应责任，因为“他将V从别人能注意到他自残从而加以阻止的公共场所带到私人场合——自己家里，那么就只有他能担负起监护的职责”。②

（二）以徐某、陈某强奸案为例

被告人徐某将被害人刘某带至被告人陈某的暂住地，晚上徐某对刘某施暴，将其强奸。在这个过程之中，被害人刘某反抗并向睡在同一房间内另一张床上的被告人陈某求救，而陈某仅对被告人徐某作一般言词劝阻，没有采取任何其他有效措施阻止徐某的强奸行为，致其强奸被害人刘某得逞。法院认为，被告人徐某的行为构成强奸罪。被告人陈某作为房间提供者，对房屋内的被害人负有一定的安全保障义务，在被害人遭受强奸危险之际，被告人陈某能够采取行为制止却没有阻止，导致被害人的人身权利遭受严重侵害，其行为构成不作为的强奸罪。③

陈某不制止同房内的强奸与上述O不制止V自残有相似之处，都是被告人不采取措施阻止被害人身体受到伤害。不同之处在于，O自愿将V带回自己家，事实上承担了照顾V的义务，至少是承担了防止V发生身体受伤的义务；而陈某并没有主动承担照顾被害人刘某的义务，只是容忍了另一被告人徐某对被害人刘某的伤害行为。如上所述，O的行为属于自愿承担行为，而陈某的行为则不是。

---

① 参见李方政、张理恒：《不作为诈骗罪的认定》，载《人民法院报》2011年12月29日，第7版。

② See Matthew Lippman, *Contemporary Criminal Law: Concepts, Cases, and Controversies*, second edition, California, SAGE Publications, Inc., 2010, p. 96.

③ 参见上海市奉贤区人民法院刑事判决书，(2011)奉刑初字第879号。

既然无法认定陈某的行为是法律行为，又缺乏法律的明文规定，也不是职业或业务要求，更没有先行行为所致，那么如何认定陈某的救助义务呢？这是由于陈某是场所的主人，对场所内可能发生的法益侵害，有防止义务。因场所的持有而产生的作为义务。比如，出租车司机有防止出租车内发生法益侵害的义务。

这里涉及的问题是，企业所有人或者主管人即使没有积极教唆或者帮助在企业内部实施的犯罪，他们是否以及在多大范围内有义务制止犯罪的发生？由于分工的细化，只有本来可以通过下达指令而阻止犯罪的人才负有保证人义务。并且该犯罪应发生在一个不受外界影响的行为领域，并且只有企业主管人员才能控制该领域。①

场所持有而产生的作为义务是危险源管理监督义务的一种。危险源是可能发生侵害法益的较高危险的人或物的总称。对于这些危险源负有监督义务或看管义务之人，如收容医疗具有暴力倾向的精神病患的医生、放射性物质或爆炸物的所有人、凶猛动物的所有人或占有人等，在他们监督或看管的范围内，均处于保证人地位。②

四、先行行为引起的义务之司法难题

（一）先行行为引起的义务的内涵

一般来说，先行行为引起的义务是指由于行为人的行为致使刑法法益处于危险状态，行为人就负有采取必要措施阻止法益侵害结果发生的作为义务。

先行行为不需要行为人的行为具有违法性，只需要行为造成法益侵害的紧迫危险，否则就没有作为义务防止侵害结果的发生。如果根据客观违法性论，制造法益侵害的危险就是违法行为，那么也可以认为，先行行为通常是不道德行为、违法行为。至于我国通说认为成年人带小孩去游泳是由于先行行为而负有保护小孩的义务③，这种观点是值得商榷的。因为成年人带小孩去游泳本身没有造成法益侵害的现实危险，更谈不上不道德、违法的行为，而是由于小孩自身（如水技不好）或自然原因（如水流太深太急）导致小孩的生命遭受危险，所以成年人没有先行行为引起的义务。当

① 参见［德］冈特·施特拉腾韦特：《刑法总论Ⅰ——犯罪论》，杨萌译，法律出版社2006年版，第373～374页。

② 参见林山田：《刑法通论》（下册）（增订10版），北京大学出版社2012年版，第163页。

③ 参见高铭暄、马克昌主编：《刑法学》（第7版），北京大学出版社、高等教育出版社2016年版，第69页。

然,由于成年人带小孩出去,本身是一种自愿承担行为,所以负有法律行为产生的义务。

紧急避险人因为避险行为对遭受损害的无辜的第三者负有作为义务。正当防卫行为是为了保护法益而实施“正对不正”的行为,正当防卫人不会因为正当防卫行为对不法侵害者具有救助义务。“被告人在自卫中正当地施加了伤害,然后将被害人留在那里等死,德国法和美国法都一致认为,正当打击所导致的死亡没有责任。”①当然,当正当防卫超过必要的限度造成重大损害时,防卫人负有避免超过必要限度的损害结果发生的义务,否则将承担防卫过当的法律责任。有学者认为,具有违法阻却事由的行为也能成为产生作为义务的先行行为,②本书以为这种观点有以偏概全之嫌,并不完全赞同。

先行行为既可以是作为,也可以是不作为。例如,行为人拒不接受有关部门对枪支、弹药、爆炸物品的检查,丢失公务用枪不予及时报告等情形,都可以引发作为义务。

先行行为既可以是有责的行为,也可以是无责的行为。先行行为是犯罪行为时,则面临着罪数问题。首先要考虑不作为行为是否构成先行行为的结果加重犯;其次要分析先行行为与不作为之间是否存在牵连关系,构成牵连犯。

(二)以范某某故意杀人案为例

某日凌晨,被害人王某某进入被告人范某某及包某某(无刑事责任能力,另案处理)暂住的废旧工棚内,被告人范某某以为被害人王某某对其不利,遂持木棒击打被害人王某某肩部,后将该木棍交给包某某,包某某随之又持木棒和瓦煲击打被害人王某某头部、肩部等身体部位,致被害人王某某受伤倒地。后在被告人范某某旁观下,包某某对被害人进行焚烧致被害人王某某死亡。公安机关据群众报案将被告人范某某当场抓获归案。法院认为,被害人王某某酒后进入被告人范某某及包某某暂住的工棚内,对被告人范某某及包某某的人身安全构成威胁,故被告人范某某对被害人实施用木棍击打行为是对正在进行的不法侵害的阻止,本属正当防卫行为,当被告人范某某看到包某某打不过被害人,而将木棍递给包某某的行为也属适当。但当被害人被包某某打倒在地,包某某点火焚烧被害人时,范某某作为完全刑事责任能力人却采取放任态度,能够制止却未加以制止,其

---

① [美]乔治·弗莱彻:《反思刑法》,邓子滨译,华夏出版社2008年版,第451页。

② 参见张明楷:《不作为犯中的先前行为》,载《法学研究》2011年第6期。

不作为行为与被害人死亡之间存在因果关系,其行为成立故意杀人罪。①

本案中,被告人范某某对被害人实施用木棍击打行为是正当防卫行为,如前文所述,正当防卫行为不会产生作为义务。被害人被包某某打倒在地,包某某点火焚烧被害人,虽然与被告人范某某递交木棍给包某某继续殴打的行为具有前后关联性,但烧死被害人的危险并不是被告人范某某的行为造成的,完全是由包某某独自完成的,且范某某与包某某之间也没有意思联络,范某某对被害人之死也不存在任何加工行为,被告人范某某的行为没有导致被害人处于危险的状态,不属于刑法意义上的先行行为,对他人先行行为造成的危险后果不承担制止义务。因此,本案被告人范某某应当无罪。

我国刑法理论和司法实践通常认为,只要先行行为与损害结果之间存在因果关系(甚至只是条件关系)就产生了先行行为引起的义务。此时,行为人只要没有积极作为,就构成不作为犯罪。这种做法无疑不当地扩大了刑法的处罚范围。根据作为与不作为的等价性原理,刑法中的先行行为与实行行为一样必须是引起法益侵害具体危险的行为。仅存在因果关系,没有具体引起法益侵害的危险,不构成先行行为。有学者指出,行为人必须因为前行为已经制造一个具体的危险状态,才能作为先行行为。如果仅是遥远的危险,或前行为是受认可的社会通常行为,或是应由他人单独负责的危险,就不能以先行行为论。例如,T2 虽然与 T1 共同行窃,但 T2 对 T1 临时起意所犯的强行与 P 女性交,并不因而产生先行行为的保证人义务,即便 T2 当场未加阻止也不承担责任,此过剩部分应由 T1 单独负责。②

第三节　我国作为义务理论之发展完善

长期以来,我国作为义务论坚持的是形式的四来源说。但也有学者对此提出不同的看法,认为除了四来源之外,“在特殊场合下,公共秩序和社会公德要求履行的特定义务”也是不真正不作为犯的义务来源。而且司法实践中也确实存在对于不防止前恋人自杀的男子的不作为以故意杀人罪论处的判例。③

“法律的生命一直不是逻辑,而是经验。”④随着我国司法实践的发展,

① 参见广州市中级人民法院刑事判决书,(2012)穗中法刑一初字第 399 号。

② 参见林钰雄:《新刑法总则》,中国人民大学出版社 2009 年版,第 405 页。

③ 参见马克昌主编:《犯罪通论》,武汉大学出版社 1999 年版,第 170~172 页。

④ 转引自武宏志:《论霍姆斯的“逻辑”和“经验”》,载《政法论丛》2016 年第 6 期。

通说的四来源说甚至五来源说,已经在现实中被不断地突破。然而,由于长期的理论与实践的脱节,我国刑法学者很少关注司法实践,即使关注,也没有提炼出新且成熟的理论,导致作为义务理论无法满足司法实践的要求。司法判例根据实际的需要创造了一些新的义务来源,虽然判例的内容往往缺乏理论性,但却为理论的发展提供了契机。

在对待德日已经形成的作为义务理论,我国学者应该深入、全面分析研究其理论的根据、精华及不足之处,并具体结合我国的立法思维和方式、司法经验以及社会的整体法治状况和民众的倾向性法律意识,有技巧的衔接,切不可邯郸学步,全盘借鉴,也不可全盘否定。即使采取相同的模式,但在具体步骤上也要审慎,要根据我国具体国情,坚持取其精华、去其糟粕的吸收原则,以期更加完善我国的作为义务理论。

一、深化我国作为义务来源的内涵

虽然我国不作为犯理论自苏俄引进以来已有半个多世纪的历史,其理论结构简单,操作相对简便,但与具有二百多年历史的德日刑法理论相比,其理论深度、精细程度远远不如后者。我国的不作为犯理论还只是停留在形式的层面,且对形式的内容缺乏深入研究,很多具体的问题仍处于探讨阶段。

我国刑法理论对不作为犯的作为义务来源只是进行了分类,但没有进一步对作为义务来源的内涵予以澄清。在对作为义务理论通说的理论与实践考察之后,不难发现,我国作为义务通说的四来源的内涵需要进一步深入挖掘。每一种作为义务的来源具体是什么内涵,如何将一个来源与其他来源区别开来,都是需要研究的问题。在面对具体司法案件时,如何确定行为人的行为是不是义务来源的要求至关重要。因此,挖掘我国作为义务来源的内涵具有理论与现实的必要性。

在我国作为义务形式来源中,法律规定的义务和法律行为产生的义务虽然也存在司法难题,但主要的问题在于它们无法满足司法实践的要求,难以解决相关的问题,需要扩大作为义务的范围。而职务或业务要求的义务与先行行为引起的义务的问题则在于内容不明确,对其含义的界定相当浅显,所以,需要进一步明确并挖掘其内涵。

比如,职务或业务要求的义务理论中关键是要把握行为人的职责是什么,如何厘清他与其他人的权责。由于职务或业务的要求,有的是由法律法规规定的,有的是由内部章程规定的,所以需要针对个案逐一明晰。对于每一个案件都需要仔细了解当事人的职务或者义务上的要求。对于监督义务，一般以直接领导、主管、经手为限，不得将责任的范围无限扩大。当然，如果内部章程与法律法规相冲突，则内部章程无效，应以法律法规为准。单位内部的特殊规定不得与法律精神相抵触。

又如，在先行行为引起的义务理论中，不是先前有行为就一概都会成为刑法上的先行行为。甲与乙谈恋爱，后甲提出分手，乙声称如果分手就自杀，但甲还是坚持要分手。即使甲看着乙自杀而不制止，也不能认定甲有作为义务。因为甲与乙谈恋爱及分手的行为，并没有对法益造成侵害的危险。只有造成法益侵害的现实或迫切危险的紧密行为，才可能构成法规范意义上的先行行为。紧急避险人因为避险行为对无辜的第三人造成法益侵害，所以对第三人负有消除或减少侵害的作为义务。正当防卫行为是为了保护法益而实施的防卫行为，对不法侵害者不具有救助义务。只有构成防卫过当时，防卫人才负有避免过当结果发生的作为义务。不作为理论中的先行行为是具有特定含义的，并不是所有的先前行为都可以构成刑法意义上的先行行为。

一般来说，法律语言与日常语言是存在差别的，法律语言往往存在特定的内涵，不能简单地用日常语言的逻辑来思考法律语言的含义。我国作为义务的形式四来源说，文字表述看似简单明了，但实质含义具有模糊性和变动性，需要结合具体的案例不断挖掘其最新内涵。例如，我国台湾地区学者陈志辉指出："每一个拿刀砍死被害人的杀人者，就外观上视之，只有持刀砍人的积极杀人行为，至于为什么不去救被害人，这对行为人而言，既然行为人想要被害人死亡，我们也无法期待行为人会去救助被害人。"①此时，先前的犯罪行为已经为刑法所评价，所以不再产生作为义务。

二、扩充我国作为义务的形式来源

如前所述，我国作为义务四来源说在司法实践中越来越表现出它的局限性。尤其是法律规定的义务和法律行为产生的义务理论已经不能适应司法实践的需要。即使我国有学者提出作为义务的第五种来源，即在个别情况，根据公共秩序与社会公德产生的作为义务，但这种义务并不明确，五来源说本身也不够系统。所以需要扩充并明确我国作为义务论的形式来源。

在国外，大陆法系国家，如德国、日本，采取形式与实质相结合的作为义务理论，强调作为义务的实质根据的同时，对作为义务的形式来源也进行了细分，形式来源的类型相当丰富。英美法系国家的作为义务虽然也采

① 陈志辉：《刑法上的法条竞合》，台北，春风煦日论坛1998年版，第84页。

取形式论,但是他们的形式来源的途径很广。大多数学者主张五来源说或七来源说。[①] 五来源包括:①产生于特定关系的义务;②自愿承担的对他人的义务;③合同规定的义务;④法律规定的义务;⑤先前危险行为引起的义务。[②] 七来源则包括:①身份关系;②法律规定的行为;③合同行为;④自愿承担的事实;⑤先前的危险行为;⑥负有监督他人行为的义务;⑦业主的义务。[③] 这些理论显然比我国作为义务的四来源说要丰富得多。

也许有学者认为,我国作为义务四来源说与国外的刑法理论相比处罚范围更小,理论上体现了刑法的谦抑主义,更加有利于保障人权。不可否认,刑法处罚的范围越小,对犯罪的打击面越窄,能够使一部分本应该被处罚的当事人免于刑事处罚,一定程度上有利于这些人的人权保障,但是对于其他人的人权则是一种忽视。因此,刑法的任务不仅仅是保障人权,还包括保护法益,对于值得刑罚处罚的行为必须按照法律规定予以刑事处罚。

值得注意的是,我国理论的通说虽然是四来源说,但司法审判已经创造出新的义务来源。在不作为义务来源的判断上,我国的司法实务走在刑法理论的前面。从现有的案例来看,基于法益保护的需要,作为义务的来源至少还包括:亲密的共同生活关系或生活共同体、危险共同体、场所持有等。这些义务来源在大陆法系和英美法系早已达成共识,只是我国的刑法理论尚未确立。随着今后实践的需要,对他人的监督义务、危险物的持有,都有可能作为我国作为义务的形式来源。

在世界各国,刑法理论与司法实践都应该是互动的。“作为法律和司法实践的桥梁的刑法教义学,在对司法实践进行批判性检验、比较和总结的基础上,对现行法律进行解释,以便利于法院适当地、逐渐翻新地适用刑法,从而达到在很大程度上实现法安全和法公正。”[④]我国司法实践已经创造出作为义务的新来源,刑法理论当然应该批判性吸收,将有益的经验纳入理论的框架之内,适当扩充我国作为义务的形式来源。

---

① 参见李金明:《不真正不作为犯研究》,中国人民公安大学出版社 2008 年版,第 149 页。

② [英]乔纳森·赫林:《刑法》(影印版),法律出版社 2003 年版,第 41 ~ 42 页;Clarkson & Keating, *Criminal law*, *Text and Materials*, Sweet & Mawell, 1990, p. 127-131.

③ [美]辛格、拉方:《刑法》(第 2 版),王秀梅等注,中国方正出版社 2003 年版,第 38 页;Matthew Lippman, *Contemporary Criminal Law*: *Concepts*, *Cases*, *and Controversies*, second edition, California, SAGE Publications, Inc., 2010, p. 96-97.

④ Vgl. Hans-Heinrich Jescheck, Thomas Weigend, *Lehrbuch des Strafrechts Allgemeiner Teil*, 5. Aufl., Berlin, Drucker & Humblot, 1996, S. 42.

三、探究我国作为义务的实质来源

由于我国一直采用形式作为义务论，扩充形式来源，有助于解决一些实际问题。与德、日早期的学说一样，形式义务论尽管在外在形式上较为清晰、明确，但是，并未从实质上解释行为人必须保证特定结果不发生的原因，即不能说明处罚不真正不作为犯的实质根据，导致处罚范围的不确定。所以，我国学者认为，对作为义务仅作形式的探讨，既存在理论上的缺陷，也导致实践上确定的保证人范围有时过宽、有时过窄。①

根据形式义务论，因为《民法典》明文规定，夫妻之间有相互照顾的义务。但长期同居在一起的情侣没有法律的明文规定，彼此之间也有照顾义务。反过来，即使是夫妻，在特定的情况下，没有履行救助义务，也不会受到处罚。例如，妻子遭歹徒毒打强奸，丈夫躲在隔壁“忍辱”1小时，却没有救助妻子。丈夫不会受到刑事处罚的原因，除了人们在道德上对他的同情，还在于他事实上面对的是全副武装的3个歹徒，以他一己之力，在当时自己都遭受毒打，所以根本无法控制这3个歹徒，更别说救助妻子。换言之，对造成结果的原因无法支配，法律上缺乏作为义务的实质根据。

正因为形式的作为义务说存在缺陷，德、日刑法学者从发展出实质的作为义务理论。近年来，我国学者也开始探索作为义务的实质来源，尤其是注重形式来源与实质来源的结合。②

我国有学者主张用客观归责理论来限定先行行为的作为义务范围。先行行为只有对损害结果具有可归责性，才能产生刑法上的作为义务。③虽然客观归责理论可以解释先行行为引起的作为义务，但对其他的形式义务来源难以解释，并且客观归责理论与因果流程支配说（或结果原因支配说）具有内在的一致性，所以暂不为本书所采用。

我国有学者认为，不真正不作为犯的作为义务的实质根据在于行为人排他性地支配了法益侵害结果，即取得了“控制了因果关系的发展流向的地位”。包括两个方面的内容：一是行为人对结果已经开始事实上的控制即实际控制；二是行为人对结果的控制具有排他性。④ 我国学者许成磊也

---

① 参见张明楷：《刑法学》（上）（第5版），法律出版社2016年版，第152页。

② 参见［德］乌尔斯·金德霍伊泽尔：《刑法总论教科书》（第6版），蔡桂生译，北京大学出版社2015年版，第374页；［日］前田雅英：《刑法总论讲义》（第6版），曾文科译，北京大学出版社2017年版，第84页。

③ 参见王莹：《先行行为作为义务之理论谱系归整及其界定》，载《中外法学》2013年第2期。

④ 参见黎宏：《刑法学》，法律出版社2012年版，第88页。

认为,作为义务的实质根据在于行为人对受害法益的排他性支配关系。①但排他性是多余的,因为在同时犯的情形,不能肯定某个行为对于结果的排他性支配,但不能否定同时犯具有作为义务。

张明楷教授采取结果原因支配说,认为作为义务的实质根据在于对结果发生原因的支配地位。实质的法义务根据辅之以形式的标准。一是基于对危险源的支配产生的监督义务;二是基于与法益的无助(脆弱)状态的特殊关系产生的保护义务;三是基于对法益的危险发生领域的支配产生的阻止义务。② 张明楷教授找到了作为义务的实质根据,但对形式标准的划分不够明晰,存在重叠之处。"对法益的危险发生领域的支配"实际上可以包含在"对危险源的支配"之中。应当根据法益侵害的危险程度以及相对的受保护者的防御程度来判断法益侵害的有无,据此对结果发生原因的支配可以分为两种情形,即对危险源的支配、对法益脆弱性的支配。③ 前者如操作车辆等危险装备的场合,管理危险物品的场合,从事危险作业的场合;后者如父母照料婴儿、医生治疗病人等承担保护责任的场合。在上述这些情形,行为对结果发生原因的支配对判断保证人地位即作为义务起着决定性作用。④

四、形式与实质相结合的作为义务论之提倡

最初的形式作为义务论,尤其是长期占据统治地位的"三大形式来源理论",明确将作为义务的来源限定在法律明文规定、契约以及先行行为上。尤其是前两者,被认为是基于罪刑法定主义的合理限定。但是,由于形式的作为义务论不能实质地说明这些来源形式何以就成为行为人负有防止结果发生之责任的基础,同时,导致不作为犯的处罚范围的不合理。

如上所述,形式义务论存在诸多局限和不足,所以,实质的作为义务论越来越受到重视和推崇。⑤ 实质的作为义务来源理论具有对作为义务的限定意义,但并不意味着实质来源说可以绝对取代形式来源说。形式来源说由于其独特的限定功能而被保留下来。

现代刑法理论一般认为,只有将具有可操作性的形式来源说和具有根

---

① 参见许成磊:《不纯正不作为犯理论》,人民出版社 2009 年版,第 343 页。

② 参见张明楷:《刑法学》(上)(第 5 版),法律出版社 2016 年版,第 153~159 页。

③ 参见[日]山口厚:《从新判例看刑法》,付立庆、刘隽译,中国人民大学出版社 2009 年版,第 38 页。

④ 参见孙运梁:《从因果支配走向客观归责——不纯正不作为犯的归因与归责》,载《法学评论》2016 年第 2 期。

⑤ 参见贾济东:《外国刑法学原理(大陆法系)》,科学出版社 2013 年版,第 166 页。

本意义的实质来源说结合起来,才能很好地判断行为人是否具有作为义务。“必须追求形式考察方法同实质考察方法的结合。”[①]所以,应该借鉴形式与实质相结合的作为义务论。

不作为犯对于不发生结果具有义务,不作为犯中不作为引起结果与作为犯中作为引起结果之间具有等价值性。法益的侵害与危险应当根据对法益方的保护以及侵害方的监督管理来认定,作为义务的产生依据无疑是不作为犯对保护法益及危险源的现实化的过程支配。也就是说,将该过程支配分为对保护法益的支配与对管理监督的危险源的支配。这两种支配方式所产生的义务分别称为法益保护义务和危险源管理义务。

法益保护义务包括以下情形:①亲密的共同生活关系或生活共同体,如婚姻关系、父母子女关系。②危险共同体,如登山队、探险队。③事实上承担保护义务,如保姆、救生员、向导、警察、医师。事实上的承担,与契约是否存在无关。④法律规定,如民法中父母对子女的照顾义务。

危险源管理义务包括:①危险前行为,但不包括正当防卫行为。②对他人的监督义务,如父母对子女应采取适当的手段管控其行为。③危险物的持有,如动物的饲养、有毒物品的存放、汽车持有、招牌的设置。④场所持有,场所的主人对场所内可能发生的法益侵害,负有防止义务。⑤法律规定。

概言之,各国刑法理论在形成形式作为义务论的同时,也积极探求实质作为义务论,这背后反映了形式法治与实质法治的要求。形式法治关注法律颁布的方式(是否由合格的被授权者颁布,是否以合适的被授权方式等)、规范的清晰性(是否足够清晰以指引个人行为,使之可规划其生活等)以及规范的时间维度(面向未来或者溯及既往等)。形式法治关心它们是否符合法治的形式规范,并不关心法律是善法还是恶法。实质法治认为法治除了要具有上述的形式特质外,还应构成特定的实质性权利的基础,这些权利区分了合于这些权利的善法与并不合于这些权利的恶法。现在西方学者正在寻找一条介于纯粹形式法治与实质法治的中间道路。[②]

大体来说,形式作为义务论追求的是作为义务来源的确定性和可预测性,实质作为义务论追求的是作为义务来源的合理性和正当性。德日刑法理论从主张形式的作为义务论到实质的作为义务论的转变是形式法治向

---

① Hans-Heinrich Jescheck, Thomas Weigend, *Lehrbuch des Strafrechts Allgemeiner Teil*, 5. Aufl., Berlin, Drucker & Humblot, 1996, S. 621.

② 参见[英]保罗·克雷格:《形式法治与实质法治的分析框架》,王东楠译,载姜明安主编:《行政法论丛》第13卷,法律出版社2010年版,第643~644、661~664页。

实质法治发展的表现,二者分别与罪刑法定主义的形式侧面和实质侧面相对应,具有理论上和实务上的合理性。

本书主张形式与实质相结合的作为义务论,作为义务的发生实质根据是不作为犯对保护法益及危险源的现实化的过程支配。根据这一实质根据,可以将该过程支配分为对保护法益的支配与对管理监督的危险源的支配。随着司法实践的发展以及犯罪形态的变化,形式的作为义务围绕其实质将不断发展变化,关于不真正不作为犯作为义务的理论也将逐步推向深入。

第五章　刑法因果关系理论之反思

第一节　我国刑法因果关系理论面临的困境

虽然刑法理论通说强调哲学因果关系论对刑法因果关系论的指导意义,但带有一定的规范判断色彩。一般来说,必然性和偶然性是对立统一的,相互渗透、相互转化,所以不可将因果联系断然说成是必然联系和偶然联系。只有实行行为合乎规律地引起结果发生时,才能确认二者之间存在因果关系。在此过程中,如果介入其他因素,还可能加速或延缓因果发展进程,改变因果发展方向,以致切断原来的因果关系。[①] 具体而言,刑法因果关系主要有 6 种形式:(1)一人行为直接引起合乎规律的结果;(2)一种行为与某种条件结合不可避免地产生结果;(3)不能单独产生结果的两个行为结合而产生结果;(4)数人行为相互配合引起结果;(5)行为人行为与被害人行为、最后的结果前后衔接;(6)行为人行为与介入的第三人行为共同造成结果。[②] 可见,通说既重视经验认识,也认可价值评价,对介入因素案件的处理表现出与相当因果关系说、客观归责论相似的问题意识和方法意识,唯独欠缺严密的归责体系和清晰的下位规则。

上述不足在司法实践中得到充分体现。例如,2004 年 8 月 27 日 16 时许,赵某某驾驶车牌号为京 CU3586 的桑塔纳 2000 型小客车行至北京市海淀区圆明园西路主路骚子营路口南 20 米处时,因超速行驶,其所驾车辆轧在散放于路面的 1 个雨水井盖上后失控,冲过隔离带进入辅路后与正常行驶的杨某某所驾的富康车(车牌号为京 EV0159)和骑自行车正常行驶的刘某某(女,殁年 51 岁)、相某某(女,殁年 23 岁)、张某(女,殁年 17 岁)、薛某某(女,41 岁)相撞,造成刘某某、相某某当场死亡;张某经抢救无效于当日死亡;杨某某、薛某某受伤。二审法院认为,赵某某违章超速,故遇井盖后已无法控制车速,导致采取措施不及,是造成此次肇事的一个原因(见案例 1)。[③] 还如,2015 年年底,经人介绍,某溶剂化工厂出资者、经营者葛某某将生产过程中产生的约一百一十吨化工残留液交给没有处置

---

① 参见马克昌主编:《犯罪通论》(第 3 版),武汉大学出版社 1999 年版,第 219~223 页。

② 参见高铭暄主编:《刑法学原理》(第 1 卷),中国人民大学出版社 2005 年版,第 583~586 页。

③ 参见北京市第一中级人民法院刑事附带民事裁定书,(2005)一中刑终字第 3679 号。

危险废物资质的彭某某处置。彭某某于2016年1月至4月分5次将上述化工残留液分别送至湖南省、江西省，交由同样没有处置危险废物资质的易某某等人非法处置。一审法院认为，上述危险废物在非法转移、倾倒过程中导致个别区县3处土壤遭受不同程度污染，土壤污染因子与倾倒的危废污染源具有一致性，因此，污染源及特征污染物明确，污染物迁移途径清晰，与其造成的环境损害存在直接关系，因果关系成立(见案例2)。①

相反，德国刑法学中的客观归责论(objektive zurechnungstheorie)发展至今已趋于成熟，学界对以下观点几乎没有争议：归责于客观行为构成，是根据两个相互依靠的原则来实现的：(1)一个由实施行为人造成的结果，只能在行为人的举止行为为行为的客体创设了一个不是通过允许性风险所容忍的危险，并且这种危险也在具体的结果中实现时，才能归责于客观行为构成。(2)当行为构成的范围不包含阻碍这种危险及其作用时，那么归责就能够被取消。② 它很快在大陆法系国家(地区)获得广泛认同，与此有关的各种修正学说和大量解释方案也迅速涌现。③ 例如，警察指示被告人将被告人的拖斗卡车开到下一个加油站，他自己则会跟着被告人的拖斗卡车行驶，以确保整个过程的安全。但是，在拖斗卡车再次启动之前，警察就将红灯从车道上拿走了。正在此时，另一辆卡车不断驶近，并从后面撞上了被告人的处于无灯状态的拖斗卡车，导致后面卡车的副驾驶受伤而死。联邦最高法院认为，被告人不允许信赖，巡警会从拦截他开始就排他性地从他那里接管起交通安全的责任。由于先行实施的危害交通的行为，他负有特别谨慎的义务。因此他必须考虑到，由于其车辆的违规状况，自己的车可能会被拦截，由此带来的交通危险的升高对他来说就是可预见的，他也就仍然负有排除该危险的义务(见案例3)。④ 还如，在当时只是偶然吸食毒品的被告人，在1983年4月8日碰到他的熟人H时，H告诉被告人他有海洛因，“可以一起享用”。一向以吸食烈性毒品而著称的H继续解释说，他“没有地方”弄到注射器。被告人因此去买了3支一次性的注射

① 参见湖南省宁乡县人民法院刑事判决书，(2016)湘0124刑初697号。

② 参见[德]克劳斯·罗克辛：《德国刑法学总论》第1卷，王世洲译，法律出版社2005年版，第245~246页。

③ 参见[德]雅各布斯：《行为人的表象与客观归属》，神田宏译，载《法与政治》1993年第44卷1号；[日]山本高子：《西班牙语圈刑法的客观归属论》，载《亚细亚法学》2013年第47卷2号；[日]山中敬一：《刑法的客观归属理论》，东京，成文堂1997年版，第1页以下；林山田：《刑法通论》(上册)(增补10版)，北京大学出版社2012年版，第144~146页。

④ 参见[德]克劳斯·罗克辛：《德国最高法院判例·刑法总论》，何庆仁、蔡桂生译，中国人民大学出版社2012年版，第3~4页。

器。在一家旅馆的卫生间里,H将他搞到手的3份“百热”海洛因放在一个勺里“煮开”,将“煮开了的毒品”吸入两个注射器里,然后把其中的一个递给被告人。在注射了毒品之后两人很快就失去了知觉。后来他们被发现的时候,H已经死了;注射毒品导致其窒息和心脏循环出现障碍。联邦最高法院认为,被告人只是参加了其朋友的故意的自我危险,这种危险(可能)是他的朋友想要自我答责的。即使被告人通过其参加而提供了对于H的死亡具有原因关系的帮助,甚至即使他对其行为的因果关系是可预见的,他也不能因为过失致人死亡而被处以刑罚(见案例4)。[①]

近年来,这一理论风靡我国,许多学者主张,对其应予以适当借鉴。[②]但本书认为,该说在规范论、本体论和体系论方面存在严重缺陷,中国刑法学不应全面借鉴客观归责论,完善我国刑法因果关系论要另辟蹊径。

第二节 客观归责本体论的批判性反思

客观归责论或称客观归属论,是指能否将客观发生的结果归责于行为人的行为的理论。其渊源于黑格尔的归责思想,罗克辛是该理论的集大成者。[③] 依照罗克辛的观点,实行客观归责必须具备三个条件:一是行为制造了不被允许的风险;二是行为实现了不被允许的风险;三是没有超出构成要件的保护范围。[④] 然而,这三个下位规则并非完美无缺,从而构成了对其本体论的批判。

(一)对不允许性风险的创设规则的批判

对于被允许件风险判断的复杂性,论者自己也承认,它在多种多样的关系中使用着,还不完全清楚其意义和体系性地位。在此,一个举止行为创设了一种在法律上有重要意义的风险,但是,这种风险一般(不依赖于具体案件)是可以允许的,据此,应与正当化根据不同而排除归责。[⑤] 可是,

---

① 参见[德]克劳斯·罗克辛:《德国最高法院判例·刑法总论》,何庆仁、蔡桂生译,中国人民大学出版社2012年版,第5~6页。

② 参见童德华:《刑法中客观归属论的合理性研究》,法律出版社2012年版,第295~308页;吕英杰:《客观归责下的监督、管理过失》,法律出版社2013年版,第75~77页;陈姗姗:《客观归责论之辨析》,载《苏州大学学报(法学版)》2014年第4期;周光权:《行为无价值论与客观归责理论》,载《清华法学》2015年第1期。

③ 参见贾济东:《外国刑法学原理(大陆法系)》,科学出版社2013年版,第179页。

④ Vgl. Claus Roxin, *Strafrecht Allgemeiner Teil*, Band I, 4. Aufl., München, Verlag C. H. Beck, 2006, S. 375-401.

⑤ 参见[德]克劳斯·罗克辛:《德国刑法学总论》第1卷,王世洲译,法律出版社2005年版,第251~252页。

这不仅会混淆生活中的风险和法律上的风险，而且会造成判断标准的不统一。①

而且，该说也是通过引入相当性的判断模式来进行风险判断。简言之，法官进行的是所谓“客观—事后预测”（sog. objektiv - nachträgliche prognose），判断时点是行为后，判断基础是行为时一个理智的人已经认识或能够认识的事实以及行为人认识或可能认识的事实。② 但这一看似理想的方案实则难以得到真正实施：由于考虑了行为人的认识能力，适用结果容易为个人标准所左右，从而违反了客观归责论的自身定位。对此，有学者提出，危险判断的资料应当是事后查明的行为当时存在的全部客观事实，与任何人的认识能力无关。③ 这虽然避免了通说的缺陷，却走向了一般人标准化的极端；这不仅弱化了客观归责的机能，而且回到了条件说的老路。

鉴于风险评估的不确定性，风险降低规则的作用更加需要警惕。风险降低规则究竟能在多大程度上阻却客观归责，并不清楚。为此，有的学者特地区分了风险降低（risikoverringerung）和风险替代（risikoersetzung）：前者指行为人缓和了危险的条件组合，以至于把风险减弱到极其有限的地步；后者指行为人并非降低现存的风险，而是制造一种全新的较小的风险替代原先的较大的风险。那么，需要思考的是，在两种风险并存的情况下，为什么认为前者没有创设出新的风险，而强调后者设定了新的风险？④ 但是，客观归责论没有给予明确的回答。

（二）对不允许性风险的实现规则的批判

客观归责论者本想通过注意规范的保护目的理论，避免传统观点根据行为人的预见可能性决定归责范围的弊端，但是，它自始就未说明刑法之外的特别规范作为认定注意义务的理由，进而与其在解释保护目的的过程中出现分歧。对于两人在晚上骑着没有灯的车前后相随，在前面的人由于缺乏照明而撞上了迎面而来的另一骑车人的情形（见案例 5），传统观点会

---

① 参见［德］沃尔夫冈·弗里施：《客观归责理论的成就史及批判》，陈璇译，载《国家检察官学院学报》2020 年第 1 期。

② 参见［德］汉斯·海因里希·耶赛克、托马斯·魏根特：《德国刑法教科书（总论）》，徐久生译，中国法制出版社 2001 年版，第 349～350 页；许玉秀：《主观与客观之间——主观理论与客观归责》，法律出版社 2008 年版，第 6～8 页。

③ 参见陈璇：《论客观归责中危险的判断方法——“以行为时全体客观事实为基础的一般人预测”之提倡》，载《中国法学》2011 年第 3 期。

④ 参见［德］沃尔夫冈·弗里希：《客观之结果归责——结果归责理论的发展、基本路线与未决之问题》，蔡圣伟译，载陈兴良主编：《刑事法评论》第 30 卷，北京大学出版社 2012 年版，第 231～233 页。

以实际发生的因果流程偏离了本罪典型的行为构成为由，不将其归入保护目的的范围之内。[①] 而客观归责论要么强调规范具有的防止某种因果流程发生的一般能力，要么重视在法治国原则的指引下对注意义务合理功能范围的界定。[②] 尽管同样将其排除在保护目的的范围之外，但“一般能力”“合理能力”的内涵不借助文义解释、体系解释、比较解释等方法就无法确定。而且，这进一步导致客观目的性认定上的模糊。

在经常举出的卡车司机违反规定距离超车导致醉酒的骑车人被压身亡一案中，即使事后查明司机超车时保持合法距离，鉴于当时骑车人的醉酒状态，事故也仍然极有可能发生(见案例6)。该说主张，即使不能确认如果行为人采取合法的举止，就一定不会发生结果，但只要违反注意义务的行为与被容许的危险相比升高了结果发生的可能性，就能肯定二者之间的关联。[③] 可是，虽强调不法行为与风险升高之间的联系，但并未明示行为必须在多大概率上提高了结果发生的危险。实际上，它是以风险升高规则为工具，设置了相对宽松的危险犯标准，承认归责判断可以发生在怀疑风险实现的时候。

在此基础上，风险升高规则本身的缺陷被进一步地放大。在客观归责论者看来，注意规范的保护目的理论补充了风险升高规则。[④] 但与其说是“补充”，倒不如说是“充实”或“限制”。而教义学上明确规范目的内容的困境，加剧了其适用的不稳定。同样，风险升高规则对假定性案件的处理也得出了不太令人信服的结论。之所以如此有争议，是因为从虚拟观察者的角度对规范接收者进行客观的风险预测本来就不可靠，[⑤]而且不当地将其定位为客观归责的核心要件，意图用风险升高的量差判断取代客观归责的规范评价。[⑥]

(三)对行为构成的作用范围规则的批判

当被害人认识并实施了危险行为，且在他人的参与之下发生了实害结

---

① 参见[德]冈特·施特拉腾韦特、洛塔尔·库伦：《刑法总论Ⅰ——犯罪论》，杨萌译，法律出版社2006年版，第103、404~405页。

② 参见陈璇：《论过失犯中注意义务的规范保护目的》，载《清华法学》2014年第1期。

③ 参见[德]冈特·施特拉腾韦特、洛塔尔·库伦：《刑法总论Ⅰ——犯罪论》，杨萌译，法律出版社2006年版，第101~102页；陈璇：《论过失犯的注意义务违反与结果之间的规范关联》，载《中外法学》2012年第4期。

④ 参见[德]克劳斯·罗克辛：《德国刑法学总论》第1卷，王世洲译，法律出版社2005年版，第262页。

⑤ 参见[德]乌尔斯·金德霍伊泽尔：《犯罪构造中的主观构成要件——及对客观归属学说的批判》，蔡桂生译，载陈兴良主编：《刑事法评论》第30卷，北京大学出版社2012年版，第202~204页。

⑥ 参见黄荣坚：《基础刑法学》(上)(第3版)，中国人民大学出版社2009年版，第232~234页。

果时,客观归责论倾向于通过被告人参与自杀、自伤的不可罚性,将这种情形当然地解释为无罪。[①] 即被告人参与自杀、自伤是比参与被害人自我危险更为严重的行为,既然重行为无罪,轻行为理应不受惩罚,构成要件的效力范围并不包含这些结果。[②] 可是,这一推论过于绝对。因为被告人参与自杀、自伤属于被害人承诺的问题,被害人此时不仅同意行为的危险,而且承诺结果的发生。相反,被害人自我危险适用被害人危险接受的法理,被害人此时仅仅接受行为的危险,没有承诺结果的发生。[③] 考虑到被害人的自我决定权及其对归责的影响,前者的法益侵害性并不一定重于后者。而且,根据《德国刑法典》第216条、第228条以及《奥地利刑法典》第77条、第90条之规定,受嘱托杀人是一种情节较轻的故意杀人罪,被害人同意的伤害行为只有不违背良俗或造成严重后果时,才不违法。这表明,在处理有关生命、身体法益的犯罪时,基于利益衡量的考察,被害人承诺的有效性受到了极大限制:受嘱托杀人者原则上会被追究刑事责任,被害人同意的伤害行为只是在某些例外的场合不违法。论者推理的前提就不可靠,结论自然难以成立。

构成要件的效力范围理论同样无法为同意他人造成危险行为提供根据,因为它并未给出具体的判断标准。为此,解决问题的希望被寄托在自我答责(die eigenverantwortliche schule)理论身上。根据该说,所谓自我答责,是指被害人以一个自己负责的方式,自己危及了自己。若要排除被告人的责任,必须具备两个条件:其一,他们在风险创设中决定性地共同发挥作用(加功);其二,被害人在此过程中自我答责地行为(自我答责性)。除非被告人的参加方式是不受禁止的,否则不能阻却归责。于是,在第一种类型的案件中,被害人是自我地、决定性地创设了风险,而被告人仅仅是一种参加;在第二种类型的案件中,被告人具有犯罪行为支配,被害人只是教唆者或帮助者。[④] 这一学说看似精致,实则存在两大缺憾:一方面,加功要件和自我答责性要件的判定不能直接从其体系内部找到答案,必须寻求客观归责论和共犯论的援助。这与论者所宣称的"该结论只要根据共犯的一

① 参见张明楷:《论缓和的结果归属》,载《中国法学》2019年第3期。

② 参见[德]克劳斯·罗克辛:《德国刑法学总论》第1卷,王世洲译,法律出版社2005年版,第263页。

③ 参见[日]曾根威彦:《刑法的重要问题(总论)》(第2版),东京,成文堂2005年版,第143页。

④ 参见[德]乌尔斯·金德霍伊泽尔:《刑法总论教科书》(第6版),蔡桂生译,北京大学出版社2015年版,第102~107、131页。

般原理就可以直接得出……没有必要发展出一个特殊的客观归责理论”①明显矛盾，因为既然涉及归责，就无法脱离客观归责体系。另一方面，由于理论定位的不清和归责基准的缺位，不同学者对同样的案件可能得出相反的结论。例如，被害人自愿站在木墙前让被告人练习飞刀，使投到墙上的刀在自己身边形成一个圈，假如被告人投出的一把飞刀不慎插入被害人的心脏致其死亡（见案例7）。有的学者或许认为，这属于自我危险的情况，被害人自己创设并接受了这一风险，被告人不能因为参加其中而担保风险不会实现；有的学者或许主张，这属于同意他人造成危险的情况，被害人此时失去了掌控风险的能力，被告人支配了风险实现的全过程。

同样，危险分配理论的运用也会带来很多疑问。一般认为，该理论与被允许的危险的法理、信赖原则之间存在紧密联系。② 在思想上，被允许的危险的法理在信赖其他人的适当行动而实施危险被允许这点上，与信赖原则是一脉相通的；在内容上，危险分配理论在信赖其他人的前提下行动而被减轻负担这点上，与信赖原则又是一致的。③ 所以，危险分配理论并不天生就来自客观归责体系。它仅为信赖原则奠定了思维基础，而未提供适用条件。论者指出：“行为构成的保护目的，也不再包括那种处于他人责任范围之内加以防止的结果。”④换言之，明确罪刑规范保护目的的内容是危险分配的当然前提。可是，危险分配等理论本来就是为了解决物质文明高速发展时代中现代型犯罪的可罚性评价问题。这些现代型犯罪都是行政犯，它们就是危险分配等理论的主要研究对象。那么，不明确行政法中注意规范的保护目的，就不可能明确行政犯构成要件的保护目的；但认定注意规范的保护目的，本身又存在方法论上的种种质疑。

第三节　客观归责方法论的合理性借鉴

正是由于客观归责论本身存在上述难以回避的不足，所以，我国刑法理论不宜全面移植，而只能从方法论上吸收其合理成分。“在科学上，方法是指这样一种路径，它以理性的，因而也是可检验（nachvollziehbar）和可控

① ［德］乌尔斯·金德霍伊泽尔：《论所谓“不被容许的”风险》，陈璇译，载陈兴良主编：《刑事法评论》第34卷，北京大学出版社2014年版，第235页。

② 参见陈志军：《我国犯罪构成模式改革的路径争论与建议》，载《法学杂志》2018年第10期。

③ 参见马克昌：《比较刑法原理——外国刑法学总论》，武汉大学出版社2002年版，第262页。

④ ［德］克劳斯·罗克辛：《德国刑法学总论》第1卷，王世洲译，法律出版社2005年版，第271页。

制的方式导向某一理论上或实践上的认识,或导向对已有认识之界限的认识。”①可见,方法论具有体系性、逻辑性、科学性、实践性和普遍性的特征。法学方法论在广义上包括法学建构的方法、法学研究的方法和法律适用的方法,在狭义上仅指法律适用的方法。② 所以,本书主张借鉴的是建构客观归责论的方法。

详言之,客观归责方法论的合理性表现在以下四个方面。

第一,旨在将不重要的因果关系从构成要件的范围内剔除出去,使犯罪成立的判断起点和评价重心被确立在客观方面。在此过程中,“更为决定性的一点应该是,是不是任意一个人在行为人的处境下出于避免结果的缘故应该放弃相关的行为,并因此能够对发生的结果负责。如果情况不是这样,那么就不再追问结果主观归责于具体行为人的问题”③。于是,客观归责的判断先于主观归责的判断,故意犯和过失犯都是如此。

第二,重视规范判断的运用,充分发挥限制客观不法成立范围的机能。大陆法系国家刑法学者一般在狭义上界定“因果关系”和“客观归责”的概念,二者属于不同层面的范畴:前者主要在自然科学的意义上被使用,而后者仅在法律科学的视阈中被构想。所以,结果的归责以因果关系的存在为前提。只有采取规范的立场,危险创造(risikoschaffung)和危险实现(risikoverwirklichung)的区别才具有重要意义。这就实现了规范理论与危险理论的融合,为其奠定了理论基础。同时,事实危险与规范危险的类型化,为其提供了体系标准。④

第三,归纳出较为清晰的判断标准,显示出归责评价上的层次性。众所周知,创设不被容许的风险和实现不被容许的风险是进行结果归属的两个必经步骤。然而,该说并未停留在上述关键词式的表述之上,而是通过风险减小、可容许的风险、禁止规范的保护目标等准则,发展成为正面判断和反向排除相结合的评价体系。⑤

第四,符合目的理性的犯罪论体系,加强了刑事政策学与刑法学的衔接。新康德主义为目的理性的犯罪论体系奠定了哲学基础,使价值判断渗

---

① [德]齐佩利乌斯:《法学方法论》,金振豹译,法律出版社 2009 年版,第 1 页。

② 参见张斌峰、李永铭、李永成、张莉敏编著:《法律逻辑学导论》,武汉大学出版社 2010 年版,第 12 页。

③ [德]沃斯·金德霍伊泽尔:《故意犯的客观和主观归责》,樊文译,载陈兴良主编:《刑事法评论》第 23 卷,北京大学出版社 2008 年版,第 221 页。

④ 参见[日]山中敬一:《刑法总论》(第 2 版),东京,成文堂 2008 年版,第 250 页。

⑤ 参见[德]克劳斯·罗克辛:《刑事政策与刑法体系》(第 2 版),蔡桂生译,中国人民大学出版社 2011 年版,第 70~73 页。

透到刑法体系的构建之中。客观归责论就是这个方案的核心部分之一。例如,对风险的禁止范围采相对性观点,是刑事政策预防思想的体现,因此也呈现新康德思想的基本观点。①

因此,在方法论上,客观归责论强调客观评价、规范评价、阶层评价以及刑事政策评价,法官在进行客观归责时应当予以合理运用。与此同时,还要准确把握客观归责论的产生背景和我国国情。

首先,特定的刑事政策和刑法目的体现了特定的价值观。刑法反映了文化根基中的价值,是时代的文化的镜子。因此,一旦价值观变化,刑法也应随之改变。② 所以,刑事政策的目的观也蕴含着特定的价值观。它一方面要求人们思考刑法应当保护什么价值,另一方面也要求人们重视刑法能够发挥何种社会机能。因此,根据刑罚目的论考察犯罪论,是机能主义的本来之道。这一立场正是刑罚论重视机能主义的一种表现。③ 据此,刑法需要按照环境犯罪刑事政策的评价,检验其可能产生的社会效果。

其次,客观归责论接受了刑事政策和刑法目的的指导。因为,“实现刑事政策和刑法之间的体系性统一……是犯罪论的任务”④,这自然也是客观行为构成所追求的目的。而“在行为构成中,行为是在抽象的刑罚必要性(Strafbedürftigkeit)的观点下进行评价的……这样一个抽象的刑罚威胁在刑事政策上的目的,就是一般预防……”⑤诚然,虽然强调一般预防(尤其是积极的一般预防),但不可忽视刑罚再社会化的作用,所以,只能采取综合的预防论。⑥ 客观归责论就是在这一背景下产生的,犯罪行为的客观归责应该符合上述目的设定。

最后,客观归责论的适用必须考虑我国目前的刑事政策。作为刑事归责的第一道过滤器,客观归责论的适用也无法摆脱刑事政策的制约。例如,我国现阶段环境犯罪刑事政策的目标应当是:预防和控制环境犯罪,保护被害人的环境权和犯罪人的人权,保护、恢复和改善生态环境,实现经

---

① 参见许玉秀:《当代刑法思潮》,中国民主法制出版社 2005 年版,第 143 页。

② 参见[日]平野龙一:《刑法的基础》,东京大学出版会 1966 年版,第 95 页。

③ 参见[日]松泽伸:《机能的刑法解释方法论再论》,载《早稻田法学》2007 年第 82 卷 3 号。

④ [德]克劳斯·罗克辛:《刑事政策与刑法体系》(第 2 版),蔡桂生译,中国人民大学出版社 2011 年版,第 16 页。

⑤ [德]克劳斯·罗克辛:《德国刑法学总论》第 1 卷,王世洲译,法律出版社 2005 年版,第 134 页。

⑥ 参见[德]克劳斯·罗克辛:《关于第二次世界大战后德国刑事政策与刑法学的发展》,[日]川口浩一、葛原力三译,载《关西大学法学论集》2000 年第 50 卷 1 号。

济、社会和环境的协调发展。[①] 可见,我国仍然要承认人的优越地位,但也应对自然界给予适当的道德关怀,通过关注人类的整体利益和长远利益,将人类利益和自然利益统一起来。这就决定了,可以把不太严重的污染排除在客观归责的范围之外,除非这种污染是环境犯罪刑事政策和环境刑法所不能容忍的。

第四节 客观归责论与相当因果关系说的辩证分析

鉴于我国刑法因果关系论存在过度重视哲学思维、因果关系分类不当、规范化程度较低、没有形成清晰的判断步骤等不足,我国学者提出了两套完善方案:一是借鉴客观归责方法论,因为相当因果关系说不能取代客观归责论;[②]二是借鉴相当因果关系说,因为客观归责论有诸多值得质疑之处。[③] 下文将通过对比两种学说,明确我国刑法因果关系论的未来走向。

一、相当因果关系说的危机

站在客观归责论的立场上分析,相当因果关系说存在以下缺点:(1)执着于空洞的、经验性的感性标准,缺乏具体的、规范性的价值标准。(2)只适合从反面排除极为典型的情形,不能够从正面检验一般相当的情况;只能进行一次判断,不能进行反复审查。(3)相当性的判断过于随意,整个论证过程就是一个循环论证。即要么根据条件关系的成立预设相当性的存在,要么根据预见可能性的欠缺预设相当性的失位。[④] (4)对存在介入因素案件的处理,会得出截然相反的结论。这既凸显了其解释力的薄弱,也引发了其适用中的危机。

相当因果关系说危机产生的原因主要有二:一方面,自日本进入20世纪80年代后半叶以来,学理上受到了客观归责论的较大影响,相当因果关系说面临着被解构的危险。另一方面,相当因果关系说无法在实践中圆满提供"即使因果进程异常,也不能否定因果关系"的根据。尤其是以"大阪南港事件"为契机,理论界和实务界对传统的相当性标准给予了猛烈的抨

① 参见李冠煜:《环境犯罪刑事政策论纲》,载赵秉志主编:《刑法论丛》第36卷,法律出版社2013年版,第573~574页。

② 参见周光权:《客观归责理论的方法论意义——兼与刘艳红教授商榷》,载《中外法学》2012年第2期;陈子平:《刑法总论》(增修版),中国人民大学出版社2009年版,第124~126页。

③ 参见刘艳红:《客观归责理论:质疑与反思》,载《中外法学》2011年第6期;黎宏:《刑法学》,法律出版社2012年版,第98~108页。

④ 参见黄荣坚:《基础刑法学》(上)(第3版),中国人民大学出版社2009年版,第182~183页。

击。该案的主要案情是:1981 年 1 月 15 日晚上 8 时许,被告人在第一现场对被害人施加暴行,致其内因性高血压性颅内出血而丧失意识之后,又将其运到第二现场(大阪南港的某材料仓库)放置而自行离去。次日凌晨,被害人因颅内出血而死亡,但在其还活着时,被第三者用方木料数次殴打头部,引起颅内出血扩大,稍微提前了死亡时间。对此,最高裁判所认为,在犯人的暴行形成作为被害人死因的伤害的场合,即使因为此后第三者施加的暴行提前了死亡时间,仍然可以肯定犯人的暴行与被害人死亡之间的因果关系(见案例 8)。[①] 这不仅促使相当因果关系说开始转变,而且推动因果关系研究进入了一个新阶段。

二、相当因果关系说的修正

为化解这场危机,日本学者探索对传统的相当因果关系说进行修正,代表性的见解有三种:

(1)危险的现实化说。该说从重视实行行为实质的价值判断的观点出发,认为因果关系的内容包括事实的侧面和规范的限定两个方面,因果关系应当理解为实行行为的客观危险性现实化为构成要件结果的过程(危险的现实化)。在通说中,行为危险性的判断基础及其与因果经过的经验通常性之间的关系都存在问题。根据判例,以“行为的危险性能否现实化为结果”(危险的现实化)为基准,进行因果关系的判断。实行行为的危险性现实化结果的判断当然包括行为与结果之间事实联系的判断,没有必要将因果关系分为事实联系和规范限定两个阶段,直接讨论危险性现实化的有无就够了。[②]

(2)结果的抽象化说。该说认为,相当因果关系说基本上是妥当的,但存在几个问题,需要修正和补充。其一,必须通过明确结果归属的实质根据和基准对通说进行补充。刑法规范通过禁止某种行为回避结果现实化,被禁止行为的实质危险性现实地发生结果被确证时,就能肯定法的因果关系。其二,从因果经过自身来看,虽然偶然地发生异常情况,若行为的危险性直接实现于结果中,在将结果归于行为正当化的程度内,行为的危险就被确证。对因果经过及结果发生样态抽象化到一定程度,在此限度内无视具体的介入情况,就此判断经验的通常性。其三,以行为时作为标准时点,根据一定范围的基础情况进行预测判断(所谓客观的事后预测)时,

---

① 参见最决平成 2 年 11 月 20 日刑事判例集第 44 卷 8 号,第 837 页。

② 参见[日]山口厚:《刑法总论》(第 3 版),东京,有斐阁 2016 年版,第 51~67 页。

考察能否将探寻具体的因果经过及直至具体样态结果的过程作为行为危险的现实化或确证的过程评价。①

(3)综合判断说。该说肯定脱离以行为时的相当性判断为中心的相当因果关系的框架之后,客观归责论的说理更加易懂。② 因果关系论的客体应当限于将现实发生的结果归责于谁的什么行为,以及存在复数条件(原因)时的归责分配。现在要求进行因果关系判断的主要部分,是在行为时和行为后异常事态介入的场合,以所有客观情况为基础,判定能否把结果归责于行为的作业。因此,在行为时存在特殊情况的场合,以产生的结果在行为具有的危险性"射程内"为限决定结果归责;在第三者和被害人行为介入的场合,是否将结果归责于实行行为,应当综合①实行行为具有的危险性(结果发生力)的大小(广义的相当性)、②介入情况的异常性(以及与实行行为的关系)的大小、③介入情况对结果的贡献大小这三点来判断。在行为人行为介入的场合,要对前行为和后行为进行具体分析。

以上各说修正的要点可归结为:第一,力求提高因果关系认定过程的规范化和精细化程度,设计清晰的判断步骤,确定科学的归责基准。第二,承认客观归责方法论的相对合理性,从中剪裁出部分规则,嫁接到所对应的案件类型的处理方案中。第三,尽管相当性概念在过去就有广义的相当性(行为的相当性)和狭义的相当性(因果经过的相当性)之分,并且由于对相当性侧面重视程度的差异,造成因果关系判断模式的不同,③但是,修正意见明显更加注重实行行为对结果的实际影响,介入因素的分析仅在与实行行为相关联的情况下有意义。"柔道康复师事件"即为适例:患有感冒的被害人遵照身为柔道康复师的被告人反复作出的错误指示,导致病情恶化,最终因并发肺炎而死亡。对此,最高裁判所判定,被告人的行为本身具有使被害人病情恶化进而致其死亡的危险性,即使不能否定被害人不接受医生诊疗而依赖被告人的过错,但被告人的行为和被害人的死亡之间的因果关系仍应存在(见案例9)。④ 正因为被告人的实行行为存在诱发被害人自身行为的可能性,所以其行为才被认定为具有侵害生命的危险性。

之所以能够进行如此改造,取决于传统的相当因果关系说和客观归责论之间的联系。(1)二者均源于合理限定客观不法处罚范围的动机,后者

① 参见[日]井田良:《讲义刑法学·总论》,东京,有斐阁2008年版,第124~133页。

② 参见邹兵建:《论相当因果关系说的三种形态》,载《清华法学》2019年第4期。

③ 参见[日]振津隆行:《刑法因果关系的意义——条件说与相当因果关系说》,载[日]阿部纯二、板仓宏、内田文昭、香川达夫、川端博、曾根威彦编:《刑法基本讲座》第2卷,东京,法学书院1994年版,第118~120页。

④ 参见最决昭和63年5月11日刑事判例集第42卷5号,第807页。

经前者演化而来。[①]（2）二者都强调对因果关系进行事实判断和规范判断，并构建了基本相同的双层规范评价体系：广义的相当性就是危险创造关联的问题，狭义的相当性对应危险实现关联的问题。[②]（3）二者都想成为归责理论，对因果经过进行实证的、规范的判断。只是前者混淆了经验标准和规范标准，后者则对其予以了区分。（4）二者之间存在不少交集，相当性思维基本被贯彻到客观归责体系中。例如，若行为人被认为创设了一个不被允许的风险的，其行为就具有相当性，即风险容许性的判断要用到相当性公式。当行为人没有实现禁止的风险时，其行为往往就是不相当的，即注意规范的保护目的并不限于规范本身的考量，首先应当符合社会通常经验；在行为人参与到他人危险行为的场合，假如侵害后果的发生偏离常轨，则不能将风险之实现归咎于行为人，即构成要件的效力范围不得触及生活事实的罕见地带。简言之，只要不否认“刑法所要求的并不仅是限于因果关系的存在必要性，而且以因果关系的存在，是否具备认定结果责任的客观相当性，为其实质内容”[③]，就不会否定二者的内在关联。

毫无疑问，客观归责论与修正的相当因果关系说之间也存在较大区别。（1）思维顺序不同。前者首先区分（事实的）因果关系和（规范的）结果归责，接着用三个下位规则组建归责体系，即“因果关系→创设不被允许的危险→实现不被允许的危险→构成要件的效力范围”。[④]后者在前者二阶段分析框架的基础上，更为重视对判例的回应。以危险的现实化说为例，它采取了“作为起点的构成要件行为（实行行为）→作为事实关系的因果关系→作为危险现实化的因果关系”的判断主线，并在第三阶段从“条件说与相当因果关系说”“相当因果关系说的诸相”“危险的现实化”和“事案类型的研究”四个方面，阐明了学说之间、学说和实务之间的联系。（2）归责基准不同。前者以行为创设并实现法不允许的危险作为统一的基准，后者分别以危险的现实化、结果的抽象化、介入情况的贡献度等作为各自的基准。（3）类型化程度不同。前者一般重在解决具体问题，所以没有对基准类型和案件类型予以细致梳理。只有个别学者在这一理论原型

---

① 参见[德]K. H. 舒曼：《论刑法中所谓的“客观归属”》，蔡桂生译，载《清华法律评论》第6卷第1辑，清华大学出版社2012年版，第222~227页。

② 参见[日]川端博、前田雅英、伊东研祐、山口厚：《彻底讨论·刑法理论的展望》，东京，成文堂2000年版，第9页以下。

③ 苏俊雄：《从刑法因果关系学说到新客观归责理论之巡历》，载《法学家》1997年第3期。

④ 参见[德]乌尔斯·金德霍伊泽尔：《刑法总论教科书》（第6版），蔡桂生译，北京大学出版社2015年版，第76~115页；周维明：《雅各布斯的客观归责理论研究》，载《环球法律评论》2015年第1期。

之下,结合本国判例进行了类型化的试验。日本有学者把归责体系分为三个层次,并在其中研讨相关判例。仅以危险创造关联(第一层次)为例,在此之下又分出直接的危险创造关联和危险状况创造关联(第二层次)。前者被复分为创造升高危险、创造允许危险、创造认识可能的客观危险,后者被复分为创造狭义的危险状况、创造促进的危险状况、设定危险状态扩大源(第三层次)。[①] 然而,上述类型论不仅类型化标准不清,而且削弱了体系的明确性。[②] 这应当归因于客观归责论在规范论和体系论方面的弊端,使之具有了"理论黑洞"的特点。后者极为突出介入因素对结果归责的影响这一问题意识,在分别讨论存在行为时的特殊情况和行为后的介入情况两类判例之后,又在后者内部进一步研究第三人行为的介入、被害人行为的介入、行为人行为的介入三类判例。这里划分的标准就是介入因素的时间(第一层次)及其内容、危害(第二层次),相比前者更加科学、明了。(4)适用范围不同。前者并未被德国、瑞士法院所采纳,仅在奥地利的司法实践中得到广泛贯彻,[③]主流观点仍是条件说或相当因果关系说。而在日本,由于客观归责论逐渐变得有力,以后者的形式部分吸收客观归责论占据支配地位,[④]目前已通说化。

总而言之,作为克服相当因果关系说危机的尝试,展开了引入客观归责论的修正的相当因果关系说,[⑤]日本刑法因果关系论开始书写从传统的相当因果关系说转变为修正的相当因果关系说的新篇章。

第五节　我国刑法因果关系论的未来走向

日本刑法因果关系论的转向对我国具有深刻的启示意义,我国学者的完善建议中都多少含有修正的相当因果说的成分。所以,二者并不是对立关系。问题在于,究竟是应当在客观归责论中融入相当因果关系说,还是应当在相当因果关系说中融入客观归责论?本书认为,比较而言,修正的相当因果关系说更适合我国,值得借鉴。

---

① 参见[日]山中敬一:《刑法的客观归属理论》,东京,成文堂1997年版,第426页以下。

② 参见[日]青木孝之:《客观归属论的批判性考察》,载《琉大法学》2005年第74号。

③ 参见[德]克劳斯·罗克辛:《德国刑法学总论》第1卷,王世洲译,法律出版社2005年版,第246~247页。

④ [日]吉田敏雄:《因果关系与客观归属》(下),载《北海学园大学学园论集》2010年第146号。

⑤ 参见[日]井田良:《犯罪论的现在与目的行为论》,东京,成文堂1995年版,第79页以下。

一、修正的相当因果关系说的优越性

在我国刑法语境下,修正的相当因果关系说优于客观归责论。

第一,修正的相当因果关系说更加契合我国的犯罪构成体系。众所周知,客观归责论是目的理性犯罪论体系的创新之一,修正的相当因果关系说主要源自现代新古典犯罪论体系,而我国没有采纳大陆法系国家阶层式犯罪论体系。一方面,目的理性犯罪论体系与我国犯罪构成体系相距甚远。前者以刑事政策的价值目标为导向,在传统因果关系概念中增加新内容而形成的客观归责论横跨构成要件符合性、不法和责任三个阶段,导致了体系混乱。而我国犯罪构成四个方面要件之间存在严格界限,分为客观方面和主观方面,因果关系论旨在为追究罪犯的刑事责任提供客观根据,因而客观归责论并不符合后者的构造和功能。① 而且,前者是在体系内穿插讨论正当化事由,后者是在体系外专题研究。另一方面,现代新古典犯罪论体系与我国犯罪构成体系存在相通之处。前者维持并发展了新古典犯罪论体系对不法和责任的理解,同我国重视客观危害和主观恶性的实质评价一致。同时,它强调实行行为的类型化机能和因果关系对客观不法的限定作用,也与我国对二者的定位相同。总之,这两种体系基本贯彻了"不法是客观的,责任是主观的"的格言,有利于防止归责边界的不当扩张。

第二,修正的相当因果关系说更加契合我国刑法实行行为论。首先,在体系上,客观归责论在其体系内零散地研究实行行为,修正的相当因果关系说和我国实行行为论则在其结构外专门讨论了实行行为。其次,在目标上,前者致力于客观构成要件乃至客观不法的认定——实际情况可能还不限于此;而后两者负责解决因果关系、犯罪未遂等具体问题——适用时不会超出这些领域而凌驾于犯罪构成之上。最后,在内涵上,前者历来采取的都是以下这一看似简洁的公式:"如果行为人创设了一个法律上不认可的危险,而该危险又实现于符合构成要件的结果之中,那么,该结果是可以客观地进行归属的"②。而后两者使用的是"实行行为是在形式上符合构成要件,且在实质上具有结果发生的类型的、现实危险的行为"③或"实行行为即刑法分则规定的具体犯罪的犯罪客观方面要件中的行为"这一约

---

① 当然,这并不是说我国犯罪构成体系没有进一步完善的余地,本书意在指出,没有必要为了迁就客观归责论而重构我国犯罪构成体系。黎宏:《我国犯罪构成体系不必重构》,载《法学研究》2006 年第 1 期。

② [德]K. H. 舒曼:《论刑法中所谓的"客观归属"》,蔡桂生译,载《清华法律评论》第 6 卷第 1 辑,清华大学出版社 2012 年版,第 213 页。

③ [日]大谷实:《刑法讲义总论》(新版第 4 版),东京,成文堂 2012 年版,第 125 页。

定俗成的表述。① 相比之下,后两者之间无疑更具有亲和性。即引入修正的相当因果关系说,不会对我国犯罪论体系产生颠覆性的冲击。即便将来要完善我国的犯罪论体系,实行行为论也不会受到多大影响。②

第三,修正的相当因果关系说更加契合我国刑法因果关系论。基于上文分析可以发现,两种学说在各自体系中具有同样的地位和作用。这源于它们相同的问题意识:查明介入因素出现时因果关系的存否。正因如此,我国通说才在论述因果关系复杂性、多样性特征的同时,强调因果关系的性质。详言之,客观事物之间相互联系和相互作用的形式是多种多样的,除了直观的"一因一果"情况外,还要注意第三人行为介入、被害人行为介入对因果发展过程的影响等复杂案件。把因果关系说成是必然的和偶然的,违背了二者对立统一的基本原理。考察刑法上的因果关系,应当注重因果联系的内容和性质。它的性质是指犯罪实行行为在一定的具体条件下,合乎规律地引起危害结果的发生。一方面,实行行为必须具有引起危害结果发生的实在可能性;另一方面,危害行为必须合乎规律地引起危害结果。③ 无独有偶,日本学者也指出,相当因果关系说的这种转变,与此前的论争的决定性区别在于,在介入了异常的介入因素的场合,也就是,即便因果进程本身异常,仅此尚不能否定因果关系。在将相当性理解为"引起结果的相当性"的观点看来,这种区别尚不能谓之为本质性修正;但在将相当性理解为"因果进程的通常性"的观点看来,这种区别就意味着决定性的改变。④ 进而,二者的方法论意识也如出一辙:实行行为的判断(引起结果的实在可能性或相当性)和介入因素的评价(因果过程的合乎规律性或通常性)都不可或缺。

二、修正的相当因果关系说之借鉴

综上所述,我国刑法因果关系论应当借鉴危险的现实化说的判断框架,但不必将其作为因果关系相当性的判断基准,因为它属于对实行行为

① 参见高铭暄、马克昌主编:《刑法学》(第9版),北京大学出版社、高等教育出版社2019年版,第68页。

② 因此,我国应从犯罪论体系的完善路径中选择一条代价最小的,因为其缺陷不在于平面耦合与要素集合,相反,无论从内部结构还是排列顺序上看,它都是立体的、有逻辑的。参见高铭暄:《对主张以三阶层犯罪成立体系取代我国通行犯罪构成理论者的回应》,载赵秉志主编:《刑法论丛》第19卷,法律出版社2009年版,第7~8页。

③ 参见马克昌主编:《犯罪通论》(第3版),武汉大学出版社1999年版,第217~223页。

④ 参见[日]桥爪隆:《刑法总论之困惑(一)作为危险之现实化的因果关系》,王昭武译,载《苏州大学学报(法学版)》2015年第1期。

危险性的评价;可以引进结果的抽象化说和综合判断说中的部分基准,因为这才是对因果经过相当性的评价。

(1)在实行行为部分,需要明确其判断视角、判断资料和判断时点。危险现实化的判断标准就是实行行为危险性的判断标准,而在认定行为是否具有实现既遂结果或既遂构成要件的实质危险性时,日本刑法学界的主流观点是具体的危险说,即以具体条件下一般人能够认识到的情况(以及多数见解所认为的行为人实际认识到的情况)为基础,进行行为时的判断。① 根据该说,判断视角是一般人的角度,判断资料是一般人能够认识的情况和行为人已经认识的情况,判断时点是行为时。其中,判断视角是抽象的一般人水平,满足了规范评价的需要;判断资料不限于行为人已经认识到的情况,以假定行为人的认识能力与一般人的认识能力存在某种程度的偏差为前提;判断时点确定在行为时,避免了将行为后发生的结果归咎于行为人的可能。② 这既有利于实现行为规范的功能,避免客观归责论之不足,也符合我国通说主张实行行为是主观与客观、形式与实质相统一的观点,弥补客观归责论通过融合危险关联理论和构成要件的效力范围理论以判定行为不法所带来的本体论和体系论缺憾。

应当注意的是,危险的实现有直接实现型和间接实现型两种。③ 前者指实行行为对结果实现给予了决定性影响,如案例 8"大阪南港事件";后者指实行行为经由介入因素而对结果实现产生了间接的作用,如案例 9"柔道康复师事件"。于是,作为实行行为的判断资料,不仅包括行为单独引起结果的危险性,而且包括行为引起介入因素的危险性。即实行行为的危险性与介入因素的通常性这两个概念并不能绝对分开,其内容是相互关联的。④ 这既体现了危险的现实化说的短板——抽象地强调行为的危险性,也表明了因果经过相当性判断的意义——应该将介入因素类型化。因此,实行行为的判定宜限于直接实现型,间接实现型应后移至因果经过相当性阶段,这能减轻实行行为论的负担和确保稳定的判断构架。

(2)在事实的因果关系部分,需要明确条件说与合法则的条件说的适用顺序、适用范围和适用结论。条件关系的存在是相当性判断的基础,采

① 参见[日]伊东研祐:《刑法讲义总论》,日本评论社 2010 年版,第 316~317 页。

② 参见李冠煜:《再论危险驾驶罪的客观方面——超前立法观、实质解释论、类型思维法之运用》,载《北方法学》2014 年第 6 期。

③ 参见[日]岛田聪一郎:《判批》,载《ジュリスト》2007 年第 1332 期。

④ 参见[日]松原芳博:《刑法总论》,日本评论社 2013 年版,第 77 页注 31。

取修正的相当因果关系说者都很重视两种学说对条件关系认定的应用价值。[①] 条件说打算通过假定排除法划定因果关系的界限,但在择一的竞合、重叠的因果关系、假定的因果关系等场合,不仅不能提供充分的理由,还会得出荒谬的结论。[②] 在因果关系中断论和禁止溯及理论的尝试失败后,合法则的条件说被用来克服条件说的弱点。即将"在紧接着行为之后是否产生对外界的改变,且这种改变依据我们知晓的自然法则与行为是存在必然的联系的"[③]作为公式。

合法则的条件说通常以条件说为基础,而条件说在逻辑上以合法则的条件说为前提。所以,合法则的条件说也不能完全放弃排除法。[④] 相比条件说,它善于依靠经验知识或科学法则来处理食品、药品、环境等公害案件中复杂的因果关系。这表明,当按照人们普遍的经验认识时,两种学说会得出相同的结论。相反,因为缺少专业知识而无法适用合法则的条件说时,根据一般生活法则适用条件说会得出不同的结论。简言之,二者不是对立关系,而是择一关系:在不涉及特殊经验或科学法则的案件中,可以适用条件说;在择一的竞合等情形下,应当结合刑事证据法逐步展开合法则的条件说的评价机制。所以,二者的结论也不完全同一:条件说得出肯定结论的,合法则的条件说可能得出否定结论;反之亦然。[⑤] 这不仅有助于控制法律因果关系的判断范围,而且可以在一定程度上降低危险关联标准扩大处罚范围的概率。

(3)在法律的因果关系部分,需要明确实行行为的危险性、结果的抽象化和介入因素的贡献度三者之间的关系。根据修正的相当因果关系说的问题意识,值得研究的是存在被害人特殊情况、介入第三者的行为、被害人的行为和行为人的行为四类案件。为此,该说从不同角度进行了论证。但是,危险的现实化说在此阶段有待进一步的具体化,所以,应当考虑把结果的抽象化和介入因素的贡献度作为实行行为危险性的检验程序。

一方面,结果的抽象化标准可以较有力地阐释实行行为对结果的显著

---

① 参见[日]林干人:《刑法总论》,东京,东京大学出版会2000年版,第119~133页;[日]西田典之:《刑法总论》,东京,弘文堂2006年版,第86~92页。

② 参见董玉庭:《从客观因果流程到刑法因果关系》,载《中国法学》2019年第5期。

③ [德]汉斯·海因里希·耶赛克、托马斯·魏根特:《德国刑法教科书(总论)》,徐久生译,中国法制出版社2001年版,第345页。

④ 参见[日]吉田敏雄:《因果关系与客观归属》(上),载《北海学园大学学园论集》2010年第145号。

⑤ 参见张明楷:《也谈客观归责理论——兼与周光权、刘艳红教授商榷》,载《中外法学》2013年第2期。

影响。问题是,必须先明确结果抽象化的程度。持此说者指出,当由于实行行为形成作为死因的伤害时,即使介入了不可预测的情况,促进了伤害的致命作用,从而提前了死期,导致了被害人死亡,行为的高度危险能够被评价为直接实现了具体的结果。相反,当由于介入行为形成死因时,就不能肯定危险现实化的关系。这种案件中结果发生样态的抽象化,可能在于死因同一性的限度之内。[①] 可见,这是通过对结果发生的样态予以某种程度的抽象化,忽略具体的介入情况,将其认定为具有经验通常性。[②] 它虽然彰显了因果过程通常性判断的重要性,但因为结果抽象化的程度难以把握,在出现多个介入因素或产生数个侵害结果的场合,该说就无法给出详细的说理。所以,结果的抽象化说对介入因素影响较大的案件缺乏说服力。

另一方面,介入因素的贡献度标准可以较充分地展现自身与实行行为的实际关联。问题是,必须先确定介入因素的贡献度在综合判断说中的地位。针对该说,有学者批判道,相当性判断的基准是什么,并不明确。假如以经验通常性为基准,由于其未能明示概率的程度、异常性的程度、贡献度的程度,所以不过是判断时应当留意的要因,而不是基准。[③] 这一意见是中肯的。因为,如果不能明确判断程度的方法,那么论者所进行的只是事实评价,而非规范评价。而且,严格来说,只有介入情况的异常性和贡献度这两点,才适合狭义相当性的判断。[④] 然而,介入因素的异常性和贡献度并非完全一致,也存在介入因素的异常性大、但贡献度高,或者介入因素的异常性小、但贡献度低这样相反的情形。不过,一旦只重视介入因素的异常性大小,就等于重拾传统的相当性标准,抹杀了该说在解释论上的创新。另外,就介入因素的异常性、贡献度与结果实现的关系而言,前者仅具有形式的联系,后者才具有实质的联系。前述判例已经说明,即使介入因素显系异常(案例 8 中作为第三者暴行的事实),尚不能直接否定因果关系;即使介入因素难言罕见(案例 9 中作为被害人遵照被告人指示的事实),也不能径行肯定因果关系。因此,在与实行行为相关联的意义上,只有介入因素的贡献度适合进行规范性的比较考察,介入因素的异常性仅是其判断素材之一。

---

① 参见[日]井田良:《讲义刑法学·总论》,东京,有斐阁 2008 年版,第 131~132 页。

② 参见[日]井田良:《刑法总论的理论构造》,东京,成文堂 2005 年版,第 59~60 页。

③ 参见[日]山中敬一:《刑法的客观归属理论》,东京,成文堂 1997 年版,第 85 页。

④ 参见李冠煜:《日本刑法理论中结果加重犯之因果关系研究》,载赵秉志主编:《刑法论丛》第 26 卷,法律出版社 2011 年版,第 384 页。

可见,贡献度和预见可能性属于不同层面的问题,二者对于相当性的判断都是不可或缺的要素。[①] 法律的因果关系的判断标准不是一般人形式上可能利用的因果进程,而是借助结果的抽象化和介入因素的贡献度充实后的实行行为的实质危险性。这在弥补客观归责论类型化不足的同时,又消除了其归责基准多元化的现象。

总之,德国刑法学中的客观归责论并非完美的理论,在规范论、本体论和体系论方面存在严重缺陷。在维持现行犯罪论体系的前提下,中国刑法学不应全面借鉴客观归责论。提倡客观归责论、反对相当因果关系说的观点,不仅无视客观归责论的不足,而且夸大相当因果关系说的危机,值得深入反思。客观归责论与相当因果关系说并非对立关系,修正后的相当因果关系说部分采取了客观归责方法论。批判客观归责论本身,并不等于否定客观归责方法论。修正的相当因果关系说更加契合我国刑法理论,它应当成为我国刑法因果关系论的发展方向。因此,我国应当借鉴危险的现实化说的判断框架,并引进结果的抽象化说和综合判断说中的部分基准,以完善具有中国特色的刑法因果关系理论。

① 参见[日]曾根威彦:《刑法的结果归属理论》,东京,成文堂2012年版,第47页以下。

第二编（下） 排除客观违法的事由

第六章 防卫限度的认定困境与出路

第一节 防卫限度认定之困境

正当防卫的认定不仅是刑法学研究的重点问题，也是司法实践中面临的一大难题，涉及正当防卫的案件更是会引起社会大众的持续关注与热烈探讨。从“于欢案”“赵宇案”再到“昆山龙哥案”，莫不如此。民众好高举“为民除害”的大旗为防卫者呐喊助威，认为被害者“死有余辜”，理论界对于防卫者系“防卫过当”抑或“正当防卫”亦争论不休。相关案件所引发的舆情，不仅反映了民众对于正当防卫司法裁判个案正义的疑虑[①]，而且揭示了司法实践中对于正当防卫的限度标准掌握过严的困境。

在“于欢案”中，山东源大工贸有限公司位于冠县工业园区，其负责人苏某某（于欢的母亲）2014 年 7 月向吴某某借款 100 万元，双方口头约定了利息，利息为月息 10%，后来苏某某陆续还了 154 万元，却依旧没有结清。2016 年 4 月 14 日下午，吴某某手下的杜某某等人来到苏某某的公司继续讨债，甚至在门口架起了烧烤架，并喝了大量的酒。其间，杜某某等人直接限制了苏某某母子两人的自由，并将二人堵在公司里不让离开，无论苏某某母子走到哪里，杜某某等人都一直跟着。晚上接近九点时，这伙人又强行把苏某某母子带到了一楼的接待室，开始了对苏某某母子的侮辱。杜某某先是一直用污秽语言辱骂苏某某、于欢及其家人，极其难听，又将烟头弹到苏某某胸前衣服上，甚至还脱下裤子对苏某某实施侮辱行为，后来在其在同伙的劝阻下，杜某某才停止。穿好裤子后，他又脱下于欢的鞋让苏某某闻，被苏某某一把打掉。其间，杜某某还不停地用手拍打于欢面颊，其同伙有的揪抓于欢头发，有的则按压于欢肩部不准其起身。公司员工刘某发现后，遂打电话报警。晚上十点一刻左右，民警到达公司接待室开始了解情况，随后警告双方不能打架则离开。情绪几近崩溃的于欢、苏某某

① 参见梁根林：《防卫过当不法判断的立场、标准与逻辑》，载《法学》2019 年第 2 期。

欲随民警离开接待室，被杜某某等人拦下，于欢并被强迫坐下，于欢拒绝了然后开始反抗。杜某某等人掐着于欢脖子，推推拉拉将于欢逼在了接待室东南角。眼看被逼在角落里，于欢持水果刀警告杜某某等人不要靠近，但杜某某依旧出言挑衅并逼近于欢，情急之下，于欢遂捅刺杜某某腹部一刀，又捅刺了围逼在其身边的程某胸部、严某腹部、郭某背部各一刀。次日 2 时 18 分，杜某某经抢救无效死亡。经鉴定，严某、郭某的损伤均构成重伤二级，程某的损伤构成轻伤二级。

一审法院判定①：于欢面对讨债人的纠缠，不能正确处理冲突，持尖刀捅刺多人，致一名被害人死亡、二名被害人重伤、一名被害人轻伤，其行为构成故意伤害罪。一审法院认为于欢面对纠缠持尖刀捅刺，造成了被害人死亡、重伤的损害结果，便直接否定了于欢防卫行为的正当性，将其认定为故意伤害罪。“于欢案”一审法院对于欢防卫限度的判断，是司法实践中涉正当防卫案件认定的一大缩影，也是司法实践中防卫限度认定陷入困境的重要体现。一方面，裁判者严苛地要求防卫人的防卫手段和侵害人的侵害手段在强度上应该大致相等，如果侵害人未使用凶器等工具，则防卫人也不应该使用这些工具进行防卫，此现象被称为“对等武装论”②；另一方面，裁判者过分倾向于以客观的损害结果来衡量防卫行为是否超过防卫限度，即一旦防卫人在制止不法侵害的过程中造成对方重伤或者死亡，就会被认定为防卫过当，进而构成故意伤害罪，此现象被称为“唯结果论”③。“于欢案”便是“对等武装论”和“唯结果论”在司法实践中应用的鲜明体现。

有学者对中国裁判文书网 2017 年 4 月 1 日前公布的 722 例被认定为防卫过当的案件进行了详细的梳理，发现其中实务部门仅根据防卫行为所造成的损害后果来认定防卫过当的案件有 601 例，占所有案件的 83.24%。④ 显然，“唯结果论”在防卫限度认定的司法实践中占据了统治地位。或有人言，该梳理搜集样本过少、范围较窄，不够客观或具有说服力。针对此问题，亦有学者改进了抽样和数据分析，采等距离法抽取精选案例中的 1976 例个案形成研究样本进行了深入研究。在该研究中，正当

① 参见山东省聊城市中级人民法院刑事附带民事判决书，(2016)鲁 15 刑初 33 号。

② 吴允锋：《正当防卫限度的判断规则》，载《政治与法律》2018 年第 6 期。

③ 梁根林：《防卫过当不法判断的立场、标准与逻辑》，载《法学》2019 年第 2 期；肖中华、朱璨：《论正当防卫中必要限度条件的激活》，载《法学杂志》2019 年第 4 期；崔建：《正当防卫的“防卫限度”阶层理论构建》，载《上海法学研究》2019 年第 3 卷。

④ 参见尹子文：《防卫过当的实务认定与反思——基于 722 份刑事判决的分析》，载《现代法学》2018 年第 1 期。

防卫法定要件情节里,“损害结果”对裁判结果具有最强的作用力这一假设也得到了研究数据的支持,证实了前文所述“唯结果论”在防卫限度司法判断中占据决定性地位的说法。同时,样本显示正当防卫案件中判决成立正当防卫的只占0.8%,加以“情节显著轻微”等理由判决无罪的,实际无罪率只有1.3%。[①] 显而易见,不仅正当防卫制度条款“僵尸化”问题的确存在,“唯结果论”也似乎成为司法实践中裁判者认定正当防卫限度的主要甚至唯一的标准。

毋庸置疑,造成正当防卫限度认定陷入困境的原因有很多,[②]但可以肯定的是,破解正当防卫制度的司法困境、摒弃正当防卫限度认定中的“对等武装论”“唯结果论”倾向,需要在既有研究成果的基础上进一步加强对正当防卫成立条件的理论研究,尤其是对正当防卫限度条件的理论研究。[③]

第二节　“明显超过必要限度”的规范分析与理论诠释

从立法上来看,我国刑法对正当防卫的规定是较为宽松的。纵向来看,1997年刑法立足于鼓励正当防卫的立法精神,主张扩大正当防卫的认定范围,对1979年《刑法》第17条作了较大的修改,不仅将后者第2款中的“超过必要限度造成不应有的危害”修改为“明显超过必要限度造成重大损害”,还新增了针对严重危及人身安全的暴力犯罪的特殊防卫作为第3款,从而放宽了对正当防卫的要求;横向来看,与德国、日本、美国、英国等域外国家的正当防卫制度相比,我国的正当防卫制度在值得防卫的法益范围上更为广泛,而且专门规定了针对严重危及人身安全的暴力犯罪的正当防卫,在对防卫限度的要求上也更为宽松。[④]

我国《刑法》第20条第2款规定:“正当防卫明显超过必要限度造成重大损害的,应当负刑事责任,但是应当减轻或者免除处罚。”也就是说,正当防卫的限度条件就是没有“明显超过必要限度造成重大损害的”,也就是

① 参见赵军:《正当防卫法律规则司法重构的经验研究》,载《法学研究》2019年第4期。

② 参见张宝:《防卫限度司法认定的困境与出路》,载《法学杂志》2016年第10期;周光权:《正当防卫的司法异化与纠偏思路》,载《法学评论》2017年第5期;崔建:《正当防卫的“防卫限度”阶层理论构建》,载《上海法学研究》2019年第3卷。

③ 因实践中对“造成重大损害”的认定标准争议较小,所以本书主要针对“明显超过必要限度”展开研究。

④ 参见王政勋:《正当行为论》,法律出版社2000年版,第99~105页;劳东燕:《正当防卫制度的背后》,载《清华法学》2006年第1期。

没有"明显超过必要限度",同时也没有"造成重大损害"。换言之,1997年《刑法》中正当防卫的"限度条件"的概念,在外延上应该大于"必要限度"的概念。[①] 前者包含两个部分,即针对防卫行为而言的"明显超过必要限度"(行为限度)和针对防卫结果而言的"造成重大损害"(结果限度),而"必要限度"涉及的只是行为限度,因此二者不应混为一谈。[②]

简言之,正当防卫的认定受到了立法的鼓励,也被赋予了更宽松的空间。然而,立法者的良苦用心并未被司法实务部门普遍确认,司法实践中防卫限度认定依然被严苛的把握,误将正当防卫认定为防卫过当甚至故意犯罪的情况还是层出不穷,以至于《刑法》第20条的规定在相当程度上已经沦落为"僵尸条款"[③]。有学者亦感叹,在正当防卫的成立条件中,防卫限度条件是理论上众说纷纭、实践中最难判断的要件。[④] 正确的认定正当防卫的限度,需要进一步加强对"明显超过必要限度"的规范地位和规范内涵的分析。

一、"明显超过必要限度"的规范地位

所谓"明显超过必要限度"的规范地位问题,其实就是"明显超过必要限度"与"造成重大损害"的关系问题。[⑤] 关于"明显超过必要限度"与"造成重大损害"的关系,刑法学界主要有一体说(也称为一元论、单一条件说)和二分说(也称为二元论、双重条件说)两种观点:

一体说认为:"不存在所谓明显超过必要限度但没有造成重大损害的情况,换言之,只是在造成重大损害的情况下,才存在明显超过必要限度的问题。不存在所谓'手段过当'而'结果不过当'或者相反的情况。"[⑥]也就是说,只要防卫人造成了重大损害的结果,其行为无疑是明显超过必要限度的,其防卫行为自然构成防卫过当。有学者认为,"明显超过必要限度"与"造成重大损害"是相辅相成、互为一体的。对于防卫过当而言,明显超过必要限度会内在、合乎规律地造成重大损害。正当防卫明显超过必要限

---

① 参见王政勋、贾宇:《论正当防卫限度条件及防卫过当的主观罪过形式》,载《法律科学》1999年第2期。

② 参见劳东燕:《防卫过当的认定与结果无价值论的不足》,载《中外法学》2015年第5期。

③ 陈兴良:《正当防卫如何才能避免沦为僵尸条款——以于欢故意伤害案一审判决为例的刑法教义学分析》,载《法学家》2017年第5期。

④ 参见张明楷:《防卫过当:判断标准与类型》,载《法学》2019年第1期。

⑤ 参见邹兵建:《正当防卫中"明显超过必要限度"的法教义学研究》,载《法学》2018年第11期。

⑥ 张明楷:《刑法学》(上)(第5版),法律出版社2016年版,第212页。

度就必然造成重大损害；没有造成重大损害就没有明显超过必要限度，[①]亦即以“造成重大损害”作为衡量是否超过防卫限度的立足点与核心，而将“明显超过必要限度”作为“造成重大损害”的附属。

二分说认为，“明显超过必要限度”与“造成重大损害”是两个独立的条件，只有同时满足这两个条件，才能构成防卫过当。[②] 也就是说，将正当防卫的限度条件细化为行为限度条件和结果限度条件。在认定正当防卫的限度时，需要同时考察防卫行为限度条件与防卫结果限度条件，即考察防卫行为是否明显超过了必要限度，以及防卫结果是否造成了重大损害两方面的情况，不能只讲究一者而忽略了另外一者。

“一体说”对是否超过防卫限度的判断，着眼于最终发生的严重损害而展开，认为造成重大损害的情况下，防卫行为必然明显超过必要限度，构成防卫过当。此说对于我国司法实践中的“唯结果论”的形成起着不可或缺的作用，并在司法实践中贯彻到了极致。[③] 司法实践中的“唯结果论”，在一定程度上导致“明显超过必要限度”这一条件的虚置甚至被消解，片面地将严重损害的出现与否作为防卫过当的核心条件，使是否“明显超过必要限度”的判断往往从属于有无“造成重大损害”的判断，不仅制约了正当防卫制度功能的发挥，更大大降低了刑法规定的防卫限度的门槛，有违立法的基本目的。[④] 换言之，一体说立足于“造成重大损害”的结果限度条件而将“明显超过必要限度”的行为限度条件附属为“造成重大损害”的判断材料，将会使“明显超过必要限度”的规定被“造成重大损害”概念所吞噬，从而丧失了限制防卫过当认定范围的独立机能，[⑤]易使实务部门判断防卫限度时，将防卫结果作为主要的甚至是唯一的标准，导致正当防卫的成立空间被不断压缩。

从正当防卫的立法看，不难发现“明显超过必要限度”与“造成重大损害”二者是分列的关系。若不需要单独对防卫行为进行判断的话，上述条文完全可以修改为“正当防卫造成重大损害”，不仅更能适应法律语言简洁性的要求，而且不会产生歧义。同时，将二者合称为防卫限度，则防卫限度与行为限度的概念就会有明显的区分。防卫限度概念的范畴也应远远大于行为限度或结果限度，将二者分列，才不会导致在认定防卫限度的时

---

① 参见彭文华：《论正当防卫限度的重大损害标准》，载《江汉论坛》2015 年第 7 期。

② 参见陈兴良：《规范刑法学》（上），中国人民大学出版社 2013 年版，第 149 页。

③ 参见崔建：《正当防卫的“防卫限度”阶层理论构建》，载《上海法学研究》2019 年第 3 卷。

④ 参见肖中华、朱璨：《论正当防卫中必要限度条件的激活》，载《法学杂志》2019 年第 4 期。

⑤ 参见吴允锋：《正当防卫限度的判断规则》，载《政治与法律》2018 年第 6 期。

候,只考虑造成重大损害而忽略了明显超过必要限度,才能大幅避免司法实践中裁判者仅依靠造成重大损害便认定防卫行为构成防卫过当的“唯结果论”现象。

一体说存在事实上的缺陷,司法实践中确实存在“明显超过必要限度”但没有“造成重大损害”的案例,或者“造成了重大损害”但行为没有“明显超过必要限度”的情形。例如,某日,杨某与管某在厂内打篮球时发生碰撞,赵某与杨某借机敲诈管某拿500元请吃饭平息此事,否则就找人打他,遭到管某的拒绝。次日,管某坐在厂门外花坛边休息时,赵某领两名无业人员李某、王某过来,并推打管某的肩膀,管某被迫自卫,王某见状也参与推打管某,3人徒手扭打在一起。扭打过程中,王某被管某推倒,倒地后不省人事,双方即停止扭打。王某被送医院经抢救无效而死亡。经法医鉴定,王某系摔跌时右下颌着地致原发性脑干损伤死亡。该案中,管某的防卫行为系在互相推打的过程中徒手将王某推倒在地的行为,并没有“明显超过必要限度”,但是从结果来看,王某死亡已经符合“造成重大损害”的条件。又如,2016年3月21日4时许,蓝某在家中睡觉时察觉门外有人偷窃,出门发现陈某手上抓有自己家的鸭子,便喊“抓贼”并追赶陈某。陈某见势赶紧逃跑,蓝某穷追不舍。当时正下着雨,路面比较滑。在追赶的过程中,蓝某伸手抓住陈某的衣袖,陈某用力甩手后挣脱掉,由于身体失去平衡摔倒在地,致颅脑损伤,经抢救无效死亡。① 在该案中,蓝某的防卫行为为追赶对方并抓住对方衣袖,显而易见,该防卫行为并未“明显超过必要限度”,却造成了陈某摔伤致死的结果,即“造成重大损害”。上述案例表明,“明显超过必要限度”并不必然意味着“造成重大损害”,“造成重大损害”也并不能肯定行为“明显超过必要限度”。欲破除司法实务中仅根据损害结果就认定构成防卫过当的“唯结果论”,就必须明确将“明显超过必要限度”与“造成重大损害”区分为两个并列的条件。

然而,破解司法实践中“唯结果论”的困境,仅仅依靠将“明显超过必要限度”与“造成重大损害”细分为两个分列的条件是远远不够的,还需要反思“唯结果论”立足于损害后果反推行为限度的思考路径,即先判断是否造成了重大损害,在满足这一要件的前提下,再判断是否超过了防卫的行为限度。立足于这种思维,重大损害的结果往往被司法人员当作判断的起点,然后推论防卫人对促成该结果的行为是否有意,判断是否超过防卫限度。

---

① 参见四川省成都市成华区人民法院刑事判决书,(2016)川0108刑初571号。

因此,重构防卫限度判断的思考路径,首先,应明确“明显超过必要限度”与“造成重大损害”是两个分列的条件。“明显超过必要限度”与“造成重大损害”这两个条件相当于两道防线,同时突破这两道防线才认定为防卫过当,才更符合立法原意。①

其次,应将“明显超过必要限度”的判断放在第一道防线优先判断。第一,有利于纠正实践中“唯结果论”的倾向,重视“明显超过必要限度”的考量,避免将损害结果作为主要甚至唯一的判断标准,有助于更多发挥“明显超过必要限度”独立判断的价值,扩大正当防卫制度的适用,也能通过先后论证“明显超过必要限度”与“造成重大损害”利于被害人和社会公众接受正当防卫的判断结果。② 第二,“明显超过必要限度”既是裁判规范层面的条件,又是行为规范层面的条件;而“造成重大损害”仅是裁判规范层面的条件,无法成为行为规范层面的条件。在此意义上,二者在地位上被认为有主次之分,“明显超过必要限度”更为重要。③ 第三,正当防卫作为国家赋予公民维护自己合法权益的权利,具有权利的属性,但权利的行使理应受到一定的限制。立足于禁止权利滥用的指导思想,判断防卫行为是否超过了防卫的限度条件,考察重心不在结果环节,而是在行为环节,行为才应当是思考的起点与核心所在。④ 据此,在判断防卫行为是否超过防卫限度时应先分析防卫行为是否“明显超过必要限度”,在超过这一道防线之后,再分析防卫行为是否“造成重大损害”,且“明显超过必要限度”应占据更大的比重。

二、“明显超过必要限度”的规范内涵

认定防卫行为是否“明显超过必要限度”,理论界主要有以下三种学说:一是基本相适应说,认为防卫行为必须与不法侵害相适应,即防卫行为造成的损害从轻重、大小等方面来衡量大体相适应。⑤ 二是必需说,认为防卫实施的行为应该是面临不法侵害时保护法益所必需⑥的,决定防卫限度的关键在于防卫行为是否属于有效制止不法侵害必不可少的反击手段⑦。

① 参见郑泽善:《刑法总论争议问题研究》,北京大学出版社 2013 年版,第 142 页。
② 参见肖中华、朱璨:《论正当防卫中必要限度条件的激活》,载《法学杂志》2019 年第 4 期。
③ 参见邹兵建:《正当防卫中“明显超过必要限度”的法教义学研究》,载《法学》2018 年第 11 期。
④ 参见劳东燕:《防卫过当的认定与结果无价值论的不足》,载《中外法学》2015 年第 5 期。
⑤ 参见杨春洗:《刑法总论》,北京大学出版社 1981 年版,第 174 页。
⑥ 参见张明楷:《刑法学》,法律出版社 2016 年版,第 211 页。
⑦ 参见陈璇:《正当防卫与比例原则——刑法条文合宪性解释的尝试》,载《环球法律评论》2016 年第 6 期。

具体而言,判断行为是否“明显超过必要限度”,应从制止不法侵害、保护法益的合理需要出发,综合考虑各种因素全面分析案件,比如防卫双方的强度、能力、时间、地点、空间等因素。三是相当说,也称折中说,认为必需说与基本相适应说不是相互对立、非此即彼,而是相辅相成、综合考虑的。[①]“必要限度原则上应以制止不法侵害所必需为标准,同时要求防卫行为与不法侵害行为在手段、强度、后果等方面,不存在过于悬殊的差异。”[②]

其实,上述三种学说旨在解决的问题是正当防卫的防卫限度问题,而非“明显超过必要限度”,即防卫行为的限度问题。也就是说,上述三种学说的解释对象是“明显超过必要限度造成重大损害”而不是“明显超过必要限度”。[③]“明显超过必要限度”的判断是纯行为的判断。是否实际造成重大损害只能作为“造成重大损害”的判断前提,不能在分析“明显超过必要限度”时判断,否则将造成在“明显超过必要限度”和“造成重大损害”两个相互独立的判断体系中重复评价。[④]此外,上述三种学说还存在一些问题。

基本相适应说为“对等武装论”提供了理论基础,也就是说,司法实践中“对等武装论”的立场可以被归为基本相适应说。[⑤]“对等武装论”,是指司法者在判断防卫行为是否过当,片面强调防卫行为的性质、方式、强度与不法侵害的性质、方式、强度的对等、一致与相当。[⑥]司法实践中,裁判者往往习惯性甚至本能性地无视不法侵害的性质、轻重与缓急,不考虑防卫人与不法侵害人的力量对比关系,固执地要求防卫人面对徒手攻击只能进行徒手反击,面对持械攻击亦只能选择与对方所持器械的攻击力与打击效果对等的持械反击方式。如果持械特别是持刀反击造成不法侵害人伤亡的往往就想当然地认定为防卫过当。[⑦]“于欢案”即是极其鲜明的体现。该案审理法院指出,面对他人人身自由限制和严重侮辱,但是对方均未有人使用工具,遂对于欢持刀捅刺的防卫行为进行了正当防卫的否定。基本相适应说限制了防卫限度的认定空间,有悖于立法鼓励正当防卫的立法精神,也不利于防卫人合法权益的维护。

---

① 参见高铭暄:《高铭暄自选集》,中国人民大学出版社 2007 年版,第 341 页。

② 高铭暄、马克昌主编:《刑法学》(第 9 版),北京大学出版社、高等教育出版社 2019 年版,第 131 页。

③ 参见邹兵建:《正当防卫中“明显超过必要限度”的法教义学研究》,载《法学》2018 年第 11 期。

④ 参见肖中华、朱璨:《论正当防卫中必要限度条件的激活》,载《法学杂志》2019 年第 4 期。

⑤ 参见吴允锋:《正当防卫限度的判断规则》,载《政治与法律》2018 年第 6 期。

⑥ 参见梁根林:《防卫过当不法判断的立场、标准与逻辑》,载《法学》2019 年第 2 期。

⑦ 参见梁根林:《防卫过当不法判断的立场、标准与逻辑》,载《法学》2019 年第 2 期。

基本相适应说已少有学者主张，而必需说的支持者对必需说的研究显著升温。冯军教授认为，判断是否“明显超过必要限度”，应以“必需说”为核心，用绝对优势说从反面为必需说提供判断根据，即防卫人占据绝对优势后是否继续对不法侵害人实施多余的、不必要的反击行为。① 王世洲教授认为，“必需说”单纯强调防卫的需要，没有在“必要限度”提出具体可操作的标准，应被“社会道德限制下的必要说”取代。该说认为，在防卫行为必要的前提下，要求防卫手段在可选择的手段中是最轻的，但不要求防卫人忍受身体伤害或财产损失，因为“合法不必屈服于不法”。此外，任何情况下防卫都必须遵守社会道德的限制，即将社会道德作为正当防卫的最后界限。② 姜涛教授认为，需要借助于“情景+期待可能性”的符合，发展一种“必需说”。一方面，对必需的理解应是情景（包括场景、情理等）上的是否必需的判断；另一方面，即使出现过当造成重大损害的不适应情况，但在案发情境下又属于期待不能的，则属于不需要追究责任的防卫过当。③ 此外，支持必需说的还有王钢、劳东燕、陈璇和彭文华教授等。④

必需说单纯强调防卫的需要，没有提出具体可操作的标准，⑤也缺乏行为强度对比的参与，导致出现法益失衡、与民众朴素的感情发生背离的情况，无法被司法实践接受。若在司法实践中严格贯彻此说，将会在某些案件上造成罪责严重失衡，裁判难以得到社会的认可，不利于司法公信力的维护。⑥ 有学者认为，采用“必需说”并不会导致防卫者滥用防卫权，该学者曾到监狱调研刑法对468名犯罪者的指引作用，结果98%的防卫者回答在犯罪时完全没有想到刑法的处罚是什么，80%的犯罪人是临时起意。同时，该学者在闹市区针对500名青壮年男性进行访问，了解他们对正当防卫限度的认识，结果95%的受访者对防卫限度不了解，5%的受访者回答不能“太过分”“太严重”等。⑦ 上述观点或许有一点借鉴意义，但难言正确。不提调研样本不具有代表性，调研的目的和调研对象与必需说亦无直接相关性，难以证明其“必需说”不会导致防卫者滥用防卫权的主张。

---

① 参见冯军：《防卫过当：性质、成立要件与考察方法》，载《法学》2019年第1期。

② 参见王世洲：《“昆山案”中正当防卫的生死标准》，载《中国检察官》2018年第18期。

③ 参见姜涛：《正当防卫限度判断的适用难题与改进方案》，载《中国法学》2019年第2期。

④ 参见王钢：《正当防卫的正当性依据及其限度》，载《中外法学》2018年第6期；劳东燕：《防卫过当的认定与结果无价值论的不足》，载《中外法学》2015年第5期；陈璇：《侵害人视角下的正当防卫论》，载《法学研究》2015年第3期；彭文华：《论正当防卫限度的重大损害标准》，载《江汉论坛》2015年第7期。

⑤ 参见王世洲：《“昆山案”中正当防卫的生死标准》，载《中国检察官》2018年第18期。

⑥ 参见肖中华、朱璨：《论正当防卫中必要限度条件的激活》，载《法学杂志》2019年第4期。

⑦ 参见姜涛：《正当防卫限度判断的适用难题与改进方案》，载《中国法学》2019年第2期。

相当说是我国的通说，可以说是必需说与基本相适应说的折中，立足于防卫目的的正当性，以制止不法侵害所必需作为基本内容，要求防卫行为的大体相适应，发挥了二者的优势，[①]在必需说与基本相适应说的基础上取得了长足的进步。但难以避免的是，相当说也夹杂了基本相适应说的缺点。甚至有学者提出，基本相适应说才是判断是否超过防卫限度的决定性标准，拥有最终的否决权。这样一来，相当说的结论与基本相适应说不可能有任何区别，而基本相适应说的弊端在相当说中也没有得到有效的克服。[②]

对比相当说与必需说，皆立足于制止不法侵害所必需，又提出对防卫行为予以不同程度、角度的限制，无论是冯军教授的"绝对优势说"的限制，抑或王世洲教授主张的"社会道德限制"，还是通说里的基本相适应，皆是如此。对此，德国刑法理论也不例外。德国司法判例与刑法学理一方面认为，必要的防卫，是指各种适当的、在众多可供挑选的防卫方法中最轻的、不与对自身损害的直接风险相联系的防卫。另一方面，又强调正当防卫的社会伦理限制，不允许为防卫极其轻微的利益而给不法侵害人造成重大伤害，特别是考虑到生命和身体法益的需保护性与轻微财产的不可比性，对于侵犯极其轻微财产的不法侵害人，不能允许采取致命性的反击手段，如不能允许一名行动不便的老人，在别无选择时，为了击落爬在树上偷苹果的少年而开枪射击，[③]即提出了对防卫的手段、社会伦理等方面的限制。

据此，没有必要在基本相适应说或必需说的学说基础上进行改善从而向相当说靠拢，仅需在相当说的基础上修改、明确相关问题即合理、可行。首先，在"明显超过必要限度"的判断中剔除结果要素，避免损害结果的重复评价；其次，不要局限于基本相适应说中"基本"两字，应对其作广义的理解，"基本"即大体上相适应或不存在悬殊的差异；最后，判断防卫行为是否明显超过必要限度，需要进行综合考虑。"对等武装论"主要在形式角度判断正当防卫的限度，除了错误的立足于基本相适应说，也在于没有综合考量现场的所有因素。因此，很有必要具体根据侵害与防卫行为发生的整体情状，特别是根据侵害的强度、侵害人的危险性等判断该行为是否

---

① 参见高铭暄、马克昌主编：《刑法学》，北京大学出版社、高等教育出版社 2016 年版，第 135 页。

② 参见劳东燕：《防卫过当的认定与结果无价值论的不足》，载《中外法学》2015 年第 5 期。

③ 参见[德]克劳斯·罗克辛：《德国刑法学总论》第 1 卷，王世洲译，法律出版社 2005 年版，第 443~456 页。

“明显超过必要限度”①。德国刑法理论也有同样观点。

“综合判断”也得到了最高司法机关的认可。2015 年 3 月 2 日，最高人民法院、最高人民检察院、公安部、司法部在《关于依法办理家庭暴力犯罪案件的意见》中指出：“认定防卫行为是否明显超过必要限度应当以足以制止并使防卫人免受家庭暴力不法侵害的需要为标准，根据施暴人正在实施家庭暴力的严重程度、手段的残忍程度，防卫人所处的环境、面临的危险程度、采取的制止暴力的手段、造成施暴人重大损害的程度，以及既往家庭暴力的严重程度等进行综合判断。”在 2018 年最高人民法院指导案例 93 号中亦明确指出，认定防卫行为是否明显超过必要限度应当从防卫行为的性质、时机、强度、手段、所处环境和损害后果，以及不法侵害的手段、强度、性质、危害程度综合判断。②

“明显超过必要限度”的规范内涵即原则上应当以制止不法侵害所必需的强度为标准，同时综合考虑防卫时影响防卫行为限度的相关要素来判断防卫行为与不法侵害行为是否存在悬殊的差异。若不存在悬殊的差异，则防卫行为没有“明显超过必要限度”；若存在差异悬殊，则“明显超过必要限度”。此说可称为“新相当说”。需要再次强调的是，“新相当说”立足于制止不法侵害所必需，主张防卫行为与侵害行为不可存在悬殊的差异，亦即防卫限度的判断存在一个区间，防卫的行为限度在这个区间内应根据不同的防卫情况，具体问题具体分析。侵害行为的强度越大、危险程度越高，防卫人制止不法侵害，维护自身合法权益的难度自然越大，防卫行为的强度应与侵害强度成正比。同时，避免将“悬殊的差异”分析为“基本相适应”或大体相适应等限制防卫行为限度的概念，导致行为限度的区间萎缩。

具体而言，分析是否“明显超过必要限度”主要考虑以下因素：

(1)侵害人与防卫人使用的工具或手段。通常情况下，同样是实施故意伤害的犯罪行为，持枪、持枪或者携带棍棒等工具的侵害强度自然远远高于赤手空拳侵害的行为强度。当然，假设侵害人武功高强或具有跆拳道黑道八段实力的侵害强度，自然不在此类。立足于制止不法侵害所必需的基础上，防卫人的防卫手段应有一定的“社会道德限制”。德国通说和判例也如此认为。③ 具体而言，要求防卫手段在可选择的方法中是最轻的，并且这种最轻手段不要求防卫人忍受身体伤害或财产损失，④有不同实施方

① 冯军：《防卫过当：性质、成立要件与考察方法》，载《法学》2019 年第 1 期。

② 参见于欢故意伤害案，最高人民法院指导案例 93 号(2018 年)。

③ 参见陈璇：《侵害人视角下的正当防卫论》，载《法学研究》2015 年第 3 期。

④ 参见王世洲：《“昆山案”中正当防卫的生死标准》，载《中国检察官》2018 年第 18 期。

式可供选择时,实施过程中应尽量使用温和的方式。①

(2)侵害人与防卫人的数量、力量对比。毫无疑问,侵害人的数量越多,侵害行为的强度自然更大,给防卫人带来的防卫难度自然更高。除了外在的侵害工具、侵害人数量会影响侵害行为强度意外,侵害人与防卫人双方力量的对比也会影响侵害行为强度的判断。防卫人的防卫能力会受双方年龄、性别甚至身高、体重等因素的影响。通常而言,青壮年男性比老年人更有力量,同等年纪的男性比女性更有力量,个子矮或体重轻的人自然没有个子高或者体重大的人有力量。在此情况下,防卫只有采取更高强度的防卫行为,才能免遭不法侵害。对防卫人能力的判断,司法实践中往往站在事后"全知全能"的标准进行判断,理论界也存在以社会一般人平均能力为标准的"社会一般人说"和以防卫人手机能力为标准的"实际能力说"。很显然,只有采用"实际能力说",以防卫人的实际能力作为判断防卫行为强度的能力标准,才能根据防卫人的实际情况对其防卫行为的强度提出合理的要求。②

(3)不法侵害发生的时间、地点、空间等其他因素。例如,防卫行为发生的时间是白天还是晚上、防卫行为发生的地点是人烟荒芜还是人数较多的地方、防卫的空间是否贴近禁忌空间等,在每个具体而又存在差异的案例中,何时、何地面临不法侵害也会影响着防卫强度的变化,基于此的防卫行为限度也应是不一样的。例如,古罗马《十二铜表法》就有规定:"如果夜间实施盗窃行为被当场击杀,这个击杀行为就是合法的;但是白天实施的盗窃行为,除非用武器拒捕,否则不能击杀。"此外,不法侵害持续的长短,也严重影响着防卫行为强度的判断。有学者认为,在不法侵害持续发生的场合,即便反击结果造成对方死伤的,也应该承认行为的防卫性质,并且要考虑到"累计升高"的不法侵害对防卫限度的特殊影响,不能轻言防卫行为"明显超过必要限度",尤其要考虑到防卫人对未来的担忧,即侵害者有可能采取更严重的法益侵害手段。③ 此外,防卫人在面对不法侵害会产生人身安全面临无法预期和控制的威胁,心理强烈地紧张、不安与恐慌,其防卫行为的强度应有所不同,其限度也理所应当有所放宽。

基于上述分析,"对等武装论"被摒弃便有了支撑,侵害人与防卫人工具或武器对比只是判断侵害行为强度或防卫行为强度的一部分,且不是决定性标准。此外,以哪个时点获得的信息作为判断防卫行为是否"明显超

---

① 参见肖中华、朱璨:《论正当防卫中必要限度条件的激活》,载《法学杂志》2019年第4期。

② 参见邹兵建:《正当防卫中"明显超过必要限度"的法教义学研究》,载《法学》2018年第11期。

③ 参见周光权:《论持续侵害与正当防卫的关系》,载《法学》2017年第4期。

过必要限度”,也存有争议,有以事后能查明一切信息作为判断依据的“客观说”、以防卫人在防卫时获取的信息作为判断依据的“主观说”以及以防卫人在行为时实际获取的信息以及当时本应能够获取的信息作为判断依据的“折中说”。长期以来,客观说不仅在理论上占据支配地位,而且在司法实践中得到了全面贯彻。[①] 近年来,有学者意识到了“客观说”的弊端,进而提出站在行为时来判断防卫限度问题。[②] 这也是德日学界的通说。[③] 相比“主观说”,“折中说”不仅立足于行为人实际获取的信息,还对行为人提出了相应的要求,有利于发挥防卫人的主观能动性,积极参与到防卫中来,同时也在一定程度上限制了防卫人恶意报复、故意伤害的可能,能够较为合理地认定防卫行为是否明显超过必要限度。[④] 因此,“折中说”是合理可行的。

第三节 防卫限度的判断路径与实践贯彻

一、防卫限度的判断路径

基于上述分析,本书认为,对于防卫限度的判断,必须把握三部曲:一是判断的对象,二是判断的顺序,三是判断的内容。

第一步,明确判断的对象。这是判断的前提。

对象错误,满盘皆输。上文已详细分析了判断的对象是“明显超过必要限度”和“造成重大损害”这两个并列的要件,必须破除“唯结果论”“对等武装论”的判断思路,使防卫限度的判断走出司法实践的困境。

第二步,明确判断的顺序。这是判断的关键。

反思“唯结果论”立足于损害结果反推行为限度的思考路径,摒弃“唯结果论”中“明显超过必要限度”附属于“造成重大损害”的错误认识,重构防卫限度认定的正确路径,将“明显超过必要限度”与“造成重大损害”视为防卫限度的两道防线,先判断是否“明显超过必要限度”,再判断是否

---

① 参见邹兵建:《正当防卫中“明显超过必要限度”的法教义学研究》,载《法学》2018 年第 11 期。

② 参见陈璇:《侵害人视角下的正当防卫论》,载《法学研究》2015 年第 3 期;劳东燕:《防卫过当的认定与结果无价值论的不足》,载《中外法学》2015 年第 5 期;邹兵建:《正当防卫中“明显超过必要限度”的法教义学研究》,载《法学》2018 年第 11 期。

③ 参见[德]汉斯·海因里希·耶塞克、托马斯·魏根特:《德国刑法学教科书》(上),徐久生译,中国法制出版社 2017 年版,第 460 页;[日]松原芳博:《刑法总论重要问题》,王昭武译,中国政法大学出版社 2014 年版,第 129 页。

④ 参见童伟华、王献英:《正当防卫限度判断的路径修正与视角转换》,载《广西社会科学》2020 年第 6 期。

“造成重大损害”,即将“明显超过必要限度”认定作为判断“造成重大损害”的前提和基础,形成“行为优先于结果”的双层检验机制。[①]

第三步,明确判断的内容。这是判断的核心。

一是判断防卫行为是否“明显超过必要限度”。在判断“明显超过必要限度”的时候,立足于旧相当说进行改进,明确“相当说”是属于对是否“明显超过必要限度”的判断,而不是衡量是否“明显超过必要限度造成重大损害”的学说;剔除其中的结果要素,避免对损害结果进行重复评价;对“相当说”基础中的“基本相适应”中的“基本”作广义的理解,应为不存在较为悬殊的差异,而不是紧紧相适应、恰恰相适应等理解。此即“新相当说”。“新相当说”立足于制止不法侵害所必需,通过综合考虑侵害行为与防卫行为的性质、强度等因素,判断防卫行为与侵害行为是否存在悬殊的差异。若存在悬殊的差异,则属于“明显超过必要限度”;若不存在悬殊的差异,则没有“明显超过必要限度”。同时,对防卫能力的判断应以防卫人的实际能力为基础来判断;立足于防卫人在行为时实际获取的信息以及当时本应能够获取的信息来判断防卫行为是否“明显超过必要限度”。

二是根据是否“明显超过必要限度”的判断结果来决定是否需要对“造成重大损害”进行认定。若防卫行为“明显超过必要限度”且“造成重大损害”,则防卫行为超过限度,构成防卫过当。若防卫行为没有“明显超过必要限度”或没有“造成重大损害”,则防卫行为得到肯定,构成正当防卫。“造成重大损害”,学说上并没有提出具体、明确的标准,司法实践中对于“造成重大损害”的争议也较少。无论是从体系解释,或是实质考量,抑或参考最高司法机关的态度,将“重大损害”界定为重伤及以上后果较为适宜。[②]

二、司法实践中的具体应用

案例 1:陈某正当防卫案

2016 年 1 月初,陈某在甲的女朋友的网络空间留言示好,甲纠集乙等人,对陈某实施了殴打。1 月 10 日中午,甲、乙、丙等 6 人(均为未成年人),在陈某就读的中学门口,见陈某从大门走出,有人提议陈某向老师告发他们打架,要去问个说法。甲等人尾随一段路后拦住陈某质问,陈某解

---

① 参见陈璇:《防卫过当中的罪量要素——兼论“防卫过当民刑二元化”立法模式的法理依据》,载《政法论坛》2020 年第 5 期。

② 参见尹子文:《防卫过当的实务认定与反思——基于 722 份刑事判决的分析》,载《现代法学》2018 年第 1 期。

释没有告状，甲等人不肯罢休，抓住并围殴陈某。乙的3位朋友（均为未成年人）正在附近，见状加入围殴陈某。其中，有人用膝盖顶击陈某的胸口、有人持石块击打陈某的手臂、有人持钢管击打陈某的背部，其他人对陈某或勒脖子或拳打脚踢。陈某掏出随身携带的折叠式水果刀（刀身长8.5厘米，不属于管制刀具），乱挥乱刺后逃脱。部分围殴人员继续追打并从后投掷石块，击中陈某的背部和腿部。陈某逃进学校，追打人员被学校保安拦住。陈某在反击过程中刺中了甲、乙和丙，经鉴定，该3人的损伤程度均构成重伤二级。陈某经人身检查，见身体多处软组织损伤。公安机关以陈某涉嫌故意伤害罪立案侦查，并对其采取刑事拘留强制措施，后提请检察机关批准逮捕。检察机关根据审查认定的事实，依据《刑法》第20条第1款的规定，认为陈某的行为属于正当防卫，不负刑事责任，决定不批准逮捕。

检察机关提出：刑法规定的限度条件是“明显超过必要限度造成重大损害”，具体而言，行为人的防卫措施虽明显超过必要限度但防卫结果客观上并未造成重大损害，或者防卫结果虽客观上造成重大损害但防卫措施并未明显超过必要限度，均不能认定为防卫过当。本案中，陈某为了保护自己的人身安全而持刀反击，就所要保护的权利性质以及与侵害方的手段强度比较来看，不能认为防卫措施明显超过了必要限度，所以即使防卫结果在客观上造成了重大损害，也不属于防卫过当。①

可喜的是，检察机关已经认识到“唯结果论”的盛行与不足，以指导性案例的方式对防卫限度进行了明确，即防卫行为仅在明显超过必要限度并造成重大损害时才超过防卫的限度条件，构成防卫过当。以“新相当说”来分析陈某正当防卫案，先分析陈某的行为是否“明显超过必要限度”：面对侵害人使用砖头、钢管等工具，陈某使用小刀，并无悬殊差异；侵害人为9人，陈某以1敌9，双方人数、力量对比存在悬殊的差异；防卫时间、地点、空间对防卫行为限度无刑法意义上的影响。总体而言，侵害行为强度较大。为了制止不法侵害，陈某选择了有效制止防卫侵害中可供选择的最轻手段，侵害行为与防卫行为不存在悬殊的差异，防卫行为没有“明显超过必要限度”。防卫行为没有“明显超过必要限度”，自然没有判断防卫行为是否“造成重大损害”的必要，防卫行为即构成正当防卫。

案例2：“于欢防卫过当案”（案例详见前文）

一审法院判定②：于欢面对讨债人的纠缠，不能正确处理冲突，持尖刀

---

① 陈某正当防卫案，最高人民检察院指导性案例第45号（2018年）。

② 参见山东省聊城市中级人民法院刑事附带民事判决书，（2016）鲁15刑初33号。

捅刺多人,致1名被害人死亡、2名被害人重伤、1名被害人轻伤,其行为构成故意伤害罪。2017年6月23日,于欢案二审宣判对初审作出了一定调整,肯定了于欢的防卫行为具有正当防卫的性质,但属于防卫过当,并调整了其刑罚。[①] 尽管如此,二审法院的认定与改判是否妥当并非没有进一步商榷的余地。[②]

以"新相当说"先分析于欢防卫行为是否"明显超过必要限度"。具体而言:(1)不法侵害人未使用刀具,防卫人赤手空拳并经报警也难以制止不法侵害后使用了水果刀。(2)不法侵害人人数众多、身体强壮,防卫方仅瘦弱的于欢和其母亲,人数、力量对比悬殊。(3)防卫的地点位于于欢熟悉的自家公司办公地点,不法侵害的危险很高,面对非法拘禁、母亲被侮辱等行为,他能感受到的更多的却是无能为力;防卫的时间从下午持续到晚上,非法拘禁和侮辱的行为一直在持续,给于欢带来了极大的心理压力,不法侵害的危险持续累计,持续到晚上9时,防卫人的内心已接近崩溃;不法侵害持续的过程中,防卫人的防卫空间也不断被压缩,从办公室范围内被逼迫到角落里,不仅心理压力变大,身体活动空间也几乎没有。

综上所述,于欢面对从下午持续到晚上的非法拘禁以及对其母亲的侮辱行为,在防卫双方力量对比悬殊,防卫地点、时间等对其造成极大心理、身体压迫,特别是公权力介入却无效的情况下,其防卫行为的强度理应与其面对的持续的、不法风险累计升高的不法侵害的强度一样得到提升。因此,其防卫行为显然没有"明显超过必要限度",也就是没有超过防卫限度,成立正当防卫。

---

① 参见山东省高级人民法院刑事判决书,(2017)鲁刑终151号。

② 参见梁根林:《防卫过当不法判断的立场、标准与逻辑》,载《法学》2019年第2期。

第七章　紧急避险的利益衡量

第一节　问题的提出

紧急避险是指为了法律所保护的权益免受正在发生的危险，不得已损害另一法益，且不超过必要限度的行为。紧急避险中的利益衡量是以法益的具体性作比较，考察冲突法益在具体状况下的要保护性，判断保全法益是否较侵害法益更优越。利益衡量中的利益被认为是一个宽泛的概念，包含在具体冲突情形中相互对立的所有价值。它并非由具体的法益来反映，而是由普遍的法原则来反映；因而，其衡量的对象范围超越冲突的法益，而应当包含所有的利害倾向，包括行为对于法秩序整体的意义，以及维护最高法价值与普遍的法原则的共同体利益。① 利益衡量既发生于司法领域，也发生于立法领域。本书主要研究的是司法领域的利益衡量。

其中，生命法益的衡量是紧急避险中利益衡量的难点。它不仅是一个法律难题，也是一个道德难题，在社会现实中时有发生。

案例1：2007年，云南3名男子强迫两名坐台小姐杀害其他的1名坐台小姐，并用手机拍摄下杀人过程，以此为“证据”要挟杀人的坐台小姐从事卖淫活动。坐台小姐最终未被起诉。

案例2：在登山的过程中，登山者通过绳索联系在一起，有人摔下去了，其他人无法抓住他，割断绳子，以免都跟着摔下去。

案例3：Y是某宗教的忠实信徒，因身患癌症急需手术医治，而该宗教教义规定体内不得输入他人血液。于是，Y要求医生X进行手术，且不得输血。但手术途中必须输血，X则将他人血液输入Y的体内。为此，Y得以延长半年到1年的生命。但是，Y认为相较自己的生命，宗教信念更具有优越价值，X的行为不成立紧急避险，构成故意伤害罪。

对于紧急避险的利益衡量，在我国有以下观点。第一种观点主张，考虑保全法益与侵害法益之间位阶关系以及保全法益可能受损失的程度，进行个别、具体的判断。② 第二种观点主张，从法益权衡和行为权衡两个方面

---

① 劳东燕：《法益衡量原理的教义学检讨》，载《中外法学》2016年第2期。

② 谢雄伟：《紧急避险基本问题研究》，中国人民公安大学出版社2008年版，第171～172页。

考虑。法益权衡主要衡量法益的位阶关系;行为权衡是将紧急避险分为攻击性紧急避险和防御性紧急避险,防御性紧急避险的保护利益与损害利益之间不需要具有严格的比例关系。[①] 第三种观点主张,对法益进行静态和动态权衡,并且考虑被转移危险者的人格尊严。[②] 第四种观点主张,生命重于身体法益、身体法益重于财产法益,但难以形成具体标准,只能根据社会一般观念进行判断,应考虑危险紧迫性与重大性、危险源具体情况、损害程度、当事人忍受义务等。[③] 紧急避险中的利益衡量,我国刑法教材和论著虽有所提及,但现有研究并不充分,缺乏系统而深入的研究,是我国刑法领域几乎未曾开垦的处女地。

第二节　紧急避险中利益衡量的立场选择

紧急避险中的利益衡量不仅关乎违法性的本质,涉及刑法观念,也是行为无价值论与结果无价值论的试金石。受德日刑法学的影响,实质刑法观与形式刑法观、结果无价值论与行为无价值论成为中国刑法学派之争的焦点。最近又引发了行为功利主义违法观与规则功利主义违法观之争。

关于刑法解释和适用,形式刑法观(形式解释论)主张根据刑法条文对构成要件进行形式解释;实质刑法观(实质解释论)主张仅将值得科处刑罚的法益侵害行为解释为符合构成要件的行为。我国形式解释论与实质解释论争论的焦点不在于应否严格遵循刑法条文字面含义进行形式解释。形式解释论与实质解释论都主张形式解释与实质解释只有先后之别,并无主次之分,都是形式解释与实质解释相结合的二元解释论。[④]

真正值得刑法学界关注的是法律形式主义与法律现实主义之争。法律形式主义认为法官只是一个解释者,对自己的解释在真实世界产生的后果无所谓或近乎无所谓。法律现实主义看重司法判决的众多后果,既关心系统后果也关心个案的后果,要求结果合乎情理的、说得通。[⑤] 正如日本学者所言,"目前,对刑法实际上应当发挥什么样的机能,我们的了解可能并

---

① 参见王世洲:《现代刑法学(总论)》,北京大学出版社 2011 年版,第 202~204 页。

② 参见黎宏:《紧急避险法律性质研究》,载《清华法学》2007 年第 1 期;黎宏:《刑法学》,法律出版社 2012 年版,第 148~150 页。

③ 参见张明楷:《刑法学》(上)(第 5 版),法律出版社 2016 年版,第 221 页。

④ 参见贾济东、谈绪军:《德日犯罪论体系转型的启示与借鉴》,载《江汉论坛》2014 年第 9 期。

⑤ 参见[美]理查德·波斯纳:《波斯纳法官司法反思录》,苏力译,北京大学出版社 2014 年版,第 7~8 页。

不多,对于发挥什么样的机能的反思也还很不够"。[①] 波斯纳认为,不管规定如何,在作决定时,法官要考虑该决定会对社会有多大效益,对当事人有多大效益,而不应该去考虑其他的规定、案例。[②] 事实上,现实主义也包括了形式主义,是一种很特别的现实主义,因为对于许多常规案件来说,最现实主义的进路就是形式主义的。本书据此提出现实主义刑法观,以期促进刑法理论的发展和现实问题的解决。根据现实主义刑法观,刑法的适用要实现刑法的机能,追求司法判决的合理后果。坚持现实主义刑法观,应当贯彻行为无价值二元论。不同于结果无价值论单一的功利主义理论基础,行为无价值二元论的伦理学根基除了功利主义,还有道义论。功利主义和道义论分属于结果论与非结果论这两大理论,而这两大理论也是紧急避险中利益衡量的理论根基。

一、结果论

结果论是以行为结果为基础或者关心结果的理论,主张人们应当以将要带来好的结果的方式行动。功利主义和社会连带主义是结果论的具体形式,通常被视为紧急避险利益衡量中重要的理论根基。

(一)功利主义

紧急避险在刑法上是被允许的,紧急避险中利益衡量追求社会整体利益的最大化,这就是紧急避险的平衡成本——收益根据的功利主义特征。对于《德国刑法典》第34条(正当化紧急避险)中的"利益的本质的优越",功利主义试图将其解释为"优越是明显的",从而将避险行为予以正当化。[③] 也即,功利主义要求在尊重法律规则与违反法律规则所引起的社会危害结果之间进行比较。但是,两害相权取其轻本身不足以成立正当事由。因为追求功利所采取的避险方式必然会与尊重个人权利相冲突。[④] 根据行为产生的结果来进行评价,功利主义会忽视道德或法律权利。功利主义最明显的缺陷在于不尊重个体权利。

作为针对功利主义对个人主义的蚕食的"刹车",社会契约论应该是一个有益的视角。紧急避险制度是为了分散针对各个具体个人的风险。具体而言,有时候自己会是转移危险的一方,有时候又会是被转嫁危险的

---

① [日]平野龙一:《刑法的基础》,黎宏译,中国政法大学出版社2016年版,第74页。

② 转引自於兴中:《法理学前沿》,中国民主法制出版社2015年版,第15页。

③ 参见[日]小林憲太郎:《緊急避難論の近時の動向》,载《立教法務研究》2016年第9卷。

④ 参见[英]威廉姆·威尔逊:《刑法理论的核心问题》,谢望原、罗灿、王波译,中国人民大学出版社2015年版,第317页。

一方,与通过保证自己总会甘愿承受所降临的危险而得到不被他人转嫁危险的保障这种选项相比,理性的个人应该会作另一种选择:通过相互认可在一定范围之内的危险转嫁,以减轻也许会降临到自己头上的危险的风险。①

根据社会契约论,紧急避险中被牺牲的是被害人自愿让渡的利益,必须处于一个理性之人可以接受的危险的范围。生命是一切法益的基础,是人存在于世界的前提,理性人一般不会将自己的生命自愿让渡出来,功利主义也通常不能用生命法益衡量进行避险。"痛苦和欢乐就像我们做算术的加法一样简单,与决定人类的生死无关。"②紧急避险中的法益衡量结果即便维持甚至增加了社会整体利益的总和,但如果超出了为了互助而彼此认可的合理忍受的范围,也不能被视为正当。

(二)社会连带主义

另一种观点认为,在他人的利益陷入危险之际,为了保护该人更为优越的利益,作为紧急避险,市民应甘愿忍受危险的转嫁。这并非是保护整体主义意义上的优越利益,而是基于保护某种程度上的优越利益应由市民承担较小的牺牲的"社会连带"的要求。③

人们之间之所以产生连带关系,因为他是一个人,人具有社会性,社会性要求人们之间基于连带关系进行合作。人只有在社会中才能实现价值,并得以存活。社会连带关系是一个永恒不变的社会事实,这些连带关系构成了一切社会规范的基础。法治要求每个人都要为社会连带作贡献。

多数德国学者认为,任何人在遭受紧急危险时所进行的避险行为侵害他人法益时,相对人必须忍受的规范理由是社会互助义务(solidaritätspflicht)。基于社会互助原则,只有为了保护作为履行社会互助义务的实质的、更重要的利益时,才能舍弃法律所保护的其他利益。④ 紧急避险行为阻却违法的基本思想是法秩序考虑法益所有人的社会义务而要求其抛弃法益。⑤ 社会连带义务有其限度,仅在保护自己或他人重大法益而损害第三者非重大

① 参见[日]松原芳博:《刑法总论重要问题》,王昭武译,中国政法大学出版社 2015 年版,第 142 页。

② [德]理查德·大卫·普雷希特:《该不该把桥上的男人推下去》,周海燕等译,中国青年出版社 2009 年版,第 146 页。

③ 参见[日]松宫孝明:《刑法总论讲义》(第 4 版补正版),钱叶六译,中国人民大学出版社 2013 年版,第 77 页。

④ Vgl. Neumann, in: Kindhäuser/Neumann/Paeffgen (Hrsg.), *Nomos Kommentar*, *Strafgesetzbuch*, Band 1, 4. Aufl., Baden-Baden: Nomos Verlagsgesellschft, 2013, §34, Rn. 67.

⑤ 参见彭美英:《浅论刑法紧急避难利益衡量之法理基础》,载《法令月刊》2007 年第 9 期。

法益时，才成立紧急避险。[①] 损害无辜第三者的生命法益超出了社会连带主义的范围。换言之，社会连带主义通常不适用于生命法益的衡量。

总之，结果论强调紧急避险中利益衡量要保证社会整体利益的最大化。其中，功利主义追求社会整体利益的增加与个人利益的减少；社会连带主义则强调个人要为社会连带作贡献，个人对社会有服从和互助的义务。同时，功利主义基于社会契约论的考量，认为个人利益减少应该有限度；社会连带主义也主张连带义务是有限度的。虽然刑法学界往往将结果论作为紧急避险利益衡量最重要的理论根基，但功利主义和社会连带主义不能适用于生命法益的衡量，生命法益的衡量需要另寻其他的理论根据。当然，为了保全多数人的生命牺牲一个人的生命在极其例外的情况下是允许的。

二、非结果论

非结果论不以行为结果为基础或不关注结果，主张只看行为是否符合另外某个或某些道德标准、公正不公正。康德的义务伦理学即道义论是其中最重要的理论。

康德认为，任何人都不应仅仅被视为或用作达到别人目的的手段，每个人本身就是独特的目的。为拯救千名儿童而对百名婴儿做实验是不道德的。若实验程序是拯救儿童的唯一办法，又能为医生提供将来也许能够拯救更多儿童生命的资料，康德或许会同意实验。[②] “人不是手段，而是目的”，对生命的紧急避险涉及将他人作为手段的问题，康德的实践命令不允许对生命的紧急避险。根据康德的实践命令，生命法益之间的利益衡量原则上是不被允许的。康德的道义论构成了生命法益衡量的重要理论基础。

不仅如此，“人不是手段，而是目的”这一实践命令也说明了目的不能证明手段的正当性。导致大多数人的最大幸福有时不也同时给少数人带来了一些很坏的结果吗？为了对所有社会成员都努力做到公平正义，这种态度似乎比仅仅努力实现最大多数人的最大好处更合乎道德。

关于如何实现公平正义，人们最广为流行的一条规则就是《圣经·新约》中的黄金律（the golden rule），亦即康德所谓的“可逆性标准”。这一标准通常表述为：“你想要人家怎样待你，你就要怎样待人。”换言之，你要想弄清楚在任何境遇下什么是该做的道德之事，你就要躬身自问：“如果我是

① 王钢：《紧急避险中无辜第三人的容忍义务及其限度》，载《中外法学》2011年第3期。

② ［美］雅克·蒂洛、基思·克拉斯曼：《伦理学与生活》（第9版），程立显、刘建等译，世界图书出版公司、后浪出版公司2008年版，第54~55页。

我的道德行为的承受者,我会喜欢为我做些什么?”这就是所谓的“设身处地”“换位思考”。与康德的“可逆性标准”相仿,罗尔斯的正义论提出了“平等的正义”,假定“无知之幕”保证没有人知道他在社会中的地位、优缺点、价值或者目的,使契约各方处于平等的原始状态,并被当作有道德的人而予以同等对待,实现订立的社会契约的平等性和公正性。

在紧急避险的法益衡量中,衡量的不仅有结果,还应该有行为。结果的正当不能证明行为的正当。行为具有正当性,归根结底就是社会观念上能够认可,即具有社会相当性。社会相当性就是强调人们之间都可以接受的、相互认可的同理心,即康德的可逆性标准。当然,罗尔斯的平等的正义理论也可以作为其理论根基。

三、综合主义

近期,有学者对功利主义的法益权衡说进行反思,提出紧急避险的正当化根据应采取社会团结义务说。① 其实,紧急避险中的利益衡量是一个复杂的问题,不可能仅存在单一的理论根基。在紧急避险中,一般的法益衡量主要以结果论为理论根基,即强调功利主义或者社会连带主义,保证后果的重要性。生命法益的衡量主要以非结果论尤其是康德的道义论为理论根基,即通常不允许对生命的紧急避险。当然,也存在例外。利益衡量之所以强调行为的社会相当性,其理论根基在于康德的道义论或罗尔斯的正义理论。结果论和非结果论在利益衡量中的作用不同,共同成为紧急避险利益衡量的理论基础。紧急避险利益衡量应坚持综合主义的基本立场。

第三节　紧急避险中利益衡量之规则与具体要素

根据我国《刑法》第 21 条的规定,紧急避险不能超过必要的限度,即较于所牺牲的利益,保护的利益必须具有优越性,这一点同《德国刑法典》第 34 条的规定一致。德国刑法学通说认为,对于两个冲突利益之间优越性的比较,可以采取整体衡量原则,即对牺牲利益与保护利益的值得保护性(schutzwürdigkeit)其决定作用的整体情况进行综合判断。避险行为能保

---

① 参见陶佳:《责任阻却性紧急避险的厘清与适用》,载《法学家》2020 年第 1 期。

护的结果越轻,对他人利益侵害的限制就应当越大。① 但是,有学者批评指出,进行整体衡量,与《德国刑法典》第 34 条的宗旨并不相符:其一,如果只需要进行事实上的整体衡量,那么,第 34 条只能要求进行简单的利益比较,而不能要求所保护利益的实质优越性;其二,如果只需要进行整体衡量,《德国刑法典》第 34 条后段的适当性条款(angemessenheitsklausel)将毫无意义。② 本书赞同上述批评意见,在紧急避险中只进行整体利益的衡量,是坚持结果论的必然选择;然而,紧急避险利益衡量的理论基础应该采取综合主义的立场,即不仅包括结果论,还应包含非结果论。

一、紧急避险中利益衡量的规则

在紧急避险中,实质的优越性要求在保护自由领域免受侵犯的利益与在紧急情况下所牺牲的利益之间进行平衡,即便避险者对于危险状况并不负有避免其发生并因此进行团结互助的责任。这意味着,被侵害对象的自治原则和对法益受到侵害威胁者的团结互助原则已经为紧急避险提供了适用的可能性,那么,这两个原则在具体的利益衡量中便不能再次被援用。同理,法律的秩序功能和安定功能中的一般利益也不能在具体的利益衡量再次被提及。③

紧急避险中的利益衡量,并非仅单纯地取决于抽象的法益位阶关系,而是必须考量到具体个案中的所有情况来对各种相互冲突利益进行综合性的价值判断,并不存在一个统一的衡量公式。近期,我国学者虽然也提出以法益类型的位阶性为中心,兼顾个案具体事实因素进行综合考察,④但是没有对利益衡量的具体要素进行深入分析。本书认为,根据结果论,利益衡量需要考量法益的位阶关系、法益受影响的程度、法益受侵害的可能性、法益救助成功的机会、法益对个别救助者的特殊意义等。根据非结果论,利益衡量要考虑避险行为的社会相当性。这些要素不是绝对适用,每一点都会受到其他点的制约和补充,适用时需要考虑所有可能对具体案件适合的要素。

---

① Vgl. Wessels/Beulke/Satzger, *Strafrecht Allgemeiner Teil*, 43. Aufl., Heidelberg, C. F. Müller, 2013, S. 118; Kristian Kühl, *Strafrecht Allgemeiner Teil*, 6. Aufl., München, Verlag Vahlen, 2008, S. 240.

② Engländer, in: Matt/Renzikowski, *Strafgesetzbuch Kommentar*, München, Verlag Franz Vahlen, 2013, §34, Rn. 23.

③ Perron, in: Schönke/Schröder, *Strafgesetzbuch Kommentar*, 29., neu bearbeitete Auflage, München, C. H. Beck, 2014, §34, Rn. 22.

④ 参见徐成:《防卫限度判断中的利益衡量》,载《法学研究》2019 年第 3 期。

二、紧急避险中具体的利益衡量要素

(一)法益的位阶关系

在利益衡量的过程中,法益位阶或法益的价值是优先考虑的要素。生命的位阶高于身体,身体高于自由,自由法益高于财产法益。法益位阶可以参照保护各种利益的犯罪的法定刑加以比较,法定刑较重的,通常法益位阶较高。

当然,这些规则的适用并不是绝对的。为挽救重大财产实施一种强制或者一种轻微的身体伤害。拯救一个生命,也不是毫无例外地处于较高地位。例如,当恐怖分子对释放1名人质,提出要求对大量重要的国家利益进行粗暴地破坏时,这名人质的生命就不可能在所有的情节中都处于优先的地位。[①]

关于个人法益与超个人法益的衡量,主要存在三种观点:第一种观点认为,国家的重大利益高于一切,不允许损害国家的重大利益保护其他利益;[②]第二种观点认为,"私"比"公"大;[③]第三种观点认为,超个人法益与个人法益只有量的区别,没有质的界限。[④] 本书赞成第三种观点。所有法益都是生活利益,本质上并无不同。个人法益和超个人法益的衡量都适用一般的衡量规则。为了保护国家轻微的法益而牺牲个人重大的法益,则是不被允许的。如果是国家行为导致个人法益的损害,个人可以申请国家赔偿;如果是他人造成的,可以要求他人承担相应的法律责任。

(二)法益受影响的程度

法益位阶属于一种"质"的评价,虽然在利益衡量上具有重要地位,不过,在具体利益冲突中,法益的"量"即法益受影响的程度,也是一个必须加以考量的要素,不可片面单以法益位阶来作为利益衡量的唯一标准。换言之,除了法益的位阶之外,在真正的利益冲突中法益受影响的程度,在利益衡量中发挥着重要作用。

在冲突法益位阶相同时,应考虑实际受影响程度。法益受影响的程度越大,在利益衡量中就越应该考虑其价值。例如,为了救助价值600日元的猎犬而杀掉价值150日元的看门狗,日本判例认定其成立紧急避险。

---

① Claus Roxin, *Strafrecht Allgemeiner Teil*, Band I, 4. Aufl., München, Verlag C. H. Beck, 2006, S. 738.

② 参见高铭暄主编:《刑法学原理》(第2卷),中国人民大学出版社2005年版,第246页。

③ 参见林亚刚:《刑法学教义(总论)》,北京大学出版社2014年版,第309页。

④ 参见张明楷:《法益初论》,中国政法大学出版社2000年版,第245页。

在冲突法益位阶不同、保全法益的位阶低于损害法益的位阶时，如果危险对于避险者所要保全的利益影响重大，在利益衡量上被评为具有较高价值，也可以成立阻却违法性的紧急避险。例如，重大的财产损害可能被认定较短暂的自由剥夺具有优越利益；甚至在特殊情况下重大的财产损害也可能被认定较轻微的身体伤害更具优越利益。例如，正在被火烧的房子的所有人，为灭火将挡路的人推倒而使其受到轻微伤害的情况，也可以认为是正当的。

(三)法益受侵害的可能性

关于紧急避险中的利益衡量，除了衡量法益的位阶关系、法益受影响的程度，还应包括法益遭受侵害的可能性。法益遭受侵害的可能性代表着发生法益侵害的危险概率的大小。

紧急避险要保全的利益受侵害的概率越高，避险行为对其他法益的侵害就越有可能通过紧急避险来阻却违法。例如，某汽车司机在高速公路上发现前面行使中的货车后轮间夹有大石头，为将此危险告知给前面的货车司机，违反高速公路限速规定而超车，可以基于紧急避险被正当化。这是因为，货车在行驶中因石头蹦出而发生无法预期的重大损害的可能性，要比短暂违反限速规定发生危险的可能性更大一些。同样，为把一名重症病人送到最合适医疗的医院，超速行驶也能够被允许。

反之，紧急避险要损害的利益受侵害的概率越高，紧急避险行为就越不容易被认定为阻却违法。在一个人为了帮助另一名事故遇难者而给其他自然人造成明显的具体危险时，结果就不能被视为正当。一名男子为了救援自己的企图自杀而生命危在旦夕的女朋友，高速闯过许多亮着红灯的路口，他的驾车方式，显示出几乎无法避免地会给其他交通参与人造成损害，即使最终没有导致一起致命的交通事故，也不应当承认其正当化。

(四)法益救助成功的机会

利益衡量的价值应该把重点放在具体生活中应该保护的价值上，而不是保护法益的绝对价值。除了法益的位阶，还应将法益受影响的程度、法益受侵害的可能性和救助的机会与可能性的程度综合进行考虑。[①] 避险行为保全法益救助成功的机会也是利益衡量的考量因素。避险行为救助法益成功机会的大小，也会影响到利益衡量的判断。

法益救助成功的机会越大，利益衡量的价值就越高。例如，高层住宅发生火灾，屋内婴儿面临即将被烧死的危险，消防人员已在楼下准备好接

---

① [韩]李在祥：《韩国刑法总论》，[韩]韩相敦译，中国人民大学出版社2005年版，第219页。

应并呼吁婴儿的父亲将婴儿从窗口丢下来,即使造成婴儿死亡的危险,由于法益救助成功的概率较大,也可以成立紧急避险。

如果一个避险行为避险成功的机会太过于渺茫,而肯定会造成一定的损害时,就难以主张阻却违法的紧急避险。因为当避难成功的机会过于渺茫时,避险行为保护的法益的价值也会随着变小,在利益衡量上就难以获得正当性。

只有当救助行为侵害法益的风险明显低于不实施救助行为法益发生危害的风险时,才可以阻却违法性。例如,若危及生命的行为是挽救该生命的唯一机会时,如冒险一搏的手术行为可以阻却违法。

(五)法益对个别救助者的特殊意义

一般来说,在紧急避险的利益衡量中,被救助者的意思对判断紧急避险的违法性阻却没有影响,避险行为即使有违该意思,仍有可能成立紧急避险。

但是,利益衡量须顾及陷入冲突的利益对于个别被救助者所具有的特殊意义。例如,画家为了避免一幅辛苦完成的作品遭到破坏,所采取的损害他人财物的行为,虽然在经济上不具有优越性,但若考虑法益对于特定当事人所具有的意义,则该画家的行为仍属于符合利益衡量原则的避险行为。

同一法益主体内部的法益冲突,也不能依照客观上的保护价值进行利益衡量。既然属于法益主体的内部问题,只能根据主体的意思才能决定,所以,利益衡量必须依据法益主体的意思进行。[①] 例如,甲养有 A、B 两条狗。A 属于名贵狗,价值 5 万元;B 是普通的杂种狗,价值 50 元。在 B 就要咬死 A 时,乙正好看到,枪杀了 B 保全了 A。但狗的主人甲主观上更喜欢 B,认为 B 对于自己的意义远远大于 A。此时,不能认为乙的行为保护了优越利益,乙的行为只是缺少故意而阻却责任。

(六)避险行为的社会相当性

避险行为具有社会相当性,即处于社会伦理秩序的范围内,为健全的社会一般观念所允许,归根结底就是为社会观念所认可。

首先,避险行为必须是不得已而实施的行为。所谓不得已,就是保护法益的唯一方法而无其他可能性。例如,小孩被绑架,父亲受到威胁,抢劫了银行,由于是受到强迫而实施的,在没有其他办法的情况下,可以成立紧急避险。又如,为了躲避火灾,既可以闯入邻居家中也可以从空地逃走,此

---

① Urs Kindhäuser, *Strafrecht Allgemeiner Teil*, 7. Aufl., Baden-Baden, Nomos, 2015, S. 162.

时闯入邻居家里就缺乏相当性。

其次,避险行为必须是适当的,是有价值且被正义理念所容许的。例如,富人不能因为穿着名贵西服,就夺取穿破旧衣服的穷人的雨伞,因为不具有社会相当性,富人名贵的西服在利益衡量上并不一定就优越于穷人的雨伞,所以不成立紧急避险。

最后,避险行为不能侵犯他人的自我决定权。在大多数的紧急避险情形中,被牺牲者是享有自我决定权的无辜第三人。自我决定权,又称人格自律权,是与个人人格意义上的生存密切相关的私人事项,在不受公权力介入、干涉的情形下可由个人自律决定的自由。① 比如,为救助生命危在旦夕的人质,通过严刑拷问被逮捕的人犯来获取人质的所在,是不被允许的。同理,即使为救助生命的目的,违反第三人的意思造成其重大身体伤害时,也不能被正当化。例如,为救助肾病患者的生命,违反某人的意思摘除其身体内的一个肾脏进行移植手术,即使挽救了患者的生命,也不能作为紧急避险被正当化。当然,为了救助他人的生命,紧急情况下抽取另一个不知情病人的血液以供输血,由于人体具有自行再造血液的功能,过度的捐血反而有促进新陈代谢的作用,如果身体无其他负面作用,可以构成紧急避险。

第四节　紧急避险利益衡量的实践贯彻:以生命法益为例

生命法益是一切价值和利益的源泉,也是一切利益的存在基础。生命法益通常被视为不可处分的利益,对生命法益的保护更加严格。生命法益之间的衡量是紧急避险利益衡量较为特别的地方,也是争议最大的问题之一。国外刑法理论和实践关于生命法益衡量的讨论,大体可以分为否定说、肯定说和折中说三种观点。

1. 否定说,认为生命法益之间不可衡量,代表国家为德国和韩国

德国刑法理论认为,在涉及自然人生命法益的地方,不论就数量还是质量,均不允许对生命法益进行衡量。② 首先,是受德国文化观念尤其是康德道义论的影响,认为人本身就是目的,不能作为手段,应该得到尊重。其

① 参见[日]芦部信喜:《宪法》(第3版),林来梵、凌维慈、龙绚丽译,北京大学出版社2006年版,第109页。

② Rudolf Rengier, *Strafrecht Allgemeiner Teil*, 8. Aufl., München, C. H. Beck, 2016, S. 181.

次,在德国刑法中,生命法益之间不能衡量是指不能适用阻却违法性的紧急避险,但存在适用阻却责任的紧急避险的可能性。例如,封闭即将进水的潜水艇防水板,尽管对于拯救船舰是必需的,但是杀死被堵在该船舱的部分船员,并不因为拯救了其他船员而合法化,但可以减免责任(《德国刑法典》第35条)。最后,并不是说涉及自然人生命法益一概不适用《德国刑法典》第34条的规定,当涉及法益衡量的其他额外因素时,这些额外因素的衡量可能会使生命避险成为正当化。例如,在防御性紧急避险中,故意杀害一个自然人还是允许正当化的。

韩国刑法理论继受德国的观点,认为人的生命是无法衡量的法益,以侵害他人生命的避险不能阻却避险行为的违法性,但存在缺乏期待可能性而免责的可能性。①

2. 肯定说,允许生命法益之间的衡量,代表国家有意大利和日本

意大利刑法中,允许行为人为拯救自己的生命而牺牲他人的生命。②日本通说认为,人的生命在法律上被看作同等价值,可以说具有法益上的均衡,因此,可以承认是紧急避险。③“的确,生命的比较是一个危险的问题。它可能导致对生命价值的高低进行区分……但是,为了拯救多数人的生命,在没有其他任何办法的情况下……不能说具有必须处罚的违法性……无论如何,违法性的判断应当是冷酷的。”④

意大利和日本刑法通说是以功利主义为根据,主张生命法益之间可以衡量。不过,部分日本学者受德国刑法理论的影响,认为“生命属于不允许进行价值衡量的绝对的法益,所以即使是牺牲1人的生命来拯救10人的生命,都不能阻却行为的违法性”⑤。它只是阻却责任或阻却可罚的责任,根据现行刑法不可罚。

3. 折中说,原则上不允许生命法益的衡量,特殊情形除外,代表国家为英国、美国和俄罗斯

在英美刑法中,一般情况下,为了挽救一个人的生命就可以杀死另一

---

① 参见[韩]金日秀、徐辅鹤:《韩国刑法总论》(第11版),郑军男译,武汉大学出版社2008年版,第298~299页。

② 参见[意]杜里奥·帕多瓦尼:《意大利刑法学原理(注评版)》,陈忠林译评,中国人民大学出版社2004年版,第156页。

③ 参见[日]吉田敏雄:《免責緊急避難》,载《北海学園大学法学研究》2013年第49卷;[日]大塚仁:《刑法概说(总论)》,冯军译,中国人民大学出版社2003年版,第345页;[日]大谷实:《刑法讲义总论》(新版第2版),黎宏译,中国人民大学出版社2008年版,第277页。

④ [日]前田雅英:《刑法总论讲义》(第5版),东京,东京大学出版会2011年版,第401页。

⑤ [日]浅田和茂:《刑法总论》(补正版),东京,成文堂2007年版,第254页。

个人,绝对不能成为辩解的理由。但这种对紧急避险的限制不适用于那些由“命运”(“fate”)决定的受害者的案件。United States v. Holmes(1842)案中,美国法院认为,根据抽签决定牺牲者,成立紧急避险。① 相似的案例还有:The Conjoined Twins(2001)案,Jodie 和 Mary 是一对连体女婴,Mary 心脏功能不全,无法给血液充氧和维持血液循环,而 Jodie 较为强壮,通过一个共同的动脉给她自己和她的姐妹 Mary 提供血液循环。但 Jodie 的心脏在几个月后将无法维持两个人的身体,到时候两个人都会死;如果实施分离手术,Jodie 可以完全成活,而 Mary 会立即死亡。所以,不做外科手术两个都会死;做了外科手术,一个会死。婴儿的父母由于宗教原因反对分离手术。经过英国上诉法院的授权,医生实施了外科手术。Mary 死了,Jodie 存活了并过着相对正常的生活。②

俄罗斯刑法理论认为,只有在特殊情况下,当牺牲一人可以防止数人死亡时,剥夺一个人的生命才能成其为紧急避险。③

关于生命法益之间的衡量,我国主要存在四种观点:第一种观点为否定说,避险行为所造成的损害要小于保全利益,生命在法律上等价,不能以牺牲一个来保全另一个生命。④ 第二种观点为肯定说,生命在法律面前价值相等,牺牲等价的生命保全自己的生命排除违法性。⑤ 第三种观点为折中说,虽然所有的人的生命是等价的,但也要区分不同情形进行综合判断,对生命的紧急避险(对“不得已”的判断应当极为严格),既有可能成立违法阻却事由,也有可能成立责任阻却事由。⑥ 第四种观点为二分说,将紧急避险区分为防御性紧急避险和攻击性紧急避险。前者中的冲突一方属于紧急状态的引起者时,其生命的值得保护性会降低,避险行为具有正当化的可能性;后者只能成立责任阻却事由。⑦

综上,从国内外关于生命紧急避险立场来看,除意大利和日本外,各国原则上否定生命法益之间的避险。究其原因,如前所述,生命法益衡量的

---

① [美]辛格、拉方:《刑法》(第 2 版)(注释本),中国方正出版社 2003 年版,第 400 页。

② Joshua Dressler, *Understanding Criminal Law*, fifth edition, Hurlock, LexisNexis Matthew Bender, 2009, p. 296.

③ 参见[俄]库兹涅佐娃、佳日科娃主编:《俄罗斯刑法教程(总论)》(上卷),黄道秀译,中国法制出版社 2002 年版,第 467~468 页。

④ 参见刘宪权主编:《刑法学》(上)(第 3 版),上海人民出版社 2012 年版,第 181 页。

⑤ 参见黎宏:《刑法学》,法律出版社 2012 年版,第 151 页;王政勋:《正当行为论》,法律出版社 2000 年版,第 269 页。

⑥ 参见张明楷:《刑法学》(上)(第 5 版),法律出版社 2016 年版,第 221 页。

⑦ 参见陈璇:《生命冲突、紧急避险与责任阻却》,载《法学研究》2016 年第 5 期;方军:《紧急避险的体系再定位研究》,载《现代法学》2018 年第 2 期。

理论根基在于非结果论即康德的道义论。人是目的,不是手段,是不能被处分的,也不能作为避险手段来利用。所以,生命法益之间原则上无法衡量,只能通过判断其是否具有期待可能性排除责任。

然而,刑法中有原则就有例外。在例外的情形下,基于结果论、美德伦理学等原则,允许对生命的紧急避险。“即使生命具有绝对最高价值,并且不同生命因具有独特性而不能在同一尺度上被衡量,也并不意味着,不同生命不能被比较。”①

首先,在防御性紧急避险中,为了保全自己或他人的生命,不得已牺牲危险源制造者的生命,基于罪责自负原则,是允许正当化的。

其次,对于被牺牲者已经特定化,而且必须牺牲,客观上也不可能行使防卫权时,略微提前牺牲该特定人以保护多人生命的,可以认定为违法阻却事由。例如,如果几个攀岩者突然发现他们都悬挂在一个崩溃处,绳索由于负重过重随时都有拉断的危险,最上面的人可能会砍掉拴住下面的人的绳索,因为“命运”决定了这些人成为“显然的”受害者。②

最后,为了保全多数人的生命牺牲一个人的生命,避险行为符合社会相当性,可以认定为排除违法性。

美国哈佛大学心理学家马克·豪瑟尔曾针对“电车难题”通过网络和在美国与中国做问卷的方式进行调查:问题一:一辆完全失控的列车朝着正在铁轨上作业的工人驶去。你,一个目击者,站在铁路道岔处,看到一列无人驾驶的火车飞速驶过。如果你将向右侧搬下道岔接口,就可以在最后一秒救下5条任命。唯一的困难是,如果车身向右转弯,就一定会撞上铁道上的另一个工人。你如何选择?问题二:这次的情景是你站在铁路轨道上的桥上。地势不高,你需要做的是用力把你前面的壮汉推下桥去,他沉重的身体落在轨道上将会使火车停下来,5个铁路工人得救,但这个人肯定会被撞死。你愿意这样做吗?

马克·豪瑟尔调查的结果是:无论地区、年龄、性别、受教育程度和出身,他们给出的答案几乎是相同的。答案一,几乎所有的人都愿意挪动铁路道岔的方向,与其让5个人丧命,不如牺牲1个人的生命。答案二,只有六分之一的人会为救5个人的生命而将桥上的壮汉推下去,大多数人是不

① 陈杰:《紧急避险与生命价值的衡量》,载《法制与社会发展》2019年第4期。

② [美]辛格、拉方:《刑法》(第2版)(注释本),王秀梅等注,中国方正出版社2003年版,第401页。

会这样做的。①

同样是为了保全多数人的生命牺牲 1 个人的生命,都是 1 个人牺牲,5 个人得救,仅从生和死的数字上对照,它们之间没有任何区别。唯一的区别就在于,人们设身处地换位思考,后一个人就不应该被推下去,推下去的行为不能够被社会观念认可,不具有社会相当性。反之,前一个人之所以可以被牺牲,是因为搬道岔的行为具有社会相当性,能够为社会观念所认可。为了保全多数人的生命牺牲一个人的生命,只有行为符合社会相当性时,才可以认定为排除违法性。

由于重大身体法益可能影响到法益主体的生命,对重大的身体法益的衡量原则上可以援引生命法益衡量的理论。

第五节　基本结论

在刑法学派之争中,真正值得学界关注的是法律形式主义与法律现实主义之争。紧急避险中的利益衡量是刑法学派之争的试金石。在现实主义刑法观看来,形式主义无法对棘手案件作出可行的回应,法官应当依据司法判决可能产生的效果作决定,而不是简单依据法条或判例的语言,或依据更一般的先前存在的规则。坚持现实主义刑法观,应当贯彻行为无价值二元论。

紧急避险中的利益衡量既是一个法律难题,也是一个道德难题。本书从利益衡量的理论基础和考虑的要素展开研究。伦理学上的结果论、非结果论和美德伦理学三大理论相互补充,共同构成紧急避险利益衡量的理论基础。紧急避险利益衡量应当采取综合主义的基本立场。

不可否认,利益衡量难以形成一个统一的衡量公式,但可以确定一定的衡量标准。利益衡量需要考虑一系列要素,主要包括:法益的位阶关系、法益受影响的程度、法益受侵害的可能性、法益救助成功的机会、法益对个别救助者的特殊意义和避险行为的社会相当性等。其中,生命法益除特殊情况外,原则上不允许紧急避险。

本书开篇引入了 3 个案例,在此运用上述观点进行简单的分析:

案例 1:两名坐台小姐为了保全自己的生命杀害其他的坐台小姐,虽然保全的利益在数量上大于损害的利益,但是生命法益原则上不允许紧急

① [德]理查德·大卫·普雷希特:《该不该把桥上的男人推下去》,周海燕等译,中国青年出版社 2009 年版,第 135~136 页。

避险,该避险行为也不具有社会相当性,因此,她们的行为不构成紧急避险,但因缺乏期待可能性,阻却责任而无罪。

案例2:登山者们为了保全多数人的生命而牺牲一个人的生命,属于生命法益衡量的情形,但这是一种例外情况,即被牺牲者已经特定化,且必须牺牲,客观上不可能行使防卫权,略微提前牺牲该特定人,行为成立紧急避险,不具有违法性。

案例3:医师X为了保全Y的生命损害了Y自认为更为重要的宗教信念。通常而言,对于同一法益主体内部的法益冲突,应根据主体的意思即主观价值判断来决定。在本案中,虽然主观价值判断即自我决定权非常重要,但从法律父权主义的角度出发,不应肯定放弃生命的所谓自我决定权,在此仍可肯定违反本人意思来保护本人。因此,医师X的行为仍然构成紧急避险,不成立故意伤害罪。

第八章　被害人承诺的规范与适用

第一节　被害人承诺的实践难题

尽管我国刑法没有对被害人承诺作出明文规定,但是在司法实践中,有关被害人承诺的情形并不鲜见,如同意杀人、帮助自杀、同意伤害、同意毁坏财物、同意他人进入家中、同意他人取走财物等。由于立法的缺失,诸多关涉被害人承诺的案例成为实践难题。有学者统计发现,以被害人承诺为由进行出罪的案件非常稀少,“这与当前立法尚未将这些事由作为法定出罪的事由有很大关系”①;还有学者指出,“我国法院尚未出现清楚的、有说服力的表明身体伤害案件中同意规则的判决”②。即便如今裁判文书全面公开,在明确运用被害人同意规则的意义上,也少有法院的裁判。③ 事实上,在为数不多的案例中,判决也是大相径庭,既缺乏明确的理论指导,也未形成统一的司法裁判规则。可见,被害人承诺的规范与适用,已成为无法回避的问题。

一、相关案例

案例 1:1987 年 6 月,陕西汉中市安乐死案例。在王某某和妹妹一再请求对身患绝症的母亲夏某某实施安乐死的请求下,医生蒲某某为病人夏某某实施了安乐死(以注射氯丙嗪方式)。事后,王某某的姐姐报案,汉中市公安局对此进行立案侦查。1991 年 4 月 6 日,汉中市人民法院作出一审判决,宣告蒲某某、王某某二人无罪;汉中地区中级人民法院于 1992 年 3 月 25 日作出二审裁定:驳回汉中市人民检察院的抗诉和蒲某某、王某某的上诉,维持汉中市人民法院刑事判决。

案例 2:2008 年 5 月,湖北大冶男子程某某助妻柯某某自杀案。2000 年柯某某手脚肌肉出现萎缩从此瘫痪在床,由程某某和女儿程某照顾,全

---

① 刘艳红:《形式入罪实质出罪:无罪判决样本的刑事出罪机制研究》,载《政治与法律》2020 年第 8 期。

② 车浩:《论被害人同意在故意伤害罪中的界限》,载《中外法学》2008 年第 5 期。

③ 参见曹斐:《刑法上瑕疵同意的处理规则——从阿梅隆的方案论向传统刑法视角回归》,载《中德法学论坛》2017 年第 2 期。

家因病返贫。2008 年 4 月底，程某出嫁，柯某某向程某某提出喝农药自杀。程某某一开始坚决不答应，后在柯某某的反复要求下，于 5 月 1 日买了一瓶农药放在家里。5 月 3 日早上，程某某在柯某某的要求下，将农药灌在牛奶盒中，并插上吸管递到枕边，然后出门洗衣服。柯某某在吸农药时牛奶盒滑落，便让女儿将程某某叫回，让程某某再次递药给她喝，程某某照做后出门。柯某某后被送往医院抢救无效死亡。2008 年 10 月 20 日大冶市人民法院一审宣判：程某某因犯故意杀人罪，判处有期徒刑 3 年，缓刑 4 年。

案例 1 与案例 2 在案件事实方面具有很多相似之处，但是案件司法裁判结果方面却大有不同。

案例 3：2012 年 8 月，上海承诺伤害案。2012 年 8 月 17 日，被告人郑某、李某与李某某、王某某（均已判刑）等人商定，将王某某手臂砸伤后外出行骗。当日 10 时许，被告人郑某、李某与李某某等人在松江区车墩镇某民房内，由李某扶住王某某手臂，郑某等人持金属管砸断王某某左手臂。后被告人郑某与王某某在杨浦区等处搭乘他人驾驶的摩托车并在途中故意制造交通事故，王某某谎称左手臂摔伤要求去医院验伤，后与被告人郑某、李某及李某某等人相互配合以事故赔偿金的名义骗取钱款。经鉴定，王某某外伤致左尺骨粉碎性骨折，构成轻伤。上海市杨浦区人民法院一审判决：被告人郑某犯故意伤害罪，判处有期徒刑 1 年；被告人李某犯故意伤害罪，判处有期徒刑 10 个月。上海市第二中级人民法院于 2015 年作出二审刑事裁定书：驳回郑某、李某之上诉，维持原判。①

在案例 3 中，由于被害人承诺没有立法依据，故法官判处被告人故意伤害罪成立，根本没有考量被害人承诺的刑法理论。而与之形成鲜明对比的是全国司法考试的立场。例如，2012 年全国司法考试题目单项选择题第 16 题认为，黑社会成员因违反帮规，在其同意之下，被截断一节小手指的行为不应以故意伤害罪论处。可见，在案件核心事实基本相同的情况下，法院的裁判与全国司法考试给出的答案截然相反，这反映了实践中的矛盾心态。

案例 4：2013 年 2 月，唐山市承诺拘禁案。2013 年 2 月 4 日 14 时许，徐某某的亲属与首钢京唐公司、唐山市人才市场的工作人员在唐山市曹妃甸区唐海镇金港国际饭店四层会议室协商赔偿事宜，因其家属要求赔偿金额过高，双方未达成一致意见。当日 16 时许，被告人富某甲、徐某甲、杨某

① 参见上海市第二中级人民法院刑事裁定书，（2015）沪二中刑终字第 992 号。

甲、刘某某(在逃)试图将负责解决赔偿事宜的5名工作人员强行看管在会议室内,上述工作人员因顾忌双方关系恶化会影响协商工作而未自由出入会议室。该非法拘禁案进入审判程序后,法院适用被害人承诺刑法理论,作出判决:被告人富某甲、杨某甲、徐某甲不构成非法拘禁罪。[①] 同样是没有立法依据,但在案例4中,法官直接依据被害人承诺的刑法理论对被告人予以出罪,这与案例3中法官的立场完全相反。可见,司法实践中对于被害人承诺的理论并无统一的立场。

被害人承诺这一理论倘若不具有实践意义,不加以解决而搁置起来也未尝不可,但事实却并非如此。被害人承诺已经被意大利等国家予以立法化。在我国刑事司法实践中,有关被害人承诺的案件已大量出现,这是一个客观事实。正确解决司法实践中的问题需要刑法相关理论的指导,需要有相应的立法作为判断的依据。然而,我国司法实践对被害人承诺的适用存在不统一甚至相互矛盾的情况。因此,有必要对此予以分析并找出解决路径。

二、适用分析

在案例1的审理过程中,最高人民法院于1991年2月28日批复陕西省高级人民法院:“你院请示的蒲某某、王某某故意杀人一案,经高法讨论认为,‘安乐死’的定性问题有待立法解决,就本案的具体情节,不提‘安乐死’问题,可以依照刑法第十条的规定,对蒲、王的行为不做犯罪处理。”1991年4月6日,汉中市人民法院作出一审判决:被告人王某某在其母夏某某病危难愈的情况下,再三要求主治医生蒲某某为其母注射药物,让其无痛苦地死去,其行为显属剥夺其母生命权利的故意行为,但情节显著轻微,危害不大,不构成犯罪。被告人蒲某某在王某某的再三要求下,同其他医生先后向重危病人夏某某注射促进死亡的药物,对夏某某的死亡起了一定的促进作用,其行为已属剥夺公民生命权利的故意行为,但情节显著轻微,危害不大,不构成犯罪。依照《刑法》第10条,宣告蒲某某、王某某二人无罪。”汉中地区中级人民法院于1992年3月25日二审裁定:驳回汉中市人民检察院的抗诉和蒲某某、王某某的上诉;维持汉中市人民法院刑事判决。

案例1是我国首例“安乐死”案,当时最高人民法院明确批复因“安乐死”的定性问题有待立法解决,就该案的具体情节,不提“安乐死”问题,两

① 唐山市曹妃甸区人民法院刑事附带民事判决书,(2014)曹刑初字第236号。

审法院最终以行为情节显著轻微、危害不大为由,认定为无罪。该判决有两个明显的特点:一是回避了安乐死的问题或者得承诺杀人的问题,而将该问题预留给了刑事立法范畴;二是法院认为针对该案具体情节不可对行为人追究刑事责任,但是却没有充分说理论证其裁判依据,仅仅以行为情节显著轻微、危害不大为由而排除了犯罪性。

在案例2中,审理法院认为,生命权是公民的一项最重要的权利,任何人未经法律许可,均不得非法剥夺他人的生命。被告人程某某明知自己帮助被害人柯某某喝农药的行为会导致其死亡的后果发生,且在第一次帮助柯某某喝农药自杀未果的情况下,又应柯某某的请求第二次帮助她完成自杀行为。对于被害人柯某某的死亡后果,被告人程某某主观上持放任态度,客观上,在被害人柯某某产生自杀意图后,以提供农药帮助的方法,使被害人柯某某得以实现其自杀的意图。作为全身瘫痪的柯某某如没有被告人程某某的帮助行为显然无法单独完成自杀行为,被告人程某某的帮助行为与被害人柯某某的死亡后果之间有必然的因果关系。被告人程某某的行为符合故意杀人罪的犯罪构成要件,公诉机关指控的罪名成立。被告人程某某应被害人柯某某的要求帮助她完成自杀的行为,属故意杀人罪中情节较轻情形,可从轻处罚。被告人程某某在被害人柯某某患病后长期照顾、料理被害人的饮食起居,外出打工挣钱为被害人治病,尽到了夫妻之间的扶养义务。被告人程某某的行为虽然触犯了刑律,其行为的社会危害性较小,且被告人程某某归案后认罪态度较好,能供述自己的全部犯罪事实,并取得了被害人亲属的谅解,可酌情从轻处罚。该判决暴露了三个方面的问题:一是回避了得到被害人承诺的帮助自杀行为是否属于非法的问题;二是回避了被害人承诺对犯罪构成要件的影响的说理;三是该案以具体案情行为情节较轻、社会危害性较小等为由作从轻处罚,但是仅仅是将行为与事实进行罗列而并未充分说理论证其裁判依据。

综上所述,案例1和案例2其实并没有一致的裁判规则或依据。案例1是行为人积极地注射药物致使被害人死亡,案例2是行为人为被害人准备药物被害人自行喝下而死亡。从这一情节来看,案例1中行为人积极地直接作用于被害人死亡的情节应该严重于案例2中被害人自己喝下药物直接作用于被害人死亡的情节。同时,案例1中行为人并未得到被害人处分生命的承诺,案例2中被害人明确向行为人表示了处分生命的承诺,但是案例1被法院认定为情节显著轻微而无罪,案例2反倒被法院认定为情节较轻而罪轻。这其实是相互矛盾的。再者,何为情节显著轻微、何为情节较轻,裁判文书中并没有给出判断的标准和充分的说理,那么以情节较轻而作出无罪或罪轻的裁判就不具备充分的说服力,反而有为了适用相关罪责法条而生搬硬套之嫌。

在案例3中,上海市杨浦区人民法院认为,被告人郑某、李某故意伤害他人身体,致人轻伤,其行为已构成故意伤害罪。被告人郑某、李某到案后能如实供述自己罪行并自愿认罪,依法均可以从轻处罚。一审判决:对被告人郑某犯故意伤害罪,判处有期徒刑1年;对被告人李某犯故意伤害罪,判处有期徒刑10个月。上海市第二中级人民法院二审刑事裁定书认为:"我国刑法只明文规定了正当防卫、紧急避险两种违法性阻却事由,被害人承诺不属于我国刑法规定的违法性阻却事由,故郑某、李某等人在被害人王某某同意的情形下打伤王某某手臂,不影响本案中郑某、李某犯故意伤害罪的认定。""关于被告人郑某辩称其实施伤害行为的目的是诈骗,构成牵连犯一节,刑法理论通说认为只有某种手段通常用于实施某种犯罪,或者某种原因行为通常导致某种结果行为时,才宜认定为牵连犯。本案中,虽然被告人实施伤害行为的主观目的是诈骗,但故意伤害行为并非诈骗犯罪的通常和必要手段,因此,故意伤害罪与诈骗犯罪不具有牵连关系,被告人不构成牵连犯。"

上述判决明确指出,因为被害人承诺仅为刑法理论讨论的情形而非法定违法性阻却事由,故而未纳入裁判考量;但同时该判决书却引用刑法理论通说对于是否成立牵连犯进行了判决说理。这种区别对待的矛盾立场在同一份判决书中出现,不由得使人们对于审判者的立场和裁判标准的一致性产生疑虑,这种双重标准的裁判不利于实践问题的解决。

与案例3形成鲜明对比的是,在案例4中法院认为:"本案的被害人是自愿将自己置于被告人的控制之下,放弃了自己的部分自由权利,属于刑法理论所称的被害人承诺,而合法有效的被害人承诺为违法性阻却事由。被害人承诺放弃法益,从而被告人的拘禁动作便不具有实质违法性,不侵害法益,即不构成刑法意义上的实行行为。无行为即无犯罪,因此,被告人富某甲、杨某甲、徐某甲依法不构成非法拘禁罪。"

案例4的判决不仅明确适用了被害人承诺的刑法理论,而且将被害人承诺认定为违法性阻却事由,认为得到被害人承诺的拘禁行为不具有非法性,行为人不构成刑法意义上的实行行为,无实行行为即无犯罪。这是少有的直面被害人承诺的理论且认定为正当化事由的判例。

此外,承诺错误的案件实践中也有发生。例如,被害人误以为行为人是自己男朋友而与行为人发生性关系情形。

案例5:1997年3月5日凌晨时分,被告人孙某某喝酒后来到其所在工厂的女工宿舍,推门进宿舍时吵醒了正在熟睡的女工赵某。赵某以为站在其床边的孙某某是自己的男朋友,便说了一句“站在那干啥”。此时,孙某某意识到赵某把他当作她的男朋友,孙某某顺势和赵某发生了性关系。当被害人发现行为人不是自己男朋友时,为时已晚。新疆哈密垦区人民检察院向新疆哈密垦区人民法院以强奸罪对孙某某提起了公诉。新疆维吾尔自治区高级人民法院生产建设兵团分院终审裁定中指出,被告人孙某某在被害女工赵某认识错误的情况下违背其意志,采取欺骗手段将其奸淫,其行为构成强奸罪。

上述案例是基于错误承诺的案例。按照法益关系错误说,只有当被害人对所放弃的法益的种类、范围或者危险程度等发生认识错误时,才能使承诺无效。本案中被害人误以为行为人是自己男朋友而与行为人发生性关系,也就是说,被害人在此案中存在放弃法益事实的认识错误,该认识错误情况下作出的承诺不符合承诺的成立条件,不能构成有效的承诺,法院认定行为人成立强奸罪。① 但是,如果是一位导演欺骗女演员由其出演女一号而潜规则了该女演员,在此事中,女演员对与导演发生性关系没有认识错误,而是对其作出承诺的动机存在认识错误,按照法益关系错误说,该认识错误不影响承诺的效力。

很显然,在被害人承诺的立法缺位、相关理论探讨不充分的情况下,司法实践中难以形成明确、统一的裁判规则,同案不同判已成为不争的事实。

第二节　被害人承诺的理论争议

古罗马法学家乌尔比安曾提出“如有承诺不为不法行为”(nulla iniuria est,quae in volentem fiat),这是涉及被害人承诺的最早的说法。这一说法为之后的刑法学者所认同,并以此来阐述被害人承诺的合理性,进而将其发展为“承诺中没有侵害”(valenti non fit iniuria)这一理论。②

在一定程度上,被害人承诺是被害人以承诺方式接受对自己法益所为的危险。我国有学者认为,广义的危险接受分为三种类型:一是狭义的自发的危险接受,二是自己危险化的参与,三是基于合意的他者危险化。③ 我

① 参见最高人民法院中国应用法学研究所:《人民法院案例选(1992-1999年合订本)》(刑事卷),中国法制出版社2000年版,第525~527页。

② 参见[德]克劳斯·罗克辛:《德国刑法学总论》(第1卷),王世洲译,法律出版社2005年版,第354页。

③ 参见张明楷:《犯罪论的基本问题》,法律出版社2017年版,第197页。

国有学者将被害人承诺界定为“作为法益主体的被害人,同意行为人为相应的侵害其利益的行为”[①]“具体利益所有人对他人侵害其可支配的利益所给予的许诺”[②]。那么,被害人承诺在刑法理论体系中究竟处于何种地位呢?

一、被害人承诺在刑法理论体系中的地位

被害人承诺在大陆法系的刑法理论中是以“合意”(Einverständnis)与“同意”(Einwilligung)两个不同概念为理论基础的起点的,这存在区分“合意”与“同意”的“二元论”(源于德国刑法学者格尔茨 Geerds[③])和对“合意”与“同意”不进行区分的“一元论”两种理论。

“二元论”认为,承诺分为阻却构成要件符合性的“合意”(构成要件中包含着违背法益持有人意愿这一构成要件要素)与阻却违法性的“同意”(构成要件中并不包含是否违背法益持有人意愿这一要素)。例如,李斯特与韦尔策尔就都曾指出,在涉及个人可处分的法益时,被害人承诺原则上阻却犯罪行为的违法性,但是,对于以“违反被害人意志”为前提的犯罪行为,被害人承诺则直接从概念上导致相应的犯罪行为无法成立,从而阻却构成要件。[④] 格尔茨在其著述中明确将被害人同意与被害人承诺区分开来,认为前者具有纯事实特征,阻却构成要件符合性,后者则是具有法律行为性质的意思表示,阻却行为的违法性。[⑤]

“二元论”这种理论具有一定的合理性,这体现在它指出了承诺具有的不同的作用,承诺能够产生的不同的刑法效果等方面。所以,“二元论”曾经在大陆法系国家(如德国、日本)占据通说的地位。

但是近代以来,德国和日本的学者们对“二元论”提出了质疑,如德国学者罗克辛认为,完全没有必要去区分“二元论”与“一元论”,认为这种区分在客观事实上根本没有存在的必要,同时这种区分也不具备可行性。“一元论”这种理论正是在批评的基础上产生的。[⑥] “一元论”认为,没有必

---

① 蔡桂生:《构成要件论》,中国人民大学出版社 2015 年版,第 327 页。

② 李海东:《刑法原理入门(犯罪论基础)》,法律出版社 1998 年版,第 90 页。

③ Claus Roxin, *Strafrecht Allgemeiner Teil Band I*, 4. Aufl., München, Verlag C. H. Beck, 2006, S. 540.

④ Franz von Liszt, *Lehrbuch des Deutschen Strafrechts*, 10 Aufl., Berlin, De Gruyter, 1900, S. 133 f.; Hans Welzel, *Das Deutsche Strafrecht in seinen Grundzügen*, Berlin, De Gruyter, 1947, S. 54.

⑤ Friedrich Geerds, “Einwilligung und Einverständnis des Verletzten im Strafgesetzentwurf”, *ZStW* 72 (1960), S. 42-92.

⑥ “在合意案件和同意案件之间划出一条明白清晰的界限是不可能的”,“合意与同意的体系性区分应当被放弃”。Vgl. Claus Roxin: *Strafrecht Allgemeiner Teil*, Band I, München, Verlag C. H. Beck, 2006, 4. Aufl., S. 552-553.

要去区分“合意”与“同意”。承诺可根据具体构成要件来进行定位，从而来决定承诺是阻却构成要件符合性还是阻却违法性。

(1)排除构成要件符合性

国内外部分学者认为被害人承诺属于排除构成要件符合性的事由。其中，有部分论者认为，被害人承诺本质上属于客观归责的问题：在获得被害人有效承诺的场合，应当由被害人自己对行为人的行为负担责任，视为是被害人自己实施了相应行为。由于被害人造成自身损害的行为原本就不符合构成要件，故被害人承诺具有阻却构成要件的效力。①

还有学者认为，刑法的根本任务在于保护法益，法益并非仅指特定行为对象或客体在客观上的完整和存续的状态，而是也包含了权利人依其自身意愿，自主地对其所享有的法益客体进行支配和使用的自由。当权利人通过有效的承诺允许行为人对相应的法益客体进行损害时，行为人的行为就只是权利人对于自身法益进行支配和使用的外在表现，其并不违反权利人的自主意志，从而欠缺法益侵害性。② 例如，得到屋主的同意而进入其房屋的，就不是非法侵入；经女方承诺而发生性关系的行为就无所谓强奸；承诺别人取得其具有处分权的财物的行为就谈不上盗窃。上述几个例子是被害人承诺排除构成要件符合性的典型代表。《德国刑法典》第 177 条(强制猥亵)、第 240 条(强制)等也属于此种情况。③

(2)违法性阻却事由

一般所说的被害人承诺就是指阻却行为违法性的承诺。在这种场合下，被害人承诺并不阻却行为的构成要件符合性(基于承诺而实施的行为的构成要件符合性依然存在)，只是被害人承诺在这种情况下，是被作为违法性阻却事由而存在的。例如，被害人承诺他人对其具有处分权的财物予以毁损。他人在认识到这种承诺的情况下实施毁坏财物的行为，既符合主观的构成要件，也实施了客观的构成要件行为，完全具有构成要件符合性。只是由于被害人对自己享有的法益作出了自由决定，基于法益衡量的理论，这种得到承诺的行为具有正当性，由此，该行为就不再具有违法性。

(3)违法性减轻事由

在承诺作为构成要件要素存在的场合，承诺具有减轻行为的违法性的作用。这种情况往往体现在刑法典中规定了“承诺……罪”或者没有明确

---

① Vgl. Hirsch, *Soziale Adäquanz und Unrechtslehre*, *ZStW* 74 (1962), S. 104；李世阳：《刑法中有瑕疵的同意之效力认定》，载《法律科学》2017 年第 1 期。

② 参见王钢：《被害人承诺的体系定位》，载《比较法研究》2019 年第 4 期。

③ 参见[德]韦塞尔斯：《德国刑法总论》，李昌珂译，法律出版社 2008 年版，第 497 页。

规定“承诺……罪”但将承诺纳入法定构成要件的场合。例如,在刑法典中规定同意杀人罪的国家,同意杀人罪的违法性就轻于杀人罪的违法性。

(4)不产生刑法效果

在构成要件的性质上不考虑被害人承诺的场合,承诺不具有任何刑法效果。例如,在《日本刑法典》第176条规定的强制猥亵罪、第177条规定的强奸罪中,不满13岁的被害人的承诺不具有任何刑法效果。在我国刑法典中也存在关于这方面的规定,如我国《刑法》第236条规定,以暴力、胁迫或者其他手段强奸妇女的,构成强奸罪。而对不满14周岁的幼女有奸淫行为的,也构成强奸罪。[①] 由此可以看出,在我国刑法中,对强奸罪来说,幼女对性行为的承诺不具有任何刑法效果。在这种情况下,我们既可以说承诺不发生任何刑法效果,也可以说根本不成立有效的承诺,因为在这种场合不完全具备承诺的成立条件,当然就不能产生刑法效果。

那么,在我国“四要件”理论中,犯罪构成要件能否直接囊括被害人承诺?如何囊括?抑或被害人承诺是作为我国刑法理论中的一种“超法规正当化事由”与犯罪构成并列存在?被害人承诺能否影响定罪与刑事责任?这些都是争论较大的问题。

二、被害人承诺正当化根据之学说

理论界关于被害人承诺的正当化根据存在不同的学说,且未形成理论通说。

(1)利益放弃说

利益放弃说认为,“被害者放弃了对于生活利益的保护的要求,因而缺少应当保护的生活利益(法益)”,[②]日本学者西田典之对于该说有类似的论述。[③] 根据此说,[④]个人是自身利益最好的判断者和决定者,可以自由决定对权益如何处理。这也是人格自由延伸的体现。在法益主体承诺放弃其可以自由处分的法益的场合,按照法益侵害必不可少的原则,刑法保护

---

① 我国《刑法》第236条(强奸罪)规定:以暴力、胁迫或者其他手段强奸妇女的,处三年以上十年以下有期徒刑。奸淫不满十四周岁的幼女的,以强奸论,从重处罚。

② [日]野村稔:《刑法总论》,全理其、何力译,法律出版社2001年版,第264页。

③ 西田典之认为,在此种情况下,由于该法益已缺少要保护性,因而此法益侵害行为原则上不具有违法性,并不构成犯罪。参见[日]西田典之:《日本刑法总论》,刘明祥、王昭武译,中国人民大学出版社2007年版,第138页。

④ 此说认为,法秩序将法益保护给予法益主体,法秩序允许人根据自己的价值观和选择的目的,作出自己的决定。具有被害人的承诺则表明法益主体放弃自己的利益,那么,以保护法益为目的的刑法规范在此种情况下则适用保护必要性条款,对于侵害该生活利益的行为予以容许。

中的法益缺乏根据，可以看作被保护的法益已经不存在。利益放弃说将被害人承诺的正当化根据建立在承诺放弃利益这一基础之上。德国判例和主流理论持利益放弃说的观点。①

本书认为，利益放弃说在考虑到被害人的自我决定权方面有其一定的道理，但是将其归结为对利益的放弃则不够准确，尚不能充分揭示出被害人承诺的正当化根据。

(2)法的保护放弃说

该说认为“正当化的承诺从本质看是对法律保护的放弃”(verzicht auf rechtsschutz)。在法秩序对被保护人给予依照自主决定权放弃自己法益可能性的场合，承诺具有有效性。② 这是基于对个人自我决定权的尊重，在紧急情形下能否在同一主体的法益内部进行风险转嫁，取决于该法益主体本人的意愿，任何人不能挟社会多数人的价值取向以代替他自己作出抉择。③即经权利人的承诺而受到侵害或被置于危险当中的权利，视为权利人放弃法的保护，该利益已经不再是法律所保护的利益，行为人基于被害人承诺而实施的行为不再处于法律所规制的范畴。④

我国有学者认为“放弃保护说实际上只是复述了法律对于被害人承诺的处理结果，即表明了刑法不予介入的态度，但却没有从学理上更加深入地论述为何被害人承诺能够具有这种法律效力”⑤。

本书认为，法的保护放弃说在承认法秩序的保护作用方面有着进步性，但其弊端和利益放弃说一样，均偏于形式化，同样不能揭示出实质性的正当化根据。

(3)社会相当性说

社会相当性说是由韦尔策尔在目的犯罪体系时期建构违法论时所主张的“社会相当性”这一概念而来。之后，该说得到了日本的团藤重光与福田平两位学者的进一步发展。⑥

该说注重社会生活的实质，认为只有违背社会相当性的法益侵害行为

---

① Vgl. Hans-Heinrich Jescheck, Thomas Weigend, *Lehrbuch des Strafrechts Allgemeiner Teil*, 5. Aufl., Berlin, Drucker & Humblot, 1996, S. 377.

② 参见[德]韦塞尔斯:《德国刑法总论》，李昌珂译，法律出版社 2008 年版，第 201 页。

③ 参见陈璇:《紧急权:体系建构、竞合适用与层级划分》，载《中外法学》2021 年第 1 期。

④ 法的保护放弃说最核心的理论在于，法益主体委托法律保护自身利益，具有被害人的承诺则表示法益主体放弃法律的保护。

⑤ 王钢:《被害人承诺的体系定位》，载《比较法研究》2019 年第 4 期。

⑥ 福田平指出，以被害人承诺为基础的法益侵害的合法化，须具有社会相当性。参见[日]福田平:《全订刑法总论》(第 3 版增补)，东京，有斐阁 2001 年版，第 176 页。

才是违法行为。也就是说,社会相当性说认为,并不是所有的侵害法益的行为都是违法行为,违法行为的认定必须与社会相当性结合起来。被害人承诺的正当化根据正是在于承诺是具有社会相当性的行为,是适法行为。

本书认为,社会相当性说认识到了被害人承诺的实质内涵,是值得肯定的。但是,它的判断标准——社会相当性,过于笼统,不具有明晰的操作可能性。

(4)法益衡量说

法益衡量说的起源较早,黑格尔在其紧急避险论当中提到,生命与财产冲突时,在生命方面会造成生存的完全伤害及完全的权利丧失,在财产方面,最多只产生有限自由存在的侵害,二者相比,为了保护生命,势必要牺牲财产。[①] 而最早把法益衡量说当作违法性阻却正当化根据的是德国学者绍尔。他认为,"活动的倾向,若是利大于害时,就是合法的"[②]。

该说认为,刑法以保护法益为任务,违法性的本质是对法益的侵害,在行为人行使人格自由的利益与法律保护的利益发生冲突的场合,个人决定的价值和被侵害法益的价值相比较,前者优于后者时,基于承诺而行使的行为则与刑法的任务相一致,被害人承诺此时则阻却行为的违法性。对于这种个人决定的自由,有学者指出,意志自由是一种自由地作出行为决定的能力,是基于自己的选择而行为的能力。这属于自我答责理论的范畴。[③] 具体来看,被害人应该自我负责的自我危害与被害人承诺有一些不同之处,前者是由被害人自己控制结果是否出现,而后者是由他人(行为人)控制结果是否出现。不过,实质上来看,被害人承诺属于被害人自我答责的自我危害行为。[④] 被害人承诺行为人侵害自己的法益,则被害人应对因自己承诺而受到侵害的法益承担责任,责任自负也就不应追究行为人的刑事责任。另外,日本有学者采用了"法益欠缺原理"来说明被害人承诺的正当化根据。所谓利益欠缺原理是指法益主体的有效承诺导致缺少要保护的法益,从而阻却违法性;另外,也可以说,法益侵害的存在被否定,这样构成要件符合性也就被予以否定。[⑤] 本书认为,该理论与自我答责理论都

---

① 这一提法奠定了法益衡量说的理论基础。

② 甘添贵:《刑法之重要理念》,台北,瑞兴图书股份有限公司1996年版,第57页。

③ 自我答责理论指出,一个具有自由意志的人,在能够选择正确的行为却决定实施任意的行为时,就应当为自己的任意行为负责。这就是自我答责理论,它以行为的意志自由与自我决定为前提,而正是对结果的不发生起决定作用的人,才应是承担刑事责任的主体。参见冯军:《刑法中的自我答责》,载《中国法学》2006年第3期。

④ 参见黄荣坚:《基础刑法学》(上)(第3版),中国人民大学出版社2009年版,第205页。

⑤ 参见[日]前田雅英:《刑法总论讲义》(第5版),东京,东京大学出版会2011年版,第347页。

可以看作对法益衡量的另一种诠释方式,只是归结出的表述有所差异而已。

综观上述诸说,本书认为法益衡量说更具有合理性。这是因为,“权利的维护是刑法的当然目的”[①],刑法以保护法益为任务(这是19世纪提出来的一个重要理论,因此,没有或者不允许有不针对特定法益的刑法规定[②]),个人作为自身法益的拥有者,可以对有些法益(如财产权、人身自由等)进行处分。这是基于个人决定的自由优于这些被侵害的法益,根据法益衡量的考虑,刑法将不对该得到被害人承诺而为的行为作出处理;然而,当被害人承诺涉及超越个人法益的公共法益或者个人法益与公共法益混合的情况下(如公共安全、生命权等),这些被侵害的法益则优于个人自决权,此时,被害人承诺则不具有正当化的功能。

三、被害人承诺的成立条件

(1)承诺的主体

在刑法没有规定,而且没有办法去适用相似的法律规定的场合,如何来判断是否具备承诺主体能力?

我国有学者指出,刑法所关注的能力, 从行为人角度来看,这种行为能力是以犯罪行为的方式来表现的;而从被害人角度来看,这种行为能力的一个主要表现方式是对于自身法益的承诺。[③] 然而,刑法中存在不同的法益,在承诺主体能力方面不可一概而论。

德国司法实践中,在《联邦最高法院刑事判决汇编》与联邦最高法院《新法学周报》中认为:“对此不要求一定的年龄上的限制;特别是承诺人是否为民法意义上的完全行为能力人,并不重要”[④]。应以承诺主体是否具备自然意义上的认识能力和判断能力来认定其是否具备承诺能力。也就是说,承诺人必须在思想上和理智上已经成熟,依照其心智发展,能够对放弃法益的意义、范围及承诺的影响、作用、效果作本质评价,能够有能力

---

① [德]安塞尔姆·里特尔·冯·费尔巴哈:《德国刑法教科书》(第14版),徐久生译,中国方正出版社2010年版,第35页。

② Günter Stratenwerth, Lothar Kuhlen, *Strafrecht Allgemeiner Teil*, *Die straftat*, München, Verlag Franz Vahlen, 2011, 6. Aufl., S. 25.

③ 车浩认为,刑法所关注的能力,是指人认识和支配自己所实施的且与法益相关的行为能力。此处的“与法益相关”,包括他人的法益和自己的法益。参见车浩:《论刑法上的被害人同意能力》,载《法律科学》2008年第6期。

④ [德]韦塞尔斯:《德国刑法总论》,李昌珂译,法律出版社2008年版,第202页。

就上述内容作出符合事实的判断。[①]

然而,此种情况下,根据主体的自然能力来进行确认是否具备承诺主体的能力其实是非常难以操作和存在较大个体差异性的事项。因为,此处的自然能力并不是以年龄作为基准来进行认定,而是一种自由心证的综合判断。这难免会生发出区别对待、差异对待等导致的不公正现象。

(2)承诺的表示

①在被害人基于认识错误作出承诺的效力问题方面,存在"全面无效说"[②]"法益关系错误说"[③]"决定性动机错误说"[④]"规范的自律说"[⑤]等学说争议[⑥],并未形成理论通说。

②有关推定的承诺,理论界看法存在诸多不同。有学者认为是否成立推定的承诺,与法益主体是否获利并无关系,仅与其会否作出承诺有关。[⑦]我国也有学者认为存在推定的承诺,且类推思维可以成为被害人推定承诺的正当化根据,尽管其没有得到规范性的认可,但是类推思维在司法实践

---

① 日本学者野村稔指出:"承诺者必须具有对于作为承诺对象的事实的意义能够充分判断的能力。"参见[日]野村稔:《刑法总论》,全理其、何力译,法律出版社2001年版,第265页。

② 全面无效说,指首先考察被害人作出承诺时的真实意愿,将被害人未陷入认识错误时可能作出的决定与在错误下作出的决定进行对比。若两种决定之间存在偏差,就会导致承诺的无效化。德国学者阿梅隆(Amelung)教授对其进行了"双层结构"的立体化改造,即:将对同意的无效/有效性判断与随后的归责问题进行区分。无效性判断作为第一个层次,要解决的问题是"被害人的同意是否具有自治性"或曰"同意是否与同意者内心的价值体系相符合";在归责的意义上,要回答的问题则是:"在确定了被害人的同意是基于错误而作出的之后,如果无法将产生的法益损害归责于行为人,那么损害结果就应该归属于作出同意的被害人。"同时,阿梅隆教授进一步将错误分为同意人自身的错误(又可分为意思错误与表示错误)与欺骗性错误,在前者的场合,法益损害结果只能由被害人而非行为人承担。在后者的场合,只有当被欺骗的事实对于同意者牺牲自身法益起着十分关键的作用时,全部法益损害结果才应当由行为人承担。参见车浩:《德国关于被害人同意之错误理论的新进展》,载《环球法律评论》2008年第6期。

③ 法益关系错误说,一般认为,该学说是德国学者阿茨特(Gunther Arzt)教授的创见。其认为:如果欺骗所导致的错误并非仅仅与一种期待的经济性或其他性质的回报有关,而是直接涉及同意者的法益,即只有当同意人对所放弃的法益的种类、范围或者危险程度等发生认识错误时,才能使同意无效。参见付立庆:《被害人因受欺骗而同意的法律效果》,载《法学研究》2016年第2期。佐伯仁志、平野龙一、内藤谦、中山研一、山中敬一、山口厚等学者持此观点。参见[日]大谷实:《刑法讲义总论》,黎宏译,中国人民大学出版社2008年版,第237页。

④ 决定性动机错误说,认为如果出现因欺骗而引发的动机错误,且只要该动机是具有决定性的关键动机,那么就足以使承诺无效化。参见张明楷:《刑法学》(上)(第5版),法律出版社2016年版,第225页。

⑤ 规范的自律说,认为被害人作出的具有瑕疵的承诺在法益承担者的自治表现中,在其行为自由的实现中而显示出来的范围内有效。

⑥ 参见李昱:《被害人基于错误做出承诺的效力》,载《江西警察学院学报》2019年第3期。

⑦ Vgl. Wessels/Beulke/Satzger, *Strafrecht Allgemeiner Teil*, 47. Aufl, Heidelberg, C. F. Müller, 2017, Rn. 571.

中发挥着其应有的功能。① 对此，意大利学者有不同意见，认为“对于‘推定的同意’，不能适用刑法典第 50 条（权利人同意），因为该规定只适用于同意确实存在的情况”。② 有学者认为，推定的承诺的典型适用情境是尊严死。在刑法学语境中，尊严死是指对于陷入不可逆转的意识丧失的植物状态的患者放弃或中止维持生命治疗，保持作为人的尊严迎接自然死亡的一种死亡模式。③ 有学者认为，推定的承诺是无知之幕背后的理性人为追求自身利益的最大化所作出的，是紧急状态下法益主体放弃了对其自身轻微法益的保护，即“在无知之幕后的我认为，我在此情况下会如此行动”，从而赋予了推定的承诺合理性，也更加符合其正当化依据的来源——被害人承诺的构造。④ 2008 年全国司法考试题目有一道选择题是这样表述的：“在钱某家发生火灾之际，乙独自闯入钱某的住宅搬出贵重物品。由于乙的行为事后并未得到钱某的认可，故应当成立非法侵入住宅罪。”该题答案显示乙成立非法侵入住宅罪是错误的，即该题认可推定的承诺可阻却犯罪性。这是我国刑法学界一种有力的观点。

③在承诺的方法上，有“意思方向说”与“意思表示说”两种不同的理论观点。前者认为被害人的内心具有承诺就已足够，承诺不要求在外部表现出来。该说强调个人的自我决定、不存在保护的法益这样的观点。德国雅格布斯、梅茨格尔、绍尔、施密特豪伊泽等学者与日本平野龙一、内藤谦、中山研一、曾根威彦等学者持此观点。后者认为承诺的意思须在外部表现出来，没有表达出来的承诺，无论被害人内心是否具有承诺的意思，都是无效的。该说注重行为人对承诺的认识，强调社会伦理规范这样的观点。德国学者齐特曼等，日本学者木村亀二、福田平、大塚仁等持该种观点。⑤ 我国也有坚持意思表示说的学者，如马克昌先生认为，如果被害人承诺的意

---

① 参见骆群：《被害人的推定承诺与类推思维》，载《社会科学论坛》2019 年第 1 期。

② 不过，杜里奥·帕多瓦尼指出，为权利人的利益而推定的同意，可以纳入 negotiorum gestio（拉丁语，即民法中的“无因管理”）的范畴（《民法典》第 2028 条），并因此而成为排除犯罪的原因。但是，这种情况不构成犯罪的法律依据，不是刑法典第 50 条，而是刑法典第 51 条第 1 款规定的依法行使权利或履行义务（因为无因管理行为开始于为他人谋利益的行为，因而是一种权利，但管理行为一经开始，行为人就负有适当管理的法律义务）。参见［意］杜里奥·帕多瓦尼：《意大利刑法学原理（注评版）》，陈忠林译，中国人民大学出版社 2004 年版，第 141 页。

③ 参见［日］高桥则夫：《刑法总论》（第 3 版），东京，成文堂 2016 年版，第 336 页。

④ 参见魏超：《论推定同意的正当化依据及范围——以“无知之幕”为切入点》，载《清华法学》2019 年第 2 期。

⑤ 参见［日］大谷实：《刑法讲义总论》，黎宏译，中国人民大学出版社 2008 年版，第 238 页；Vgl. Hans-Heinrich Jescheck, Thomas Weigend, *Lehrbuch des Strafrechts Allgemeiner Teil*, 5. Aufl., Berlin, Drucker & Humblot, 1996, S. 382.

思仅是存在于内心,则行为人将无法知道被害人的承诺,此种情况下行为人实施损害被害人法益的行为,就不能排除行为的犯罪性。[①] 本书认为,承诺不需要明示地作出,可以是默示地作出承诺,但即使是默示的承诺也须表现于外部,以能够判断是否具备被害人承诺这一事实,如此,才会进一步有得到承诺而实施的行为。这样,不仅能够排除结果不法,也能够对行为不法予以考虑,这样的判断符合大陆法系“三阶层”理论的违法性的认定,也符合我国的主客观相统一的标准。否则,以内心是否具有承诺来作为判断标准,将无法探知被害人的真实意思,也就无法认定是否具有被害人承诺这一事由,这也是对行为不法或者行为无价值论的忽视。

(3)承诺的范围

一般认为,当个人利益与国家利益或者社会利益竞合时,则不能适用被害人承诺。例如,日本学者大谷实教授认为:“被害人同意的法理,只在被害人能够对某种个人法益进行处分的场合才适用。即便是个人法益,但和国家法益、社会法益相竞合时[大判大元 12·20 刑录 18—1566(对虚假告诉的同意);最决昭 56·4·16 刑集 35—3—107(对伪造私文书的同意)],或存在数个个人法益的主体时(大判大 12·6·9 刑集 2—508),就不能适用被害人同意的法理。”[②]野村稔教授也认为,“关于生活利益,个人可以要求放弃刑法规范的保护的,仅仅限于该个人所属的生活利益。由此,对于归属于社会或者国家的利益,个人则不能要求放弃刑法规范的保护,所以应当认为不适用被害者的承诺的原理”[③]。

然而,承诺涉及的个人利益的范围究竟如何确定,学界观点并不统一。

关于健康权的承诺限度,有学者认为,承诺伤害自己身体只是在一定程度上有效,对身体健康权的侵害只能涉及一般的身体伤害,对重大伤害和违背公序良俗的伤害行为即使具有承诺,也不能使其正当化。[④] 从法益的位阶来看,身体法益是属于人格法益中仅次于生命法益的重要法益。一个违反道德的损害健康的行为,尽管得到同意,却也危害了维护身体的完整性不受他人侵害的更为重要的公共利益,对于危害公共利益的个人承诺

① 参见马克昌:《犯罪通论》,武汉大学出版社 2006 年版,第 829 页。

② [日]大谷实:《刑法讲义总论》,黎宏译,中国人民大学出版社 2008 年版,第 235 页。

③ [日]野村稔:《刑法总论》,全理其、何力译,法律出版社 2001 年版,第 264 页。

④ 参见[日]山中敬一:《刑法总论》(第 2 版),东京,成文堂 2008 年版,第 569 页;《德国刑法典》第 228 条(同意):在被害人同意的情况下所为之伤害行为,仅在该行为尽管被害人同意也违背良好风俗时,才是违法行为。

是不可能有效的。[①] 有学者认为,在体育竞技中,由于运动员参加比赛即意味着承诺将自己的身体法益置于他人的伤害风险之下,故而排除加害人的责任,但是,体育竞技伤害的正当化事由存在被害人承诺、正当业务、自甘风险、社会相当性和法益权衡等诸多学说,尚未达成共识。[②]

关于生命权是否属于承诺的范围尚无统一认识。有学者认为,生命权不容放弃,生命权是自然人以维持生命和保存生命安全利益为内容的人格权,生命权同时也牵涉最基本的公共利益,自然人是国家和社会的基本组成部分,自然人所具备的社会属性使人的生命具备社会意义而不再是纯粹的自然属性或个人私利,这是一个主要方面。再者,生命是自主决定权的物质基础。[③] 有学者认为,大多数国家不允许个人对生命权进行处分,也是出于对可能产生的道德风险的考量。[④] 然而,当今世界确有承认安乐死、尊严死的国家,即生命权可以被承诺,尽管其正当化要件非常严格。关于安乐死成立的要件,有学者归结为:第一,必须针对患有现代医学上没有救治希望的伤病者实施。第二,需要这种伤病者具有肉体上难以忍耐的痛苦,精神上的苦恼不是正当的安乐死。第三,必须伤病者自己认真地且以明示的方式表明希望减轻或除去死亡的痛苦。在这个意义上,应该说安乐死也是一种基于被害人承诺的行为。只是安乐死成立的要件要严格于承诺杀人的成立要件。第四,安乐死的主观正当化要素只能是缓和伤病者的死亡痛苦这一目的。第五,需要由医生实施,这是由于第一、二要件的判断标准唯有医生才能准确把握。第六,实施安乐死的方法必须在社会观念上具有相当性。与安乐死相关的还有一个概念——尊严死。随着医学的进步,出现了没有康复希望的处在所谓植物状态患者的情况,摘掉其生命维持装置等方式的尊严死能否成为违法性阻却事由就成为一个问题。在美国,一父亲请求给处于植物状态的女儿卡伦·昆兰摘掉生命维持装置。对此,1976 年 3 月 31 日,新泽西州最高裁判所作出判决肯定了其请求。美国以加利福尼亚州为首的四十多个州,已经通过立法允许尊严死。有学者认为,以伤病者的推定性承诺、近亲属等保护者的承诺为基本要件,并慎重地

① 参见车浩:《论被害人同意在故意伤害罪中的界限——以我国刑法第 234 条第 2 款中段为中心》,载《中外法学》2008 年第 5 期。

② 参见童春荣、张凯:《体育竞技伤害行为的刑法规制——基于正当化事由的考察》,载《西安体育学院学报》2018 年第 1 期。

③ 参见邓毅丞、申敏:《被害人承诺中的法益处分权限研究》,载《法律科学》2014 年第 4 期。

④ 参见肖敏:《被害人承诺探究——民权刑法视域中的利益衡量》,载《政治与法律》2007 年第 4 期。

作出社会伦理判断,也可以将尊严死合法化。①

本书认为,限制个人对生命权的处分,是考虑到生命权的位阶高于个人的自我决定权的缘故,所以自我决定权所能够处分的权利不应包括比它位阶高的生命权。

(4)承诺的认识

有关承诺的认识,持结果无价值论的学者认为,承诺的意思只要存在于被害人的内心即可,不必向行为人作出明确的意思表示,也不要求行为人认识到被害人的承诺。② 持行为无价值论的学者认为,承诺的意思必须要通过一定方式向外部表现出来,被害人承诺不仅仅是被害人的内心意思,作为法律层面的内容,行为人必须要认识到被害人的承诺,由此才能作为出罪事由,阻却不法。③

本书支持行为无价值二元论的立场,认为与所有合法化事由一样,承诺也应存在主观合法化要素,当行为者根据承诺而行为时,对于被害者的承诺必须要有认识。④ 在客观上存在承诺但行为人没有认识到承诺的情况下,行为人完全是在故意的行为构成支配下实施的行为,只不过是因为存在同意而不具有结果不法,这种情况下是应该成立未遂(不能犯未遂)。例如,一个侄子向其叔父借了金手表去参加化装舞会,会后,侄子把金手表典当给了当铺。回家后,他发现叔父赠送给他手表的信件。对此案件,该侄子的行为应认定为侵占罪(未遂)。

第三节　被害人承诺的立法建议

从上文的分析不难发现,我国关于被害人承诺存在诸多理论争议,在承诺的体系地位、承诺的正当化根据、承诺的成立条件等方面均并没有形成强有力的通说,从而导致司法实践中对被害人承诺的案件裁判不一。因此,脱离规范讨论适用,纯粹寄希望于以散在的理论观点指导丰富多彩的司法实践,是不可能解决被害人承诺的司法难题的。必须在考察域外经验

① 参见[日]大塚仁:《刑法概说(总论)》,冯军译,中国人民大学出版社 2003 年版,第 364~365 页。

② 参见张明楷:《刑法学》(上)(第 5 版),法律出版社 2016 年版,第 226 页。

③ 参见吴思齐:《被害人承诺表示之反思——以行为无价值论为基础》,载《山西省政法管理干部学院学报》2016 年第 2 期。

④ 木村龟二、福田平、大塚仁等认为需要具有对承诺的认识;平野龙一、中山研一、大谷实等认为不需要。参见[日]野村稔:《刑法总论》,全理其、何力译,法律出版社 2001 年版,第 267 页;[日]大谷实:《刑法讲义总论》,黎宏译,中国人民大学出版社 2008 年版,第 238~239 页。

和我国司法实践的基础上，达成理论共识，出台具有中国特色的被害人承诺立法，才是妥善的解决之道。

一、域外立法与适用考察

被害人承诺的域外立法可谓各具特色，有的在刑法典的总则中予以概括性规定，有的在刑法典分则中予以具体化规定。

意大利是在刑法总则和分则中同时规定被害人承诺的典型国家。意大利刑法将被害人承诺作为一种合法化事由在刑法总则第 50 条予以明确规定。① 此外，意大利刑法典中还有关于承诺的分则性规定。例如，《意大利刑法典》第 579 条规定了“经被害人同意杀人罪”，该罪在刑法典中设置的法定刑与“杀人罪”的法定刑相比有着较大的不同，前者规定的法定刑严重程度要低于后者规定的法定刑。② 第 573 条第 1 款对经被诱拐人同意而诱拐已满 14 岁未成年人的情况进行了规定，从而区别于第 574 条第 2 款规定的未经被诱拐人同意而诱拐已满 14 岁未成年人的情况，这也是体现了承诺具有的减轻违法性的作用。

德国刑法典没有对被害人承诺的总则性规定，但是，德国刑法分则在具体犯罪中规定了被害人承诺。例如，《德国刑法典》第 216 条对“受嘱托杀人”进行了规定，与“故意杀人罪”相比，“受嘱托杀人”的法定刑低于“故意杀人罪”的法定刑，即承诺在该条中具有减轻违法性的作用。③ 刑法分则第 228 条对承诺伤害进行了规定，即原则上来说，承诺阻却伤害行为的违法性，除非该伤害行为违背良好风俗。④ 再者，在涉及纯财产权利的情况中，对承诺的适用是不存在争议的。这些具体犯罪均是被害人承诺作为立法上的体现。

德国存在诸多关于被害人承诺的判例，涉及承诺的范围、承诺的主体等各个方面。在德国判例中，当得到被害人承诺而实施的侵害法益的行为

---

① 《意大利刑法典》第 50 条（权利人同意）规定：经可以有效地处置权利的人的同意，对该权利进行侵害或使该权利陷于危险的，不受处罚。

② 《意大利刑法典》第 579 条（经同意杀人）规定：经他人同意，造成该人死亡的，处以 6 年至 15 年有期徒刑。不适用第 61 条列举的加重情节。《意大利刑法典》第 575 条（杀人罪）规定：造成 1 人死亡的，处以 21 年以上有期徒刑。

③ 被杀之人的同意不能改变行为的违法性，但影响行为的刑事责任。《德国刑法典》第 212 条是对“故意杀人”的规定：（1）非谋杀而故意杀人的，处 5 年以上自由刑。（2）情节特别严重的，处终身自由刑。《德国刑法典》第 216 条是对“受嘱托杀人”的规定：（1）应受被害人明示且真诚之要求而将其杀死的，处 6 个月以上 5 年以下自由刑。（2）犯本罪未遂的，亦应处罚。

④ 《德国刑法典》第 228 条规定：在被害人同意的情况下所为之伤害行为，仅在该行为尽管被害人同意也违背良好风俗时，才是违法行为。

不违背主流文化观时，该行为是合法的："基于当事人同意而对法益的破坏因而就是合法的，如果不仅考虑到同意，而且还考虑到案件客观的具体情况和参与人的主观态度，行为被视为至少不违背主流文化观的话。仅就此点而言，它与帝国法院判决 60，34（36）是一致的"①。另外，被害人对他人向其实施侮辱行为的承诺使侮辱行为被合法化，病人对解除医生沉默义务的承诺使医生公开病人秘密的行为被合法化，所有人或享有处分权人对他人侵害其财产的承诺，使该侵害财产的行为具有合法性："在侮辱犯罪（第 185 条）情况下的同意是有效的，因此邮寄性广告［联邦法院刑事判决 11，67（72）］经同意被合法化（斯图加特州高等法院，《新法学周刊》，1962 年第 62 页）。病人同意解除医生的沉默义务，使公开私人秘密合法化［第 203 条第 1 款第 1 项。帝国法院刑事判决 71，21（22）］。如果所有人或享有处分权人对此表示同意的，侵占（第 246 条）就是合法的［帝国法院刑事判决 44，41（42）］"。② 德国判例中也存在承诺不具备任何刑法效果的情况，或者说这些情况中的承诺不是有效的承诺。例如，未经宣誓的伪证罪（第 153 条及以下几条）、重婚罪（第 171 条），以及风俗犯罪（第 174 条及以下几条）（联邦法院刑事判决 7，312）等情况下，对方的同意并不能阻却构成要件符合性。而且，在危害公共安全的犯罪中，被害人的承诺与违法性没有关系，也就是说，被害人承诺在危害公共安全的犯罪中不具有合法性［联邦法院刑事判决 6，232（234）］。再者，扣押人质的行为（第 239 条 b），虽经被害人的法定代理人的同意，仍不能够被合法化，这是由于扣押人质的行为涉及了公共法益［联邦法院刑事判决 26，70（73）］。另外，对于诬告（第 164 条）的可罚性而言，被害人的承诺是没有意义的，因为诬告除了涉及个人法益外，还涉及公共法益，不过，根据第 165 条的规定丧失公告权限的不在此限，即此种情况下丧失了公告权限的诬告不再具有公共法益而可以存在有效的承诺。③

日本与德国类似，虽然在刑法总则中没有规定被害人承诺，但在分则中存在关于被害人承诺的具体犯罪方面的规定。在刑事责任的减免方面，如《日本刑法典》第 202 条规定的"承诺杀人罪"④，承诺在此种情况下具有

---

① ［德］李斯特：《德国刑法教科书》，徐久生译，法律出版社 2000 年版，第 246 页。

② Hans-Heinrich Jescheck, Thomas Weigend, *Lehrbuch des Strafrechts Allgemeiner Teil*, 5. Aufl., Berlin, Drucker & Humblot, 1996, S. 378.

③ Vgl. Hans-Heinrich Jescheck, Thomas Weigend, *Lehrbuch des Strafrechts Allgemeiner Teil*, 5. Aufl., Berlin, Drucker & Humblot, 1996, S. 383.

④ 《日本刑法典》第 202 条（参与自杀和承诺杀人）：教唆或者帮助他人自杀，或者受他人嘱托或者得到他人的承诺而杀之的，处 6 个月以上 7 年以下惩役或者监禁。

减轻违法性的作用;《日本刑法典》第 213 条、第 214 条对被害人承诺在堕胎罪方面的相关规定,[1]承诺在这里也是具有减轻违法性的作用。另外,被害人承诺阻却犯罪的成立的情况在《日本刑法典》第 176 条规定的强制猥亵罪[2]、第 177 条规定的强奸罪[3]中有所体现,在这些情况下,具有承诺则排除该罪的构成要件符合性。

日本关于被害人承诺方面的判例不胜枚举,涵盖了承诺的各个方面。例如,在承诺的主体方面,承诺须是具有承诺能力的人的真诚的承诺。因此,幼儿(大判昭 9・8・27 刑集 13—1086)、没有通常的意思判断能力的精神病患者(最决昭 27・2・21 刑集 6—2—275)的同意,因为是没有同意能力的人同意,所以无效。[4] 在承诺的表示方面,基于强制的承诺无效(最大判昭和 25 年 10 月 11 日刑集 4 卷 10 号 2012 页,最大判昭 24・10・11 刑集 4—10—2012),开玩笑的承诺也被认为是无效(大判明治 43 年 4 月 28 日刑录 16 辑 760 页)。[5] 基于错误的承诺没有刑法效力[最大判昭 24・7・22 刑集 3—8—1363(行为人以强盗的意图打招呼说"晚上好",家人回答说"请进",于是,行为人进入住居的,成立侵入住居罪);最判昭 33・11・21 刑集 12—15—3519(伪装自杀,某人没有跟着去死的意思却欺骗被害人,使被害人误信某人会跟着死而致被害人自杀的行为,相当于杀人罪);福冈高宫崎支判平元 3・24 高刑集 42—2—103(错误同意,抢劫杀人)]。再者,承诺须最迟在行为时作出,事后给予的承诺是没有意义的(大判昭 11・1・31 集 15—63、大判昭 16・5・22 新闻 4708—26 等)。日本还有判例表明即使能够预知事后的承诺,只要行为时不存在承诺,其行为就是违法的(大判明 43・2・21 刑录 16—278、大判大 8・11・5 刑录 25—1064)。[6]

不过,由于日本并不存在关于被害人承诺的总则性立法,导致理论上

---

① 《日本刑法典》第 213 条(同意堕胎和同意堕胎致死伤):受女子的嘱托或者得其承诺而使其堕胎的,处 2 年以下惩役;因而致女子死伤的,处 3 个月以上 5 年以下惩役。《日本刑法典》第 214 条(业务上堕胎和业务上堕胎致死伤):医师、助产师、药剂师或者医药品贩卖业者受女子的嘱托,或者得其承诺,而使其堕胎的,处 3 个月以上 5 年以下惩役;因而致女子死伤的,处 6 个月以上 7 年以下惩役。

② 《日本刑法典》第 176 条(强制猥亵):以暴行或者胁迫手段对 13 岁以上的男女实施猥亵行为的,处 6 个月以上 10 年以下惩役;对未满 13 岁的男女实施猥亵行为的,亦同。

③ 《日本刑法典》第 177 条(强奸):以暴行或者胁迫手段奸淫 13 岁以上的女子的,是强奸罪,处 3 年以上有期徒刑;奸淫未满 13 岁的女子的,亦同。

④ 参见[日]大谷实:《刑法讲义总论》,黎宏译,中国人民大学出版社 2008 年版,第 236 页。

⑤ 参见[日]野村稔:《刑法总论》,全理其、何力译,法律出版社 2001 年版,第 266 页。

⑥ 参见[日]大谷实:《刑法讲义总论》,黎宏译,中国人民大学出版社 2008 年版,第 237 页;[日]大塚仁:《刑法概说(总论)》,冯军译,中国人民大学出版社 2003 年版,第 357~358 页。

与判例中在被害人承诺方面还是存在一些不同观点。例如,日本最高法院1980年11月13日(《刑集》第34卷第6号第396页)登载的案例是有关被害人承诺骗取保险金的行为人伤害自己的案例,在认定承诺的有效性时,该判例还综合考虑了经承诺而行为的行为动机、目的、手段、方法、程度等。[①] 在为了骗取保险金而获得被害人的承诺,让其故意和自己所驾驶的汽车相撞,导致其受伤的案件中,认为判断是否排除违法性,"仅有承诺的事实还不够,还必须考虑获得上述承诺的动机、目的、伤害身体的手段、方法、损伤的部位、程度等各种事实",认定行为人成立伤害罪。该判例认为,得到上述承诺是用于骗取保险金这种违法的目的,不能阻却该伤害行为的违法性。在这种案例中,承诺者也可以成为诈骗罪的共犯。日本有学者对此提出了质疑:"从结果无价值的立场出发,应否认对违法性阻却附加'社会观念上能够认可'这样的限定,从而上述判例的判断应该受到批评。"[②]

二、我国存在被害人承诺的立法基础

尽管我国刑法中没有被害人承诺的总则性规定,但是在我国刑法分则中可以找到有关被害人承诺的些许影子。例如,在器官移植方面,[③]我国《刑法》第234条之一规定"组织出卖人体器官罪",被害人对其器官有处分权,刑法对经被害人同意摘取其器官的行为人不作法律评价,而只是处罚组织出卖人体器官的行为。[④] 可见,被害人承诺在此具有阻却犯罪成立的效力,这是因为在以违背被害人意志的犯罪中,如果得到被害人的承诺,则不存在违背被害人意志的因素,也就不能符合该罪的犯罪构成。又如,在侵占罪中,[⑤]被害人承诺行为人占有由其所有或占有的物时,也就不再符合侵占罪的犯罪构成。再如,强奸罪亦是如此(经过妇女承诺而实施的奸淫行为不构成强奸罪)。但对于幼女来说,则不具备对性行为的承诺能力,认定与幼女发生性关系的行为是否构成犯罪时,无须考虑是否得到幼女的

① 日本最高法院1980年11月13日《刑集》第34卷第6号第396页。

② [日]山口厚:《刑法总论》(第2版),东京,有斐阁2007年版,第152页。

③ 参见安翱、涂文:《论活体器官移植中的被害人承诺——从刑法的视角》,载《华中科技大学学报(社会科学版)》2003年第1期。活体器官移植,是指为取代患者因为疾病或伤害而不能充分实现其机能的器官,而将作为供体的活人的相应健康器官移植于作为受体的患者体内,以恢复器官机能的行为。

④ 对于未经同意摘取器官的行为,定性为故意伤害罪、故意杀人罪。

⑤ 我国《刑法》第270条规定:"将代为保管的他人财物非法占为己有,数额较大,拒不退还的,处二年以下有期徒刑、拘役或者罚金;数额巨大或者有其他严重情节的,处二年以上五年以下有期徒刑,并处罚金。""将他人的遗忘物或者埋藏物非法占为己有,数额较大,拒不交出的,依照前款的规定处罚。""本条罪,告诉的才处理。"

承诺。[①] 这是由于幼女身体发育不够健全,情感能力也不成熟,一般来说,她们无法恰当行使性自由权利。再如,《刑法》第237条第3款规定的猥亵儿童罪[②]与奸淫幼女行为的强奸罪一样,被猥亵儿童的承诺是无效承诺,并不能排除猥亵行为的犯罪性。

同时,在我国刑事诉讼实践中也能看到被害人承诺的内容,[③]在被害人承诺不能阻却行为人犯罪的情形下,行为人实施的犯罪行为在死刑案件中应考虑被害人有无过错及过错程度这一影响量刑的情节,而被害人承诺是可以归入被害人过错这一情节之中的因素。

此外,我国澳门和台湾地区"刑法"亦有相关规定。例如,我国澳门特别行政区"刑法"第30条第2款将被害人承诺——"获具有法律利益而受侵害之人同意"规定为不属于不法的情况,即违法性阻却事由。澳门特别行政区"刑法"第37条还对被害人承诺的成立要件进行了明确化的规定。具体包括了承诺的主体、承诺的范围、承诺的表示、承诺的认识等方面的内容。[④]

在我国台湾地区,一方面,"刑法"分则中体现了被害人承诺减轻刑事责任的作用。例如,我国台湾地区"刑法"第275条规定的加功自杀罪[⑤],其法定刑低于杀人罪;第289条规定的加功堕胎罪[⑥],其法定刑低于堕胎者。另一方面,在某些具体犯罪中承诺可以阻却构成要件符合性从而不成

---

① 我国《刑法》第236条第2款规定:"奸淫不满十四周岁的幼女的,以强奸论,从重处罚。"

② 我国《刑法》第237条第3款规定:"猥亵儿童的,处五年以下有期徒刑;有下列情形之一的,处五年以上有期徒刑:(一)猥亵儿童多人或者多次的;(二)聚众猥亵儿童的,或者在公共场所当众猥亵儿童,情节恶劣的;(三)造成儿童伤害或者其他严重后果的;(四)猥亵手段恶劣或者有其他恶劣情节的。"

③ 2010年7月最高人民法院、最高人民检察院与公安部等机关联合出台的《关于办理死刑案件审查判断证据若干问题的规定》第36条规定:在对被告人作出有罪认定后,人民法院认定被告人的量刑事实,除审查法定情节外,还应审查以下影响量刑的情节……(二)被害人有无过错及过错程度,是否对矛盾激化负有责任及责任大小。

④ 我国澳门特别行政区"刑法"第37条规定:(1)除法律特别规定同意阻却事实之不法性之情况外,如涉及之法律利益可自由处分,且事实不侵犯善良风俗,则事实之不法性亦为同意所阻却。(2)同意得以任何方法表示,只要该方法能表现出受法律保护利益人之认真、自由及已明了情况之意思;同意并得在事实施行前自由废止。(3)同意之人必须满十四岁,且在表示同意时具有评价同意之意义及其可及范围之必要判别能力者,同意方生效。(4)如同意并未为行为人所知悉者,行为人处以可科处于犯罪未遂之刑罚。

⑤ 我国台湾地区"刑法"第275条第1款规定:"受他人嘱托或得其承诺而杀之者,处一年以上七年以下有期徒刑。"

⑥ 我国台湾地区"刑法"第289条第1款规定:"受怀胎妇女之嘱托或得其承诺,而使之堕胎者,处二年以下有期徒刑。"而台湾地区"刑法"第291条第1款规定:"未受怀胎妇女之嘱托或未得其承诺,而使之堕胎者,处一年以上七年以下有期徒刑。"

立犯罪。例如,我国台湾地区“刑法”第 282 条规定的加功自伤罪,[①]在教唆或者帮助他人使之自伤,或受其嘱托或得承诺而伤害他人,并致他人重伤以上结果的情形下,才认定为犯罪。也就是说,对于轻伤以下的普通伤害罪来说,承诺能够阻却其构成要件符合性。

综上所述,我国已具备相关立法条件。

三、具体立法建议方案

上文讨论的被害人承诺,除了作为排除客观违法的事由之外,尚有其他情形,比如虽不能排除客观违法但可减轻刑事责任的情形。尽管在本书的结构安排中关注的是排除客观违法的事由,但为了考察的完整性,下文对排除客观违法的事由(完全有效的承诺)和减轻刑事责任的承诺(部分有效的承诺)一体讨论。

(一)被害人承诺的立法模式

1. 完全有效的被害人承诺,最明显的是存在于法律规定的那些以明示的或者默示的违背被害人意志为犯罪构成要件要素的罪名当中,明示的以违背被害人意志为犯罪构成要件要素的罪名有强奸罪等,默示的以违背被害人意志为犯罪构成要件要素的罪名有盗窃罪、侵占罪等。承诺在此种情况下具有完全的效力,即得到承诺的行为不符合犯罪构成。

而比较普遍的是,被害人承诺以排除客体的方式存在的情况,如侵犯财产权利犯罪中的故意毁坏财物罪,如若被害人承诺行为人对其所有的财物予以毁坏,行为人基于承诺去实施毁坏财物行为,则由于被害人自我决定对自己可处分利益的放弃,法律在衡量自我决定权与其受到侵害的法益时,尊重被害人的自我决定权,于是缺失刑法中的客体,不符合“四要件”。对此,本书认为,没有必要在刑法分则的每条之后均附以“经承诺而实施前款行为者,不负刑事责任”之类的规定,而只需在刑法总则中对被害人承诺予以规定,像正当防卫、紧急避险一样纳入正当化事由,从而使普遍情况以法律规定的形式得以解决。

无效的被害人承诺是相对于完全有效的被害人承诺而言的概念,它是指被害人承诺对刑法没有任何影响,如幼女对性自由权利的承诺,精神病人对自己不具有判断能力的相关权利的承诺等。本书认为,对此问题,可以根据承诺的成立条件来予以解决。因为此种情况下的承诺不符合承诺

---

① 我国台湾地区“刑法”第 282 条第 1 款规定:“受他人嘱托或得其承诺而伤害之,因而致死者,处六月以上五年以下有期徒刑;致重伤者,处三年以下有期徒刑。”

的成立条件,不属于有效的承诺,当然不具备刑法效力,在认定有效的被害人承诺时即可对其予以解决。

2. 部分有效的被害人承诺,是指承诺不能够排除犯罪性,但是能够影响刑罚的轻重。

对此,可以规定一些法定的影响量刑的情节,如伤害罪中的被害人承诺在重伤的情况下可以考虑将承诺作为法定从轻或减轻量刑情节。另外,在时机尚不成熟的情况下,也可以将某些情况下的承诺作为酌定量刑情节,如承诺杀人等。待各方面条件均具备时,可将承诺杀人规定入刑法典,给予其与故意杀人罪相比来说较低的法定刑档次。

(二)刑法条文设计

1. 在刑法总则第 2 章第 1 节“犯罪和刑事责任”第 21 条“紧急避险”之后增加一条,作为第 21 条之一:

> 第二十一条之一:经权利人有效承诺实施损害行为的,不负刑事责任。

将被害人承诺作为正当化事由纳入我国刑法总则的规定之中,有利于在整体上把握被害人承诺,同时,刑法分则中有关罪名在被害人承诺适用方面的困难也迎刃而解。这一方面避免了刑法分则逐条规定被害人承诺的繁缛化和不必要性,另一方面也使被害人承诺在宏观上具备了内在的条理性和逻辑性。

2. 在刑法分则中,根据目前情况,可先选择在《刑法》第 234 条“故意伤害罪”中增加一款,作为第 3 款:

> 第二百三十四条第三款:经承诺故意伤害他人致人重伤的,处三年以上七年以下有期徒刑。

本书之所以选择在“故意伤害罪”中设定被害人承诺,主要是因为故意伤害罪在司法实践中普遍存在,而且被害人承诺在故意伤害罪中存在的情况也具有一定的比例性,且不说古时就有“周瑜打黄盖——一个愿打,一个愿挨”的典故,现实生活中也不乏个体对自己权利自由处分的情况,其中,对人身权利的处分是承诺内容的一个重要组成部分。因此,对于承诺伤害致人重伤的行为设置从轻的法定刑较为合适。

至于在刑法分则其他条文中对被害人承诺的具体设计,可以结合具体情况来确定，而不必急于一时。正如上文所说，等到时机成熟时，可以对承诺杀人作出专门规定，给予其与故意杀人罪相比来说较低的法定刑档次。不过，我国一直以来都没有正式承认安乐死，在理论层面上，承诺杀人的成立条件远远达不到安乐死成立条件的严格性，可见，将承诺杀人列入法定的减轻刑事责任事由行列的时机还远远没有成熟。针对这种情况，本书认为，可以将承诺杀人作为酌定减轻刑事责任事由，以使其在刑事责任方面与一般故意杀人罪的量刑有所区分。总之，承诺在我国刑法分则的其他具体条文中的体现视具体情况而定即可。

第三编　主观要件

第三编(上)　主观构成要件

第九章　过失犯罪构造理论之反思

过失犯罪构造理论一直是德日刑法学讨论的重要课题。“行为人实现构成要件虽然不是故意的,但是他若保持交往中所必要的且对他而言可能的谨慎,本来是能够避免实现构成要件的,则要因过失而对结果的发生承担责任。”①从旧过失论、新过失论、新新过失论,到客观归责理论,过失犯罪的构造理论逐步发展完善。不同于德国、日本等国家,中国刑法对过失犯罪的概念进行了明确规定,因而使中国语境下研究过失犯罪构造必须要与现行立法相适应。下面拟从过失犯罪的典型案例入手,总结我国司法实践中认定过失犯罪存在的问题并进行反思,以求建立符合我国刑法语境的过失犯罪构造理论,为我国司法实践提供借鉴。

第一节　过失犯罪认定的实践困惑

在刑法学说史上,过失犯最初是作为例外处罚的情形呈现在世人面前的,其重要性一开始就被人忽视,直到古典刑法学之后才逐渐为学者所重视。正如许迺曼那句耳熟能详的论述:“过失犯罪经历了从前妻的孩子到最受宠爱的孩子的变化。”②随着工业文明的发展,犯罪形态不局限于故意犯罪,出现了许多行为人没有积极追求或放任却导致结果发生的情况,集中体现在公共交通、医疗、环境污染等领域。过失犯罪的理论也随之发展、丰富。我国《刑法》第15条对过失犯罪的概念进行了明确规定,即应当预见自己的行为可能发生危害社会的结果,因为疏忽大意而没有预见,或者已经预见而轻信能够避免,以致发生这种结果的,是过失犯罪。

根据我国刑法的规定,过失犯罪的“过失”分为疏忽大意的过失和过

---

① [德]乌尔斯·金德霍伊泽尔:《刑法总论教科书》(第6版),蔡桂生译,北京大学出版社2015年版,第325~326页。

② [德]克劳斯·罗克辛:《德国刑法学总论》(第1卷),王世洲译,法律出版社2005年版,第713页。

于自信的过失,同时立法中强调的是认识因素和意志因素,但主观内在的因素难以把握,因而在客观上给司法实践认定造成了一定的困扰。我国是否有必要研究过失犯罪构造理论?选择何种过失犯罪的构造理论才能与司法实践相适应?要回答这些问题,就必须梳理我国过失犯罪司法适用的现状,从问题入手,反思理论的路径选择。

案例 1:谭某无证驾驶农用车,载客沿国道行驶。当农用车行驶到某路段时,陈某驾驶的大客车从右侧超车,农用车上悬挂的塑料桶和客车发生轻微刮擦。谭某未停车继续前行。陈某停车改乘摩托车追赶,将农用车拦停。两人发生争执,在第三次追赶上农用车时,陈某扒上农用车,要求谭某停车,谭某拒绝并继续行驶。在车辆进入下坡路段时,陈某抢方向盘,谭某急刹车,农用车发生侧翻,造成车内乘坐的赵某当场死亡,7 人受伤。①

案例 2:被告人林某与其妻李某带着孙子 A、B 及外孙 C、D、E 到某水库划船,未给孩子穿游船管理人员所给的 3 件救生衣,其外孙 E 坐在没有防护措施的船头玩水也未采取有效措施制止,致 E 掉落水中死亡。②

案例 1 经历了一审、二审、再审等刑事诉讼程序,在判断标准认定方面产生了较大分歧。一审法院认为谭某构成交通肇事罪,根据交警大队出具的责任认定书等证据,谭某未取得驾驶执照驾驶农用车,造成致使 1 人死亡的结果,并负主要责任,符合交通肇事罪的构成要件。二审法院则认为,陈某抢方向盘导致车辆失控,这是一起涉嫌以危险方法危害公共安全犯罪,谭某交通肇事罪不成立,无罪。再审时,湖南省高级人民法院维持了一审判决。单从被告人过失罪过来说,湖南省高级人民法院认为在车辆行驶一开始,被告人无驾驶证无行驶证驾驶农用车,人货混装,在发生刮擦后不予处理,对于违反交通法规可能造成人员伤亡的情况是有预见的,而在陈某多次拦停车辆,抢方向盘过程中,谭某应当预见可能会造成危害结果,但轻信能够避免继续行驶,属于过失犯罪。

案例 2 中一审、二审、再审判决文书均认定为过失致人死亡罪。辩护意见始终表明的态度是:(1)被害人 E 死亡是由于船主防护措施不到位;(2)死亡结果已超出行为人的预见能力;(3)行为人在不会游泳的情况下向他人求救后来也参加下水救人,本案是意外事件。因而,法院在再审裁定书中对于行为人的预见能力作了详细的说明。再审裁定书认为,判断被告人能否预见应当把行为人的智能水平与行为本身的危险程度以及行为

① 参见湖南省高级人民法院刑事判决书,(2017)湘刑再 5 号。

② 参见山东省菏泽市中级人民法院刑事裁定书,(2016)鲁 17 刑再 6 号。

时的客观环境结合起来判断，且应以行为人本人的预见能力为准。结合被告人为一名小学教师，长期从事教育工作，应对安全教育具有经验，加上事发时没有防护措施情况下孩童在踢水玩，被告人有预见到随时有溺水的潜在危险发生的能力，应有预见可能性。

案例1中，谭某属于无罪还是过失犯罪，法院说理过于简单。为了维护道路安全和交通管理法规，交通肇事罪要求只要违反道路交通管理法规，造成重大事故即可认定成立。亦即符合上述因果关系流程，主观方面即为过失。谭某违反交通管理法规，尤其在陈某抢方向盘时一直行驶，对可能发生危害结果有预见。仅考量主观的预见是否可以认定为过失犯罪？对行为人在道路上驾驶车辆的行为性质又如何看待？法院在这一点判断上过于笼统，仅以直接引用“应当预见……轻信可以避免”，缺乏说服力。案例2中，由于辩护意见提出了质疑，法院在认定时考虑了预见义务、预见能力等问题。对比案例1来说，在预见义务方面做出了详细的论述，在预见能力判断上给出了主观标准，但在分析案情时却又按照职业、客观情况判断预见能力，存在冲突。

由此可见，我国在认定过失犯罪时，强调依据刑法规定分析行为人的主观心理态度，但事实上在分析主观心理方面不够充分，同时也存在忽视对过失行为的认定，从而导致法院在认定过失犯罪时往往说理不足，或者说理易出现前后观点不一致的情形。

第二节　过失犯罪的理论基础

理解过失犯罪必须要从过失犯罪的基本概念出发，尤其是在我国刑法规定较为概括的情况下，离开了对过失犯罪基本概念的分析，很难宏观把握好过失犯罪的认定标准。我国过失犯罪立法规定主要沿袭苏联刑法学传统，将过失放在犯罪主观方面加以讨论，认为过失是罪过的一种形态。20世纪80年代中期，德日刑法的过失学说开始被介绍到我国，我国学者开始注意到除了以法条规定为中心进行解释之外，还可以将注意义务作为分析工具。因而，要从中国语境下理解过失犯罪，相关概念就应当兼备立法定义、域外理论中的概念等内容。

一、犯罪过失的概念

大陆法系中的德国、日本均未对过失进行立法定义，如《德国刑法典》第15条规定，本法只处罚故意行为，但明文规定处罚过失行为的除外。犯罪过失主要是由理论界进行探讨。例如,德国学者耶赛克、魏根特认为:“由于违反注意义务实现刑法规定的构成要件,且违反义务没有认识到会发生构成要件结果,或者虽然想到会发生构成要件结果,但违反义务地相信,此等结果将不会发生,行为人的行为是过失行为”。[①] 日本学者西田典之认为,过失“即违反注意义务,是指明明具有结果的预见可能性,并有可能采取行为以避免结果的发生,却未能预见结果,或者虽然预见了结果,却并未采取切实行为以避免结果发生,因而发生了结果的情况”[②]。

根据我国的立法定义,通说认为犯罪过失就是指行为人应当预见自己的行为可能发生危害社会的结果,因为疏忽大意而没有预见,或者已经预见而轻信能够避免的一种心理态度。有学者对通说提出了批判,认为行为人应当认识或已经认识到的内容不应该是危害社会的结果,而是违法的结果。因此,过失是指人应当预见自己的行为可能发生符合构成要件的违法的结果,因为疏忽大意而没有预见,或者已经预见但轻信能够避免这种违法结果的一种心理态度。[③] 也有学者辨析了过失犯罪和犯罪过失之间的区别,认为尽管我国《刑法》第 15 条是有关“过失犯”的规定,但我国刑法理论则一直将其作为“犯罪过失”来研究。过失犯是一种客观行为和状态,它是指在犯罪过失心理支配下所引起的危害社会的结果;而犯罪过失则是导致过失犯罪结果时行为人的主观心理状态,二者显然不是一回事。[④]

综合来看,上述学者的观点是对通说的修正,尤其认为预见的是违法结果,是从行为具备违法性认识可能性出发考虑,相比社会危害结果来说,这对行为人要求具有较高的认知程度,进而缩小了犯罪认定的范围,符合刑法谦抑性的要求。因此,犯罪过失应当是指,行为人应当预见自己的行为可能发生符合构成要件的违法结果,由于疏忽大意没有预见或者已经预见但轻信可以避免的心理态度。

二、预见可能性的含义

随着传统过失论的研究,预见可能性的概念被提出。预见可能性字面上的理解是对未发生的事件能够预见的盖然性。在过失犯视角下,预见可能性有新的内涵。传统过失犯理论中,预见可能性是行为人对危害结果可

---

① Hans-Heinrich Jescheck, Thomas Weigend, *Lehrbuch des Strafrechts Allgemeiner Teil*, 5. Aufl., Berlin, Drucker & Humblot, 1996, S. 563.

② [日]西田典之:《日本刑法总论》(第 2 版),王昭武、刘明祥译,法律出版社 2013 年版,第 228 页。

③ 参见林亚刚:《犯罪过失研究》,武汉大学出版社 2000 年版,第 36 页。

④ 参见黎宏:《过失犯若干问题探讨》,载《法学论坛》2010 年第 3 期。

能发生的预见能力。即在这一理论下强调的仅仅是结果预见可能性。只要结果发生了,行为肯定是危险的,问题只在于事后考察当时是否能够预见到这种结果。① 传统理论的观点将预见可能性从字面含义发展到行为人主观心理状态以及能力的范畴,使预见可能性的研究和过失犯更为契合。

因而,过失犯中的预见可能性是指,行为人具有的对符合构成要件事实可能发生的预见能力。

三、注意义务的内容

在我国,过失理论的研究在从苏俄理论逐步转向德日理论的过程中,注意义务的重要地位开始凸显。注意义务兼顾规范过失犯罪行为人心理以及行为的作用,从主观方面和客观方面全面把握过失犯罪。过失犯,指注意义务的违反,即应注意、能注意而未注意。注意义务的违反是过失犯罪的本质问题。

注意义务在不同的过失犯构造理论中内涵有所差别。在旧过失论中,注意义务是指行为人为了预见结果的发生而使神经紧张的一种内心义务。② 支持新过失论的学者则认为注意义务是指为了避免造成某种危害结果而实施一定行为的义务。藤木英雄指出:“这里所谓的注意义务……即注意义务的内容是在具体情况下为了防止结果发生而实施所要求的适当作为、不作为。”③也有认为注意义务应当包含二者,客观注意义务,其内容包含“结果预见义务”之违背与“结果避免义务”之违背。④ 立足于我国《刑法》第 15 条的规定,如果注意义务概念不包括预见义务就会面临解释论上的困境。即使认为注意义务只包括结果避免义务的新过失论,也承认预见义务是结果避免义务的前提。因此,撇开预见义务研究注意义务不具有可行性。

因此,应当认为注意义务包括结果预见义务和结果回避义务,前者是应当预见可能发生符合构成要件的违法结果的义务,后者是应当基于预见而避免违法结果发生的义务。

---

① 参见[日]西田典之:《日本刑法总论》(第 2 版),王昭武、刘明祥译,法律出版社 2013 年版,第 228 页。

② 参见[日]平野龙一:《刑法概说》,东京,东京大学出版会 1977 年版,第 84 页。

③ [日]藤木英雄:《过失犯理论》,东京,有信堂 1969 年版,第 38 页。

④ 参见刘跃挺:《论刑法过失犯罪框架中的医疗行为与注意义务》,载《河北法学》2016 年第 9 期。

第三节 过失犯罪构造理论之梳理

过失犯构造理论研究发轫于德日刑法,我国有关过失犯理论构造的讨论也都基于德日刑法研究的成果基础上。因此,要全面了解过失犯罪的构造理论,进而对我国司法实践中的问题提出较好的解决方案,就应当梳理德日刑法学有关过失犯罪构造理论的已有成果。在域外已有的理论经验基础上,我国过失犯罪构造理论研究才能有发展的基础。

一、日本过失理论之演进

在旧过失论中,过失作为责任要素。预见可能性作为罪责要件,存在预见可能性而违反预见义务,是过失犯的本质,也是区分故意犯和过失犯的关键。故意犯和过失犯在构成要件和违法性上结构相同,仅在有责性上存在差异。

随着目的行为论将故意导入构成要件后,过失也被重新审视。随着产业的飞速发展以及汽车的迅猛普及,开始有观点认为,将所有引起结果的行为均作为违法行为来处理,有碍于富于活力的社会生活之形成,从而主张只应将那些僭越社会生活准则的不当行为认定为违法。[①] 在这一理论背景下新过失论应运而生。过失的本质在于,在对行为人科以了避免构成要件结果之义务的场合,却违反这种客观性义务而引起了结果,这一事实本身就是过失犯的处罚基础。新过失论着眼于对结果的客观预见可能性,并将该预见可能性作为结果避免义务判断的前提。

新过失论对旧过失论的批判给修正旧过失论提供了思路。修正旧过失论在旧过失论基础上进行客观限定。在预见可能性之外,还认识到了分析过失犯的实行行为的内容的必要性。[②] 作为实行行为的内容,要求存在实质的危险性。修正旧过失论者一般认为,以结果预见可能性为前提的结果预见义务仍属责任要素。[③]

新过失论逻辑往前进一步推进,就会导向新新过失论(危惧感说)。所谓危惧感说,是指"毋须将预见可能性定义为看透具体因果流程的可能

① 参见[日]松原芳博:《刑法总论重要问题》,王昭武译,中国政法大学出版社 2014 年版,第 214 页。

② 参见[日]前田雅英:《日本刑法总论讲义》(第 4 版),东京,东京大学出版会 2006 年版,第 272 页。

③ 参见[日]西田典之:《日本刑法总论》(第 2 版),王昭武、刘明祥译,法律出版社 2013 年版,第 228 页。

性,而是只需要行为人带有某种‘虽无法特定其内容却不可认为绝无危险而忽视之’这种程度的危惧感即为已足”的学说。只要可能对结果抱有漠然的恐惧感即抽象的预见可能性就足够了。[①] 危惧感说以内容不特定的抽象的危惧感为处罚基础,违反责任主义。

二、德国过失学说之争议

德国立法并没有关于过失犯的规定,但在理论研究上则发展了诸多突出贡献性的学说。日本旧过失论、新过失论背后的结果无价值论、行为无价值论、目的行为论等基础理论正是来源于德国。德国刑法学关于过失犯预见可能性研究也经历了较长的历史发展。

古典犯罪论时期,与日本旧过失犯相似,德国学说把判断过失的重点放在责任阶段的主观预见可能性上。注意义务成为故意和过失在罪责区分中的重要因素。至于破坏法益的刑事不法的判断,过失行为和故意行为并没有不同。[②]

随着目的行为论的提出,过失犯构造研究出现了重大突破。过失犯与故意犯在不法和罪责层面均存在差异。德国学者恩吉施从法益保护角度出发,认为除了因果关联与罪责要件外,行为人对于结果发生欠缺了外部注意,是架构过失犯很重要的第三个要素。外部注意的欠缺,呈现了过失行为的违法性。[③] 韦尔策尔一方面肯定了恩吉施对过失犯结构的质疑,另一方面从目的行为论出发,认为过失是有主观目的性的行动。过失是行为人因为目的活动的实现,怠于为交易上必要的注意,而没有意欲地引起一个构成要件中社会不期待的结果出现。该观点将违背客观注意义务作为过失犯的构成要件要素讨论,违背客观注意义务在犯罪论体系的不法阶层中,被赋予行为无价值。[④]

在行为无价值与结果无价值这两个基础理论争议中,发展出了所谓复合过失概念。在过失犯罪结构上,客观注意义务的违反以及客观预见可能性被当作不法要素看待,而主观注意义务的违反以及主观预见可能性则被当作责任要素看待。[⑤]

---

① 参见[日]大谷实:《刑法讲义总论》,黎宏译,中国人民大学出版社2008年版,第181页。

② Franz Liszt, *Das deutsche Reichsstrafrecht auf Grund des Reichsstrafgesetzbuchs und der übrigen strafrechtlichen Reichsgesetze*, Berlin, De Gruyter, 1881, S. 117-118.

③ Karl Engisch, *Untersuchung über Vorsatz und Fahrlässigkeit im Strafrecht*, Amsterdam, Scientia Verlag, 1930, S. 277 f.

④ Hans Welzel, *Das deutsche Strafrecht*, 11. Aufl., Berlin, De Gruyter, 1969, S. 129 f.

⑤ Wessels/Beulke, *Strafrecht AT*, 36. Aufl., Heidelberg, C. F. Müller, 2006, Rn. 664, 667.

过失犯一直讨论的注意义务、预见可能性等核心问题，到客观归责理论中则出现了颠覆性的修正。罗克辛认为注意义务的违反，不过是表征了行为制造法所不容许风险的状态，严格来说，以所谓注意义务的违反作为过失犯的不法要素，其实是混淆了作为与不作为的区分，就体系而言，无疑是一种规范逻辑的谬误。① 处理过失行为的归责评价，首先要探究行为人是否制造了法所不容许的风险；其次则是验证风险制造行为是否与结果发生有一般、常态的因果关联；最后考虑因果流程是否在规范目的的范畴内。② 客观归责理论抛开预见可能性讨论，为过失犯理论提供了新思路。

在客观归责理论研究过失犯的路径中，还需要提及信赖原则。信赖原则，这一概念本身孕育在德国，出现在有关交通事故的判例中，③通过学者们的归纳、演绎与反复论证，逐渐成为交通事故中限制过失犯罪成立的一种理论。“所谓信赖原则乃意味着行为人信赖被害人或第三者应回避危险为适切行动，而实行一定行为时，只要该信赖被认为系合乎社会相当性，纵然第三者违反该信赖为不适切行为，对结果惹起某些加害，行为人对于该种加害亦不必负过失责任之原则。”④信赖原则在过失犯的认定过程中存在一类学说——预见可能性免除说。该说认为预见可能性存在的情况下，免除行为人的预见可能性。发源于德国的信赖原则在过失犯预见可能性问题上，起到了消极要件的作用。

三、我国学者之探讨

近年来，我国学者摒弃了单纯支持或者反对域外理论观点的做法，提出了更多批判性的思考。

例如，张明楷教授认为，旧过失论是关于过失本身的理论，而新过失论是关于过失犯的理论，应当承认行为人对结果的预见可能性是责任要素。⑤

有学者主张客观归责理论。例如，有人认为，旧过失论不能限缩成立

---

① Claus Roxin: *Strafrecht Allgemeiner Teil Band I*, 4. Aufl., München, Verlag C. H. Beck, 2006, S24.

② 参见林东茂：《刑法综览》（修订5版），中国人民大学出版社2009年版，第190页。

③ 信赖原则来源于1935年德国的一个案例，1935年10月18日，被告人驾驶汽车在市内电车轨道行驶，突遇两个从电车轨道上走下来的成年人，与被告人的汽车相撞，一死一伤。柏林地方法院第一审判决被告人过失致死及致伤罪罪名成立。但同年12月9日，德国帝国法院改判被告人无罪。理由中提及“汽车驾驶人并无将所有行人可能不注意的情况都予以考虑的必要及可能……一般而言，在白天车流量不大，视野良好的市区，汽车驾驶人对于成年人不顾接近自己车辆的危险而突然从电车轨道上走下汽车道之情况，实无予以考虑之必要”。

④ ［日］川端博：《刑法总论二十五讲》，余振华译，中国政法大学出版社2003年版，第128页。

⑤ 参见张明楷：《论过失犯的构造》，载《比较法研究》2020年第5期。

范围，有客观归罪之嫌、对特定行业的从业者不利等弊端，结果避免可能性说和客观归责论都可以同时解决过失犯问题，是齐头并进的思路，但是，客观归责论明显有体系性地解决过失犯论的考虑，且能够将新过失论的避免可能性说完全包容进来，因此，客观归责论具有方法论上的优越性。[①] 有学者指出，客观归责理论在实践方面较之于相当因果关系说的优势在于，它使危险实现过程的判断走出了行为时一般人预见可能性的歧途，转向了事后的规范目的标准。[②]

还有学者主张兼采客观归责理论和传统旧过失论，对于客观归责理论框架下的过失不法，在制造危险的判断上，应站在事前的立场，参考行政规则、交往规范等因素，以"一般人+特别人"的能力为标准进行考察；在危险实现的判断上，应站在事后的立场，考察结果回避可能性、规范保护目的以及介入其他因素时对于归责的影响。[③]

也有学者认为客观归责理论存在方法上的不足，并在批判客观归责理论的同时，以新过失理论为主线，完善过失犯体系。[④]

深受德日刑法学影响的我国台湾地区刑法学界对过失犯预见可能性的讨论，也基本沿袭已有的理论构造。

有学者支持新过失论，认为存在构成要件之过失和责任过失之分。构成要件之过失侧重在客观注意义务的违反，包含了客观预见义务及客观的结果避免义务。而责任过失则偏重于主观的预见可能性注意义务的违反，兼括主观的预见义务及主观的结果避免义务。[⑤]

有学者支持主观预见可能性，以行为人现实具备的条件作为判断标准，而客观预见可能性和行为人是否构成过失的判断并没有关系。预见可能性的认识对象是该当于不法构成要件的事实，包括正面构成要件、负面构成要件、成文的不法构成要件、不成文的不法构成要件等。[⑥]

有学者认为过失是"应注意、能注意而未注意"。注意义务放在违法性阶段考虑，注意能力和不注意在有责性阶段考虑。[⑦] 预见可能性作为注意义务的前提被放在违法性阶段。

---

① 周光权：《客观归责与过失犯论》，载《政治与法律》2014 年第 5 期。
② 陈璇：《论过失犯中注意义务的规范保护目的》，载《清华法学》2014 年第 1 期。
③ 吕英杰：《论客观归责与过失不法》，载《中国法学》2012 年第 5 期。
④ 李冠煜：《客观归责论再批判与我国刑法过失论的完善》，载《法学家》2016 年第 2 期。
⑤ 黄仲夫：《简明刑法总则》（修订再版），台北，元照出版有限公司 2013 年版，第 154 页。
⑥ 黄荣坚：《基础刑法学》（上），台北，元照出版有限公司 2012 年版，第 369～380 页。
⑦ 蔡墩铭：《刑法精义》（第 2 版），台北，翰芦图书出版有限公司 2007 年版，第 254～256 页。

第四节 我国过失犯罪构造理论之选择

过失犯罪构造理论是较为复杂的体系工程,相比于德日刑法的讨论仅需要满足理论的自洽性,我国在考量过失犯罪时,还需要兼顾理论与立法之间的协调,这样才能在最大限度上使理论研究为司法实践提供参考。

回归到我国刑法的立法定义不难发现,疏忽大意的过失是“应预见而未预见”,过于自信的过失是“已预见而轻信可避免”。在上述两种情况中,可以发现过失的法定内容中隐含着结果预见义务和结果回避义务。究竟应当采取哪一理论可以较为妥当与现行立法相适应?

值得提出的是,有学者借鉴不作为犯的分类,将过失犯分为纯正的过失犯和不纯正的过失犯。审视旧过失论和新过失论发现,旧过失论适用于不纯正的过失犯,不适用于纯正的过失犯。在我国刑法分则中规定了大量的纯正的过失犯,对于这些纯正的过失犯,除了少数的罪名以外,大多数罪名在罪状中对过失行为进行了描述。基准行为说对于纯正的过失犯实行行为认定具有参考价值。①

就前述有关过失犯的理论来说,与现行立法更为契合的应当是新过失论。在旧过失论中,强调结果预见义务,却忽视了结果回避义务,这会使现实生活中许多行为被纳入过失犯罪的范畴。新过失论提出的“危惧感”过于抽象,将对于违法结果的预见换成只要具备危惧感即可,严重违背了责任主义的原则。至于客观归责理论,其方法论对于过失犯罪、因果关系等都具有重大的理论价值。但客观归责理论的颠覆性改变,使过失犯认定脱离了预见可能性问题,以风险制造、结果产出,以及风险与结果间因果流程作为思路,很难成为司法文书中的法律依据及解释工具。

因此,我国刑法语境下采取新过失论更为合理。将结果预见义务作为结果回避义务的前提,把避免义务作为中心,可以使过失犯认定的说理逻辑更加清晰。在过失犯的构成要件中,应当以违反结果避免义务为中心,而在过失犯的主观归责时,则以违反结果预见义务为核心而展开。②正如我国学者研究指出,从最高人民法院所刊发的一些典型案例的判决与

① 参见陈兴良:《纯正的过失犯与不纯正的过失犯:立法比较与学理探究》,载《法学家》2015年第6期。

② 参见陈兴良:《过失犯的规范构造:以朱平书等危险物品肇事案为线索》,载《比较法研究》2020年第5期。

理由解说来看,可以说是接近于新过失论的立场,即偏重客观注意义务的违反。[①]

第五节　新过失论之具体适用

从理论角度考虑过失犯罪构造理论的路径选择,将过失犯罪构造理论作为解释工具,有助于解决我国司法实践的难题。根据上文的分析,本书认为坚持新过失论更适合中国司法实践的现状。

例如,在上文列举的案例 1 中,出现的困扰集中于谭某的行为是否属于过失犯罪,如果运用新过失论抽丝剥茧,就很容易得出合理的结论:第一,谭某无证驾驶农用车,人货混装,应当对道路上发生交通事故风险有抽象的预见。同时,谭某作为驾驶人员,对道路情况预见的能力应当高于一般人,因而也具有预见能力。第二,在谭某具备结果预见义务的前提下,再分析是否具备结果回避义务。谭某无证驾驶人货混装的农用车,本身就没有采取行动避免交通事故发生。而在行驶过程中,遇到陈某多次追赶农用车,并且扒上车辆抢方向盘的行为,谭某在驾驶过程中没有及时刹车、停车或者报警处理,行为人缺少避免结果发生的行为,因此,应当认定谭某过失犯罪。

又如,在案例 2 中,林某是否符合过失犯罪的要求?根据新过失论提出的以结果回避义务为中心的方法论,可以得出:第一,林某是孩童的长辈,也是一名小学教师,其安全教育经验比一般人更加丰富,因此具有预见可能发生孩子溺水事故的能力。第二,在具有结果预见义务的前提下,可以看到,上船时,林某没有要求船上的孩子穿戴好救生衣,也没有向商家要求发放数量足够的救生衣。林某在上船前以及船只行驶中,没有对孩子进行必要的提醒。在出现有孩子嬉戏玩水时,林某也未加制止。林某自己不会水,等到有孩子落水时,虽然及时呼救但也未能避免孩子死亡结果发生。可见,在整个过程中,和事后的救援行为相比来说,林某事先没有及时进行安全监管是起决定作用的关键因素,对整个犯罪行为发生更有推动力。由于行为人缺乏有效的结果避免行为,因而林某应当成立过失犯罪。

过失犯罪相比故意犯罪来说,认定难度更大。在我国,现行刑法对于过失犯罪给出了立法定义,这有利于司法判决有法可依,理论研究有章可循,但同时也给我国过失犯罪研究提出了更大的考验。通过梳理近年来的

---

① 参见劳东燕:《责任主义与过失犯中的预见可能性》,载《比较法研究》2018 年第 3 期。

典型案例可以发现,司法实践认定过失犯罪过于简略,说理不清。通过考察评析德日刑法学的过失犯构造理论,本书认为新过失论更适合我国刑法的语境,与我国的国情更相适应,因而主张以结果预见义务为前提,以结果回避义务为核心,使我国过失犯罪认定兼顾主观心理和客观行为,以更好地指导司法实践。

第三编(下)　排除主观责任的事由

第十章　违法性认识可能性在犯罪论体系中的地位

违法性认识,是指行为人对其所实施的行为违反法律的认识,即认识到自己的行为是违法的;而违法性认识可能性,则是指行为人在实施行为时,存在认识到其所实施的行为是违法的可能。换言之,在实施行为时,行为人具备认识行为法律性质的能力与条件。在大陆法系国家,如德国,刑法学界常从法律错误角度讨论这一问题。违法性认识错误,是指行为人认识到了符合构成要件的事实,但不知道自己的行为被法律所禁止的情形。①

对于违法性认识的地位问题,长期以来学界存在较大争议。在相当长的一段时期内,违法性认识不要说在各国刑法理论与实务中均占据主导地位。违法性认识不要说认为违法性认识及其可能性既不是故意的要件,也不是责任的要素,不影响犯罪的成立。② 在我国1979年刑法的起草过程中,起草者曾经考虑在刑法条文中明确表述违法性认识的有关内容,③但在"不知法者不免责"理念的持续影响下,正式颁布的刑法摒弃了草案中的有关表述,违法性认识可能性在我国犯罪论体系中长期缺位。

随着现代社会与法律本身的持续发展,一般民众认知与法律脱节而导致仅凭日常生活经验无法准确判断行为法律属性的情况日渐增加,古典刑法完全的知法推定基础已不复存在。缺乏知法推定作为适用前提,承袭"不知法者不免责"理念的违法性认识可能性不要说观念就难以在责任主义的基础上获得逻辑自洽,民众法律认知与刑事司法实践的冲突也就自然产生了。因此,"不知法者不免责"这一古典时代流传至今的法谚合理性,在法定犯时代应当被重新审视和评估。

---

① 参见张明楷:《刑法学》(上)(第5版),法律出版社2016年版,第322页。

② 参见张明楷:《外国刑法纲要》(第3版),法律出版社2020年版,第213页。

③ 1957年《中华人民共和国刑法草案(初稿)》(第22次稿)第16条规定:"对于不知法律而犯罪的,不能免除刑事责任;但是根据情节,可以从轻或者减轻处罚"。参见高铭暄、赵秉志编:《新中国刑法立法文献资料总览》,中国公安大学出版社1998年版,第256页。

2017年年初,天津市妇女赵某某因在公园开设气球射击摊而持有气枪被捕,最终以非法持有枪支罪被判处3年有期徒刑。① 由于枪支检定的严格标准具有复杂性与专业性,赵某某在不知违法的情形下摆摊糊口,却因"持枪"而遭重判,这一事件与民众普遍认知存在重大差异,因此,此案件经媒体报道后引起广泛关注与讨论,直至二审赵某某被判缓刑,讨论热潮仍未消退。有学者指出,民众对赵某某案的持续关注,实际上是当前快速发展的法律实践和公民法律认知之间存在脱节现象的折射。这种观点不无道理,事实上本案只是违法性认识可能性问题在中国法律事件中所面临困境的冰山一角。

第一节　违法性认识可能性的司法处境

2014年7月,河南籍农民汪某在所居村庄附近捕捉87只蟾蜍后被捕。法院认定汪某未经许可狩猎"三有"野生保护动物数量超过50只,违反狩猎法规,破坏野生动物资源,且情节严重,构成非法狩猎罪,依法判处拘役3个月。尽管汪某在被捕后多次辩称并不知道捕捉"癞蛤蟆"的行为触犯刑法,但判决书显示法院并没有采纳汪某的辩解,而是经审查认定,汪某实际捕捉"三有动物"数量远超50只,超过我国刑法及相关法律所规定成立犯罪所需的20只这一数量标准,属重大刑事案件,该行为人缺乏对行为违法性的认识并不影响法官对其犯罪行为与犯罪结果的认定。②

与之类似,2016年4月22日上午,河南籍农民秦某在居住地附近山坡采摘3株兰花,被民警查获。经查秦某所采的兰花属国家重点保护植物,其最终被判处有期徒刑3年,缓刑3年。③ 从公开报道来看,无法明确判断本案被告人秦某的违法性认识状况。一方面,公安机关最初仅将本案作为治安案件处理,对行为人作出拘留7日的治安管理处罚。直到检察机关发现该案件并发出《要求说明不立案理由通知书》,公安机关方才对嫌疑人实施刑事拘留。这一情形说明,即使对于专业人士,此类案件的刑事违法性也并非必然可由直观判断得出正确认识,而可能存在误判可能。被告人在事后接受采访时声称,自己在被抓捕后才了解到该行为的违法性,其在

① 参见《天津赵春华非法持有枪支案舆情研究》,载法制网,http://www.legaldaily.com.cn/The_analysis_of_public_opinion/content/2017-02/09/content_7006356.htm? node=42598。

② 参见《河南一村民抓87只癞蛤蟆被判拘役三个月》,载人民网,http://society.people.com.cn/n/2014/1202/c1008-26132816.html。

③ 参见《河南农民"采兰花"获刑惹争议》,载搜狐网,http://www.sohu.com/a/152059302_550177。

事先并不知道该县曾发生过类似案件,养殖相关兰花需办许可证。另一方面,该案件在当地并非孤立事件,从 2006 年开始,被告人所在区县就已开始加大对私采兰花的打击力度。县法院此前已对多起类似“兰花案”进行判决。据行为人被查获时的同行者供述:行为人从 2015 年开始就以贩卖兰花牟利,因此其进行非法采摘活动时,显然有可能对自身行为的刑事违法性有所认识,而行为人对兰花进行整体移栽的行为,则说明其对兰花的经济价值可能存在一定认识,并非网传所谓单纯误认为自己采摘野草。但遗憾的是,判决书中并未体现对嫌疑人主观认识状态的分析说明,而仅仅对行为人的罪状进行简单描述。这就导致公众对于被告人的主观恶性不甚明了,进而导致该案件成为舆论焦点。

入选 2017 年“推动法治进程十大案件”的王某某案是另一起典型的被告人违法性认识状况存疑的案件。自 2014 年 11 月起的 1 年时间中,被告人王某某在未取得粮食收购相关许可证的情况下,违法收购玉米并出售至某粮库,涉案金额超过 20 万元,共非法获利 6000 元,遭举报后最终因非法经营罪被判处有期徒刑 1 年,缓刑两年。2016 年 7 月 7 日,某报以《探访贩卖玉米获罪农民:干这行的上千人都没有证啊》为题报道该案件,在民众中引起广泛关注。同年 12 月,最高人民法院对本案作出再审决定,指令巴彦淖尔市中级人民法院对本案进行再审。2017 年 2 月 17 日,该院再审宣判撤销原判,改判王某某无罪。在公开报道中,王某某明确表示在被捕前并不知道自己的行为构成犯罪,其从事玉米收购多年,所认识从事粮食收购的同行均未办理粮食收购许可证,也从未听说有人因为收购粮食被处罚或举报。①

与前述案件相同,该案一审判决仅对行为后果等罪状进行描述,并未体现对行为人主观状态尤其是违法性认识状态的分析。最终,该案件以再审法院以缺乏社会危害性为由改判被告人无罪而结束。在再审过程中,法院同样未对行为人主观状态尤其是违法性认识状态进行分析,而是指出被告人的行为不具备与非法经营罪相当的社会危害性。同时,再审法院认为被告人的行为不具备刑事处罚的必要性,由此判定原判决适用法律错误,改判王某某无罪。

前述各案件均关乎刑法理论中一个长期处于争议状态的重要问题:对行为人可能缺失违法性认识可能性的情况,司法机关究竟应当如何处理?

---

① 参见《王力军收购玉米被判非法经营罪一案再审改判无罪》,载新华网,http://www.xinhuanet.com/legal/2017-02/17/c_1120484291.htm。

借助中国裁判文书网等渠道以“违法性认识”为关键词进行检索,发现共有 74 份相关判决提及被告人以违法性认识缺失为由进行了抗辩。在 74 份判决中,并无一例以行为人欠缺违法性认识可能性为由而否决犯罪成立或排除刑事责任的案例存在。

“不知法不免责”原则最早来源于罗马法,历史悠久,曾为大陆法系与英美法系所普遍认同与继受。因为司法机关在犯罪成立过程中能够完全不考虑行为人的法律认识因素,大大削减了主观方面的证明负担,这一原则在实务中受到了审判者的青睐。在当下的实践中,贯彻这一原则来对案件审判进行指导却面临着日益高涨的质疑。尽管裁判“于法有据”,也具备深厚的理论基础,但裁判结果却与一般人对法的预测相去甚远,导致社会对其认可度较低,并引起广泛争议,难以收到良好的社会效果,如前述“汪某非法狩猎”案件正是如此。

虽然受多方面因素影响,裁判文书网的录入样本存在偏差,但从前述数据和公开报道不难发现,在我国司法实践中,违法性认识可能性不要说也即“不知法不免责”原则仍处于统治地位。这一现象的存在既有学理上的因素,也有立法机关和司法机关对我国刑事司法状况的现实考量。但是,既然在很多案件中司法机关明知作出忽视被告人违法性认识可能性的裁判结果会引发争议,为何还要坚守不知法不免责的立场呢?事实上,在类似案件中,司法机关对违法性认识状况并非全然不予考量。根据劳东燕教授的观点,对类似赵春华案这样的案件,存在四种不同解决路径。① 一是对于行为危害较小的犯罪,即可否定行为与犯罪相当的社会危害性。二是对有特殊主观方面要求的犯罪,即可认定成立构成要件错误,进而得出阻却犯罪故意的结论,此方案在各类涉及规范构成要素评价的犯罪中常为司法机关所采用。三是认定缺失违法性认识可能性,在没有特殊主观方面要求的犯罪中,根据不同观点可能构成不可避免的禁止性错误,进而阻却犯罪故意(如采用三阶层理论,则阻却责任),最终达到减免刑事责任的结论。由于并不符合主流理论,这种做法在我国尚未发现先例。四是相关部门通过修改法律或司法解释改变相关犯罪的认定标准来实现出罪,如赵某某案等涉枪案件,最高人民法院最终采取此种解决办法。

在检索到的 74 份判决中,尽管超过三分之一的判决明确否认违法性认识错误可以影响犯罪成立,但是这些判决总体上在法定刑内明显有向下

---

① 参见劳东燕:《法条主义与刑法解释中的实质判断——以赵春华持枪案为例的分析》,载《华东政法大学学报》2017 年第 6 期。

限倾斜的迹象,不少案件在没有其他特殊情节的情况下适用了缓刑。此外,有部分判决在讨论被告人主观状态时,对违法性认识进行了分析。[①] 这一事实反映了司法机关对违法性认识并非绝对坚持“不知法不免责”的保守立场,这一点在部分涉及规范法律要素评价的案件中显得尤为明显。当然,总体而言,目前法院对于在定罪量刑时将违法性认识及其可能性纳入考量的做法,仍然持有极为谨慎的态度。

赵某某案、王某某案、汪某非法狩猎案等若干案件均已尘埃落定,无论最终裁判结果是否能够为公众所接受,这些案件在司法程序上均已完结。然而在学理层面,这些案件所引发的反响及其展现的理念分歧仍远未画上句号。

对于前述现象,至少存在以下问题值得进一步思考:第一,相关案件的审判在量刑阶段处理的迥异,与定罪阶段的高度同质化,是否表明在这些案件中刑事审判对违法性认识可能性的实质考量重心完全倾斜于刑罚裁量,而非对于构成要件的审视?第二,定罪缓刑或但书出罪的结论,对于解决涉及违法性认识的案件中纷繁复杂的法律标准与法院必须作出符合兼顾主客观统一和明文规定等原则的司法裁判之间所存在的激烈冲突,是否具有普遍持久的效力与能力?类似司法处理能否在其他相似案件中发挥引证借鉴的作用?第三,忽视裁判结果与普通民众心理预期的冲突,片面侧重打击犯罪,继续坚持“不知法不免责”立场,拒绝将违法性认识及其可能性纳入定罪考量等做法,是否具有完全的正当性?该做法与刑事司法活动应当保持的宽严相济刑事政策立场是否一致?是否能收到刑事裁判应当产生的社会效果?这些问题长期困扰着司法机关的审判实践。

第二节　违法性认识可能性的体系地位争议

在德日等大陆法系国家,当前对于违法性认识的讨论往往限于责任层面。而在我国,由于犯罪论体系的特殊性,论者常常在犯罪构成的主观方面讨论违法性认识可能性问题。在学界对违法性认识可能性的讨论中,根据对其在犯罪论体系中的位置安排,存在多种不同学说。这些学说大体可

---

① 在相关判决中,“阿里・兰多尔走私淫秽物品案”判决书明确判决指出因行为人系外国人,犯罪行为的违法性认识错误导致其主观恶性具有差异,因此对其酌情从轻处罚。但在该案中,法院也明确指出“对中国法律的无知依法并不能免除其刑事责任”,但由于法律观念差异被告人“主观恶性较小”,根据罪责刑相适应原则才因此对其酌情从轻处罚。参见广州市第二中级人民法院刑事判决书,(2009)穗中法刑二初字第193号。

以分为违法性认识可能性不要说和违法性认识可能性必要说两大类。在有关违法性认识的学说论争中，不要说和必要说的对抗长期以来占据着核心的地位。

一、违法性认识可能性不要说

受大陆法系"不知法不免责"观念影响，传统主流观念以违法性认识可能性不要说为主。此说认为违法性认识可能性既非责任要素，也不影响故意或过失的成立，仅在极少数特定犯罪成立的判断中通过阻却社会危害性认识进而阻却犯罪故意或过失。也有持违法性认识可能性不要说的学者指出，我国刑法对此已有明确的规定，成立犯罪仅需社会危害性认识可能性即可。

违法性认识可能性不要说一般主张：法律规范具有客观性，受法律规制的公民无须认识到法本身的具体边界，只需对行为的社会危害性认识和犯罪事实本身具有正确认知便已足够。传统刑法观念则采取知法推定的论证方式，假定公民具备认识刑法的能力，因此不知法本身具有可谴责性。值得注意的是，违法性认识可能性不要说的理论缺陷在于：司法机关单方面将过高的知法风险转嫁于普通公民的做法，在违背责任主义的同时，也削弱了刑法的指导作用。

违法性认识可能性不要说，是"不知法律不免责（不知法律不免罪）"的大陆法系传统理念的理论延续。前文已经指出，在我国的司法实践中，司法机关固守这种理念，只在特定少数案件的量刑过程中有所松动。违法性认识可能性不要说为司法实践所广泛采纳的原因在于，除了理论惯性的因素外，也存在其符合司法实践强调国家威权主义与法律客观性立场的需要。从这一角度来说，失去了知法推定的时代背景支持，违法性认识可能性不要说的理论内核就与罪刑法定原则强调客观存在行为人能够预测结果的可能性主张发生了冲突。

刑法是一部形式上限制公民权利的法律，以禁止性条文为主要内容。刑法对于其所禁止行为所规定的不利后果即为刑罚。刑法的禁止范围外，属于其他法律规制之领域或公民自治之领域。行为在刑法上的可预测性，与其是否被刑法所禁止的认识，属于一种一体两面的关系。

在今天，即使对违法性认识采取最保守司法态度的英美等国，也不会坚守绝对的知法推定立场。知法推定逐渐发挥作用的领域开始慢慢限于传统刑法的核心领域，不知法不免责的传统理论基础，早已不复存在。当前司法实践对违法性认识不要说的偏好，更多是从公共秩序需要等刑事政策立场出发的一种现实考量。

在传统刑法理论框架内，国家将知法风险完全加诸个人，并不会遭到一般社会观念的强烈反对，因为刑法评价与道德等其他社会规范评价具有高度统一性。在不同的社会阶段下，对法律认识的要求不同，国家应该基于社会实际需要合理分配法律认识义务。① 而在法定犯时代坚持这种风险分配方式，必然会产生上述案件所引发的各种社会舆论诘难。理论界与实务界对违法性认识的重新认识，相当程度上正是这种知法推定的立场逐渐失去统治地位的结果。诚然，单纯的舆论关注和争议并不必然会对司法裁判结果产生影响——"杀鸡儆猴"式的惩处在短期内也许能够起到警示和宣传作用，但普通公民对刑事司法与法律本身的认同，却在这些案件讨论过程中遭到了不必要的削弱。长此以往，刑法的一般预防功能终将受到负面影响，其预防犯罪的机能也将受到损害。

在这个层面上，要实现罪刑法定原则保障自由的价值追求，前提是公民对行为边界的认识可能。如果这种可能性出现缺失，行为人预测自己行为法律后果就会沦为空谈，这将会大幅度缩减公民自由行动的空间，进而导致"民无措手足"的困境。此结果显然是与罪刑法定原则的价值追求相互抵触乃至完全背离的。违法性认识可能性不要说近年来在理论界已日渐式微，但在司法实践中仍具有强大的生命力。

二、违法性认识可能性必要说

在违法性认识可能性必要说之下，还存在几种具体的学说：(1)责任说；(2)故意说；(3)主观要件说；(4)自然犯与法定犯区别说。经对各说的优势与缺陷进行分析与比较，本书认为主观要件说最为妥当，与我国犯罪论体系最为契合。

(一)责任说

承袭德日三阶层犯罪构成理论观点的学者多持责任说。此说认为，违法性认识可能性是独立于罪过之外的责任要素。② 根据此说，违法性的错误与故意或过失无关。无论行为人是否发生违法性认识错误，均不影响犯罪故意的成立。当违法性认识错误缺乏回避可能性时，阻却责任，而在行为人具有回避错误可能性的场合，违法性认识错误不阻却责任，但可能对

---

① 参见赵运锋：《违法认识可能性理论的检讨与反思》，载《东方法学》2020 年第 6 期。

② 参见张明楷：《刑法学》(上)(第 5 版)，法律出版社 2016 年版，第 321~322 页。

责任产生其他影响。①

此说也根据对正当化事由理解的区别分为严格责任说与限制责任说两种学说。后者说将涉及正当化事由的错误作为事实错误而非法律错误处理。根据责任说的立场,不具有违法性认识的可能性而实行了符合构成要件行为的行为人,缺乏非难可能性,进而缺乏责任要件。同限制故意说一样,责任说认为,具有对行为法律状态的认识可能性是产生遵循法律进而形成行为反对动机的前提。排除开此行为人的行为心态便缺乏可谴责性。

责任说对行为人的非难可能性进行了充分考量,灵活地处理了刑事政策的现实要求,针对知法风险进行了合理分配,其对违法性认识作出了独立于故意过失讨论之外的安排。在采用三阶层犯罪构成体系的司法实践中,该说具有较强的可操作性,在理论上也具有连贯性,因此在大陆法系国家几乎已经成为通说。

(二)故意说

近年来,部分学者受责任主义观念影响,试图将违法性认识纳入我国犯罪构成体系,这些学者多持故意说。故意说认为,违法性认识或其可能性是故意的要素。② 有的学者指出,故意的成立不但要求行为人具有违法性认识的可能性,还要求行为人必须具备现实的违法性认识。③

在故意说的立场下,如果要判定存在犯罪故意,就必须判定存在违法性认识或违法性认识可能性。因此违法性的错误可以阻却故意,进而阻却故意犯罪。④ 在过失犯罪中,如果存在法律认识错误,则将其视为过失的一种形态。此说还主张,对过失犯罪处罚轻于故意犯罪,正是因为此类犯罪中行为人具有相应的评价认识,而仍然选择了从事犯罪行为,明知法不允许而选择对抗,故具有较高的可谴责性。

(三)主观要件说

主观要件说认为,违法性认识可能性是犯罪构成主观方面的共同要素。判定故意和过失,并不要求具备现实的违法性认识。违法性认识的缺失本身并不必然使犯罪故意或过失无法成立,但犯罪构成的主观方面,无

① 参见孙国祥:《违法性认识错误的不可避免性及其认定》,载《中外法学》2016 年第 3 期;周光权:《违法性认识不是故意的要素》,载《中国法学》2006 年第 1 期。

② 参见陈璇:《责任原则、预防政策与违法性认识》,载《清华法学》2018 年第 5 期。

③ 参见贾宇:《论违法性认识应该成为犯罪故意的必备要件》,载《法律科学》1997 年第 3 期。

④ 参见赵天琦:《"刑事一体化"视野下违法性认识的司法接纳》,载《四川师范大学学报(社会科学版)》2020 年第 6 期。

论是故意或过失,都应具备违法性认识的可能性。有的学者单从故意角度讨论违法性认识可能性的必要性,所形成的学说在故意层面与主观要件说相同,被称为限制故意说。

依据主观要件说,行为人在行为时对行为事实有所认识,但缺失对法律评价的认识,则应根据实际情况判断行为人是否能够认识到行为的违法性,以此判断行为人主观方面的状态。有些学者从反面说明这种判断,将其称之为法律认识错误的可避免性判断。如果能够证明行为人在特定条件下,的确无法认识行为的违法性,则阻却犯罪故意或过失。反之,如果行为人有认识行为违法性的可能,则不能阻却故意或过失。但在违法性认识缺失能说明行为人主观恶性较低的情况下,司法机关可酌情从轻或减轻处罚。

(四)自然犯与法定犯区别说

此说主张,如果行为人所涉及的犯罪属于自然犯范畴,则其主观方面或责任的成立无须违法性认识可能性。如果所涉犯罪属于法定犯范畴,则其主观方面或责任成立需要相应认识可能性。

此说核心论据是:自然犯涉及刑法所保护的核心法益,与道德伦理等社会评价规范具有高度统一性。行为人对自然犯犯罪行为的基本事实和社会危害性具备认识,即足以说明其主观上的可谴责性。而对于法定犯,行为人如果没有条件认识到特定行为的违法性,就可能无法产生足够的反对动机,其可谴责性存疑。①

三、学说评析

现代刑法调整的范围纷繁复杂,牵涉极广,与“不知法不免责”法谚出现年代的刑法早已相去甚远,即使专业人士也难以全面准确把握。所以难免存在公民对刑罚缺乏认识的情形,可见知法推定并不具有合理性,不知法本身并不必然具有可谴责性。而法的客观性与认识“法”的过程的主观性并不矛盾,公民如果不能对法本身具备清晰认知,自然也就不能产生对违法的反对动机,其可谴责性当然也会相应有所削弱。违法性认识可能性不要说的思维路径带有鲜明的国家威权主义色彩,片面地将过于严苛的注意义务加之于普通公民,并不可取。

从实践角度考量,违法性认识可能性不要说的支持者提出的常见论据还包括:司法实践中对主观状态证明的困难性;对于法律知识欠缺的犯罪

---

① 参见车浩:《法定犯时代的违法性认识错误》,载《清华法学》2015年第4期。

人予以相对宽缓的处罚有违刑事司法政策，是对忽视法律的鼓励；对法律无知本身即具备可谴责性；对前法律规范意识尤其是道德的保护要求；法律本身的客观性特征等。[①]

对于司法实践中违法性认识证明的困难性，本书认为，此种证明困难尚不足以成为对犯罪构成这种基本问题的有力反对理由。因为凡犯罪主观方面之要素，多存在证明难题，但刑事司法不可能因此困难就作出向客观归罪发展的理论妥协。况且各国实践也证明，对于违法性认识证明可以通过采取合理的举证责任分配和证明标准制度安排来使其具有可行性。而对不知法本身具有可谴责性，违法性认识必要说会有鼓励公民对法的无知的观点，大可采用违法性认识可能性必要说的折中方案予以解决。行为人能知而不知法，同样可予以处罚。对于违法性认识必要说会削弱法律对道德的保护这一观点，本书认为，道德尚需通过刑法规范转化，方可具有刑事法意义上的特殊意义，而反道德行为的可非难性并不等于刑法上的可非难性。

在中国司法实践中，四要件的犯罪构成体系仍占统治地位。将三阶层犯罪构成体系中的违法性认识处理方法直接纳入我国的犯罪论体系，缺乏理论上的可行性。在司法实践中，要求法院在行为人同时具备犯罪构成主客观要件，又缺乏法定或酌定减轻免除刑事责任的事由的情形下，对违法性认识进行独立的责任层面判断，也缺乏现实可能。

按照犯罪成立必须具备现实的违法性认识的观点，对坚定相信自身行为符合法律规定的确信犯的处罚缺乏依据。同样，依照此说，也就无法在没有规定过失犯罪的情形下处罚因过失而缺乏违法性认识的行为人，这显然有悖刑法基本原理。最后，此说也会面临行为人越懂法越容易遭受处罚的尴尬境地。此说有鼓励公民避免认识法律之嫌，而鼓励公民不知法是与刑事政策不相容的。

法定犯自然犯区别说对不同犯罪区别对待的主张体现了责任主义的色彩，对认识法律的风险进行了二次分配，符合刑事政策需要，有其合理性。有的学者还指出，解决违法性认识问题的关键在于对行政犯前置法认识错误与刑法规范认识错误进行区别对待。[②] 但自然犯与法定犯区别并不是一成不变的，其界限由于理论争议同样存在很大模糊性，将其作为区分

---

① 参见劳东燕：《责任主义与违法性认识问题》，载《中国法学》2008 年第 3 期；刘之雄：《违法性认识的刑法学理论异化与常识回归——基于解读犯罪故意实质内涵的分析》，载《法商研究》2019 年第 4 期。

② 参见邵维国：《行政犯前置法认识错误问题研究》，载《法商研究》2020 年第 1 期。

标准在实践操作中可能会产生新的问题。

无论将现实的违法性认识作为故意或过失的认识内容,或者将其作为责任要素,又或是在犯罪构成中对其作出别的安排,都可以有效地限制刑事司法对于缺乏违法性认识的犯罪的处罚,这无疑符合保障人权的需求,但片面追求去罪化,采用绝对的不知法不为罪原则将会使违法性认识问题的实践走向另一个误区。例如,将违法性认识作为故意认识内容时,需要考虑行为故意与行为的同时性。在实施侵害法益的行为过程中,行为人并不见得会对其所处的法律状态进行主动评价。也即即使行为人能够认识到行为的不法,也未必会在实施犯罪时具有现实的不法意识。如果以必须具备现实违法性认识才成立故意的要求考察犯罪,那么此种意义上的故意犯罪将会极为罕见。

此外,长期以来,犯罪行为的主观方面证明本身就是实践难题,而违法性认识的证明难度比传统的故意和过失心理状态更加困难。不加区分地强调现实的违法性认识的必要性,会给司法机关增加庞大的证明负担,使刑事司法风险的平衡从一个极端向另一个极端转化——“法庭将陷入无法解决关于被告人对法律认知程度这个问题的绝望中”①。这显然同样也与立法者的初衷违背。

主观要件说主张,违法性认识的缺失并不必然阻却故意或责任,但行为人确因正当理由没有认识自己行为的违法性的可能时,违法性认识错误就可阻却故意或责任,进而阻却犯罪。在行为人不具备违法性认识但具备认识可能时,仍具有可谴责性,违法性认识错误不阻却犯罪,但有可能影响行为人主观恶性进而影响行为可谴责性。② 从违法性认识错误是否可以避免这一角度出发,该说也可被称为违法性认识错误不可避免性说。在德国,违法性认识可能性必要说因其合理性,在理论与实务界逐渐占据主流。

在以上诸多观点中,就违法性认识可能性的体系地位安排而言,主观要件说最为妥当。行为人没有违法性认识可能性,而仅仅是实施了存在社

---

① [美]约书亚·德雷斯勒:《美国刑法精解》(第4版),王秀梅译,北京大学出版社2009年版,第153页。

② 汉斯·韦尔策尔指出:“行为人认识到,或者能够认识到某一行为具有符合于构成要件的存在属性,仅凭这一点,还不足以肯定该行为具有可谴责性;只有当行为人同时也认识到,或者能够认识到该行为具有违法性时,才能认定该行为是可谴责的。除了关于构成要件实现的认识以及可能性以外,还必须存在关于违法性的认识以及认识可能性……当行为人对违法性完全没有认识的可能性时,我们绝对不可就违法的行为决意对他进行谴责。”否则就从根本上违反了责任原则。参见[德]汉斯·韦尔策尔:《目的行为论导论——刑法理论的新图景》(增补第4版),陈璇译,中国人民大学出版社2015年版,第76页、第78页。

会危害性的行为，尚不足以说明其主观恶性已达到须动用刑法手段规制的程度，即不能成立犯罪故意或过失。虽然没有实际的违法性认识，但是在特定案件中，行为人具有通过合理的方式获知行为违法性的契机，所以其对违法性认识的缺失同样应受谴责。

肯定违法性认识可能性的存在必要，其理论意义在于其与责任主义契合。同时，该学说也与罪刑法定原则在主观方面的内在要求相契合。主观要件说的另一价值在于，不仅追求学说的理论价值，契合我国犯罪论体系关于犯罪成立的基本理论，而且也为司法实践中刑法具体适用提供合理的技术安排的可能性。违法性认识可能性应被视为犯罪构成主观要件方面的共同要素。故意和过失的成立，并不要求行为人具有现实的违法性认识，但行为人对行为的违法性状态必须存在认识可能。

第三节　违法性认识可能性的规范与适用之域外考察

当前世界各国和地区的理论与实践皆表明：在现代社会，知法推定的理论随着刑事立法的不断发展扩张已然动摇。经过考察、吸收与借鉴各国各地区经验与教训可知，国家对于法律认知风险的分配应当注重平衡，基于刑法保障公民自由的目的，不能仅仅考虑司法便利根据实务中打击犯罪的需要削弱主观方面在犯罪构成中的比重。换言之，如果行为人不知法律并非由于自身的过失所致，而是由于客观条件等合理因素所致，缺乏违法性认识之可能性，则其主观状态不具有可谴责性，不需要承担相应的风险。

一、大陆法系违法性认识可能性的立法与判例

大陆法系国家一般在刑法典中明确规定对法律错误的处理办法。综合来说，主要存在三种不同的立法方式：一是明确在法条中规定，法律错误不能当然免除行为人的刑事责任。但对于不可避免的违法性认识缺失与法律错误，即使行为表面上看已构成犯罪，也不要求行为人承担责任。德国、法国、西班牙、韩国等即在此列。二是在法条中明确规定不知法或者法律认识错误的情形，在特殊的情况下，可以作为从宽处罚的事由。日本、瑞士即在此列。[①] 三是在刑法典中明确规定不知法律不免责，同时未设定例

① 如《日本刑法典》第38条第3款规定，“即使不知法律，也不能据此而认为没有犯罪的故意，但可以根据情节减轻刑罚”。参见《日本刑法典》（第2版），张明楷译，法律出版社2006年版，第20~21页。

外情形。比如,意大利刑法,即对法律错误作出最严格的规定。按照该国刑法法条原文,无论在什么情形下都不能因法律错误而免除责任。但意大利已通过违宪裁决的方式推翻这一条文,改变了立场。

关于违法性认识的体系地位,由于各国的法律规定不同,其地位也存在着一些差异。德国采用的是责任说的观点,而其他国家单从立法来看,多不明确。在立法层面,德国对违法性问题最早进行明确规定。但即便如此,该国违法性认识理论及其立法与司法实践也并非一成不变。早期德国刑法对违法性认识错误和事实认识错误进行了明确的区分。事实认识错误能够产生排除故意的效果,对刑事违法性的判断错误无此排除性的功能。但非刑事法的认识错误则应视作事实认识错误,能够产生与事实认识错误相同的故意排除效果。当时的学术界普遍不认可这种处理方式,而主要支持不可避免的法律认识错误会导致行为人不具备可谴责性这一观点。但学术界对这种违法性认识错误究竟如何对犯罪构成造成影响的观点并不统一,由此产生了阻却故意说和阻却责任说之争。

大刑事审判委员会在 1952 年 3 月 18 日作出的判决,反映德国司法实践在此问题上开始转向责任说的立场。① 此后,德国刑事法立法也开始采用责任说观点。德国现行刑法对该问题的规定即明确采用责任说。

对于违法性认识错误,区分其是否可以避免。如果确实存在客观条件致使其不能认识行为的法律属性,而产生法律上的认识错误,则可以免除其刑事责任。如可避免,则不能免除其刑事责任,但可能产生减轻刑事责任的后果。在刑法中采用这种表述的国家包括西班牙、葡萄牙、奥地利及韩国等国家。瑞士刑法也规定了在一定的情形下不知法律的行为人可被从宽处罚。意大利的刑法原本规定则将知法风险完全加诸公民,但早在 1988 年意大利宪法法院 364 号决议就宣布,根据《意大利宪法》第 27 条第 1 款规定,《意大利刑法典》第 5 条关于"不知法不得免除刑事责任"的规定部分无效。② 自此意大利法律在此问题上不再采取传统立场。

日本刑法学界对违法性认识在刑法中的体系地位同样存在"责任还是故意"的争议。在该国司法实践中有关违法性认识错误的判例里,既有否定阻却故意的情形,③也出现过少量的判例因违法性认识错误而否定犯罪

---

① 参见[德]克劳斯·罗克辛:《德国刑法学总论》第 1 卷,王世洲译,法律出版社 1997 年版,第 610~611 页。

② 参见陈忠林:《关于我国刑法学界对意大利现行刑法的几点误解》,载《中外法学》1997 年第 5 期。

③ 参见[日]西田典之:《日本刑法总论》(第 2 版),王昭武、刘明祥译,中国人民大学出版社 2013 年版,第 214 页。

的存在。[1] 但总体上，学界对不可避免的违法性错误，也即违法性认识可能性的缺失可以免责这一点上是达成共识的。

法国的立法情况相较于上述国家曾显得尤为保守。“任何人都不被认为不知国法”这种绝对的知法推定，自拿破仑时代起就在法国司法领域持续发挥着作用。在法国刑法典正式通过前，其草案原稿中多次提及“不可避免的法律认识错误”的抗辩。但最终向议会提出的草案中均没有此表述。最终，参议院法律委员会提出了效仿德国立法对此问题采取认识可能性必要说立场的修正案。[2]《法国刑法典》第122-3条规定：“证明自己系由于无力避免的对法律的某种误解，本以为可以合法完成行为者，不负刑事责任。”[3]这一变化不但对违法性认识本身作出规定，也对相关内容的证明责任作出了初步规定。

综上所述，在大陆法系国家和地区，在存在违法性认识错误及认识可能性缺失的情形下，对刑事责任的免除或是单纯针对刑罚的减免仍然是有严格条件限制的，但“不知法律不免责”的原则已然发生了明显的动摇。违法性认识可能性必要说已逐渐成为主流观点。

二、英美法系违法性认识可能性的实践

在英美法系国家和地区，“不知法律不免责”原则同样是一条常被引用的法谚。尽管没有与大陆法系相似的犯罪构成概念，但违法性认识对犯罪成立没有决定性影响的观念在英美至今仍处于统治地位。

在英美法系的法律术语中，不知法律(ignorance of the law)指不知道法律存在，误以为自己的行为是完全合法的。而法律认识错误(mistake of law)则指对于法律进行了错误的理解，误以为自己的行为没有违背法律规定。两者意义并不完全相同。但可以大体上认为，上述两个概念相加后，基本等同于大陆法系所使用的违法性认识错误概念。

早期英美司法实践对违法性认识问题的态度较为极端。典型如19世纪初发生在英国的女王诉Bailey案。此案中，被告人Bailey在公海航行结束前，违反了某一法律，而这一法律是在他航行期间颁行的，他根本无法知晓这项法律的存在，但其并未因此获得责任的减免，法院仍根据颁行的新

---

① 参见[日]野村稔：《刑法总论》，全理其等译，法律出版社2001年版，第314页；[日]大塚仁：《刑法概说(总论)》，冯军译，中国人民大学出版社2003年版，第399页。

② 李涛：《违法性认识的中国语境展开》，吉林大学2010年博士学位论文，第47页。

③ 《最新法国刑法典》，朱琳译，法律出版社2016年版，第9页。

法律判其有罪。在判决中,法院明确指出不知法律不能成为辩护事由。①

在严格的"不知法律不免责"的立场下,不同法域的行为人对法律的无知也不会对行为有责性产生任何影响。在1852年的一起案件中,两名法国人因为不知英国法律禁止决斗而对他人的决斗行为进行了帮助。尽管两人辩称不了解英国法律的相关规定,但还是被法院定罪。法官指出他们对法律的误解并不在法庭考虑范围之内。②

在模范刑法典出台后,美国在违法性认识问题上出现了松动。尽管模范刑法典仍然断然否定违法性认识对犯罪成立的决定意义,但在如何处理认识错误这一问题上突破了传统的观点,主要体现在两个方面:一方面不再区分事实错误与法律错误,并承认了两者都可能作为抗辩事由;另一方面,创设了两类新的法律错误作为抗辩的事由,即(1)法律尚未公布;(2)合理地不能被知悉和出于对官方的某一声明的信赖。③

在英国,即使是因对官方建议的信赖造成的法律认识错误也不构成抗辩事由。理由是如果承认此种抗辩,将会不恰当地扩张了给出建议或解释的官方单位所享有的法律解释权。上议院Bridge爵士在1982年的案件中指出,他认为不知道法律当然地不能成为否定犯罪的抗辩事由,且认为将刑法中的明知解释成不但要求对行为事实有认识,还要求对法律规定有认知,这种观点是不能被接纳的。不过,当出现违法性认识错误导致犯意或某种犯罪要求的特定主观心态缺失时,原则上是允许这样的抗辩理由的。其依据主要来源于程序法上的不可举证。值得注意的是,上述两种抗辩的事由在具体的适用规则上是有所不同的:前者阻却犯意,且不论错误是否合理,除非主观存在着疏忽的过失;而后者则要求错误具有合理性。④

综上所述,英美法系国家在违法性认识领域仍然坚持了传统的"不知法律不免责"的立场,对法律错误仅在极少数情形下予以免责。究其原因,除了前文所述的诸多法律文化观念外,也有英美法系向来习惯以陪审团或法官裁量权作为出罪方式而导致对统一明确的抗辩事由需求降低的因素。

尽管与上述国家和地区相较,我国所面临的法律环境与司法实践需求有所不同。但毋庸置疑,我国在违法性认识可能性的体系定位与司法处理

---

① Michael Jefferson, *Criminal Law*, *5th ed.*, Beijing, Law Press, 2003, p. 285.

② Richard G. Singer and John Q. La Fond, *Criminal Law*, *2nd ed.*, Beijing, Fangzheng Press, 2003, p. 83-84.

③ 参见美国法学会编:《美国模范刑法典及其评注》,刘仁文、王祎等译,法律出版社2005年版,第25~29页。

④ 参见劳东燕:《责任主义与违法性认识问题》,载《中国法学》2008年第3期。

中同样应体现责任主义的精神。研究者与实务界均应寻求既符合我国主流犯罪构成理论,体现罪刑法定原则对主客观统一的基本要求,能合理保障公民基本自由,同时又能充分考量刑事政策需要,在司法实践中具备可操作性的解决方案。

第四节 违法性认识可能性的犯罪论体系地位之确立

不同国家和地区的司法实践与理论发展已经证明:通过在违法性认识与犯罪成立之间增加违法性认识可能性作为联系节点是有必要的。通过刑事司法证明责任的合理分配和其他技术安排,在不削弱刑法威慑力与打击犯罪功能,且不过度增加司法机关证明负担的前提下,将违法性认识可能性理论纳入我国刑法理论体系并投入实践运用并非全无可能。有的学者主张应通过立法用违法性认识替代社会危害性认识,以实现刑法对违法性认识可能性的接纳。① 本书认为,鉴于我国对于违法性认识可能性的立法缺位以及长期以来形成的“不知法律不免责”的司法传统,当前对于违法性认识可能性的理论构建和立法推动仍需循序渐进,可以考虑在传统刑法理论框架下对违法性认识可能性的体系地位进行探讨。

一、违法性认识可能性主观要件说之提倡

为解决实践中出现的诸多问题,我国应当重视违法性认识可能性在犯罪成立中扮演的角色,并为之在犯罪构成理论中找到适当的位置。根据本书的研究框架,采纳违法性认识可能性主观要件说,无疑是一种既符合实践需要又契合我国主流犯罪构成理论的安排。

(一)违法性认识可能性主观要件说符合现代社会法律环境的变动趋势

现代刑法学意义上的不知法不免责概念,与古典刑法产生的历史背景密不可分。在不知法不免责的违法性认识可能性不要说处理原则正式进入近现代刑法视野时,正值17世纪至18世纪资本主义革命高潮时期,伴随着理性主义的兴起,国家的法律权威扩张也达到了巅峰。在此基础上,各国刑法普遍采纳了绝对的知法推定立场,这不仅是对每一个公民个体都具有对自己完全负责的理性主义观念的法律领域投射,也反映了国家对公民在刑罚领域的绝对主权。资产阶级立法者和普通公民普遍相信,法律是理性的化身,成文法地位崇高,司法者只需深刻领会法律意图并遵照适用,

① 参见闻志强:《明知、社会危害性认识与违法性认识》,载《北方法学》2019年第2期。

公民只需理解并尊崇法律,社会秩序就能按照既定安排得以妥善维护,国家和公民利益也能由此得到维护。

但19世纪中叶起,理性主义思潮和与之匹配的法律哲学逐渐式微,高速发展的社会经济和逐渐发生深刻变动的文化状况都对其他领域的上层建筑尤其是法律产生了深远的影响。此时,法律的发展已和传统道德等社会评价规范逐渐产生裂痕,法律的数量和涉及范围开始超过了普通公民的认知范畴。人们也逐渐认识到司法者并非适用法律的机器,立法者亦并非圣贤,成文法存在缺陷和适用模糊的可能,法律需要解释和说明。因此,对法的误认和无知几乎不可避免。

未受过法律训练的普通民众,并不能当然地知晓所有的法律,也不能当然地得出与立法者、法律职业者的推理一致的结论。完全可能存在行为人已尽到自身最大努力却仍然对刑法具有错误认识并在此基础上实施违法行为的可能性。此外,第二次工业革命后知识的爆发性增长也加剧了公民对法律认知的鸿沟。一个公民即使具有良好的道德操守与相当程度的法律知识,也并不必然能对涉及刑法的特定准则具备足够的认识,而这类知识又往往能够成为对行为违法性认识进行准确判断的关键。现代社会频繁的法律变动时常会使行为的法律界限变得模糊——一个行为可能在一天前还仅仅处于法律边缘地带或仅仅具有行政违法性,一天后就因政策变动或立法变更而被解释为犯罪。

认可知法推定是违法性认识可能性不要说与责任主义能和谐共存的前提。行为人具有一般人的理性,即能够认知到自己行为的违法性,也即能够意识到自己具有选择是否违法的可能。如在此情形下,行为人仍然违法并实施犯罪行为,其对法的漠视或敌对态度就是其可谴责性的根源。[①]如果无法直接通过知法推定确认行为人具有认识到自己行为属性的选择机会,那么也自然无法直接推导出行为人具有否定法律或漠视法律的心理态度。在这种情况下,当然也就无法直接论证行为人具有可谴责性。不顾行为人可能不具有可谴责性的事实而不加区别予以处罚,显然有违罪刑相适应原则。

鉴于上述社会法律认识环境的深刻变革,行为人的知法状况不再是一

① 小野清一郎在《刑罚的本质及其他》第263页论述道:“故意,作为道义责任的一形态,其本质特点不在于对犯罪事实的认识,而在于否定了通过对犯罪事实的认识而产生的抑制感情,即在于竟以违法的意识实施行为。过失作为道义的责任,也与违法性的意识相关联。过失通常被认为是由于不注意而没有认识犯罪事实,但是,更确切地说,过失是应该意识到行为的违法而没有意识。这样考虑,便可以明确道义性责任是以违法的意识为枢轴而回转的。”转引自冯军:《论违法性意识》,载赵秉志主编:《刑法新探索》,群众出版社1993年版,第251页。

个稳定而无须额外证明的情形，根据我国犯罪构成理论主客观相一致的要求，从现代社会的实际知法状况出发，在犯罪主观方面的论证中，引入对行为人违法性认识可能性的考察是一种合理的选择。

（二）违法性认识可能性主观要件说符合罪刑法定原则的现实需求

对违法性认识可能性的处理态度上的分歧不但折射了不同刑法理论体系的理论侧重与内在逻辑，同样也反映了不同时代刑法观对刑事司法的价值取向与追求。罪刑法定原则是法律治理原则在刑法领域的投射与落实，其内涵十分丰富。就保障人权角度而言，罪刑法定原则就是要将刑事审判的公权力限定在具体范围内，从而使犯罪嫌疑人的个人权利得以伸张与保全。为了保障这一重要目的得以实现，就必须确保行为人在作出行为之前能够预计到该行为所可能带来的法律后果。

基于刑法的谦抑性要求和作为人权保障法的基本特征，刑法在判断行为人心理状态的可谴责性时，应当严于其他部门法。如果基于客观原因，行为人不具备认识自身行为及后果的刑法评价的可能，则行为人也就没有形成心理上反对动机的可能，即“在刑法上不具备交谈可能性”①，其刑法意义上的可谴责性也就相应减轻了。

有的学者指出，在其他要件齐备，仅仅缺乏违法性认识可能性的情况下，对损害法益的行为不予处罚，有“放纵犯罪”的嫌疑。这种说法一方面忽略了行为必先构成犯罪才应进行刑罚评价的基本事实，属于典型的客观归罪；另一方面也忽略了对于损害法益的行为，存在刑罚以外的规制可能。在大多数情况下，行为人的行为不具备构成犯罪要求的可罚性，这并不必然意味着他的行为在其他部门法层面也不具有可谴责性。行为因为违法性认识可能性缺失而无法构成犯罪，不影响行为人承担因自身行为引起的民事或行政责任。例如，行为人在未经许可的情形下，在所居住的村庄长期进行生猪屠宰和销售，依据司法解释可能构成非法经营罪。② 但根据对实际情形的考察，由于居住地法律普及状况，过往屠宰行为的受干预程度，自身受教育水平等因素，行为人确实无法认识到屠宰和销售生猪的做法违背了刑法，缺乏犯罪的故意，其行为不构成犯罪。行政机关仍然可以按照行政法规对其未经许可的生猪屠宰和销售行为进行处罚。在大多数情况

① 刑法上交谈可能性理论即“当一个人不可能获得对不法的认识时，规范的命令就无法对他发生作用。在这个具体情况中，他就是在规范上不可交谈的；他缺乏那种在行为中不管规范的可交谈性而存在的罪责。”参见［德］克劳斯·罗克辛：《德国刑法学总论》第1卷，王世洲译，法律出版社2005年，第610页、第611页。

② 参见《最高人民法院、最高人民检察院关于办理危害食品安全刑事案件适用法律若干问题的解释》（法释〔2013〕12号），2013年5月2日公布。

下,这种处罚已足以应对行为人在缺乏违法性认识可能性情况下所为的法益损害行为的可谴责性。

因此,无论从罪刑法定原则对行为违法后果的可预测性总体要求的角度,或是根据罪刑相适应原则对行为人可谴责性作出具体判断的角度,在犯罪构成主观方面的考察中纳入违法性认识可能性判断都是十分必要的。

(三)违法性认识可能性主观要件说契合我国犯罪论体系

前文已经指出,大陆法系国家如德国和日本,对违法性认识可能性的处理方式是将其作为责任要素进行考察;英美则将特定情形下的违法性认识可能性作为抗辩事由。这两种处理方式均有其合理性,但由于理论兼容性的问题,并不能为我国刑法体系所直接吸收或采纳。

在本书的犯罪论体系下,犯罪构成拥有完整齐备的四个独立要件,对于德日作为责任要素考察的内容,可以将其放在主观要件或者排除主观责任的事由中进行考察。现行《刑法》对于违法性认识可能性未作出明确的规定。对违法性认识可能性的必要性持否定态度的学者,往往据此反对在判断犯罪成立时将相关因素纳入考量。[①] 但刑法对违法性认识可能性的规范缺失,并不必然意味着立法对其价值的否定立场。

首先,我国刑法明确规定,犯罪故意和过失均涉及对行为结果的认识内容,而非仅包括对行为本身的认识内容。其次,刑法使用了"危害社会的结果"这一表述,而"危害社会"显然并非单纯的事实判断,而是一种具有规范意义且包含价值判断的复合判断。这种认识内容包含评价性认识,而非对仅指客观事实的简单认知。

在传统违法性认识可能性不要说的立场下,论者往往对犯罪成立的主观方面认识要素以所谓"对行为危害社会的结果"的认识为限。而有些观点对这种认识又进一步地作狭隘理解,将其仅仅理解为字面意义上"对任何危害社会的结果的认识"。主张违法性认识可能性不要说者还指出,我国刑法明文规定犯罪故意只需要行为人对其行为所具有的社会危害性有所认识,而社会危害性认识同样可作为行为人主观状态的判断依据。

但从刑事司法角度出发,对于"危害社会"这一表述应作规范理解。行为人仅仅具有对行为可能造成轻微损害的认识,如小贩认识到自己在公园无证摆摊或商店顾客在禁止吸烟的场合吸烟的行为违反行政法规规定或危害公共健康,同样属于行为人在日常生活中对"行为危害社会的结果"具有认识。但这种认识显然不属于刑法意义上对"行为危害社会的结

① 参见蔡桂生:《构成要件论》,中国人民大学出版社 2015 年版,第 285 页。

果”的认识的范畴。

单就概念本身而言,“社会危害性认识”缺乏规范属性,难以在犯罪构成的判断中直接发挥作用。应当在理论上对社会危害性认识进行规范解释,为其设置判断尺度,它才能具有刑法所需要的规范质量。仅当主体达到具有认识到行为违背刑法的可能性的程度,方能认定其具备了社会危害性认识。

对于犯罪主观方面的认识内容,对其判断应逐步进行:首先应判断主体是否具备犯罪构成主观方面所要求的基本心理事实,即对行为本身和行为所造成后果的认识及认识可能性。如果缺乏对行为和后果的基本认识及其可能性,则应当根据具体情形构成事实错误或意外事件。当行为人具有这种心理事实,则进一步判断行为的规范评价内容——违法性认识可能性。当且仅当行为人具有这种认识的可能性时,方能成立犯罪故意或者过失。

行为人主观方面的可谴责性来源,并非仅包括进行特定行为时认识到行为及其结果这一心理状态本身,也包含了行为人在有机会对自身行为进行正确的法律评价之情形下,决意实施明知与法律冲突的行为,或放弃对法律状态的探明而实施“敌对”行为的心理态度。这两种态度包含了对于法律的敌视或漠视的心理因素,这种心理因素才是行为人应当被非难和谴责的原因。

无论行为主观方面属于故意或过失,对于实施行为时行为主体对法律的敌视或漠视的心理状态而非对行为事实简单认识的谴责,才是刑法的应有之义。因此,违法性认识可能性应当成为犯罪成立主观方面要件。

二、违法性认识可能性主观要件说之展开

司法机关至今未能承认违法性认识的体系地位与作用的重要原因是,作为对行为人主观心态的考察,违法性认识具有很大的证明难度。在判断犯罪成立过程中增加违法性认识及其可能性的判断过程,必然会加重司法机关的证明负担。如果这种证明负担对诉讼成本的增加过高,过分影响司法效率,超过司法机关的接受范围,那么无论何种违法性认识理论都难以为司法机关所采纳。因此,除了理论上的完备与合理,违法性认识可能性的证明方式要充分考虑可行性问题。

相较于学理上的合理性与逻辑上的连贯性,主观要件说的另一价值在于对司法实务中必要认真考虑的公共安全利益与个体权益所进行的平衡与协调。诚如有的学者指出的那样,这种理论提供的方案更多是为了调节

国家刑事政策与责任主义之间的平衡。[①] 对能知法而不知法者的惩罚，不仅因为对法律的漠视态度本身值得谴责，也在于刑法的一般预防目的和鼓励公民懂法的实际需要。同时，这种安排也兼顾了司法机关在实践中对违法性认识的证明技术可行性。

（一）引入复合的违法性认识可能性认定方式

除常规的证明方式外，综观各国实践，复合的证明方式是违法性认识可能性证明的一种可行选择。混合的推论方式能最大限度节约司法资源，缓解额外增加司法程序的负担，因此该推论方式是对违法性认识可能性必要说在实践中能得以被贯彻的关键。

在德国刑法实践中，对违法性认识可能性的讨论是在责任部分进行的，同行为人的责任能力一样，无须在每一次诉讼过程中独立证明。而在我国，刑事诉讼证明过程中没有对责任独立讨论的环节，如果采纳违法性认识可能性主观要件说，则可在实践中对违法性认识可能性的存在状态采取符合的证明方式。

值得注意的是，对违法性认识可能性的推论并不等同于对违法性认识本身的认定。对违法性认识可能性的推论，是在具备一定证据条件的基础上，认定行为人具有认知其行为法律状态的可能性，其指向的内容是行为人具有正确评价特定行为的认识能力和外部条件，而非直接认定行为人具有认识到自己行为违法性的心理事实。具有认识可能性，是产生实际的违法性认识的前提，但并不必然导致现实的违法性认识的产生。

刑法领域的推论，同普通证明方式一样，需要相当程度的证据作为推理基础。当行为人对案件基本事实和行为通常意义上的社会危害性具有认识，且具有正常人的思维认知能力时，且没有特殊的生活环境等其他明显可能会影响到行为人违法性认识能力的事实时，认定行为人具有对行为违法性的认识能力和认识条件，而无须在诉讼过程中予以论证。只有当行为人提出其具有违法性认识缺失情形时，才产生相关内容的论证问题，进而产生举证责任分配和证明标准问题。

违法性认识可能性主观要件说认为，对自己行为的法律状况存在认识可能性，是故意与过失的成立基础，也即行为构成犯罪的必要前提。但这并不意味着对认识可能性的证明必须是正向的。将不具有违法性认识及其可能性作为减免处罚的法定条件，并不意味着其证明责任一成不变的固

---

① 参见王志远：《在“公益”和“私权”之间：违法性认识问题再认识》，载《法学家》2015 年第 1 期。

定在控辩双方中的特定一方。

违法性认识可能性常常被归入错误论领域的问题探讨,学界也常常将不可避免的违法性认识错误与违法性认识可能性缺失作为具有同一内涵的概念使用。违法性认识可能性必要说的理论核心也可以被理解为法律认识错误是否可以避免。在诉讼过程中,违法性认识可能性的证明可以参考事实错误的认定,违法性认识错误及其不可避免性通常由行为人自行主动向法庭提出,并须对其加以论证。控方在此基础上才需要对其具有违法性认识可能性予以单独证明。仅当行为人提出违法性认识抗辩并对此做出证明,而公诉机关未能作出相反证明时,违法性认识可能性抗辩才能发挥阻却犯罪主观方面成立及免除刑事责任的效果。

(二)明确违法性认识可能性的判断标准

大陆法系对于违法性认识相关问题的判断,事实上可以分为对行为人违法性认识状态的判断与对行为人违法性认识可能性的判断两种。对于违法性认识状态的判断,可以依照前文所述从反面入手,进行违法性认识错误(法律错误)的判断,具体标准可以参考我国刑法理论中对事实错误的判断进行,本书在此不予以展开论述。违法性认识可能性必要说的判断难点在于对行为人认识状况的可能性进行判断与论证并非易事。认识可能性在传统刑法理论中往往属于过失理论的范畴,因此对这一概念的引入具有理论难度。

通常而言,如果不能证明违法性认识错误本身的存在,也即在已经判定行为人具有违法性认识的前提下,无须对认识可能性进行进一步的判断。在确实存在认识错误的情形下,司法机关应当采取个案审查的模式,对行为人所处的法律认识环境和行为人自身的认知能力进行个别考察。这一考察应当在以下两个核心事实的判断基础上进行:首先,应当判断在行为人行为时,是否具有认识法律并做出正确决定的契机。其次,应当判断行为人对于行为的法律状态是否尽己所能积极查询。行为时是否存在供行为人判断行为合法性的契机,可以从宏观层面和个案层面进行复合式的判断。

宏观层面的判断主要指环境判断。行为人生活的法律环境,是行为人获取法律知识的前提。如果行为人所生活的整体环境不足以向行为人提供基本的法律判断可能,则行为人自然也就难以具备相应的违法性认识能力。在日常生活中,多数行为人所处的环境足以具备向行为人提供基本法律知识的条件,因此这种判断仅在少数情况下具有特别的意义。第一种情况是行为人处于信息闭塞、缺乏正常社会信息交流的环境。例如,偏远地区的山民,难以认识到特定植物受法律保护的事实,进而缺乏对自己采摘植物的行为进行规范判断的可能。第二种情况是行为人因某些原因进入了与原有法域不同的新法域。其所处旧法域的基本法律知识不能为其在新法域的行为提供规范指导。例如,长期在境外生活的行为人,在我国旅游时因缺乏对我国法律的认识,购买贵重金属制品或珍稀植物并试图携带出境。

个案层面的判断指确认行为人在特定案件中是否具有对行为进行思考和咨询的机会,对此存在两种不同的观点。一种观点认为,德国联邦最高法院所要求的"每个人在行为前,都应当意识到其正要做的一切是否与法律要求保持一致"①,即要求每个人都应当在行为前确认行为的适法状态,由此拒不承认个案中的法律认识契机差异。这种观点是纯粹的规范层面思考的产物,其立场几近知法推定,过于理想化。要求所有公民保持对自己行为的法律审视,大大减轻了司法机关的认定负担,但必然难以得到普通民众的心理认同。另一种观点认为,个案中行为人对自己行为合法性的认识契机仅出现于其对行为合法性产生疑虑的现实情况。如果行为人对自己行为合法性丝毫没有产生怀疑,则其不具备认识法律的契机。这种观点过分强调行为人心理层面因素,同时使法律认识水平更低而缺乏对自己行为审慎态度者更有可能摆脱惩罚,因此在实践中不具备可操作性。对个案违法性认识契机的考察应综合上述两种观点,兼顾客观事实与规范导向的考量。具体来说,以下几种情况为判断重点:

1. 行为主体应当或已经认识到行为有可能侵害法益。前文已经指出,一般意义上的社会危害性认识与道德否定认识,并不能等同于违法性认识。但对通常意义上社会危害性的追求和放任,既是犯罪主观方面的认识基础,且与刑事违法性认识具有天然的内在联系,同时也是司法机关对行为人主观方面判断的重要依据。

2. 行为主体已经认识到或应当认识到可能进入特殊规范的调整范围。从事特定行业或特定行为者,理应认识到可能存在特定行业或事项规范对自己的行为进行特别规制,而应对自己的行为尤其审慎。例如,金融行业从业人员应当认识到自己对其所掌握的特定金融信息具有更为严格的保密义务,因此在对信息做出处理时应当存在对自身行为适法状况的评估可能。

3. 行为主体基于自身知识和认知对特定行为的法律评价产生了疑虑。

---

① BGHSt 2, 201.

一旦对特定行为的法律性质产生疑虑,则应当对其进行合理的判断。这是司法实践中最常见的判断标准。

在存在以上三种情况的条件下,行为人相应也就具备了认识自己行为的契机。在存在这些契机的条件下,司法机关就可以进一步判断行为人对自身行为的判断是否达到上文所述的要求。否则,行为人自然不具备进一步审视自己行为的可能,进而缺乏违法性认识可能性,相应的司法判断即无必要继续进行。

在行为人具备认识契机且未进一步对法律状况进行查明的情况下,司法机关可依据基本逻辑推理得出该行为人事实行为时存在违法性认识可能性的结论。如果行为人对自身行为的法律状况进行了合理的探询和查明,而仍旧出现了法律认识错误,司法机关可以结合实际认定其对自身行为的违法性不具备认识可能性。

对于如何对行为人的违法性认识判断进行评判,存在多种观点。例如,车浩教授指出,可以从两个方面判断行为人是否对判断行为违法性尽到努力:(1)诉诸已身的良心省思;(2)面对外部的探究咨询。①

从心理学角度来看,行为人对自身行为的评价性认识总是由内向外展开。特定行为人总是优先采用道德等已被自身内化的评价规范审视特定行为的。国外司法实践以此为理论基础,结合期待可能性理论,提出了"可以期待的良心紧张"标准,以此对行为人的主观方面进行辅助判断。按照这种理论,行为人应首先用自身的理性和价值观、道德观念来判断自身行为的合法性。但良心省思这一判断路径天然具有缺陷。违法性认识理论的重要立足点,就在于规范判断具有独立存在价值,不能为道德等具有个别性特殊性的评价方式所取代。基于个人自身良心反思的司法判断容易陷入逻辑困境,因此该标准不能发挥良好的判断效果。同时,司法实践中许多违法性认识错误案件都是基于行为人个人道德或其他意识形态与法律规范冲突产生的。立法者和司法者均不鼓励以单纯的道德观念来判断行为的法律状态。因此单独依赖这种判断方法也缺乏与刑事政策的足够契合度。

面对外部的探究咨询是判断行为人是否已对行为法律状况进行合理探究的核心尺度,司法机关可以以行为人的客观行为为依据进行判断。对于针对有权机关的法律咨询是否可以被视作已尽最大努力查明,理论界基本不存在争议,且均持肯定态度。但对于向不具备相应权力的其他专业人

---

① 参见车浩:《法定犯时代的违法性认识错误》,载《清华法学》2015年第4期。

士（如律师等）的咨询是否具有类似效果，则存在争议。[①] 有的学者认为行为人向专业人士进行咨询，便不能认为其主观上对规范的违反存在放任的心态。[②] 但本书认为，律师等法律职业人士对特定问题的认识优于常人，具有一定参考价值，但有权机关以外的专业人士提供的法律意见存在因各种原因被干扰或具有偏见和错误的可能，不能与有权机关的解释相提并论。利用针对有权机关以外的法律咨询来对行为进行违法性判断，不具有排除违法性认识可能性的作用，但可以作为减轻刑事责任的依据。

三、违法性认识可能性主观要件说在实践中的运用

在确立上述违法性认识可能性判断方式和基本标准后，可以试将其代入开篇论及的案件中予以检验。在此，以王某某非法经营案为例展开讨论。[③] 自 2014 年 11 月起的 3 个月时间中，农民王某某在未取得粮食收购相关许可证的情况下，擅自违法收购玉米，并出售至某粮库，涉案金额超过 20 万元，共非法获利 6000 元。

根据前述理论，首先应判断根据口供和其他在案证据是否能直接确定被告人具有违法性认识。如果被告人具有现实的违法性认识，则当然也具有认识行为法律状况的可能性。例如，在 2014 年发生在云南的一起类似案件中，行为人承认曾因收购行为被行政处罚过，知道自己的行为可能触犯刑法。在这种情况下，无须进行下一步考察。

如果无法直接判断王某某是否具有现实的违法性认识，则应对王某某的违法性认识可能性状况进行考察。

第一步是判断王某某对本案基本事实与社会危害性的认识。根据在案证据，王某某对自己无证收购粮食的行为具备清晰认识，且系认识能力正常之成年人，此时应考察他有无通常意义上的社会危害性认识。在这一阶段，行为人认识到自己的行为具有任何法益侵害的可能，均可判定其具有违法性认识可能性。例如，如果王某某认识到自己无证收购玉米的行为违背行政法规，则据此可以认为其具有认识到行为违背刑法的可能性。若

---

① 参见［德］乌尔斯·金德霍伊泽尔：《刑法总论教科书》，蔡桂生译，北京大学出版社 2015 年版，第 272 页。

② 参见王俊：《法定犯时代下违法性认识的立场转换》，载《现代法学》2020 年第 6 期。

③ 王某某案基本事实发生于 2014 年 11 月至 2015 年 1 月，一审判决时间为 2016 年 4 月 15 日。2016 年 9 月，国家粮食局对粮食收购管理的相关法规进行了修订，玉米收购行为不再有相关证照要求。为还原审判时的法律环境，本书讨论中统一使用一审判决时的法律规定。参见《王力军收购玉米被判非法经营罪一案再审改判无罪》，载新华网，http://www.xinhuanet.com/legal/2017-02/17/c_1120484291.htm。

王某某未对此进行否认，则无须对此进行进一步的证明。如果王某某进行否认并提出违法性认识可能性抗辩，则需进一步对此予以考察。

第二步是对行为人是否具有认识法律的契机的判断。由于王某某所生活的环境并无信息闭塞的或法律差异等特殊情况，因此从宏观环境判断，该行为人在其所处环境中能够找到认识法律的契机。再判断个案层面的法律认识契机，考察王某某是否具有以下情况：对自己行为具有法益侵害可能性具有认识或应当具有认识；认识到或应当认识到自身行为进入特殊规范的调整范围；基于自身知识和认知对特定行为的法律评价产生了疑虑。由于对收购玉米的行为无法仅凭生活经验得出以上认识，因此应考虑王某某对此是否具有特殊的认识状况，如知晓他人因类似活动遭受处罚等。如果无法证实存在上述契机，则应当认定王某某不具备违法性认识可能性。

第三步是确认行为人是否对行为法律状况进行适当的探询和查明。如果能够证明王某某存在上述认识契机，则应继续考察其是否对无证收购玉米行为是否违反刑法进行了适当的探询。对于所谓适当的探询，在正常情况下限于对有权机关的咨询。如果经过此种程度之查询仍无法对行为违法性得出正确认识，则行为人不具备违法性认识可能性。如果行为人采用了其他途径查明法律状态而导致违法性认识错误，则仍应认定其具有违法性认识可能性，不影响故意或过失的成立，但有可能因主观恶性而影响刑事责任承担状况。

概言之，目前司法实践中对违法性认识的处理方式，既有“不知法律不免责”的传统理念的影响，也有基于司法实践发展状况的现实考量。鉴于我国司法实践的传统和立法缺位的现实，违法性认识可能性的刑法理论体系地位之确立尚需时日。本书认为，目前可对违法性认识可能性的司法处理方案作适度变通。对于经审查确属欠缺违法性认识可能性的行为，可暂不直接非罪化，而是予以减轻或免除刑事处罚之法律后果。如此处理可以避免我国司法实践传统与变动后的违法性认识可能性的处理方式的差异过大。正如前文所讨论的，通过对违法性认识可能性在犯罪成立中的作用进行妥善的制度安排，可以在维护法益和法律权威与保障公民权利之间、在防止刑事司法的过度扩张与避免放纵犯罪的追求之间实现相对的平衡。违法性认识可能性要在个案处理和法益平衡中发挥作用，最终有赖于科学合理的立法赋予其在刑法理论体系中的应有地位，而实现这一目标必须循序渐进，必须充满耐心。

第十一章 企业合规与单位刑事责任

企业合规是公司经营管理的一种制度性策略,随着美国《反海外贿赂法》《联邦量刑指南》等刑事司法规范的推动,企业合规经营与单位犯罪刑事责任承担之间建立起有效链接。英国、法国、澳大利亚、加拿大等国在刑事司法领域将企业合规程度作为影响单位犯罪刑事责任的要素之一。由此,企业经营合规逐步演变为刑事合规,并呈现出全球扩张之势。在此驱动下,我国开始有序推进企业合规制度。企业合规程度何以影响单位犯罪刑事责任承担以及具体影响路径值得深入探讨。我国刑法对单位犯罪刑事责任的规定较为粗糙,单位犯罪刑事责任分配的理论基础、单位犯罪范围及刑罚方式均存在商榷的余地。

第一节 我国单位犯罪刑事责任的规范与适用难题

一、单位犯罪的立法缺陷

我国现行《刑法》第 30 条和第 31 条分别对单位负刑事责任的范围以及单位犯罪的处罚原则作出了明确规定,[①]"法律规定为单位犯罪的"以单位犯罪论处。可以说,我国刑法对单位犯罪的规定完全是顺应时代变迁与社会发展的产物。然而,由于立法规定本身存在疏漏,从而导致诸多问题困扰司法实践。

首先,刑法未就单位犯罪的概念和认定标准作出规定,实践中往往认识不一。尽管立法机关和司法机关出台了相关解释予以指导,但并未从根本上解决问题,相反引发了诸多质疑。学界对于"以单位名义、为了单位利益、经集体研究决定"的认定标准并未达成共识。

其次,我国单位犯罪的处罚原则采取双罚制与单罚制并存的立法模式,单位是否具有独立的犯罪能力与刑罚能力较为模糊。双罚制远低于单

① 我国《刑法》第 30 条规定:"公司、企业、事业单位、机关、团体实施的危害社会的行为,法律规定为单位犯罪的,应当负刑事责任。"第 31 条规定:"单位犯罪的,对单位判处罚金,并对其直接负责的主管人员和其他直接责任人员判处刑罚。本法分则和其他法律另有规定的,依照规定。"

罚制的比例,且单罚制中仅处罚单位主管人员及直接负责人员,并无仅处罚单位的规定。双罚制是以承认法人具有独立的犯罪能力与刑罚能力为前提的,单罚制则与此相反。双罚制与单罚制并存的情境中,法人的犯罪能力与刑罚能力变得捉摸不定,不具有明确性。在我国刑法体系内,不能得出单位具有完全独立的刑罚能力。现代合规制度以法人具有独立刑罚能力为基础,我国现行刑法规范与合规制度的理论前提相排斥。

再次,在单位犯罪中,主管人员和其他直接责任人员承担的刑罚与自然人犯罪的刑罚程度相同甚至更为轻缓,难以凸显单位犯罪社会危害性的恶劣程度。[①] 例如,《刑法》第 162 条之一第 2 款规定:“单位犯前款罪的,对单位判处罚金,并对其直接负责的主管人员和其他直接责任人员,依照前款的规定处罚。”这是刑罚相同的规定。又如,第 175 条高利转贷罪第 2 款规定,单位犯前款罪的,对单位判处罚金,并对其直接负责的主管人员和其他直接责任人员,处 3 年以下有期徒刑或者拘役。而在该条第 1 款规定的自然人犯罪中,则区分数额较大与数额巨大分别量刑,数额巨大的可以判处 3 年以上 7 年以下有期徒刑,并处违法所得 1 倍以上 5 倍以下罚金,远高于第 2 款单位犯罪中主管人员和其他直接责任人员的刑罚。可见,我国刑法对于单位犯罪中的主管人员和其他直接责任人员的刑事责任的规定一般轻于或等于自然人普通犯罪的刑事责任,并没有规定单位成员较之自然人犯罪更重的刑事责任。[②] 这一规定与现实中单位犯罪的社会危害性程度不相均衡,背离了刑法罪责刑相适应原则之宗旨。

最后,就单位刑罚措施而言,仅规定了罚金刑,刑罚种类单一,难以适应形形色色的企业犯罪现实。应当扩充单位犯罪的刑罚种类,丰富刑罚体系内容。

二、单位犯罪的认定困境

首先,“以单位名义、为了单位利益、经集体研究决定”这一认定单位犯罪的依据,已无法适应现代社会企业的结构性变化,有扩大或缩小单位犯罪范围之嫌。一方面,在现代企业制度下,决策层与执行层分离,基于概括的授权旨意,难以要求每一具体执行策略均能经过董事会统一决策。公司具体执行环节发生的诸如贿赂等违法犯罪行为难以要求“经单位集体决

---

① 参见邹玉祥:《单位犯罪的困境与出路——单位固有责任论之提倡》,载《北京社会科学》2019 年第 9 期。

② 参见郑祖星:《论单位犯罪的处罚模式——以“单位刑事责任双层论”为视角》,载《华中科技大学学报(社会科学版)》2018 年第 6 期。

策”,由于缺少此要件而否定单位犯罪,实质上是缩小了单位犯罪的范围。因此而招致的结果只会鼓励单位代表或机关成员将单位作为道具实施犯罪,或疏于对一般从业人员的监督管理。① 另一方面,只要是单位全体人员或主要负责人决定实施的行为,即使是违背单位成立宗旨与意旨要求,当具有“为单位谋取利益”要件之时,便认定为成立单位犯罪。实际上属于扩大单位犯罪惩治范围。

由于单位犯罪的刑法规范较为粗疏,加之司法解释之间存有矛盾,我国司法实践中对单位犯罪刑事责任的认定处于模糊不清的状态,单位犯罪甚至成为从轻辩护的有力途径。《最高人民法院公报》2002 年第 4 期刊登了一则案例:时任被告单位江山造纸厂厂长的被告人杨某某,召集该厂经营副厂长、财务科长、副科长、出纳和该厂劳动服务公司的出纳到其办公室,指使上述人员共同对该厂劳动服务公司上年度的财务支出流水账、凭证等会计资料进行审核,确认无异议后,将余额结转到新账簿上,由在场人签名。之后,杨某某决定沿用该厂以往的做法,将审核过的会计资料让人拿到锅炉房予以烧毁。公诉机关指控被告人杨某某身为江山造纸厂的厂长、法定代表人,召集有关人员审核并指使他人烧毁会计资料,对江山造纸厂实施的销毁会计资料犯罪行为负有直接责任,应当承担销毁会计资料的刑事责任。被告人杨某某及其辩护人认为,烧毁会计资料只是沿用了被告单位江山造纸厂往年的做法,况且此举是为企业谋利,以此要求从轻处罚。辩护人的思路明显地体现了“为了单位的利益”成为认定单位犯罪的重要依据。

另一则案例是,一审判决与二审判决对被告人之一,即公司法定代表人之妻是否属于单位犯罪范围作出不同的认定,一审判决认定为个人犯罪,二审认定为属于单位犯罪。被告人詹某某作为远舟公司的法定代表人、董事长、经理,主要负责将其他人采购的轻烧氧化镁等货物以流平剂、碳酸钙等虚假品名报关出口;被告人丘某某在被告人詹某某的指使下,帮助詹某某与张某清进行联络、沟通,协助詹某某将上述货物以伪报品名报关、通关,并帮助詹某某收取张某清支付的费用。二审判决认为,丘某某作为詹某某的妻子,在詹某某的授意下,协助詹某某以远舟公司人员的身份,为联系远舟公司的代理业务与张某清进行微信沟通,收取张某清支付的代理费用,其行为以远舟公司的名义进行且为远舟公司利益而为,应纳入远舟公司的单位犯罪行为体系,根据丘某某在单位犯罪中的行为及作用,应

---

① 黎宏:《论单位犯罪的刑事责任》,载《法律科学》2001 年第 4 期。

认定其为远舟公司的其他直接责任人员。该则案例表明,“以单位名义,为了单位利益”是成立单位犯罪的重要依据之一。

其次,有关立法解释和司法解释又规定,对于“以单位名义、为了单位利益”实施的危害社会的行为,法律未规定追究单位刑事责任的,对有关人员以自然人犯罪追究刑事责任。这种将单位行为认定为自然人犯罪的规定,混淆了单位犯罪与自然人犯罪的认定标准,进而模糊了单位犯罪与自然人犯罪的界限。

我国司法实践在认定单位犯罪时,以事后的危害结果为中心,属于消极防御主义模式。对于是否成立单位犯罪,基本上采取的是以单位名义、为了单位的利益、经单位集体决定等标准。此种思路与认定模式在企业合规的浪潮中以及我国社会经济发展变迁历程中越来越体现出其不足与疏漏之处。企业合规制度与单位犯罪刑事责任之间建立起有效联动,从而推动单位犯罪治理模式体现出积极预防主义的理念。这就要求我们重新审视单位犯罪的立法规范,在刑事合规视野下完善单位犯罪立法思路与治理路径。

第二节　法人犯罪域外立法与刑事责任理论依据之演进

法人犯罪是典型的适应时代与社会变迁而逐步进入刑法规范视野的概念。在责任理论由心理责任论向规范责任论转变的同时,法人犯罪经历了从无到有的演变,因此,责任理论的发展必然影响法人承担刑事责任的依据。下面围绕法人刑事责任依据及法人犯罪相关规范予以分析,以对照检讨我国单位犯罪理论与立法的疏漏之处。

一、法人犯罪域外立法的缘起与发展

英国是最早规定法人犯罪的国家。从 19 世纪中叶开始,公共福利犯罪,如对于妨害公共安宁或者违反保障清洁卫生的法律的犯罪,不需要证明行为人有主观犯意也可予以处罚。这种概念逐渐适用于法人犯罪领域,法人成为与自然人具有同等刑罚能力的犯罪主体。美国《模范刑法典》第 2.07 条第 1 款规定了法人承担刑事责任的三种情形:第一,为法人的代理人在其职责或者雇佣范围内代表法人实施行为所引起;第二,法人不履行特定法律义务的不作为;第三,雇佣期间代表法人实施行为的董事会或高

级管理职员承担责任的情形。[1] 第 6. 04 条规定了适用于法人和非法人团体的刑罚,包括暂缓宣告刑罚与罚金、有条件地剥夺法人或非法人团体从事商业活动的权利,剥夺或者强制取消营业资格等。[2]

德国与法国作为典型的大陆法系代表国家,认为法人不具有行为能力,不具有承受刑罚的能力,因此传统刑法仅规定了自然人犯罪。“为了应对盛行的企业犯罪与维护社会秩序之需要,特设附属刑法或行政法以实现处罚法人之目的,如在 1923 年《卡特尔刑法》、1932 年《外汇刑法》和《财税刑法》中,均有处罚企业的刑法规范,刑罚内容多为罚金。”[3]1954 年德国经济刑法修正规定,如果法人之代表人,对决策具有影响力或者是法定代理人,违反经济法上的监督义务,对该自然人处以刑罚之外,法人也处以罚金。[4] 大陆法系另一典型代表法国在 1994 年《刑法典》第 121—2 条规定法人在法律或条例有规定之场合,对其机关或代表为其利益实施的犯罪行为负刑事责任,并规定法人负刑事责任不排除作为同一犯罪行为之正犯或共犯的自然人的刑事责任。[5]《法国刑法典》第 131－39 条规定,法人犯重罪或轻罪时可判处的刑罚方式包括:解散、禁止直接或间接从事职业性或社会性活动、关闭机构、司法监督、禁止参与公共工程、禁止公开募集资金、禁止签发支票或使用信用卡付款、没收等措施。[6]

在全球范围内,法人刑事责任的扩张一方面表现为承认法人犯罪的国家越来越多,另一方面表现为法人承担刑事责任的范围越来越广。[7] 在刑罚措施多元化程度上,大陆法系与英美法系基本趋同。在法人能否成为独立的犯罪主体以及法人承担刑事责任的依据方面,两大法系仍存在一定差异。下文重点讨论法人承担刑事责任的依据。

二、法人刑事责任理论之依据

典型的大陆法系国家如德国深受罗马法的影响,其刑法理论仍坚持法

---

① 参见美国法学会:《美国模范刑法典及其评注》,刘仁文等译,法律出版社 2005 年版,第 34~37 页。

② 参见美国法学会:《美国模范刑法典及其评注》,刘仁文等译,法律出版社 2005 年版,第 92~93 页。

③ Tiedemann, *Die "Bebußung" von Unternehmen nach dem 2. Gesetz zur Bekämpfung der Wirtschaftskriminalität*, *NJW*, 1988(19), S. 1170. 转引自王皇玉:《法人刑事责任之研究》,载《辅仁法学》2013 年第 46 期。

④ Tiedemann, *Die "Bebußung" von Unternehmen nach dem 2. Gesetz zur Bekämpfung der Wirtschaftskriminalität*, *NJW*, 1988(19), S. 1170. 转引自王皇玉:《法人刑事责任之研究》,载《辅仁法学》2013 年第 46 期。

⑤ 《法国刑法典》,罗结珍译,中国人民公安大学出版社 1995 年版,第 7 页。

⑥ 《法国刑法典》,罗结珍译,中国人民公安大学出版社 1995 年版,第 24 页。

⑦ 张克文:《法人本质与法人刑事责任》,载赵秉志主编:《刑法论丛》第 20 卷,法律出版社 2009 年版,第 122 页。

人不具有独立的刑罚资格。综观德国关于法人犯罪规范的演进路径,其变化所体现的正是法人刑事责任理论依据的转变。传统的刑法理论从自由主义观点出发,认为犯罪行为是一个人犯罪意志的体现,因此罪责原则的基础基本上也建立在人具有自由意志的前提假设之上。① 法人承担刑事责任的理论依据学说纷纭,较具代表性的是替代责任论(或称转移责任论)与组织体责任论。

法人刑事替代责任理论起源于美国,20 世纪初美国联邦法为顺利使法人成为犯罪主体,借用侵权责任法中"雇主负责原理",主张在受雇者与法人关系之基础上,将自然人故意与过失犯罪行为归属于法人,成为法人自己的犯罪行为。② 但是替代责任理论并未阐述之所以发生责任替代的根本原因,而最终承担责任者应当是法人还是法人代表人存有疑问。我国学者将替代责任理论作为论证单位应当承担刑事责任的依据,即单位承担刑事责任不是因为单位实施了犯罪,而是其代理人、雇员等实施了犯罪,法人不过是为其犯罪负担刑事责任。③ 因我国台湾地区尚未在其"刑法"中规定法人的刑事责任及刑法措施,学者运用替代责任论论证法人犯罪应当由法人代表人承担刑事责任。"台湾地区相关规定对于法人犯罪行为的处罚模式惯常适用转嫁模式,即替代责任是法人违反义务,要求其负责人负担责任。"④我国台湾地区判例并不否定法人犯罪事实,因相关理论不承认法人具有独立的犯罪能力与刑罚能力,基于刑事政策因素将法人刑事责任转嫁于法人代表人。由此可见替代责任理论本身具有模棱两可性,不能据以说明法人与其负责人承担刑事责任的顺位与次序。此外,替代责任论并没有解决法人承担刑事责任的本质依据问题,究其本质仍属于个人刑事责任范畴。

从个人责任演进至法人责任,以民法中"法人实在说"理论为前提,认为法人具有独立承担刑事责任的能力,进而生发出强调法人整体性的组织体责任论。刑法理论一般从主观目的与客观行为双层面出发来考察某一主体是否成立犯罪。组织体责任论强调单位的社会组织体本质,意图从法人独立性角度探求其承担刑事责任之依据。从客观行为层面而言,组织体责任论认为法人超越于法人成员而实际存在,组织体中任何成员在组织体

① 参见王皇玉:《法人刑事责任之研究》,载《辅仁法学》2013 年第 46 期。

② 参见许佳:《试论英美法系法人犯罪的归责路径及其对我国的启示》,载赵秉志主编:《刑法论丛》第 53 卷,法律出版社 2018 年版。

③ 参见何秉松:《单位(法人)犯罪的概念及其理论根据》,载《法学研究》1998 年第 2 期。

④ 王皇玉:《法人刑事责任之研究》,载《辅仁法学》2013 年第 46 期。

活动范围内的行为都应当是法人的行为。[①] 因此，在追究法人刑事责任时无须具体违法行为的存在，只要能够证明法人的组织管理、业务经营活动中的重大缺陷与危害结果之间存在实质的因果关系即可。[②] 法人的组织管理、业务经营活动所形成的法人组织体结构能够对法人内部员工形成控制支配效果。进一步发展的法人文化原则主张，在认定法人刑事责任的依据是抽象的法人文化，即影响法人成员行为与选择的观念与规则。[③] 在这一层面上，可以认为组织支配理论实现了法人刑事责任依据由个人责任向组织体责任的实质转变。

法人作为独立的刑事责任主体承担刑事责任有助于实现企业治理与监管，注重企业经营结构与价值观念的组织体责任论正是为应对大规模的企业违法犯罪而生。[④] 企业合规制度与法人刑事责任具有共同的目标，即预防、打击与惩治企业犯罪，企业合规理论逐步与刑事责任相挂钩，成为打击企业犯罪的有力武器。在一定意义上，可以认为刑事合规制度是法人刑事责任理论在当代的重大变革。

第三节　合规背景下法人承担刑事责任的模式

20 世纪 90 年代以来国际金融领域中“合规”已是具有特殊含义的词语。国际金融组织对其的定义是“合规是使公司经营活动与法律、管治及内部规则保持一致”[⑤]。我国较早涉及合规概念的规范性文件是银监会发布的《商业银行合规风险管理指引》，该指引将合规定义为“使商业银行的经营活动与法律、规则和准则相一致”，并指出“合规风险是指商业银行因没有遵循法律、规则和准则可能遭受法律制裁、监管处罚、重大财务损失和声誉损失的风险”。合规的核心意旨是合乎法律法规之要求。2018 年 7 月 5 日发布的《企业海外经营合规管理指引（征求意见稿）》，将合规理解为企业及员工开展业务时遵守国内法律法规、国际公约以及内部规章制度与行业道德规范。内涵仍是合乎规范，只是规范范围有所扩张。2018 年

---

① 参见何秉松：《单位（法人）犯罪的概念及其理论根据》，载《法学研究》1998 年第 2 期。

② 参见李鄂贤：《法人刑事责任的本质转变与法人犯罪立法的未来改革》，载《法学杂志》2019 年第 5 期。

③ 参见李鄂贤：《法人刑事责任的本质转变与法人犯罪立法的未来改革》，载《法学杂志》2019 年第 5 期。

④ 参见王志远、邹玉祥：《刑事合规视域下单位犯罪刑事治理的检视与完善》，载《甘肃社会科学》2020 年第 5 期。

⑤ 邢娟：《论企业合规管理》，载《管理纵横》2010 年第 4 期。

11月2日发布并实施的《中央企业合规管理指引(试行)》对合规的界定基本相同。因此,我国规范性文件中所指合规大部分为“合乎法律规范”,仅主体及法律规范之范围有所差异,合规理论在我国尚未与法人刑事责任实现关联。

在国际范围内,合规早先是一个与关系有关的概念,广义上最早被翻译为“法规的遵循”。同时合规可以是一个组织,其职责是确保企业遵守某些特定的规章制度。① 刑事合规包含所有客观上事前必要的或者事后被刑法认可的规范性、制度性以及技术性的属于某一组织的措施,该措施的目的是降低犯罪风险或者与执法机构达成一致而对刑事处罚具有积极影响。② 合规制度转向刑事合规正是得益于美国《反海外贿赂法》《联邦量刑指南》与英国《反贿赂法案》及法国《萨宾第Ⅱ法案》及国际组织规范指南等的推动。下文将立足于合规制度转向刑事合规之历程,对刑事合规与刑事责任关联的契合点予以探讨。

一、企业合规向刑事合规的演变

刑事合规制度渐趋全球化,美国、英国、法国均规定了完善的刑事合规制度。合规概念在美国最早源于政府加强金融行业监管,将合规作为一项选择性的监管举措适用于美国银行业的风险监管领域。③

1977年美国颁布《反海外贿赂法》,其中反贿赂条款禁止任何直接或间接向官员行贿的行为,会计条款要求保存财务记录并实施企业内控制度。对贿赂行为可处以刑事、民事、行政制裁,对于违反反贿赂条款的企业和其他商业实体,可以处以200万美元以下的罚金,对于雇员、代理人等可处于10万美元以下罚金和5年以下监禁刑。④ 为解决个人量刑与组织量刑的差异,在1987年美国《联邦量刑指南》基础上,美国于1991年颁布了《联邦组织量刑指南》,将企业合规规定为影响企业犯罪罚金减免和缓刑适用的法定要素。⑤ 企业合规制度的完善程度与罚金减免的额度直接挂钩,企业合规计划的有效实施以及犯罪后积极配合可以免予起诉或者暂缓

---

① 参见[德]托马斯·罗什:《合规与刑法:问题、内涵与展望——对所谓的“刑事合规”理论的介绍》,李本灿译,载赵秉志主编:《刑法论丛》第48卷,法律出版社2016年版,第352页。

② 参见[德]托马斯·罗什:《合规与刑法:问题、内涵与展望——对所谓的“刑事合规”理论的介绍》,李本灿译,载赵秉志主编:《刑法论丛》第48卷,法律出版社2016年版,第363页。

③ 参见万方:《企业合规刑事化的发展及启示》,载《中国刑事法杂志》2019年第2期。

④ 参见卢建平:《详解美国反海外贿赂法》,载《上海国资》2006年第4期。

⑤ 参见万方:《企业合规刑事化的发展及启示》,载《中国刑事法杂志》2019年第2期。

起诉。[①] 有“自罗斯福总统以来美国商业界影响最为深远的改革法案”之称的《萨班斯法案》,要求上市公司构建内部控制结构,否则加重企业领导人的刑事责任并对企业判处高额罚金。[②] 美国合规模式主要是量刑激励措施,主要为罚金、刑期减免与暂缓起诉、不起诉的形式。

英国合规模式则与此不同,以成文法的形式直接设定相应罪名。2006年10月通过的英国《公司过失杀人法案》,旨在创制出一种针对公司这类非自然人组织的专门刑事犯罪罪名,使公司最终对那些由于其自身管理不善而造成的人员死亡承担刑事责任。[③] 2010年英国《贿赂罪法案》设定商业组织预防贿赂失职罪,由此形成倒逼机制。

日本20世纪50年代在判例中逐渐接受监督过失理论。监督过失中,如果企业雇员导致了法益侵害,则可以推定企业未能尽到监督责任,存在可以处罚的过失,因此可以认为企业处于导致法益侵害的直接行为人的地位。[④] 德国刑法中有“引诱下属犯罪”之规定,通过独立构罪的方式,督促对于公务员具有监督、控制关系的人员进行自我管理,因此可以认为德国具有独立犯罪模式的合规制度。[⑤]

企业合规制度为什么可以与刑罚减免事由相挂钩?其背后的理论依据是什么?要解决上述疑问,必须回到法人承担刑事责任的理论中探寻出路。

二、法人承担刑事责任的不同模式

综观刑事合规制度在各国的不同表现模式,在合规制度与法人刑事责任渐趋融合的过程中,起初作为企业合规管理的合规概念成为影响量刑甚至定罪的重要因素。在风险社会与全球化的双重驱使下,刑事合规成为法人刑事责任的主要考察因素。以组织体责任与法人实在说为前提,推论出法人具有独立的刑事责任能力与刑罚能力,可以成为刑法中的犯罪主体。承认法人独立犯罪能力已然成为普遍化趋势,仍有部分国家或地区坚守罗

---

① 参见李本灿:《企业犯罪预防中国家规制向国家与企业共治转型之提倡》,载《政治与法律》2016年第2期。

② 参见施君:《解读美国〈萨班斯法案〉404条款及其立法启示》,载《扬州大学学报(人文社会科学版)》2009年第3期。

③ 参见赵渊:《英国刑法中公司过失杀人刑事责任之发展与改革》,载赵秉志主编:《刑法论丛》第13卷,法律出版社2008年版,第477页。

④ 参见周振杰:《企业适法计划与企业犯罪预防》,载《法治研究》2012年第4期。

⑤ 参见李本灿:《刑事合规理念的国内法表达——以“中兴通讯事件”为切入点》,载《法律科学》2018年第6期。

马法中“法人不可罚”理论。在刑事合规这一具有全球化与国际化的刑事责任模式视角下，具有不同理论背景的国家结合自身法律传统，在合规制度与刑事责任之间建立有效关联，为合规寻求刑法依据。

在国内刑事立法中构建独立合规罪名者，以英国为例，法案将企业杀人与企业过失杀人与商业组织预防贿赂失职行为独立定罪。前者为解决企业疏忽而引起的重大事故追责问题，实质上要求企业积极履行刑法中的注意义务，即内部控制与管理等合规义务。在立法中强加刑事义务于企业，其正当化在于企业犯罪行为的社会危害性。这是风险社会理论下预防性刑法在企业监管方面的有力体现。风险社会中风险的日益暴露在整个社会中造成的不安感，支配着公共讨论与政治层面的决策，影响着包括刑法在内的制度与理论走向。① 风险社会中预防性刑法理论占据较大市场，预防性刑法的走向强调刑法的社会保护，自由法益与秩序法益的优先性项下，秩序法益与社会保护更胜一筹。“作为风险控制机制中的组成部分，刑法不再为报应与谴责而惩罚，而主要是为控制风险而进行威慑。”②

将合规制度与刑罚相关联的模式，如美国的刑事合规制度，不仅犯罪行为发生之前的合规制度对于刑罚的减轻或免除会有影响，而且犯罪行为发生后积极配合调查以及构建合规制度同样可以抑制较重刑罚。企业构建有效的合规制度可以认为企业经营管理具有适法倾向，当企业内部具体自然人实施违法行为时，企业合规制度可以作为法人犯罪的出罪事由和有效辩护理由。③ “美国《联邦量刑指南》最初的旨意是通过量刑的激励推动企业完善内控，《联邦检察官规则》的出台使合规逐渐成为罪与非罪的判断依据。”④企业合规如何决定刑事责任的形式与幅度？解决此问题之前，必须明确合规作为制度措施，其与刑事责任之间必须有刑法依据才能成为影响刑罚的因素。合规制度能否成为阻却违法性的正当化事由呢？其正当化依据是什么？有学者提出，正当化事由的本质是“社会整体法益未受损害”以及“符合罪状中的不法”⑤。从规范的类型性角度而言，在禁止某类行为时，存在某些“社会整体法益未受损害”的情况。例外情况构成允许性规范，否定禁止性规范，从而形成正当化事由。关于正当化事由的学说包括目的说、社会相当性说、法益侵害说与优越的利益说等。剥丝抽茧

① 参见劳东燕：《风险社会中的刑法》，北京大学出版社 2015 年版，第 26 页。

② 劳东燕：《风险社会中的刑法》，北京大学出版社 2015 年版，第 34 页。

③ 参见时延安：《合规计划实施与单位的刑事归责》，载《法学杂志》2019 年第 9 期。

④ 李本灿：《刑事合规理念的国内法表达——以“中兴通讯事件”为切入点》，载《法律科学》2018 年第 6 期。

⑤ 王骏：《刑法中的正当化事由基本问题研究》，武汉大学 2012 年博士学位论文，第 8 页。

后必须回归刑法的保护目的及刑法谦抑性本质。只有侵害、威胁法益的行为才可能受到刑法干预,某行为虽然侵犯了某种法益,但是保护了更大或至少同等的法益时,其便具有正当性而得以免除刑罚。基于刑法目的考量,企业构建有效合规制度所带来的利益,能够抵消一次违法犯罪行为所招致的损害,同时企业必须为其犯罪行为承担责任,相对减轻刑罚便是最佳形式。具体的刑罚裁量尺度主要依据企业合规制度有效性各项指标符合程度而定,事实上已经形成了一定的可视化标准。

将合规义务作为独立罪名予以规定的方式,系将合规义务法定化,是风险社会背景下预防性刑法趋势的体现;监督过失理论以强化监督义务为基准,弱化主观心态要件;合规制度与刑罚裁量之间的联动,将合规视为正当化事由与辩护理由。[①] 合规与刑法理论的融合以及与刑事责任的联动,是风险社会预防性刑法与全球化贸易发展的必然趋势。我国合规制度尚未实现与刑事责任的关联,立足我国单位犯罪规范基础,尝试探求单位犯罪与合规制度的融合,在理论与实践层面均具有必要性。

第四节　合规背景下完善我国单位刑事责任之路径

一、单位承担刑事责任根据——保证人义务

法人承担刑事责任的依据由替代责任论向组织体责任论、法人文化论的转变,逐渐将法人与其法定代表人行为相剥离,从而独立考察法人自身结构及经营政策文化本身。因法人文化及法人经营管理规范对其内部的自然人具有影响,包括业务上的指令及潜在文化的熏陶,据此要求法人规范其经营管理行为,构建企业合规文化,以预防和制止法人的犯罪行为。监督过失理论的引入与监督义务的设定更是强化了法人对其成员合规行为的保证责任。

企业合规制度与刑事责任之间的联动实质上正式确立了法人对其成员的保证人地位与义务。所谓保证人,是指负有法律意义上的防止犯罪结果发生的保证义务的人。[②] 保证人角色相当于一种防卫机关,防止法益被侵犯。就企业与其组成人员之间的关系而言,企业超然于具体的组成人员具有独立的经营管理文化,与企业具有雇佣与业务关系的个人受制于企业

---

① 参见孙国祥:《刑事合规的刑法教义学思考》,载《东方法学》2020年第5期。

② 参见张小宁:《论基于保证人地位的作为义务——关于保证人说的缘起与现状》,载《山东警察学院学报》2009年第4期。

的熏陶,个人在一定程度上丧失了独立自主性。因此企业成员在职务范围之内的行为均是代表企业而为之,在此意义上,企业当然地具有完善自身经营管理策略、构建合规制度的义务,以确保企业内部人员行为合法性。此种合规义务的根据正是企业保证人地位的体现,合规义务在实质上就是保证人义务的具体化。判断企业是否尽到保证人义务的依据,可以参照合规义务的具体标准予以考量。企业疏于构建有效的合规制度或者未对企业员工的违法违规行为尽到监督义务,既属于拒绝履行合规义务,也违反了企业保证人义务。

风险社会中,刑法的预防性功能已成为发展趋势。现代刑法与风险社会难以契合之处之一在于个人责任的责任形式导致对集体责任无法追究,风险社会中生产风险的主要不是个人,而是各种组织。① 风险社会催生出法人刑事责任独立化,进而推动企业合规制度与刑事责任的联动。② 企业合规制度不仅源于管理需要,也是法人履行其保证人义务的应有之义。在这种不可逆的发展趋势中,反思我国单位犯罪刑事责任之缺漏,并积极构建合规化的刑事责任模式实属必要。

二、单位刑事责任的合规化调整

首先,应当承认,从组织体责任论与法人文化原则的视角出发,单位具有独立的犯罪行为能力与刑罚能力。在具体判别是否属于单位犯罪时,不应该局限于"为了单位的利益,经过单位集体决策"。该判断标准会不当扩大或缩小单位犯罪的认定范围。在我国现行刑法体系内,基于单位保证人地位,对其设置监督企业自然人行为合法性与保证其员工行为合规性之义务,若单位成员发生不法行为,在追究单位成员个人刑事责任的同时,应当审视单位是否尽到监督与合规义务。③ 借鉴我国"巨额财产来源不明罪"的举证责任分配制度,单位应当承担说明其尽到相应的合规与监督义务的举证责任,根据其义务的履行水平及有效性程度,以减轻或免于承担刑事责任。举证责任分配的立法化,有利于将合规制度与我国现行刑法规范体系相结合。将监督与合规责任作为企业的法定义务,能够促进企业强化合规经营方式,并加强对于员工的合规培训。对于企业而言,完善的合规制度与文化有利于作为合理抗辩理由,获得刑事责任的减免;对于员工而言,体系化的合规经营战略有助于其行为时有规可循,严格的责任意识

① 参见劳东燕:《风险社会中的刑法》,北京大学出版社 2015 年版,第 37 页。
② 参见李本灿:《单位刑事责任论的反思与重构》,载《环球法律评论》2020 年第 4 期。
③ 参见耿佳宁:《单位固有刑事责任的提倡及其教义学形塑》,载《中外法学》2020 年第 6 期。

也有利于员工强化行为规范。

其次，单位犯罪刑事责任应统一采取双罚制模式。我国刑法对单位犯罪刑事责任的分配模式是双罚制与单罚制并存，且单罚制模式中仅规定了对主管人员或直接责任人员的刑事责任。应当明确，单位犯罪行为的社会危害性远远超过自然人犯罪的危害性，仅对单位成员处以刑事处罚往往治标不治本。仅处罚自然人的单罚制对于预防与制止、惩治单位犯罪作用有限。而在双罚制模式下，单位与相关责任人员均面临刑罚后果，相互独立对其应当负责的部分承担刑事责任，是刑法理论中罪责自负原则的具体要求。在刑罚威慑作用的制约下，单位能够及时改进其经营制度，降低犯罪行为发生概率。双罚制以单位具有独立刑罚能力为前提，与企业合规与法人刑事责任理论相协调。在双罚制模式下，对于单位犯罪的处罚方式不应局限于罚金刑，可规定相应的资格刑，如限期经营、剥夺资格等。

关于我国单位犯罪刑法规定的具体修改建议如下：

第三十条 【单位负刑事责任的范围】公司、企业、事业单位、机关、团体实施的危害社会的行为，应当负刑事责任。单位的刑事责任不影响直接负责的主管人员和其他直接责任人员的刑事责任。

第三十一条 【单位犯罪的处罚原则】单位犯罪的，对单位判处罚金、剥夺资格、限制参与公共工程等处罚措施。单位能够证明已经尽到充分监督以及合规义务的，可以减轻或者免除处罚。

第四编　修正形态

第十二章　共同犯罪的疑难问题

共同犯罪是一种复杂的犯罪现象,也是一种特殊的犯罪形态。与个人犯罪相比,共同犯罪具有更大的社会危害性,它不是数人行为的简单相加,而是共同犯罪人在共同故意的支配下向着同一目标互相协力、彼此配合,共同实现犯罪结果。在此情况下,各共同犯罪人成为同心一体的整体,对社会利益、个人利益等法益造成了严重侵害,并且随着社会发展和时代进步有愈演愈烈之势,因而也受到了立法者和刑法学者的普遍关注。中外刑法学者对共同犯罪问题的研究,虽然取得了不小的成就,但是,由于其本身固有的性质和特点,以及各种主客观原因,学者们在共同犯罪的诸多问题上存在不少分歧,出现了各种学说的对立,如犯罪共同说与行为共同说之争,共犯从属性说与共犯独立性说的对立,限制正犯论与扩张正犯论的争论及与之相对应的刑罚扩张事由与刑罚缩小事由等,对刑事立法和司法产生了广泛而深远的影响。对某一问题的争论旷日持久,长期以来无法得到圆满的解决,法律上的规定只是对其中一种观点的暂时的肯定,但这并不意味着争论的结束,反而代表着更新、更多争论的开始。由此造成了世界各国刑法中共同犯罪制度的较大差异和理论界对共犯论某些问题认识上的混乱。此种情况凸显了共同犯罪理论的艰深及人们对其所作的艰难探索。正如苏联著名的刑法学者 A · H. 特拉伊宁指出:“共同犯罪的学说,是刑法理论中最复杂的学说之一。”①日本刑法学者西村克彦也认为:“共犯,几乎成了永恒的主题。”我国刑法对共同犯罪制度规定得较为简单,很多问题不得不依靠刑法理论和司法实践来解决。因此,本书拟在前人研究的基础上,参照国外立法例和相关经验,结合我国实际对这些问题进行分析并提出解决方案,以期将来我国刑法修订时能够进一步完善共同犯罪制度。

第一节　共同犯罪的基本范畴

在分析共同犯罪的疑难问题之前,要弄清什么是共同犯罪、共同犯罪

---

① [苏]A · H. 特拉伊宁:《犯罪构成的一般学说》,中国人民大学出版社 1958 年版,第 231 页。

的本质是什么等基础性问题,对各种学说的利弊要有所了解,以便为理解上述问题奠定坚实的理论基础。共同犯罪人的分类也是一个不容忽视的问题,这是研究共同犯罪疑难问题的前提;共同犯罪人的分类不同是各国共同犯罪制度存在较大差异的原因之一。

一、共同犯罪的概念

(一)学说之争

在共同犯罪的概念或曰犯罪共同性问题上,存在犯罪共同说与行为共同说之争。犯罪共同说是客观主义学派倡导的共犯理论,认为共同犯罪是二人以上共同实行某一特定犯罪,每一行为人之行为必须符合特定犯罪构成要件。行为共同说是主观主义学派倡导的共犯理论,是犯罪征表主义的反映,认为共同犯罪是二人以上在共同故意支配下实施的共同行为,不以构成要件为内容,而以犯罪事实为根据。因此,行为共同说界定的共同犯罪范围较宽。犯罪共同说之所谓犯罪,是规范意义上的犯罪,指充足犯罪构成要件的行为;行为共同说之所谓行为,是事实意义上的行为,一种"裸"的行为。从犯罪构成理论出发,共同犯罪之共同性,是法律规定的构成要件之共同而非事实上行为之共同。在这个意义上,犯罪共同说有其合理性。①

对犯罪共同说可进一步区分为完全犯罪共同说和部分犯罪共同说。前者认为只有在共同实现一个或同一的故意犯的场合才是共犯,后者认为即便是两个以上的人共同实施跨越不同构成要件的行为,在这些构成要件是同质且重合的时候,应当认为是共犯。② 在此基础上本书采"部分犯罪共同说",即如果两种犯罪在构成要件上有部分重合,则在重合限度内成立共同犯罪。这种观点不仅贯彻了犯罪构成理论,也对基本的犯罪构成进行了修正,即修正的犯罪构成。

有关共犯的本质之争,除了犯罪共同说和行为共同说外,还有日本刑法学者草野豹一郎首倡的共同意思主体说。该说后来成为日本法院判例承认共谋共同正犯的理论根据,在日本司法实践及理论界也有一定的影响。

(二)关于共同犯罪概念的立法

在共同犯罪的概念问题上,各国刑法典及刑法学者有不同认识。1952

---

① 参见陈兴良:《共同犯罪论》,载《现代法学》2001 年第 3 期。

② 参见[日]大谷实:《刑法讲义总论》(新版第 4 版),东京,成文堂 2012 年版,第 400~401 页。

年《阿尔巴尼亚刑法典》规定："数人共同故意实施犯罪或者以这种目的组织犯罪团体的，都是共同犯罪。"日本刑法学者牧野英一在《日本刑法》一书中认为："数人共同实施犯罪，即共犯。"苏联刑法学者拉普切夫在《苏维埃刑法上的共同犯罪》一书中认为："苏维埃刑法上的共同犯罪，可以确定为：几个人根据协议参加实施一个或几个犯罪的行为。"

以上定义在一定程度上扩大或缩小了共同犯罪的范围，因而是不可取的。但1996年《俄罗斯联邦刑法典》第32条规定："二人或二人以上故意共同参加实施故意犯罪的，是共同犯罪。"我国《刑法》继受苏联刑法，采取了类似的规定。

二、共同犯罪人的分类

在共同犯罪人分类问题上，存在分工分类法和作用分类法的对立。分工分类法是以共同犯罪人的分工为标准对其进行划分的方法。一般来说，该方法对从犯定罪量刑问题的解决比较圆满，但对正犯的量刑问题解决得不够圆满，而教唆犯是按正犯处罚（如1992年《法国刑法典》第121—6条规定，第121—7条意义上的共犯，以正犯论处），所以教唆犯的量刑问题解决得同样不够圆满。作用分类法是以行为人在共同犯罪中所起的作用为标准对其进行分类的方法。它虽然圆满地解决了共同正犯的量刑问题，但把教唆犯与帮助犯排斥在共同犯罪范畴之外。

传统刑法理论认为，分工分类法将重点放在定罪问题上，因正犯由刑法分则明文规定，则共犯由刑法总则补充规定。世界上大多数国家都采取这种分类法。作用分类法将重点放在量刑问题上，有一定的局限性。

综观世界各国刑法对共同犯罪人的分类，主要有以下几种：

（1）以分工为标准。这种分类法始于1810年《法国刑法典》，将共同犯罪人分为正犯与从犯，从犯又包括教唆犯与帮助犯。该法典第60条规定："凡以馈赠、约许、威胁、利用权势、奸诈、教唆或指使他人犯重罪或轻罪者，应以该重罪或轻罪之从犯论。明知供犯罪之用，故意供给正犯以武器、器械或其他工具者，以从犯论。故意协助正犯一人或数人从事犯罪之准备，或予以实施犯罪之方便，或使其完成犯罪行为者，以从犯论。"

1871年《德国刑法典》将共同犯罪人分为正犯、教唆犯、从犯三类。该法典第47条规定："二人以上共同实行犯罪时，各以为正犯处罚之。"第48条规定："依赠与、结约、强迫、威权与错误之诱起增进，或其他之方法，故意使人实行犯罪者，以之为教唆者而罚之。"第49条规定："知犯重罪或轻罪，而以助言或行为帮助者，以之为从犯罚之。"

1919年《苏俄刑法指导原则》将共同犯罪人分为实行犯、教唆犯、帮助犯三类。1952年《阿尔巴尼亚刑法典》又增加了组织犯一类,1996年《俄罗斯联邦刑法典》也采用了这种分类。1996年《俄罗斯联邦刑法典》第33条第2款规定:“直接实施犯罪的或者直接参加与他人共同实施犯罪的,以及利用不具备法定的刑事责任年龄、刑事责任能力或者不能承担刑事责任的其他情况实行犯罪的,是实行犯。”第33条第3款规定:“组织实施犯罪或者领导实施犯罪,以及建立或领导有组织团伙或者犯罪集团的,是组织犯。”第33条第4款规定:“运用劝说、收买、威胁或者其他方法怂恿他人实施犯罪的,是教唆犯。”第33条第5款规定:“以建议、指点、提供信息、工具或者武器或者排除障碍协助实施犯罪的,以及事前允诺隐匿犯罪人、隐匿实施犯罪所用的工具或者武器、湮灭罪迹,或者隐匿犯罪所得的物品的,以及事先允诺购买或者销售这些物品的,是帮助犯。”

(2)以作用为标准。这种分类法始于我国《唐律》,确立了首犯与从犯的二分法。《唐律》规定:“诸共犯罪者,以造意为首,随从者减一等。”在共同犯罪人的作用问题上,更注重犯意的发起,这反映了我国封建统治者诛心的思想。我国现行《刑法》采取的是以作用为主,兼采分工的分类法,是对作用分类法的扬弃。实际上,在新中国的刑事立法过程中,立法者和学者就我国刑法中共同犯罪人的种类问题进行了激烈的争论,观点纷呈,分歧较大。刑法草案第33稿将共同犯罪人分为主犯、从犯、胁从犯和教唆犯四类,1979年刑法采纳了这种分类,现行刑法也予以继承。我国刑法理论通说认为:“……在刑法理论上可将我国刑法中的共同犯罪人分为两类:第一类,以分工为标准分为组织犯、实行犯、帮助犯、教唆犯;第二类,以作用为标准分为主犯、从犯、胁从犯。这样可以使共同犯罪人的分类在我国刑法理论上更趋于完善,同时又便于司法实践解决共同犯罪人的定罪量刑问题。当然,在论述以分工为标准的分类时,应当指明除教唆犯外,组织犯、实行犯、帮助犯都不是法定的共同犯罪人种类。”①可见,我国刑法理论认识到了分工分类法的科学性,在理论上予以承认,但立法时考虑到历史传统和解决行为人刑事责任的需要,所以采取了上述分类。

(3)上述分类法的例外。作为一种例外,1930年《意大利刑法典》不对共同犯罪人进行分类,第110条规定:“当多人共同参与同一犯罪时,对其中的每一个人都处以法律为该罪规定的刑罚……”确立了对共同犯罪人的“同等对待原则”。大陆法系刑法理论一般将其作为“统一的正犯概念(扩

---

① 参见马克昌主编:《犯罪通论》,武汉大学出版社1999年版,第541页。

张的正犯概念）”的立法例，如日本刑法学界将其概括为“包括的正犯概念”，并将其理解为以共犯独立性说为基础，将实施了“对犯罪的成立而言作为原因的”人都视为“正犯”。日本刑法学界的这种理解是不太确切的，因为共犯独立性说即使可以与作为意大利刑法学界共同犯罪人刑事责任根据的“同等原因说”相提并论，但今日的意大利刑法学界已达成共识：“同等原因说”（或共犯独立性说）不能解释意大利现行刑法中的共同犯罪制度。[①] 因此认为本条规定的是“统一的正犯”是有问题的。

应当指出的是，意大利刑法理论首先把共犯分为“物质共犯”和“精神共犯”两大类，接着把“物质共犯”分为实施犯（实施分则规定的犯罪行为的人，即单独正犯）、参与犯（本身并未实施犯罪行为的人，即有形帮助犯）和共同实施犯（与他人一起实施部分或全部犯罪行为的人，即共同正犯）三种，把“精神共犯”分为怂恿犯（只限于增强他人已有的犯罪意念，即无形帮助犯）和指使犯（使他人产生以前不曾有的犯罪意念，即教唆犯）两种。[②] 可见，尽管意大利现行刑法抛弃了传统的共同犯罪人分类标准，但其理论上对共同犯罪人的分类仍深受大陆法系刑法理论的影响，大体上可归入分工分类法的范畴之内。

本书认为，我国《刑法》对共同犯罪人的分类基本上是科学的，立足于公平分配各共同犯罪人的刑事责任，合理量刑，并且考虑到教唆犯是一种客观存在的犯罪现象，以作用分类不能涵盖其中，所以单列出来，作为法定的共同犯罪人之一种。但正如前文所述，作用分类法不利于科学定罪，尤其在身份犯或目的犯的共犯的场合表现得更为明显，而且在对罪犯量刑前没有详细分析其在共同犯罪中究竟承担了哪些任务、从事了何种行为、具体分工如何，很难说能对其准确量刑。虽然作用分类法意在准确量刑，但模糊定罪就可能意味着模糊量刑，造成处罚不公。所以，本书同意通说的见解，在分清各共同犯罪人的作用大小、刑事责任的轻重前，在定罪过程中先以分工为标准对共同犯罪人分类，为量刑奠定基础；甚至在立法上肯定二次分类法也是可行的，有利于培养司法工作人员的科学思维能力，正确定罪量刑。

三、共犯与正犯

分类的不同涉及了共犯与正犯的关系问题，在此问题上存在共犯从属

---

① 参见［意］杜里奥·帕多瓦尼：《意大利刑法学原理》，陈忠林译评，中国人民大学出版社 2004 年版，第 23~24 页。

② 参见黄风：《意大利刑法引论》，载《意大利刑法典》，中国政法大学出版社 1998 年版，第 23 页。

性说与共犯独立性说两种观点。正犯，也称实行犯，指实行刑法分则规定的具体犯罪的犯罪客观方面要件中行为的人。共犯，相对于正犯而言，指未实行刑法分则规定的具体犯罪的犯罪客观方面要件中行为的人，包括教唆犯、帮助犯，苏联及我国刑法还规定有组织犯。共犯从属性说认为，共犯对于正犯具有从属性，共犯的成立及可罚性，以一定的实行行为存在为前提。共犯独立性说认为，共犯的组织、教唆或帮助行为体现了行为人的反社会的危险性，对危害结果的发生具有原因力，因此它的成立及可罚性可独立于正犯。日本刑法学者牧野英一认为，共犯独立性说是从“教唆犯及帮助犯在实体上是与正犯相同的东西”的前提出发的，是来源于他的“犯罪的实体是危险性或侵害性”的观点。① 可见，共犯从属性说是客观主义刑法学的立场，共犯独立性说是主观主义刑法学的立场。共犯从属性说和共犯独立性说在适用上的不同大体有以下三方面：一是有关共犯未遂的成立范围；二是无身份者加功于有身份者之身份犯的问题；三是间接正犯的存否。

共犯从属性说是日本刑法理论的通说。共犯从属性，可分为从属性的有无和从属性的程度。前者认为要成立共犯，正犯至少要实施实行行为（实行从属性），后者是对正犯的实行行为要达到何种程度才能成立共犯的要求（要素从属性）。通说采取的是限制从属性说，即要求正犯必须实施符合构成要件且违法的行为。在国外也有相关立法例，如现行《德国刑法典》第26条（教唆犯）规定：“故意教唆他人故意实施违法行为的是教唆犯。”第27条（帮助犯）第1款规定：“对他人故意实施的违法行为故意予以帮助的，是帮助犯。”明显采取的是通说。

可以认为，共犯对正犯具有一定从属性，但其评价根据仍是行为本身。这种从属性，是法律性质上的从属，是定罪意义上的；这种独立性，是刑事责任根据上的独立，是量刑意义上的。因此，在一定意义上，共同犯罪人的刑事责任以实行犯的行为为转移，既立足于个人行为，又从属于实行犯的行为，具有独立性与从属性的二重性。② 正如在对教唆犯的问题上，我国刑法理论一般采教唆犯二重性说，即在定性上具有对实行犯的从属性，在量刑上具有独立性。日本刑法学者也在通说的立场下承认一定范围内的共犯独立性，如大冢仁认为：“从属性共犯虽然是以表现其教唆行为、帮助行为的正犯行为为介体，才带有现实犯罪性的，然而，其犯罪性的基础当然存

① 参见［日］小野清一郎：《犯罪构成要件理论》，王泰译，中国人民公安大学出版社2004年版，第162页。

② 参见姜伟：《犯罪形态通论》，法律出版社1994年版，第260~261页。

在于教唆行为、帮助行为自身之中,在正犯行为不能完全与教唆行为、帮助行为连接起来时,就必须承认从属性共犯本身的独立意义"①。进而认为,有关从属性共犯的独立性问题存在于共犯的错误和共犯与身份的场合。而且,在共犯的处罚根据中,也能发现共犯相对独立性的存在。不法共犯说是今日有关共犯的处罚根据的通说,认为由于共犯引起了正犯的犯意并导致其实行了犯罪或便利于正犯的实行,所以共犯才受处罚。② 这是立足于共犯的行为本身来寻找其处罚根据,难道不能承认共犯的相对独立性吗? 基于上述理由,本书采"折中说"(二重性说)。

共犯对正犯的从属性体现了实行犯的重要地位,共同犯罪是以实行行为为中心的,没有实行犯就没有共同犯罪。

在共犯与正犯的区别问题上,以构成要件论为基础,存在限制正犯论与扩张正犯论两种观点。限制正犯论认为,只有亲自实现构成要件者才是正犯;非亲自实现构成要件者,则非正犯。从而将正犯的观念限于亲自实现构成要件的人。刑法总则关于教唆犯、帮助犯的规定,乃欲使正犯之刑罚扩张于正犯以外者,因而是刑罚扩张事由。扩张正犯论认为,正犯的范围不限于亲自实现构成要件者,只要对犯罪的实现提供了某种条件的人都是正犯。从而将正犯的观念扩张于非实行行为者。刑法没有关于教唆犯、帮助犯的规定时,对共犯都按正犯处罚,将正犯刑罚缩小适用,因而是刑罚缩小事由。除此之外,还有立足于因果关系论的主观说(条件说)和客观说(原因说),以及曾一度颇有影响的目的行为支配说。

从严格解释刑法及贯彻罪刑法定原则下的犯罪构成理论的立场出发,限制正犯论是正当的,但其中正犯的范围过于狭窄,不利于对正犯的打击。因此,在坚持犯罪构成理论的基础上,应注意共犯的构成要件和正犯的构成要件的区别。只要行为人实施了符合基本犯罪构成的内容的实行行为,就是正犯;行为人实施了符合修正犯罪构成的内容的非实行行为,就是共犯。共犯与正犯的区分,只能以主观与客观相统一的犯罪构成要件作为唯一的标准。

共犯与正犯的关系在我国《刑法》中体现得不明显,因为我国《刑法》中没有"正犯"的概念。有学者认为,我国刑法中的主犯和从犯可能分别相当于日本刑法中的正犯与从犯。这是一种误解。日本刑法中的正犯包括我国刑法中的主犯和次要实行犯;日本刑法中的从犯是相对于非实行行

---

① [日]大塚仁:《犯罪论的基本问题》,冯军译,中国政法大学出版社1993年版,第290页。
② 邓毅丞:《共犯正犯化背景下的从属性困境及理论应对》,载《中外法学》2019年第3期。

为而言的，相当于我国刑法中的帮助犯。从以上比较可以看出，日本刑法对共犯（广义上）的分类以实行行为为标准；我国刑法对共犯的分类不以是否共同实施了实行行为为标准，而是根据其对于完成共同犯罪所起的实质性作用。这与其说是犯罪成立上的区别，倒不如说仅仅是处罚上的区别。①

考虑到分工分类法是大陆法系国家刑法通行的方法，且刑法理论对共犯论的研究贯彻了这种分类法，因此本书在下述讨论共同犯罪的疑难问题时，为了求得理论基础上的统一，方便比较研究，将主要以分工分类法为标准，并结合我国刑法理论和司法实践进行研究。

第二节　共犯与身份的基本问题

一、身份

（一）身份的概念

身份，一般指与主体紧密联系的资格、地位或状态。在刑法中，当特定身份作为犯罪主体的选择性要件时，可能影响刑事责任的有无及大小，即是否构成犯罪和处罚轻重。因此，犯罪主体的特殊身份，指刑法所规定的影响行为人刑事责任有无及大小的行为人人身方面的资格、地位或状态。以此为标准，可将自然人犯罪主体分为一般主体和特殊主体。

刑法中的身份，指行为人所具有影响定罪量刑的特定资格或人身状况。身份必须多少具有继续的性质，如果不影响定罪量刑就不是刑法上的身份。② 日本法院的判例认为，关于身份的意义，“刑法第 65 条中所说的身份并不仅仅限于男女性别、本国人和外国人的区别、家庭关系、公务员资格那样的关系，而是指所有的与一定犯罪相关的犯人的人与人关系的特殊的地位或状态”③。

（二）身份的分类

对身份可按照不同标准进行分类，如可分为自然身份与法定身份、主体身份与对象身份、积极身份与消极身份、定罪身份与量刑身份。根据本书的需要，本书认为将身份分为构成身份、加减身份和消极身份比较妥当，

---

① 参见［日］大谷实：《日本刑法中正犯与共犯的区别——与中国刑法中的“共同犯罪”相比照》，王昭武译，载《法学评论》2002 年第 6 期。

② 参见马克昌主编：《犯罪通论》，武汉大学出版社 1999 年版，第 579 页。

③ ［日］野村稔：《刑法总论》，全理其、何力译，法律出版社 2001 年版，第 431 页。

因为这种分类全面揭示了身份对行为人刑事责任的影响,考虑到了各种情况。

刑法理论上一般将由特定身份作为构成要件的犯罪或影响刑罚轻重的犯罪称为身份犯。身份犯分为真正身份犯和不真正身份犯。真正身份犯,也称纯正身份犯,指由特定身份作为具体犯罪构成要件的犯罪,此种身份即为构成身份,也称作构成要件身份。不真正身份犯,也称不纯正身份犯,指由特定身份影响刑罚轻重的犯罪,此种身份即为加减身份,也称作影响刑罚轻重身份。除此之外,消极身份的问题容易被人忽视。从反面考虑,消极身份指行为人所具有的、不构成犯罪或不具备可罚性的身份,也称作排除犯罪性或可罚性的身份。

二、共犯与身份的具体展开

我国现行《刑法》总则没有关于共同犯罪与身份的一般规定,但在新中国成立前的刑法及外国刑法中有不少此方面的规定。例如,《大清新刑律》第 33 条规定:“凡因身份成立之罪,其教唆或帮助者虽无身份,仍以共犯论。因身份致刑有重轻者,其无身份之人,仍科以通常之刑。”《德意志联邦共和国刑法典》第 28 条(特定之个人要素)规定:“(1)正犯之可罚性取决于特定之个人要素(第 14 条第一项),而共犯(教唆犯或帮助犯)欠缺此要素者,主犯之刑依第 49 条第一项减轻之。(2)法律规定刑因行为人特定之个人要素而加重、减轻或免除者,其规定仅于具此要素之共同加功者(正犯或共犯)适用之。”此外,《日本刑法典》《意大利刑法典》《瑞士刑法》等均有此类规定。

1952 年《惩治贪污条例》第 12 条规定:“非国家工作人员勾结国家工作人员伙同贪污者,应参照本条例第三、四、五、十、十一各条的规定予以惩治。”这是新中国成立后关于共同犯罪与身份的最早立法。无身份者不能单独完成有身份之罪,但能否对有身份者加功或与之共同实行有身份之罪?对这种情况应如何处理?本书以下将根据身份的不同种类,分别予以讨论。

(一)共犯与构成身份

1. 无身份者教唆、帮助有身份者实施或与之共同实施真正身份犯的问题

(1)无身份者能否构成有身份者实施的真正身份犯的教唆犯、帮助犯或共同实行犯

刑法理论认为,无身份者可以构成有身份者实施的真正身份犯的教唆

犯或帮助犯。因为无身份者缺少特定身份,不能充足真正身份犯的构成要件,所以不能构成真正身份犯的单独正犯。但无身份者在共同故意支配下,通过教唆行为或帮助行为(真正身份犯的非实行行为),对有身份者实施的真正身份犯产生影响,因而可以成立共同犯罪。我国《刑法》第198条第4款对保险诈骗罪共犯的规定和第382条第3款对贪污罪共犯的规定即是对此的最好证明。据此在理论和立法上都可以肯定无身份者可以构成有身份者实施的真正身份犯的教唆犯或帮助犯。

而在无身份者能否构成有身份者实施的真正身份犯的共同实行犯问题的认识上,存在分歧:①

一是肯定说,认为无身份者能够参与实行有身份者实施的真正身份犯,有关立法及司法解释对此也予以肯定,且在日本刑法学界几成通说。《日本刑法典》第65条第1项规定:“对因犯人身份而始构成之犯罪行为加工时,无身份者,仍为共犯。”第2项规定:“因身份而特别影响刑罚的轻重时,无身份者,科以通常之刑。”通说认为,第1项是关于真正身份犯的规定,认可了身份的连带作用,符合共犯从属性说;第2项是关于不真正身份犯的规定,承认了身份的个别作用,符合共犯独立性说。也有学者表示不同的见解,认为第1项是关于真正身份犯和不真正身份犯成立的规定,因为不真正身份犯也不外乎是“应该由犯人的身份构成的犯罪”;第2项是关于不真正身份犯处罚的规定。这里的“共犯”除了教唆犯、帮助犯外,还包括共同正犯,也是通说。如果按照通说来理解第65条第1、2项,岂不意味着两者之间存在矛盾?有论者认为,无论是无身份者加功于有身份者而实现身份犯,还是有身份者加功于无身份者而实现身份犯,均是在共犯关系下实施身份犯。因此,在真正身份犯和不真正身份犯中,在参与实施身份犯时,“即便是没有身份的人,也是共犯”。这样考虑,就可以消除第1项和第2项的矛盾,第1项是关于真正身份犯的规定,第2项是关于不真正身份犯的规定,所以,通说和判例的立场是妥当的。② 实际上,按照某些学者的理解,第1项中包含了对不真正身份犯的成立的规定,第2项是关于其处罚的规定,这样也可将第1、2项统一起来。日本刑法学者大冢仁持这种见解。在上述理解的场合中,就存在无身份者成立真正身份犯的余地。

二是否定说,认为无身份者不具备特定身份,不可能构成真正身份犯的共同实行犯,只能构成狭义共犯(教唆犯或帮助犯)。正如苏联刑法学

---

① 参见刘明祥:《单一正犯视角下的身份犯的共犯问题》,载《政治与法律》2020年第11期。

② 参见[日]大谷实:《刑法讲义总论》(新版第4版),东京,成文堂2012年版,第453页。

者A·H.特拉伊宁指出："问题的实质在于，非公职人员可以是渎职罪的组织犯、教唆犯或帮助犯，但是渎职罪的执行犯却只能是公职人员。所以有这个特点，是因为在实际中只有他们才能构成渎职罪。因此，职务行为的唯一执行者——公职人员——自然也就是渎职罪的唯一执行犯。由此得出结论：在渎职罪的共犯中，非公职人员只能作为组织犯、教唆犯或帮助犯负责。"[①]应该说，否定说是有道理的，无身份者不能单独实施真正身份犯，从而在欠缺身份构成要件的情况下不具备主体资格，无法与有身份者结合构成真正身份犯的共同实行犯。正如有的学者所认为的："从形式上看，真正身份犯中实行行为的一部分，可以由无身份者实施，如受贿罪中的收受贿赂行为、强奸罪中的暴力、威胁行为。但这并不是真正身份犯中法律要求的实行行为。这种法律要求的实行行为必须结合主体要件来考虑。换句话说，真正身份犯中的实行行为只能由有身份者实施。"[②]因此，重视实行行为的规范意义时，在真正身份犯中，不能承认基于非身份者的实行行为。[③]

本书认为否定说是可取的，无身份者不能构成有身份者实施的真正身份犯的共同实行犯，理由如下：第一，刑法规定某些犯罪只能由有身份者实施，是赋予了犯罪主体特定的法律义务，无身份者不能亲身承担这些义务。身份犯是基于用有身份而有特殊的道义和法律义务这一点来成立的，并不是单纯的因果关系问题。[④] 而且，任何一种特殊犯罪所要求的特殊主体资格本身是一种权利与义务相统一的反映。[⑤] 第二，为了贯彻罪刑法定原则下的犯罪构成理论，也宜采取否定说。例如，日本刑法学者福田平认为，在真正身份犯中，非身份者的行为因为缺乏作为实行行为的定型性，不可能存在共同实行，非身份者只能成为教唆犯或帮助犯。在这里存在自然行为的共同，但不存在实行行为的共同。[⑥] 日本刑法学者以强奸罪为例，一方面认为本罪不是真正身份犯，是表面的身份犯（福田平），或者本罪根本就不是身份犯（团藤重光），无须适用《日本刑法典》第65条第1项；另一方面又认为女性能担当本罪中作为手段的暴力、胁迫等行为，可以构成本罪的

---

① ［苏］A·H.特拉伊宁：《犯罪构成的一般学说》，中国人民大学出版社1958年版，第243~244页。

② 高铭暄、马克昌主编：《刑法学》（上编），中国法制出版社1999年版，第315页。

③ 参见［日］大塚仁：《刑法概说（总论）》（第4版），东京，有斐阁2008年版，第332页。

④ 参见［日］小野清一郎：《犯罪构成要件理论》，王泰译，中国人民公安大学出版社2004年版，第170页。

⑤ 参见杨兴培：《犯罪构成原论》，中国检察出版社2004年版，第374页。

⑥ 转引自赵秉志主编：《犯罪总论问题探索》，法律出版社2003年版，第517页。

共同实行犯。日本刑法学者究竟出于什么原因否定强奸罪身份犯的性质，并不清楚。但是，强奸罪是真正身份犯，这点是毋庸置疑的，而且，作为本罪主体的男性所具有的是自然身份，女性根本不可能分担本罪的部分实行行为。首先，强奸罪是“复行为犯”，即犯罪构成客观方面要求有两个行为，否则不成立犯罪既遂。论者以此为例是否以偏概全，对“单行为犯”又如何处理呢？其次，尽管行为人实施了强奸罪作为手段的暴力行为，也不能以此为由承认本罪的共同实行犯。因为暴力行为是为了确保作为目的行为的奸淫行为的完成而实施的，而奸淫行为只有男性即有身份者才能实施，所以本罪的实行行为必须以特定身份的存在为前提，换言之，“真正身份犯中的实行行为只能由有身份者实施”，从犯罪定型化的意义上考虑也是如此。应该认识到，身份犯的实行行为与非身份犯的实行行为是不同的，如强奸罪的暴力行为和侮辱罪的暴力行为就不同。最后，从犯罪形态着眼，如果认为女性能构成强奸罪的共同实行犯，在男性行为人止于未遂时，女性行为人也成立未遂，这可能没有问题；但当男性行为人达于既遂，同时认为女性行为人也成立强奸罪的共同实行犯的既遂，则有违一般人的法观念和国民的法感情。第三，从严格解释刑法的立场出发，在刑法没有明文规定无身份者可以成立真正身份犯的共同实行犯时，不能对无身份者有过高的法律要求，在此即使不作出有利于被告的解释，也不应作出不利于被告的解释。

(2)无身份者与有身份者共同实施真正身份犯，应根据什么来确定犯罪性质

一般认为，应根据主犯犯罪的基本特征即主犯的犯罪性质定罪。例如，非国家工作人员与国家工作人员内外勾结，伙同贪污或者投保人、被保险人或受益人与保险公司工作人员内外勾结，骗取保险金，应尽量区分主、从犯，根据主犯的犯罪性质定罪。从我国立法与司法实践出发，这一认识有一定道理。在对共同犯罪人以作用为主进行分类的前提下，主犯的犯罪行为在共同犯罪中居于主导地位，在一定程度上决定着从犯的犯罪行为，因此以主犯的犯罪行为的性质定罪不会发生问题。但这是仅就主、从犯而言的，如果教唆犯是主犯，上述定罪方法就会发生问题。换言之，当实行犯是主犯时，按实行犯的实行行为的性质定罪与按主犯的犯罪行为的性质定罪是一致的；当教唆犯是主犯，被教唆人是实行犯且同样为主犯时，是按教唆犯教唆的行为定罪，还是按被教唆人的实行行为定罪，就会发生困难。在被教唆人具有特定身份的情况下，这种差异更加明显。本书认为，根本原因在于我国《刑法》对共同犯罪人分类所采取的双重标准，从而导致了

认识上的混乱。共同犯罪是以实行行为为中心的,“实行行为比其他任何要件都要重要得多”①。《日本刑法典》第61条把教唆犯规定为“教唆他人并使之实行犯罪的”,第62条把从犯规定为“帮助正犯者”。实行行为的重要地位可见一斑。因此,无身份者教唆、帮助有身份者实施或与之共同实施真正身份犯时,应依有身份者的实行行为来定罪。

对此有学者表示了不同的见解:“本书倾向于以正犯的行为性质决定共同犯罪的性质,但在从不同角度观察存在不同的实行行为的情况下,可以根据前述犯罪事实支配理论确定共同犯罪性质。即以共同犯罪的核心角色为标准确定共同犯罪的性质。”②由此引入了“核心角色”的概念作为判断标准,并注意了实行行为和非实行行为的相对性,认为存在分别定罪的可能,但这只会使对犯罪性质的认定更加混乱。因此还是依有身份者的实行行为定罪简单明了。

2. 有身份者教唆、帮助无身份者实施真正身份犯的问题

对该问题的认识基本趋于一致,即有身份者构成间接正犯,无身份者构成从犯。一方面,有身份者具备特定身份,构成正犯;另一方面,无身份者缺少特定身份,无法与有身份者构成共同正犯,不能充分真正身份犯的构成要件。在此,将无身份者视为“无身份有故意的工具”,有身份者利用其实施犯罪,符合间接正犯的要求。间接正犯也是正犯,便利于间接正犯犯罪行为的实施,符合帮助犯的要求。③

在此有两个问题需要注意:

(1)有身份者教唆、帮助无身份者实施真正身份犯的情况,不是在任何身份中都存在。身份有自然身份与法定身份之分,当真正身份犯由自然身份构成时,不具备此种身份的无身份者不可能实施真正身份犯,因而也就不存在有身份者教唆、帮助无身份者实施真正身份犯的情况(如男性教唆妇女实施强奸他人的行为);当真正身份犯由法定身份构成时,不具备此种身份的无身份者可以实施部分实行行为,因而此种情况是存在的(如国家工作人员教唆非国家工作人员受贿)。

(2)有身份者加功于无身份者实施真正身份犯,有身份者构成间接正犯,无身份者构成从犯或胁从犯。此种情况考虑到了我国《刑法》对胁从

---

① [日]大谷实:《日本刑法中正犯与共犯的区别——与中国刑法中的“共同犯罪”相比照》,王昭武译,载《法学评论》2002年第6期。

② 张明楷:《刑法学》(第2版),法律出版社2003年版,第354页。但该论者最近又主张:“由于正犯行为具有相对性,所以,在定罪时应当注意运用想象竞合犯的原理。”参见张明楷:《刑法学》(上)(第5版),法律出版社2016年版,第441页。

③ 参见马克昌主编:《犯罪通论》(第3版),武汉大学出版社1999年版,第587页。

犯的特殊规定,在《刑法》中规定胁从犯是我国革命法制的传统。[①]

(二)共犯与加减身份

根据我国刑法理论,在行为人具有加减身份的情况下,刑罚轻重只适用于具有特定身份者,其从重、从轻、减轻或免除处罚的效力不及于不具有特定身份者。如《瑞士刑法》第26条(身份关系)规定:"因特殊身份关系、资格及情状,致刑有加重、减轻或阻却情事时,将对具有此等身份、资格或情状之正犯、教唆犯及从犯,始得加以斟酌。"加减身份一般影响行为人的刑罚轻重,行为人具有的身份不同,将来被科处的刑罚也可能不同。因此在对加减身份的关注上必须坚持"刑罚个别化原则",因为"刑罚的平等只能是表面上的,实际上则是因人而异的"。[②] 加减身份不仅影响量刑,也可能影响定罪。下面分两种情况进行讨论。

1. 身份不影响犯罪性质,仅影响刑罚轻重

由于该种身份不是犯罪构成要件,当行为人的行为已充分具体犯罪的构成要件后,其所具有的特定身份仅对量刑产生影响。这是完全意义上的加减身份。例如,我国《刑法》第238条(非法拘禁罪)规定:"……国家机关工作人员利用职权犯前三款罪的,依照前三款的规定从重处罚。"第245条(非法搜查罪、非法侵入住宅罪)规定:"……司法工作人员滥用职权,犯前款罪的,从重处罚。"这是从严量刑情节。又如第17条第4款规定:"对依照前三款规定追究刑事责任的不满十八周岁的人,应当从轻或者减轻处罚。"第19条规定:"又聋又哑的人或者盲人犯罪,可以从轻、减轻或者免除处罚。"这是从宽量刑情节。

显而易见,此种加减身份对行为人刑事责任的影响通常涉及法定量刑情节,这是由行为人实施犯罪的性质所决定的。法定量刑情节指刑法明文规定在量刑时必须适用的情节,在其适用上必须坚持"禁止重复评价原则""全面原则""综合原则""具体分析原则"。[③]

2. 身份既影响犯罪性质,又影响刑罚轻重

该种身份既是一种犯罪的构成要件,同时又是另一种犯罪的酌定量刑情节。即无身份者实施某种行为,构成一种犯罪;有身份者实施同样的行为,构成另一种犯罪,有身份者所犯之罪的法定刑较无身份者所犯之罪的法定刑重。这种身份"即便在行为上是一致的,但构成要件上是不同的",

---

① 参见刘明祥:《论胁从犯及其被胁迫的要素》,载《当代法学》2020年第4期。

② 参见马克昌主编:《近代西方刑法学说史略》,中国检察出版社1996年版,第44页。

③ 参见马克昌主编:《刑罚通论》(第2版),武汉大学出版社1999年版,第352~353页。

“是在整体上将构成身份和加减身份合为一体的”[①],如贪污罪和职务侵占罪,受贿罪和公司、企业人员受贿罪等。这是不完全意义上的加减身份。从量刑的角度讲,该种加减身份有其存在的合理性:所谓加减身份,也指由于具有这种身份以致构成与无身份者不同的犯罪,因而影响刑罚的轻重。而所谓构成身份,则是指由于具有该种身份才构成犯罪,而没有该种身份根本不构成犯罪。[②] 可见这种加减身份与构成身份还是有区别的,但两者之间存在重合之处。从定罪的角度讲,这种加减身份就是构成身份——构成另一不同之罪,适用不同的法定刑。这里引出一个问题:当无身份者与有身份者共同实施某种行为时,应如何处理?

(1)无身份者教唆、帮助有身份者实施或与之共同实施不真正身份犯,应如何定罪处罚

刑法理论上有两种观点:一是分别定罪说,即无身份者依其行为构成的犯罪定罪处罚,有身份者也依其行为构成的犯罪定罪处罚,按照各自独立的构成要件定为不同之罪。该说注意到了各行为人行为之间的区别,但否定了数行为之间的联系,即割裂了共同犯罪的共同性。二是共同定罪、分别科刑说,即无身份者和有身份者都按照不真正身份犯定罪,无身份者依其行为构成之罪科刑,有身份者依不真正身份犯科刑。该说肯定了共同犯罪的共同性,但将定罪与量刑割裂开来,量刑不以共同定罪为基础。上述两说均有一定道理。本书认为,应当分清情况,区别对待:

第一,无身份者与有身份者共同实行不真正身份犯的情况。对此应根据无身份者是否参与有身份者利用职务之便的行为,区别对待。如果无身份者参与有身份者利用职务之便的行为,则构成不真正身份犯的共同实行犯,对有身份者按照不真正身份犯之刑处罚,对无身份者从轻处罚。这已为我国司法解释所肯定,如2000年6月27日《最高人民法院关于审理贪污、职务侵占案件如何认定共同犯罪几个问题的解释》第2条规定:“行为人与公司、企业或者其他单位的人员勾结,利用公司、企业或者其他单位人员的职务便利,共同将该单位财物非法占为己有,数额较大的,以职务侵占罪共犯论处。”如果无身份者没有参与有身份者利用职务之便的行为,无身份者依其行为构成的犯罪定罪科刑,有身份者也依其行为构成的犯罪定罪科刑。

第二,无身份者教唆、帮助有身份者实施不真正身份犯的情况。共同

---

① [日]大谷实:《刑法讲义总论》(新版第4版),东京,成文堂2012年版,第452~453页。

② 参见马克昌主编:《犯罪通论》(第3版),武汉大学出版社1999年版,第589页。

犯罪理论认为,教唆犯依被教唆人所实行的犯罪定罪,但在量刑上考虑其身份情况可酌情处罚;帮助犯依被帮助者所实行的犯罪定罪处罚。因此,无身份者以不真正身份犯的教唆犯或从犯论处,有身份者构成不真正身份犯的实行犯。

(2)有身份者教唆、帮助无身份者实施不真正身份犯,应如何处理

根据前述对教唆犯、帮助犯的定罪理论,教唆犯是对实行犯的教唆,帮助犯是对实行犯的帮助,因此,有身份者以不真正身份犯的教唆犯或从犯论处,无身份者构成不真正身份犯的实行犯。

对上述行为人进行处罚时时常要涉及酌定量刑情节,这是由案件的具体情况所决定的。酌定量刑情节指刑法未作明文规定,司法机关和理论工作者根据刑事立法精神和有关刑事政策结合司法实践总结出来的,由审判机关在量刑时应当灵活掌握和酌情适用的情节。在其适用上,必须认识到:酌定量刑情节既不是刑法明文规定的情节,也不是刑法没有规定的情节,而是刑法没有明确具体规定的情节,因而是为刑法所认可的量刑情节。① 相对于法定量刑情节而言,酌定量刑情节的适用更具灵活性,是法官自由裁量权的体现。酌定量刑情节能够作为影响量刑的因素,也是由其自身的性质(能反映行为的社会危害性和行为人的人身危险性及其程度)以及犯罪的客观实际情况(犯罪的动机、手段、对象和时间、地点等)所决定的。②

(三)共犯与消极身份

消极身份是排除犯罪性或可罚性的身份,具有此身份者实施的行为不构成犯罪或免于刑事处罚。一般来说,未达到刑事责任年龄或不具备刑事责任能力的人是消极身份者,但消极身份的范围不限于此。《日本刑法典》第 244 条第 1 项规定:“配偶、直系血亲或同居之亲属之间,犯第 235 条之罪(窃盗罪)、第 235 条之 2 之罪(侵夺不动产罪),或各该罪之未遂罪者,免除其刑。”其中的“配偶”“直系血亲”“同居之亲属”就是消极身份者。无刑事责任能力的人可以成为共同犯罪的主体,在意大利是占统治地位的通说;甚至完全由无责任能力的人共同实施的犯罪也可称为共同犯罪观点,在意大利刑法学界也相当流行,③从而在立法上肯定了消极身份者能成为共同犯罪的主体。但无消极身份者与有消极身份者能否成立共犯并如

① 参见马克昌主编:《刑罚通论》(第 2 版),武汉大学出版社 1999 年版,第 358 页。

② 参见马克昌主编:《刑罚通论》(第 2 版),武汉大学出版社 1999 年版,第 359 页。

③ 参见[意]杜里奥·帕多瓦尼:《意大利刑法学原理》,陈忠林译评,中国人民大学出版社 2004 年版,第 21 页。

何处理,仍是一个易被忽视而又值得研究的问题。

1. 无消极身份者教唆、帮助有消极身份者实施或与之共同实施犯罪的问题

有消极身份者实施的行为不构成犯罪或免于刑事处罚,因此无消极身份者不能与之构成共同实行犯。[①] 无消极身份者教唆、帮助有消极身份者时,无消极身份者可成立教唆犯或间接正犯;无消极身份者与有消极身份者共同实行犯罪时,无消极身份者可单独构成实行犯。在上述情况中,如犯罪情节轻微,危害不大的,不以犯罪论处。

2. 有消极身份者教唆、帮助无消极身份者实施或与之共同实施犯罪的问题

根据我国刑法理论,有消极身份者的行为不构成犯罪或免于刑事处罚,于是就不存在共同犯罪的问题。无消极身份者构成单独实行犯或犯罪情节轻微,危害不大的,不以犯罪论处。1992 年《法国刑法典》规定,在其他某共同正犯有第 311—12 条所指的"免除刑事责任之事由"时,或者其他共同正犯是属于夫妻之间盗窃财物,或者是尊亲属与卑亲属之间盗窃财物,这样的情况下,其他共同正犯不受惩处,而不具备这种事由或不属于此种情形的共同正犯仍应负其本人的责任。[②] 此观点也为我国司法解释所采纳。2013 年《最高人民法院、最高人民检察院关于办理盗窃刑事案件适用法律若干问题的解释》第 8 条规定:"偷拿家庭成员或者近亲属的财物,获得谅解的,一般可不认为是犯罪;追究刑事责任的,应当酌情从宽。"可也有国家采取不同的立法例,如 1930 年《意大利刑法典》第 119 条第 2 款规定,"排除刑罚的客观情节效力及于所有共同参与犯罪的人"。这里所说的"排除刑罚的客观情节",只能是单个主体的实行行为(因为只有这种行为,才可能作为客观违法性的评价对象)。例如,对他人土地享有通行权的人,教唆另一人去穿越他人的土地,就不能适用 1930 年《意大利刑法典》第 119 条第 2 款的规定,因为被教唆人的行为已经构成 1930 年《意大利刑法典》第 637 条规定的非法侵入他人土地罪,教唆人就不能免责,但是,如果被教唆的人享有土地通行权,结论就应该完全颠倒过来了。[③] 对享有土地通行权的人并不能认为具有消极身份。

---

① 参见梁根林:《间接正犯的中国命运》,载《比较法研究》2019 年第 5 期。

② 参见[法]卡斯东·斯特法尼等:《法国刑法总论精义》,罗结珍译,中国政法大学出版社 1998 年版,第 281 页。

③ 参见[意]杜里奥·帕多瓦尼:《意大利刑法学原理》,陈忠林译评,中国人民大学出版社 2004 年版,第 327~328 页。

上述讨论的共犯与身份问题，仅限于以自然人为主体的共同犯罪，而单位共同犯罪在社会现实中也是一种客观存在的现象。有学者从犯罪主体的分类出发，将单位犯罪分为一般单位犯罪与特殊单位犯罪。在一般单位与特殊单位共同实施由特殊单位构成的单位犯罪的处理上，参照自然人共同犯罪与身份的有关类似情况处理，[①]在一定层面上是可取的。

第三节　共犯的未完成形态

一、共同正犯的未完成形态

(一)共同正犯的预备

1. 共同正犯能否成立犯罪预备

共同正犯是指二人以上共同着手实行犯罪实行行为的人。显然，按照共同正犯的概念和构成条件其不存在预备形态。但问题在于，在肯定共谋共同正犯的情况下是否存在犯罪预备呢？在共谋共同正犯中，各共犯者对实行特定犯罪达成共谋，但仅有其中一部分人着手实行犯罪，而另一部分人尚未着手处于预备阶段。由于“共谋共同正犯”的观念来源于日本刑法学者草野豹一郎首倡的“共同意思主体说”，侧重于对共犯者主观上共同犯意的把握，因此，只要达成共谋并有其中一部分人实行犯罪，即可认为已直接超越预备阶段成立共谋共同正犯。共谋共同正犯是共同正犯之一种，共同正犯不成立预备，共谋共同正犯也没有成立预备的余地。

2. 预备罪能否成立共同正犯

预备罪与犯罪预备是两个概念，尽管都与犯罪形态有关，但大陆法系国家的刑法一般认为预备犯不可罚，在总则中不加规定，仅在分则中对某些严重犯罪的预备行为规定为可罚。如放宽对正犯的把握，则预备罪有成立共同正犯的余地。如有论者认为，没有必要把共犯的成立限定于实行的着手以后的阶段，因此关于预备罪也应该承认共犯的成立。[②] 但这是不妥当的结论，应该否定预备罪共同正犯的成立，对正犯进行严格把握。

(二)共同正犯的未遂

根据《日本刑法典》的规定，未遂犯是指“着手犯罪的实行而没有实现”的情形。广义的未遂犯包括中止犯(中止未遂)，即“根据自己的意思

---

① 参见田宏杰、许成磊：《单位共同犯罪具体认定中若干问题探讨》，载《湖南省政法管理干部学院学报》2001年第5期。

② 参见[日]野村稔：《刑法总论》，全理其、何力译，法律出版社2001年版，第377页。

中止了犯罪时”,以及障碍未遂(狭义的未遂犯)。可见,《日本刑法典》有关未遂犯的规定包括了中止犯,这与我国将犯罪未遂和犯罪中止严格区分为两种形态不同。

有关共同正犯的未遂问题,是对基本的构成要件进行了双重修正的结果,因此既要符合犯罪未遂的成立条件,又要注意共犯未遂与单独犯未遂相比的特殊性。

共同犯罪是二个以上的行为人在共同故意的支配下,互相利用、互相配合,形成同心一体的犯罪整体,因此其中任何一人行为的成立和形态都对整个犯罪行为有影响。具体而言,共同正犯的未遂包括以下几种情况:

(1)共犯者共同着手实行犯罪,由于意志以外的原因,均构成未遂,如甲、乙二人共同杀丙,各向丙的要害部位刺一刀,但由于抢救及时未能将其杀死。

(2)共犯者共同着手实行犯罪,其中一人的行为达于既遂,另一人止于未遂,则共犯者均成立共同正犯的既遂,此即“一部行为全部责任”原理。如甲、乙二人共同杀丙,甲向丙的要害部位刺了一刀,乙用砖头砸丙未中,致丙死亡,应认定为故意杀人罪的共同正犯的既遂。

(3)上述情况不适用于亲手犯的场合。亲手犯是由于行为人具有特定身份或目的等情况只能由自己亲自实施的犯罪。因此,在亲手犯的场合,其中一人的行为达于既遂,另一人止于未遂,应分别处理,认定为不同的犯罪形态。如犯人甲、乙共同越狱,甲成功脱逃,乙在从狱中脱逃过程中被发觉而被抓获,对此,甲构成脱逃罪既遂,乙构成脱逃罪未遂。

正如有的学者所认识到的,共同犯罪的原理为:一人行即全体行,一人之既遂即全体之既遂,一人之未遂即全体之未遂。① 当然,如共同犯罪中存在中止犯,则存在例外情况。所谓“一人行即全体行”是指共同犯罪中一人着手即全体着手;所谓“一人之既遂即全体之既遂”是对“部分实行全部责任”原理的适用;而所谓“一人之未遂即全体之未遂”仅发生于未遂及其以前的阶段,如各共犯者均处于预备阶段时,一人未遂即全体未遂。

(三)共同正犯的中止

这种情况比较复杂。同样是对基本构成要件的二重修正,在共同犯罪中并不是所有的共犯者都当然成立中止犯,有的是未遂犯,有的是中止犯。这是因为犯罪未遂和犯罪中止在客观上都要求不发生法定的危害结果,从而为两者的共存提供了前提。而之所以没有发生危害结果,相对于部分共

① 参见杨兴培:《犯罪构成原论》,中国检察出版社 2004 年版,第 363 页。

犯者而言,是基于自动中止,而相对于其他共犯者而言则属于意志以外的原因,因而对不同的共犯者应认定为不同的犯罪形态。

进一步分析,这是因为在共同犯罪中,个人的犯罪意图已融入共同犯罪故意之中,其行为已成为共同犯罪行为整体中的一部分;作为整体的共同犯罪行为对犯罪结果的发生具有统一的原因力,个人的行为只不过是这个原因力中不可分割的一部分。因此,当共同犯罪中出现个别的中止者时,其主观意图已与共同犯罪故意发生背离,其已成为“异类”;在其主观意图支配下的中止行为要想彻底有效地摆脱共同犯罪行为整体的束缚,必须积极地阻止其他共犯者的行为或确实防止了犯罪结果的发生。意即在共同犯罪中,行为人的义务范围不仅限于自己的行为,而且包括其他共同犯罪人的行为……由此可见,共同犯罪中中止犯承担的义务要远远大于单独犯罪的中止犯。①

以上分析深刻地揭示了共犯的中止的存在依据和特点,为我们理解共同正犯的中止乃至理解狭义共犯的中止打下了坚实的基础。具体而言,共同正犯的中止包括以下几种情况:

(1)所有共犯者都自动中止犯行或共同防止了犯罪结果的发生,均成立中止。

(2)共犯者中一人中止自己的犯行,并劝说其他人放弃犯行,均成立中止。

(3)共犯者中一人中止自己的犯行,劝说其他人放弃犯行无效,于是转而采取积极措施制止了其他人的行为或防止了犯罪结果的发生,分别成立中止和未遂。

(4)共犯者中一人中止自己的犯行,并采取积极措施制止了其他人的行为或防止了犯罪结果的发生后,其他人又实施了相同的犯行,只要能证明中止者与后来发生的结果没有因果关系,仍可成立中止。

还有一种情况值得注意,即共犯者中一人中止自己的犯行,并竭力阻止他人犯行,但没有奏效,危害结果仍然发生,此时对中止者如何处理?在外国已有相关立法例,如现行《德国刑法典》第 31 条(共犯未遂的中止)第 2 款规定:“如没有中止犯的中止行为犯罪行为也会停止的,或没有中止犯中止以前的犯罪行为也会实施的,只要行为人主动努力阻止行为实施的,即不予处罚。”与第 24 条(中止)第 2 款采取了完全相同的规定。这种规定在刑法理论上被称作“准中止犯”制度,也可适用于共同犯罪,它是对行为

① 参见赵秉志主编:《犯罪总论问题探索》,法律出版社 2003 年版,第 481 页。

人主观上的肯定,因其已打消犯意。"准中止犯"制度与后文将要谈到的"从共犯关系的脱离"类似,但要注意两者的区别。

二、教唆犯的未完成形态

(一)教唆犯的预备

对教唆犯的预备问题存在肯定说和否定说两种见解。本书认为,否定说是妥当的。这是由教唆犯本身的特点和构成要件决定的。要成立犯罪预备,先要构成犯罪。而教唆犯除了具有教唆故意外,必须实施积极的教唆行为才能引起他人犯意,不是仅有教唆故意,通过思想的交流就能唤起他人的犯意。所以教唆行为对成立教唆犯而言必不可少,它是实现教唆者目的的唯一有效途径和可靠保证。因此没有教唆行为就没有教唆犯,教唆犯不存在预备形态。

(二)教唆犯的未遂

在讨论教唆犯的未遂、中止问题前,应先明确教唆犯的性质。我国刑法理论的通说认为,教唆犯具有从属性和相对独立性相统一的二重性。教唆犯以开始实施教唆行为为其犯罪的着手,以正犯完成教唆的犯罪为其犯罪既遂的标志。教唆犯的未遂有时表现为未实行终了的未遂,但更多地表现为实行终了的未遂,具体而言,有以下几种情况:

(1)教唆者在教唆过程中被人制止或遭到被教唆者拒绝而未教唆完毕。

(2)教唆者教唆完毕后遭被教唆者拒绝。

(3)被教唆者接受教唆产生犯意后,又有自动放弃犯意,未进行预备行为,被教唆者和教唆者分别成立中止犯和未遂犯。

(4)被教唆者基于教唆产生的犯意进行预备行为,在预备阶段中止犯罪或被人制止,从而其行为停止于预备阶段。

(5)被教唆者着手实行犯罪后成立犯罪未遂或犯罪中止。

可以看出,除未实行终了的"未遂的教唆"中教唆人意志以外的原因外,被教唆人的实行行为进行程度也会成为"意志以外原因"的重要来源。具体包括被教唆者的犯罪预备、犯罪未遂和犯罪中止形态。[①] 即该原因可基于教唆行为本身,也可立足于实行行为。

我国《刑法》第 29 条第 2 款规定:"如果被教唆的人没有犯被教唆的罪,对于教唆犯,可以从轻或者减轻处罚。"刑法理论上称其为教唆未遂或

---

① 参见赵秉志主编:《犯罪总论问题探索》,法律出版社 2003 年版,第 453 页。

教唆未成未遂。与此相对应,还有教唆已成未遂的概念。教唆已成未遂是指,被教唆的人已基于教唆而进行犯罪活动但未完成犯罪情况下教唆犯构成的未遂。[①] 可见我国《刑法》第29条第2款的规定并未包括成立教唆未遂的所有情形,因为不仅"被教唆的人没有犯被教唆的罪"是教唆犯"意志以外的原因",而且"被教唆的人没有完成被教唆的罪"同样也是教唆犯意志以外的原因,所以有必要对本条款进行修改,使之涵盖这种情况。

(三)教唆犯的中止

教唆犯的中止同样要符合犯罪中止的成立条件,即主观上具有自动性,客观上具有时空性和有效性,其主观意图和客观行为必须具备彻底性。正如前述共同正犯的中止一样,要成立共犯的中止,行为人不仅对自己的行为负有中止义务,而且对于其他共犯者的行为同样负有中止义务,同时后者的义务可能重于前者。因此,教唆犯成立犯罪中止应以自动有效地制止被教唆者的行为或有效防止被教唆者犯罪行为可能发生的犯罪结果为必要要件。[②] 本书基本上同意这种观点,但认为要具体分析。

具体而言,教唆犯的中止包括以下几种情况:

(1)在教唆者尚未实施教唆行为的阶段,教唆者自动放弃教唆故意和教唆行为,成立中止。

(2)教唆行为尚未实施完毕,被教唆者未产生犯意,教唆者自动停止教唆行为,即可成立中止。

(3)教唆行为已实行终了,被教唆者也已产生犯意,但尚未实施犯罪预备行为或实行行为,这时教唆者只要消除了被教唆者的犯意,即可成立中止。

(4)教唆行为已实行终了,被教唆者也已产生犯意并开始实施犯罪预备行为或实行行为,这时教唆者必须有效制止被教唆者的行为并打消其犯意,方可成立中止。

(5)被教唆者已基于教唆产生犯意并将实行行为实行终了但尚未发生犯罪结果,这时教唆者必须有效防止犯罪结果的发生,方可成立中止。

由此可见,教唆犯的中止也可分为实行前的中止(因本书不承认教唆犯的预备形态)、未实行终了的中止和实行终了的中止。教唆犯成立犯罪中止并不一定要以自动有效地制止被教唆者的行为或有效防止被教唆者犯罪行为可能发生的犯罪结果为必要要件,教唆犯甚至无须采取任何措施

---

① 参见赵秉志主编:《犯罪总论问题探索》,法律出版社2003年版,第571页。

② 参见赵秉志主编:《犯罪总论问题探索》,法律出版社2003年版,第455页。

也可成立中止，如前述第1、2种情况。显然，对教唆犯中止的成立条件应以被教唆者是否产生犯意为界限，即被教唆者是否产生犯意，涉及对教唆犯的中止成立条件的不同要求。也可以说被教唆者行为的发展阶段及程度决定了教唆犯的中止成立要求。

在教唆犯的中止的效力范围上，由于中止犯是一身性的减免事由，刑的减免仅限于中止犯，所以教唆犯的中止效力不及于其他共犯者，其他共犯者的中止效力也不及于教唆犯。即正犯的中止效果不及于共犯。同样，共犯人的中止效果也不及于正犯。①

三、从犯的未完成形态

从犯与教唆犯同属于狭义共犯，当论及了教唆犯的未完成形态后，就没有必要再讨论从犯的未完成形态了，对从犯的未完成形态的认定和处理准用上述结论即可。

综上所述，在具体讨论和分析了各共犯的未完成形态后，本书认为可得出如下结论：只要共犯人中没有人成立犯罪中止，那么共同犯罪的形态与各个共犯人的犯罪形态，则基本上是一致的（如前所述，教唆犯也可能存在例外）。

第四节　从共犯关系的脱离

关于此问题，日本刑法学界有不同看法。大谷实认为："所谓（从）共犯关系的脱离，是指共犯关系成立之后，完成犯罪之前，部分处于共犯关系的人切断与共犯的关系而从该共犯关系中解脱出来，其他共犯人基于共犯关系实施实行行为，引起了犯罪结果的场合。"②并分为着手前的脱离和着手后的脱离分别论述。在脱离的要件上，他着重把握脱离必须解除原有的共犯关系。与以上观点相适应，在脱离的效果上，他认为，着手前的脱离成立预备罪的共同正犯，着手后的脱离原则上应适用未遂犯的规定。与之不同，大塚仁首先指出："与共犯的中止犯相关联，对不相当于中止犯的情形，也可以论及从共犯关系的脱离"③。在性质上即揭示了共犯的脱离与共犯的中止的联系和区别。他没有对共犯的脱离下一个总的定义，而是以共同犯罪人的分类为基础，从共同正犯关系的脱离、从教唆犯关系的脱离和从

① 参见［日］大谷实：《刑法讲义总论》（新版第4版），东京，成文堂2012年版，第468页。

② ［日］大谷实：《刑法讲义总论》（新版第4版），东京，成文堂2012年版，第468页。

③ ［日］大塚仁：《刑法概说（总论）》（第4版），东京，有斐阁2008年版，第347页。

从犯关系的脱离三种情况分别讨论。在脱离的要件上,他关注的是脱离者所作出的真挚的努力。在脱离的效果上,他主张一般不能适用中止犯的规定,一律以准共犯(广义)的障碍未遂论。比较以上两种代表性的观点,其共同点在于:成立脱离,都要求脱离者切断与脱离后的实行行为、犯罪结果的因果关系,脱离者仅就脱离时止的行为与结果负责,不同点则在于对脱离的要件和效果的认识上。①

本书认为,以上观点均有一定道理,但也有值得商榷之处。大谷实将脱离分为着手前的脱离和着手后的脱离两个阶段。前者存在于共谋的场合,较易认定;后者由于难以切断与以前行为、结果的因果关系,则较难认定。其意在表明不同阶段的脱离的要求不同,效果也有差别,是合理的。但他认为着手后的脱离只要成立未遂,就应适用《日本刑法典》第43条但书中止犯的规定,就会发生问题。共犯的中止不同于单独犯的中止,在犯罪结果发生的情况下,即使脱离者作出了真挚的努力也不能认定为共同犯罪的中止犯,否则与法理不合。显然,大谷实在此认为脱离者成立单独犯的中止犯,因为旧的共犯关系已经消灭,新的共犯关系中不包括脱离者。这样认识似乎是合理的,但他自己也承认,这种场合下的脱离由于要求解除旧的共犯关系,因而难以认定,况且即使脱离者成立单独犯的中止犯,也并不完全符合共同犯罪理论。大谷实的观点使共犯的脱离处于共犯的未遂和共犯的中止的尴尬的中间地带,所谓旧的共犯关系的解除可能仅仅只是一个梦想,脱离者难以切断与前行为、结果之间物理的、心理的因果关系。基于上述分析,本书认为,大塚仁的观点较为可取。

一、从共同正犯关系的脱离

这种情况是指在共同正犯的实行着手后,还未达于既遂的阶段,共同正犯者中的一部分人切断与其他共同者的相互利用、补充的共同关系,从其共同正犯关系中离去。② 具体而言,存在以下几种情况:

(1)共同正犯中一部分人在共同实行过程中,放弃共同实行的意思,中止自己的犯行并竭力阻止其他共同正犯的行为但未奏效,共同正犯仍达于既遂,对中止者可认定为脱离。

(2)共同正犯共同实行终了后达于既遂前,其中一部分人积极努力地阻止既遂犯罪结果的发生但未奏效,共同正犯仍达于既遂,对中止者可认

① 参见姚培培:《论共犯脱离基准:因果关系切断说的重构》,载《清华法学》2020年第2期。

② 参见[日]大塚仁:《刑法概说(总论)》(第4版),东京,有斐阁2008年版,第347页。

定为脱离。

(3)根据肯定共谋共同正犯的前例,即使在实行的着手以前的阶段也能承认该共犯关系的脱离。判例也认为,甲在其他共谋者尚未着手实行的阶段中,表明了脱离的意思,并且其他共谋者也了解了这点,这样共谋关系已被消灭,甲对于其他共谋者所实施的行为,以及由此而产生的结果不承担责任。① 可以认为这是一个特例。

由此可见,脱离一般发生在"中止不奏效"的场合,这个观念的提出很大程度上是基于对犯罪中止制度的补充。"中止不奏效"不具有犯罪中止要求的客观上的有效性,但行为人主观方面与中止犯相似,并且行为人为消除自己的犯行及其他共犯者犯行的不利影响和后果所作的真诚的努力不能不认为值得考虑,很大程度上是对行为人主观上的肯定和鼓励。

本书认为,在讨论"脱离"时有以下几个问题值得注意:

(1)脱离是否仅限于行为人积极自愿的主观心理状态,如行为人由于受到威胁(如"不脱离就杀死你")或出于消极心理而切断与其他共犯的关系,是否可以认定为脱离?本书认为,对积极的脱离当然应予以肯定,但对消极的脱离也不能一概否定,要看行为人进一步的行为以便进行主、客观判断,分清罪责。

(2)脱离的难易程度与行为人在共同犯罪中所处地位和所起的作用有关。如脱离者在共同正犯中处于消极被动的地位,那么他只要放弃犯行,使其他人了解自己脱离的意思,就可以认为已消除了自己对其他共犯者的影响,认定为脱离。与此相反,如脱离者在共同正犯中处于积极主动的地位,系主犯甚至是首要分子,那么对其脱离的要求就不会这么低。

(3)脱离是否必须解除已成立的共犯关系。有论者认为,作为要件,脱离,必须是解除已经成立的共犯关系。② 对于这一认识,本书有不同看法,是否要求解除已成立的共犯关系,与脱离者所处的共同犯罪的形式和脱离者在其中的地位有关。如脱离者是犯罪集团中的从犯,即使他说服其他主犯让其脱离都很困难,更不要说解除共犯关系了。因此,本书认为这一条件并不是必须具备的。

(4)脱离者仅负障碍未遂的罪责是否合适。本书认为,应以因果关系论为基础进行判断,从某种意义上说,"共犯论是因果关系的一种适用"③。

---

① 参见[日]野村稔:《刑法总论》,全理其、何力译,法律出版社2001年版,第440页。

② 参见[日]大谷实:《刑法讲义总论》(新版第4版),东京,成文堂2012年版,第470页。

③ [日]小野清一郎:《犯罪构成要件理论》,王泰译,中国人民公安大学出版社2004年版,第162页。

在上述所举的有关共谋共同正犯脱离的例子中，在着手实行犯罪前的阶段，行为人仅表明脱离的意思并为其他共犯所了解，且中止了自己的犯行就够了。此时因果关系中断，行为人不对后来的行为及结果负责。这可以认为是共犯关系的"消灭"或"解除"。而在着手实行犯罪后，行为人即使脱离共犯关系，但仍对整个犯行及其结果负责，因为其影响犹在，犯罪结果最后仍不可避免地发生了，因果关系未中断。因此，对于脱离者，以未遂犯论是不妥当的，应考虑整个行为的因果关系，正犯最后达于既遂，脱离者尽管脱离但因果关系并未中断，仍成立既遂，但可以从宽罚之。

从以上分析可知，在共同犯罪行为发展的不同阶段，对脱离者构成"脱离"的要求和脱离者承担的责任是不同的。本书认为，构成"脱离"一般应具备以下三个条件：①存在共犯关系；②行为人自动放弃犯行，向其他共犯者表明自己脱离的意思并为他人所了解；③行为人以真诚的努力防止犯罪结果发生但结果仍发生。有时第 3 个条件都不要求具备。

(5)"脱离"与"解消"。日本的判例有时也使用"解消"的概念，但两者是有区别的。所谓从共同正犯关系中脱离，是指即使共同者中的一部分人脱离，共同正犯关系却因其他共同者而继续存在的情形；所谓共同正犯关系的解消，是由于共同者中的一部分人离开而否定了共同正犯关系本身的存在。[①] 可见后者才是本书所理解的真正意义上的脱离，只有这种"脱离"才存在解除已存在的共犯关系，仅对脱离时正犯的未遂状态负责。

二、从教唆犯关系的脱离

在上文分析的基础上，从教唆犯关系的脱离就很好认定和理解了。具体而言，存在以下几种情况：

(1)被教唆者在基于教唆着手实行犯罪后终了前的阶段，教唆者为阻止被教唆者的实行而作出了真诚的努力但未奏效，被教唆者达于既遂。

(2)被教唆者在实行终了后达于既遂前，教唆者作出了真诚的努力防止被教唆者达于既遂但未奏效，犯罪结果发生。

(3)教唆者对被教唆者进行了教唆，被教唆者产生了犯意但并未着手实行犯罪，教唆者向被教唆者表明了脱离的意思并为其所了解，只要教唆者使被教唆者打消犯意，就可以认为共犯关系消灭，成立中止犯。

日本刑法理论的通说认为，在此场合下，对脱离了的教唆者追究其准教唆犯的障碍未遂的罪责。

---

① 参见［日］大塚仁：《刑法概说（总论）》（第 4 版），东京，有斐阁 2008 年版，第 349 页。

三、从从犯关系的脱离

对此问题的认定和处理可参照上述对从教唆犯关系的脱离。

值得一提的是关于无形的从犯,完全消除已经给正犯者的心理造成的影响是困难的;所以,实际上很难承认中止不奏效的情形以外的脱离。[①] 这说明本书对上述第 3 例的分析是正确的,对脱离的条件应严格把握。对脱离了的从犯应追究准从犯的障碍未遂的罪责。

第五节 共犯的错误

所谓共犯的错误,是指一部分正犯者所认识到的犯罪事实和其他正犯者所实施的犯罪事实不一致,或者狭义共犯所认识到的犯罪事实和正犯所实施的犯罪事实不一致的情况。有关共犯的错误问题原则上应适用单独犯的错误理论来解决,但由于行为人的个数是复数,并且要重叠地考虑基本的构成要件和修正的构成要件,所以情况更为复杂。学者们一般都站在"法定符合说"的立场上来讨论这个问题。法定符合说认为,行为人主观上认识的事实与客观发生的事实虽然不完全一致,但在法律上的性质是一致时,便应以行为人主观上的认识为依据,定为故意犯罪既遂。如果实际发生的结果与行为人的主观认识在法律上的性质不一致时,便构成想象竞合犯,以一重罪论处。[②] 站在"法定符合说"的立场上讨论共犯的错误时,一般还要区分同一构成要件内的错误和不同构成要件间的错误。

一、同一共犯形态内的错误

(一)共同正犯的错误

在共同正犯中,如各共犯者所认识到的犯罪事实虽不一致,但各犯罪事实属于同一构成要件范围内时,就不阻却共同正犯的故意。例如,共犯者中一部分人误认了被害人而将其杀害,则全体共犯者都成立杀人罪的共同正犯。

如共同正犯中的各共犯者所认识到的犯罪事实不一致,且各犯罪事实属于不同的构成要件时,原则上否定共同正犯的故意。只是当各个基本的构成要件是同一性质且存在互相重合、交叉的情况时,在相互重合的限度

① 参见[日]大塚仁:《刑法概说(总论)》(第 4 版),东京,有斐阁 2008 年版,第 349 页。

② 参见马克昌主编:《犯罪通论》(第 3 版),武汉大学出版社 1999 年版,第 377 页。

内,可以承认共同正犯的故意。如甲有杀人故意,乙有伤害故意,甲、乙共同砍伤丙,在杀人未遂罪和伤害罪互相重合的轻的伤害罪的范围内,成立伤害罪的共同正犯。

问题是共同正犯中的各共犯者都实施了基本犯罪的实行行为,但其中一人的行为却造成了基本犯罪构成以外的重结果,意即在结果加重犯的场合能否成立共同正犯?判例认为,关于结果加重犯,只要有对基本犯罪的认识,即使是对重结果,也能追究共同责任。① 也有学者认为,只要在基本行为上具有共犯关系,就对重结果的发生具有共同的注意义务,所以,对于所发生的重结果,成立共同正犯。② 上述两种观点尽管都肯定结果加重犯的共同正犯,但理由不够充分。在典型的结果加重犯中,以意思责任为根据,共同正犯者仅存在对基本行为的认识或在基本犯罪上存在共犯关系,并不能成为要求全体共犯者对其中一人所造成的重结果负责的理由。如果其他人对重结果的发生没有罪过,要求其承担加重责任是不公平的,因此,只有当共犯者对重结果的发生至少有过失,存在预见义务和预见可能性时,才能成立结果加重犯的共同正犯。另外,对共同过失犯罪的理解也影响到对结果加重犯的共犯的认识,在此问题上存在很多争议。

(二)教唆犯的错误

当教唆犯教唆故意中所认识的内容和被教唆者所实行的内容不一致时,应如何处理?

如教唆犯所认识的内容和被教唆者所实行的内容的不一致存在于同一构成要件范围内时,就不阻却教唆犯的故意,成立教唆犯。例如,甲教唆乙去丙家盗窃,而乙却误入丁家盗窃,甲仍成立盗窃罪的教唆犯。

如教唆犯所认识的内容和被教唆者所实行的内容的不一致跨越了不同的构成要件时,原则上就阻却教唆犯的故意,只是在其构成要件同质且重合的限度内,成立轻的犯罪的教唆犯。即被教唆者实行的内容比教唆犯认识的内容更少时,在其实行的限度内成立教唆犯。例如,甲教唆乙去抢劫,乙实施了抢夺行为,甲成立抢夺罪的教唆犯。与此相反,被教唆者实行的内容比教唆犯认识的内容更多时,在教唆犯认识的范围内成立教唆犯。例如,甲教唆乙去盗窃,乙实施了抢劫行为,甲成立盗窃罪的教唆犯,乙对其抢劫行为自负其责。这种情况被称作共犯的过剩,即正犯者实现的结果比共犯者所认识的内容严重的场合。③ 也就是说,那种认为凡发生教唆故

---

① 参见[日]大塚仁:《刑法概说(总论)》(第4版),东京,有斐阁2008年版,第339页。

② 参见[日]大谷实:《刑法讲义总论》(新版第4版),东京,成文堂2012年版,第462页。

③ 参见[日]野村稔:《刑法总论》,全理其、何力译,法律出版社2001年版,第441页。

意范围以外的犯罪行为，均应作出有利于教唆犯的解释的观点是正确的。[①]

（三）从犯的错误

关于从犯的错误，可准用上述对教唆犯的错误的处理原则，在此不再赘述。

（四）直接正犯和间接正犯间的错误

这是直接教唆犯与间接教唆犯、直接帮助犯与间接帮助犯之间的错误。

如教唆犯教唆他人实行犯罪，而被教唆者并未亲自实行却教唆第三人实行犯罪；或帮助犯本意是帮助正犯实行犯罪，谁知被帮助者不是正犯，被帮助者转而帮助第三人实行犯罪的场合，如何处理？由于这是修正的构成要件内的错误，不影响教唆故意或帮助故意的成立，但究竟是成立直接共犯还是间接共犯，存在争议，尽管二者处罚上区别不大。

二、不同共犯形态间的错误

这是教唆犯和间接正犯、教唆犯和帮助犯、帮助犯和间接正犯之间的错误。当错误跨越不同的共犯形态间时，一般认为成立其中较轻形态的共犯。

（一）教唆犯和间接正犯之间的错误

如甲误认为乙是有责任能力人，教唆乙去杀人，而乙实际上是无责任能力人，发生了间接正犯的结果（意在教唆而实为利用）；或与此相反，甲误认为乙是无责任能力人，利用乙作为工具杀人，而乙实际上是有责任能力人，发生了教唆犯的结果（意在利用而实为教唆）的场合，如何处理？日本刑法学者一般认为对甲可按教唆犯处理，但理由有所不同：一种意见认为，在按照实质的非难可能性程度进行考虑时，可以说，教唆犯的故意被包摄在间接正犯的故意之中，既然其外部行为相当于教唆行为的定型，就应认为甲是教唆犯。[②] 另一种意见认为，间接正犯的故意是将他人作为道具加以利用，实现特定犯罪的意思，另外，教唆犯的故意也是利用他人实现犯罪的意思，在“利用他人”一点上，从广泛意义上讲，间接正犯的故意包含了教唆犯的故意，所以这种场合下的错误，也可以说具有法定符合的特征。[③] 因此根据《日本刑法典》第 38 条第 2 项（实施了本应属于重罪的行为，但行为时不知属于重罪的事实的，不得以重罪处断），甲成立较轻的教

---

① 参见［德］汉斯·海因里希·耶赛克、托马斯·魏根特：《德国刑法教科书（总论）》，徐久生译，中国法制出版社 2001 年版，第 836 页。

② 参见［日］大塚仁：《刑法概说（总论）》（第 4 版），东京，有斐阁 2008 年版，第 341 页。

③ 参见［日］大谷实：《刑法讲义总论》（新版第 4 版），东京，成文堂 2012 年版，第 466 页。

唆犯。

本书对此有不同看法：严格地说，在第一种情况下，乙不构成犯罪（消极身份），甲也因此不能成为共犯，不成立教唆犯，构成单独正犯；第二种情况中，甲、乙二人缺少意思联络，甲不具有教唆故意，甲也因此不成立教唆犯，甲、乙二人应各自成立单独犯。这样处理就坚持了主、客观相统一的原则，避免了“主观归罪”或“客观归罪”。

（二）教唆犯和帮助犯之间的错误

在甲意在教唆而实为帮助（精神上的帮助，即乙本身已有犯意），或甲意在帮助而实为教唆的场合下，日本刑法学者一般认为根据《日本刑法典》第38条第2项的趣旨，可以肯定甲从犯的成立。

本书对此也有不同的见解：在第一种情况下，乙是正犯，甲具有教唆故意，自认为实施了教唆行为，应是教唆犯；第二种情况中，乙同样是正犯，甲具有帮助故意，自认为实施了帮助行为，对所产生的教唆后果不存在罪过，客观危害有限，应是从犯。在此“主观说”是妥当的。

（三）帮助犯和间接正犯之间的错误

帮助犯和间接正犯之间的错误也准用上述有关教唆犯和间接正犯之间的错误的原则处理。

第六节　共犯的罪数、竞合

一、共犯的罪数

（一）共同正犯的罪数

关于共同正犯中犯罪的个数，日本刑法理论的通说认为是基于个人责任原则而“由于数人的数罪”。与此相反，判例认为是“由于数人的一罪”[①]。在共犯论中，对共同犯罪行为不仅要作整体上的把握，还要注意其中各共犯者行为的相对独立性，所以将共同正犯理解为数人数罪是正当的，其罪数应按每一正犯者判断。据此，日本刑法学者川端博认为，“从而，通说的立场是妥当的”[②]。

1. 共同正犯与连续犯

共同正犯者在共谋后，基于同一或概括的犯罪故意，连续实施数个性

---

① 马克昌：《罪数论比较研究》，载高铭暄、赵秉志主编：《刑法论丛》第5卷，法律出版社2002年版，第341页。

② ［日］川端博：《刑法总论讲义》，东京，成文堂1997年版，第633页。

质相同的犯罪行为，触犯同一罪名，如数人共谋连续杀害数人的场合，每一共犯者都成立杀人罪的连续犯，对共同正犯整体也应作如此评价，定为一罪，从重处罚。如共同正犯者中某一人超出了共同犯罪故意，实施了性质不同的其他犯罪，则是"实行犯过限"，由其单独对该罪行负责，与先前认定的共同犯罪一起进行数罪并罚。

2. 共同正犯与想象竞合犯

共同正犯中的各共犯者在进行意思沟通后，各共犯者的实行行为必须都指向所有的犯罪结果的实现时，才能成立共同正犯的想象竞合犯，如各实行行为仅指向个别的结果的实现，则不能成立。例如，甲、乙二人在共同故意支配下同时向人群投掷手榴弹，造成数人受伤或死亡的数个危害结果，即是分别以一行为触犯数个罪名，从整体上评价，构成共同正犯的想象竞合犯。

3. 共同正犯与牵连犯

通过以上分析可知，共同正犯中各共犯者指向所有结果实现的行为之间具有牵连关系，对共同正犯中的每个人都可认定成立牵连犯。例如，甲、乙共谋实施诈骗，甲伪造了所有的公文、证件或甲负责伪造公文，乙负责伪造证件，而后共同实施诈骗行为，则甲、乙均构成伪造公文、证件罪和诈骗罪的牵连犯的共同正犯。

可见，共同正犯中的连续犯应当限于数人共同连续实施触犯同一罪名的数个行为的情况，共同正犯中的想象竞合犯应当限于数人共同实施一行为触犯数罪名的情况，共同正犯中的牵连犯应当限于数人共同实施的数个行为之间存在牵连关系的情况。

（二）狭义的共犯的罪数

决定狭义的共犯（教唆犯、从犯）的罪数的标准有正犯行为标准说与共犯行为标准说。正犯行为标准说主张，共犯的罪数以正犯的行为为标准来确定。此说的理论根据是共犯的从属性。共犯行为标准说主张，以共犯行为为标准判断犯罪的个数或者犯罪的竞合。此说的理论根据是共犯的独立性。共犯行为标准说在日本是通说。[①] 日本刑法学者大谷实认为："判例的主流历来坚持共犯的罪数根据实行正犯的罪数来决定这一罪数从属性的立场，但是，最高法院在 1982 年 2 月 17 日的判决中表露出'共犯的罪数应着眼于共犯行为本身来决定'的态度。应当说，这是个妥当的态度。"[②]

---

① 参见马克昌：《罪数论比较研究》，载高铭暄、赵秉志主编：《刑法论丛》第 5 卷，法律出版社 2002 年版，第 342 页。

② ［日］大谷实：《刑法讲义总论》（新版第 4 版），东京，成文堂 2012 年版，第 496 页。

1. 教唆犯的罪数

(1)教唆犯与连续犯

我国有学者在论述教唆犯与连续犯的问题时,认为有教唆犯的连续犯和连续犯的教唆犯之分。前者指连续教唆他人犯同一之罪的情形,实际上是同罪名的连续性教唆;后者指一次教唆他人连续犯罪的情形。[①] 进而在论及教唆犯与想象竞合犯、教唆犯与牵连犯时也作如上区分。本书认为,所谓教唆犯的连续犯是行为人以数个教唆行为触犯同一罪名的情形,立足于共犯行为本身,符合教唆犯的构成特征,正是本书要讨论的狭义的共犯的罪数问题。而所谓连续犯的教唆犯是行为人以一个教唆行为引起他人实施连续犯罪的故意,无论在形式与内容上都只成立一罪,无特别讨论之必要。因此,这种区分尽管能加深对狭义共犯罪数问题的认识,但要明确前者才是真正问题所在。

(2)教唆犯与想象竞合犯

根据以上分析,对此问题应按共犯行为标准说处理,即"根据共犯独立性说,共犯只对共犯行为自身才成立,所以,罪数也应以共犯行为为基础来确定;即便在共犯从属性的立场上,共犯行为自身是实行行为,所以,必须和正犯的罪数区别开来加以确定。例如,同时教唆数人,三名被教唆人各自杀死一名被害人,共杀死了三名被害人的场合,只要是一个行为,就应认为是三个教唆罪的观念竞合。帮助犯的场合也一样。[②] 对此问题不应再有异议。

(3)教唆犯与牵连犯

根据共犯行为标准说,只要教唆行为本身具有牵连关系,就可认为成立教唆犯的牵连犯。但这种情况比较少见,因为教唆犯完全可以只用一个行为教唆他人实施两种犯罪行为,只要这两种行为之间具有牵连关系,教唆犯和被教唆者就均成立牵连犯。例如,甲教唆乙使用伪造国家机关公文的方法进行诈骗,乙的行为具有方法与目的之牵连关系,因而甲成立诈骗罪的教唆犯。由此可见,正犯行为标准说也有其合理之处。

2. 从犯的罪数

在从犯的场合也适用上述原则处理。

总之,狭义的共犯中的连续犯,应当限于其连续实施的数个教唆行为或帮助行为触犯同一罪名的情形;狭义的共犯中的想象竞合犯,应当限于

---

① 参见赵秉志主编:《犯罪总论问题探索》,法律出版社2003年版,第584~585页。

② 参见[日]大谷实:《刑法讲义总论》(新版第4版),东京,成文堂2012年版,第496页。

其行为是一行为而触犯数个罪名的情形，至于一个行为的认定，应采共犯行为标准说；狭义的共犯中的牵连犯，应当限于正犯数行为间存在牵连关系的情形，应采正犯行为标准说。

二、共犯的竞合

所谓共犯的竞合，是指实施一个基本的构成要件行为，同时出现了共同正犯、教唆犯、帮助犯三种共犯形式。在共犯竞合的场合，上述共犯形式都是为实现基本构成要件而实施的行为，都是对实现基本的构成要件进行加担的行为形态，具有共同性，因此，较轻的共犯形式被较重的共犯形式所吸收，只成立较重的共犯形式。如教唆犯、从犯进而分担了实行行为时，仅负担共同正犯的罪责；教唆犯其后又帮助了正犯时，仅成立教唆犯，从重处罚。

但是，也有学者表达了不同观点，认为如果一人同时是同一犯行为的正犯和共犯，或者是教唆犯和帮助犯，那么较弱的共犯形式退居较强的共犯形式之后。也就是说，教唆犯先于帮助犯、共同正犯先于教唆犯和帮助犯（补充关系），即如果一人在同一个犯罪行为中既是正犯又是共犯，或者说他同时具有共同犯罪的不同形式，实质补充关系首先适用于较轻的共犯形式。[①] 论者把这种情况作为法条竞合（法条单一）的补充关系来处理。所谓补充关系被理解为兜底构成要件的法律退到原本要适用的法律之后："原本法优于补充法"[②]，即法律中的兜底条款是补充法，列在前面的被具体描述的条款优先适用。但在此场合，较轻的共犯形式不是对较重的共犯形式的补充，它们产生于同种犯罪，只是行为方式、发展阶段和危害程度不同，主要是来源于复杂的犯罪事实，因此，认定为吸收关系更为合理。日本刑法学者小野清一郎的论述就是很好的论据："有时，行为不一定完全重合，但也不是完全各自独立，行为的发展过程中有几个阶段被构成要件类型化了，后一阶段的行为吸收了前一段的行为。……构成要件的一般修正形式，即未遂犯和既遂犯，教唆犯、帮助犯和共同正犯之间，也可以成立同样的关系，它们是同一的行为类型，一方无非是他方的修正的构成要件而已。"[③]据此，在共犯竞合的场合，各种共犯形态处于吸收与被吸收的关系，

---

① 参见［德］汉斯·海因里希·耶赛克、托马斯·魏根特：《德国刑法教科书（总论）》，徐久生译，中国法制出版社 2001 年版，第 846、896 页。

② ［德］汉斯·海因里希·耶赛克、托马斯·魏根特：《德国刑法教科书（总论）》，徐久生译，中国法制出版社 2001 年版，第 895 页。

③ ［日］小野清一郎：《犯罪构成要件理论》，王泰译，中国人民公安大学出版社 2004 年版，第 196～197 页。

不能并存,只能存在一种共犯形态。

第七节　余　　论

本书对以上共同犯罪疑难问题的选择,主要是基于宏观上的考虑,并不意味着共同犯罪的疑难问题仅限于此。之所以作出这样的取舍,一是考虑到国外刑法理论与我国刑法理论的差异和衔接程度,以便在共同的基础上进行比较研究;二是考虑到我国的立法规定和司法实践,有些问题我国立法并未涉及,如间接共犯(共犯的共犯),司法实践一般予以否定,还有共同过失犯罪,似乎也无太大论及的必要。但是这些问题仍然值得深思,故在余论部分作一简略梳理。

一、共同过失犯罪

今日鲜有关于共同过失犯罪的立法例。《意大利刑法典》在"共同犯罪"一节中的第 113 条第 1 款规定:"在过失重罪中,当危害结果是由数人的合作引起时,对每人均处以为该罪规定的刑罚。"对此,意大利刑法学者的观点是:"1930 年刑法典承认了这种共同犯罪的形式,但赋予了它一个名称(过失重罪中的合作),以表示其与故意的共同犯罪的区别"。[①] 所以,本条不仅肯定了共同过失犯罪,还限制了其成立范围(仅限于重罪),同时也揭示了其与传统共同犯罪的区别(是过失的共同合作而不是共同犯罪,似乎处于故意的共同犯罪和过失的同时犯之间)。新中国成立前刑法有关于共同过失犯罪的立法例,如 1912 年《暂行新刑律》第 29、35、36 条,1928 年刑法第 42、47 条,1935 年刑法没有这方面的规定,逐渐萎缩直至消失。

我国《刑法》已肯定"共同过失犯罪"这一概念,只是不以传统的共同犯罪论处罢了。但我国司法实践已肯定共同过失犯罪的存在,2000 年 11 月 21 日《最高人民法院关于审理交通肇事刑事案件具体应用法律若干问题的解释》第 5 条第 2 款规定:"交通肇事后,单位主管人员、机动车辆所有人、承包人或者乘车人指使肇事人逃逸,致使被害人因得不到救助而死亡的,以交通肇事罪的共犯论处。"从行为共同说的立场出发,完全可以承认共同过失犯罪,但站在犯罪共同说的立场上,也并非不能承认共同过失犯罪。"例如两个工人在施工现场,对下面均未注意,共同投落铁棍,使在下

---

① 参见[意]杜里奥·帕多瓦尼:《意大利刑法学原理(注评版)》,陈忠林译评,中国人民大学出版社 2004 年版,第 291 页。

面的工人负伤的场合,对于伤害并无意思疏通,作为结果是不注意的行动;关于铁棍的投落则是有意思疏通的。这样,着眼于与同时犯不同之点,承认过失犯的共犯的见解,不论根据行为共同说的观点,或根据犯罪共同说的观点,都被提倡。"[①]由于科技和工业的高度发展,社会生活方便程度提高而又孕育着巨大的危险,稍有不慎即可能造成严重的危害后果,因此,应对共同行为人课以更多的共同注意义务。在"二战"前,日本大审院时代没有承认共同过失犯罪的判例,但二战后,也即日本经济高速发展时期,日本法院逐渐出现了承认过失共犯的判例,而且多发生在交通、公共安全、机械工业操作等领域。可以认为,共同过失犯罪,是指二个以上的行为人基于某种过失心理,均未履行法律规定或职务、职业要求的共同注意义务,从而导致严重危害后果的行为。[②]

刑法理论上承认共同过失正犯的学者越来越多。成立共同过失正犯,并不意味着不要求数行为人之间没有共同意思,而是说行为人只要具有以其他共同者的行为补充自己的行为的意思就够了,结合客观上共同实行的事实就可成立共同过失正犯。实际上,近年来犯罪共同说与过失犯一般理论发展相呼应,即便就构成要件过失的中心是违反注意义务的"共同"而言,也变为主张由共同危险行为惹起客观性结果为已足。[③] 可见,学者们越来越关注行为的有用性,共同过失正犯的存在有利于解决实践中无法分清共同犯罪因果关系的案件和结果加重犯的共犯的问题。

二、间接共犯(共犯的共犯)

所谓间接共犯,又称共犯的共犯,是与直接共犯相对应的概念,指行为人给予教唆犯或帮助犯以教唆,及给予教唆犯或帮助犯以帮助的情况,分为四种情况,即教唆教唆犯、教唆帮助犯、帮助教唆犯、帮助帮助犯。《日本刑法典》第 61 条第 2 项规定,教唆教唆犯的,以正犯论处;第 62 条第 2 项规定,教唆从犯的,以从犯论处。在立法上肯定了教唆教唆犯和教唆帮助犯,但并未规定帮助教唆犯和帮助帮助犯,有论者据此认为既然法律无明文规定即可认为不值得处罚,因而是不可罚的。但也有采取肯定说的,主张"关于帮助教唆者、帮助从犯者,应解释为亦准用此规定(《日本刑法典》

---

① [日]西原春夫:《刑法总论(改订准备版)》(下卷),日本成文堂 1995 年版,第 384~385 页。转引自马克昌:《比较刑法原理》,武汉大学出版社 2002 年版,第 648 页。

② 参见李希慧、廖梅:《共同过失犯罪若干问题研究》,载《刑事法学》2003 年第 2 期。

③ 参见马克昌、莫洪宪主编:《中日共同犯罪比较研究》,武汉大学出版社 2003 年版,第 57 页。

第62条第2项)”[1]。根据我国刑法规定和刑法理论,应具体情况具体分析,不宜一概肯定,也不宜一概否定。

三、共谋共同正犯

所谓共谋共同正犯,是指二个以上的行为人共谋实施特定犯罪。但是仅有其中一部分人着手实行犯罪,另一部分人并未着手实行犯罪,在此场合下,对所有的共犯者均认定成立共同正犯。所谓共谋,是指各共犯者对实行特定犯罪的认识。共谋共同正犯的理论基础来源于日本刑法学者草野豹一郎提倡的共同意思主体说。这种学说着眼于面向共同目的而合二为一这种共犯的社会心理特点,认为共犯是在想实现一定的犯罪这种共同目的之下,二人以上者成为同心一体,形成所谓共同意思主体,作为其共同意思主体的活动,至少由共同者中的一人实行犯罪时,共同者的全体成员就由此成立共犯。因为本来不能认为只不过是违法的、暂时性存在的共同意思主体具有对这种共同意思主体活动的责任,所以,要从民法的组合理论来推定,并且,鉴于今日刑法的立场是把自然人预想为刑罚的主体,应该在构成共同意思主体的个人中考虑作为这种共同意思主体的活动的责任。[2] 1974年《日本改正刑法草案》第27条第2项曾规定:“二人以上谋议实行犯罪,共谋者中的某人基于共同的意思而实行犯罪的,其他共谋者也是正犯。”尽管出现了多个承认共谋共同正犯的判例,但理论界对此也展开了严厉的批评,认为这是团体责任的回归,违法了刑法的个人责任原则。

应当注意的是,对共谋共同正犯的理解很大程度上取决于对实行行为的认识。从形式的观点看,实行行为是刑法分则规定的构成要件的行为,依此见解,共谋共同正犯中未实施实行行为的首谋者没有成立共同正犯的余地;从实质的观点看,实行行为是具有支配力的行为(行为支配理论)。因此,首谋者在共同犯罪中处于重要地位、发挥了重大作用,理应以正犯论处。如果要肯定共谋共同正犯,应从共同意思主体说和行为支配理论两方面来理解。

四、间接正犯

间接正犯是与直接正犯相对应的概念,指不亲自动手实施犯罪,而是将他人作为工具加以利用实现预期犯罪的情况。“间接正犯”这一概念,

---

① 马克昌主编:《犯罪通论》,武汉大学出版社1999年版,第602页。

② 参见[日]大冢仁:《刑法概说(总论)》(第3版),冯军译,中国人民大学出版社2003年版,第259页。

在德国，是从理论上考虑共犯从属性时的结果，它是由考虑到“对利用无责任能力者或无犯意者的人能否处罚”这个问题而产生出来的。[①] 对共同犯罪的本质、正犯的概念以及从属性程度的不同理解，直接关系到间接正犯的有无和成立范围。一般认为，间接正犯存在如下场合：（1）利用完全缺乏是非辨别能力的人；（2）利用他人的反射行为或被强制的行为；（3）利用他人缺乏构成要件性故意的行为；（4）利用无身份有故意的工具；（5）利用无目的有故意的工具；（6）利用他人符合构成要件但缺乏违法性的行为；（7）利用他人有故意的帮助行为。在规范的观点中，间接正犯应该与直接正犯同等对待，这应该说是从认识其本质特征中产生的观念。[②]

对间接正犯着手和终了时期存在不同认识，根源可能在于对其实行行为的不同理解。间接正犯的实行行为到底是什么？应该说，间接正犯的正犯性质的实体在于，在其情形中可以肯定与直接正犯没有质的不同的实行行为性，即在背后利用者的行为中，主观上具备实行的意思，客观上具有利用被利用者实现一定犯罪的现实危险性。[③] 可见应立足于利用者的行为来理解间接正犯的实行行为，与原因中的自由行为有相似之处。这样间接正犯的着手和终了时期应以利用者的行为为标准，而不是被利用者的行为。

与间接正犯相关的是自手犯的问题。所谓自手犯，是“为了实现犯罪需要正犯者自身直接实施犯行，不是采取利用他人的间接正犯的形式就能成立的犯罪”[④]。一般可将自手犯分为真正自手犯和不真正自手犯，及实质自手犯和形式自手犯。在身份犯的场合下，自手犯可能成立间接正犯。

五、片面共犯

片面共犯是指行为人以加功他人犯罪行为的单方面的意思，对他人的犯罪行为产生了影响，从而使他人完成了犯罪的情形。在刑法理论中，一般肯定片面共犯的存在，但有关片面共犯的成立范围存在争论。首先，能否承认片面共同正犯？所谓片面共同正犯，是指在承认实行行为共同的事实的场合，只有一方具有共同实行的意思，而其他共同人并不具有该意思

① 参见［日］小野清一郎：《犯罪构成要件理论》，王泰译，中国人民公安大学出版社2004年版，第171页。

② 参见［日］大冢仁：《刑法概说（总论）》（第3版），冯军译，中国人民大学出版社2003年版，第143页。

③ 参见［日］大冢仁：《刑法概说（总论）》（第3版），冯军译，中国人民大学出版社2003年版，第143～144页。

④ 参见［日］大冢仁：《犯罪论的基本问题》，冯军译，中国政法大学出版社1993年版，第284页。

的场合。[①] 所以，站在行为共同说的立场上，只要一方有共同实行的意思，即使双方不存在共同实行的意思，也可肯定片面共同正犯。例如，甲在追杀乙的过程中，丙以共同实行的意思将乙锁在家中，致乙无法逃脱而被甲杀死。但是，站在犯罪共同说通说的立场上，必然否定片面共同正犯的观念，因为行为人之间仅有客观行为的共同而无主观意思的共同，这种情况应认定为同时犯。其次，能否承认片面教唆犯？所谓片面教唆犯，是指教唆人基于教唆的故意实施了教唆行为，但被教唆人并不知道有该教唆行为而决意实施犯罪的场合。有论者认为，教唆行为，是基于教唆的故意而实施的教唆行为，只要由此而让人决意实施犯罪就够了，不要求被教唆人对被教唆的事实有认识，所以，应当认可片面教唆犯。[②] 但是，成立教唆犯不仅要求被教唆者是有责任能力人，而且要求被教唆者本身无犯意，其犯意是由教唆犯引起的。如果一方面要求被教唆者本身无犯意，另一方面又认可被教唆者对被教唆无认识，那么被教唆者的犯意从何而来呢？被教唆者的犯意要么是来自于内心，要么是来自外界的影响。现在内外两方面的来源都被否定了，犯意的产生就成了无源之水、无本之木。因此，认可片面教唆犯的观点是错误的，被教唆者至少须认识到自己是由于外界某人的影响而产生了犯意，至于是何人、以何种方式教唆，在所不问。最后，能否承认片面帮助犯？所谓片面帮助犯，是指帮助人基于帮助的故意而实施了帮助行为，但被帮助人不知道有该帮助行为而实施犯罪的场合。[③] 在有形帮助的场合，正犯不知道存在帮助行为而在这一有利条件的支援下完成了犯罪的情形是完全存在的，如甲意图强奸乙女，丙知其犯意而暗中下毒使乙卧病在床，从而便利了甲犯行的实施。但在无形帮助（精神帮助）的场合，只要正犯没有意识到存在帮助行为，就不能说使犯行易于实行，所以在此不能成立片面（无形）帮助犯。

综上所述，片面共犯只存在有形帮助犯的场合。但是，片面共犯只是徒有“共犯”之虚名，严格来说片面共犯不是共同犯罪，因为行为人双方缺少意思联络，不存在共同犯罪故意，不符合共同犯罪的成立条件。对于上例中的被帮助者，即正犯甲，构成强奸罪，即所实行犯罪的单独正犯；对片面帮助者丙，同样认定为强奸罪，一般比照共同犯罪中的从犯量刑。

本书认为，有两点影响到对片面共犯的认定：（1）如果重视共同犯罪中物理的因果性，则片面共犯都可谓共同侵害法益的行为，可以成立；如果

---

① 参见［日］大谷实：《刑法总论》，黎宏译，法律出版社2003年版，第318页。

② 参见［日］大谷实：《刑法总论》，黎宏译，法律出版社2003年版，第327页。

③ 参见［日］大谷实：《刑法总论》，黎宏译，法律出版社2003年版，第332页。

注重心理的因果性，即共犯者之间的犯意联络，片面共犯就根本没有成立的余地。(2)与第1点相关，对共犯(广义)的成立条件严格把握，片面共犯也不应成立。但理论上对共犯的成立条件有宽和化的倾向，如有的学者认为成立教唆犯、帮助犯不需要被教唆者、被帮助者认识到是被教唆、帮助，为成立片面共犯打开了理论上的缺口。

六、网络共同犯罪

在理论研究方面，应当与时俱进，关注随着科技的发展而出现的新的共同犯罪形式，如网络共同犯罪。网络共同犯罪是共同犯罪的特殊表现形式，从狭义上讲，主要针对通过网络实施的危害网络系统及网络数据的共同犯罪行为，从而承认网络共同正犯、网络教唆犯、网络帮助犯的成立。[①]

① 参见赵秉志、张新平：《试论网络共同犯罪》，载《刑事法学》2003年第2期。

第十三章　教唆犯的性质

作为“刑法学中最黑暗和最混乱的”①“绝望之章”②的共犯论中最复杂的问题之一，教唆犯的性质问题一直为刑法理论界所热议。教唆犯的性质问题如此关键，以至于有学者认为“教唆犯的性质确认，是教唆犯理论的首要问题”③。有日本学者甚至认为关于教唆犯等共犯的性质问题的学说对立“是犯罪论的基本的对立的投影”④。我国刑法学界关于教唆犯的研究，多借鉴大陆法系刑法理论，以共犯从属性说与共犯独立性说作为理论基础。但在对教唆犯性质的界定上，目前的通说摒弃了大陆法系刑法理论中所坚持的或从属性说或独立性说的做法，主张教唆犯应当具有集从属性与独立性于一身的二重性。近年来，越来越多的学者主张教唆犯或具有从属性或具有独立性，不可能同时具有从属性与独立性。⑤ 可以说，在关于教唆犯的性质及相关的一系列问题上，学者们的观点见仁见智。对教唆犯的一些问题的结论会因对教唆犯性质的主张不同而不同。作为教唆犯理论的基础性问题，研究教唆犯的性质问题具有重要的理论价值与实践意义。

第一节　教唆犯的概念

各国的刑事立法乃至同一国家的不同学者对教唆犯概念的界定有差异。另外，尽管一些国家在刑法典中对教唆犯的概念进行了规定，但其内涵也是不可能在立法上完全体现的。因此，有必要通过理论上的界定和解释来体现立法原意，对立法原意进行归纳、总结与解释。

要给教唆犯下定义，必须先界定什么是教唆行为。根据《现代汉语词

① 这句名言始自坎托诺维茨（Kantorowicz）。之后，这句名言就为宾丁（Binding）所认可，直到今天，大量学者都在引用这句名言。转引自［德］克劳斯·罗克辛：《刑事政策与刑罚体系》（第2版），蔡桂生译，中国人民大学出版社2011年版，第14页。

② ［日］高桥则夫：《共犯体系和共犯理论》，冯军等译，中国人民大学出版社2010年版，第1页。

③ 刘佳雁：《海峡两岸刑法中教唆犯理论之比较研讨》，载《台湾研究》1995年第2期。

④ ［日］前田雅英：《刑法总论讲义》，东京，东京大学出版会1996年版，第440页。

⑤ 参见朱道华：《教唆犯二重性说的逻辑困境及其反思》，载《法律科学》2012年第6期；张明楷：《刑法学》（上）（第5版），法律出版社2016年版，第409页。

典》,教唆是指“怂恿指使(别人做坏事)”①。那么,什么是“怂恿”呢?《现代汉语词典》解释为“鼓动别人去做(某事)”②。至于“鼓动”,则解释为“用语言、文字等激发人们的情绪,使他们行动起来”③。教唆行为指的是使没有犯意的人产生犯意,而如果他人已经有犯意,此时的教唆应属于精神上的帮助。我国刑法规范上所规定的教唆犯有三种情形:其一,《刑法》第29条第1款所规定的教唆者与被教唆者成立共同犯罪的情形;其二,《刑法》第29条第2款所规定的被教唆的人没有犯被教唆的罪的情形;其三,刑法分则中规定的教唆型犯罪。本书将教唆行为界定为:意在使没有某种意图的人产生某种意图的行为。通过对我国教唆犯的立法考察,可以这样描述教唆犯:意图使本无犯意之人产生犯意的,为教唆犯。教唆犯又称造意犯,是指有意唆使他人,使其产生犯罪意图,进而实施所教唆之罪的人。与实行犯、帮助犯不同的是,教唆犯通过他人实施犯罪行为来实现其犯罪意图。

本书所界定的教唆犯概念具有以下几个特征:

第一,教唆犯的本质在于“使人产生意图”,教唆犯是犯意的挑起者,也是犯罪的传播者。教唆行为不但表明教唆者本人具有明显的主观恶性和反社会性,而且可能挑起被教唆者的犯罪意图,使被教唆者实施犯罪行为,在危害社会的同时又使被教唆者蜕变为犯罪人。因此可以说,教唆犯在制造犯罪的同时又制造了犯罪人。也就是说,只要教唆者在“企图使被教唆者产生犯意”的目的支配下作出了教唆行为就可以了。至于被教唆者是否因教唆而产生了犯意、是否接受教唆的内容、是否作出被教唆的行为等不影响教唆犯的成立。

第二,教唆行为的实质内涵决定了教唆者对被教唆的人实施教唆行为的方式主要表现为怂恿、刺激、煽动、劝说、引诱、诱骗、指使、收买、乞求、请求等各种方法。考虑到教唆犯的本质在于企图使本无犯意者产生犯意,具体以什么方法手段并非问题的关键;另外,文字本身的局限性也决定了教唆方式不可能被详尽表述。但不管以何种方式,不应包含胁迫或强制手段,也就是说,被教唆者是在平和的、有自由意志、能自主选择的状态下接受教唆的,一旦产生了犯罪意图,其后续的犯罪行为在心理状态上是主动、自愿的。

第三,不论以何种方法进行教唆,教唆对象必然是教唆犯概念内涵中

---

① 《现代汉语词典》(修订本),商务印书馆1996年版,第640页。

② 《现代汉语词典》(修订本),商务印书馆1996年版,第1200页。

③ 《现代汉语词典》(修订本),商务印书馆1996年版,第453页。

不可或缺的一个要素。教唆完全刑事责任能力人应构成教唆犯，并无异议；当被教唆者不具有刑事责任能力时，是否成立教唆犯则有争议。由于教唆的本质是使不具有犯意的人产生犯意，因而被教唆者是否具有刑事责任能力并不会影响教唆的本质。当不具有刑事责任能力的被教唆者作出实行行为时，根据间接正犯的理论，教唆者成立间接正犯而不成立教唆犯。当不具有刑事责任能力的被教唆者没有犯被教唆的罪时，教唆者成立教唆犯。

第四，教唆的内容不仅限于犯罪，还可以包括某些特定的违法行为与违背道德的行为。这些行为由于具有较严重的社会危害性，基于刑事政策的考虑需要给以较严厉的制裁予以规制。例如，《刑法》第353条所规定的“教唆他人吸毒罪”、《刑法》第359条所规定的“引诱卖淫罪”与“引诱幼女卖淫罪”等，司法解释中规定的特定情形下教唆他人自杀的行为，尽管教唆的内容不是“犯罪”，仍应认定教唆犯。

因此，本书所讨论的教唆犯概念是广义的教唆犯。包括刑法总则规定的共同犯罪型教唆犯和刑法分则规定的非共同犯罪型教唆犯。共犯教唆犯规定于刑法总则共同犯罪部分，即《刑法》第29条第1款；非共犯教唆犯包括三种情况：一是《刑法》第29条第2款规定的被教唆者的人没有犯被教唆的罪的情形。二是本来成立共同犯罪的教唆行为因刑法分则的特别规定而获得了实行行为的性质。例如，《刑法》第103条规定的“煽动分裂国家罪”，有学者称这种现象为“共犯的正犯化”①。这些被刑法分则赋予实行行为性质的教唆行为已不属于刑法总则共同犯罪意义上讨论的范围了，而应作为“正犯化的教唆犯”。三是依刑法总则关于共同犯罪的规定不应成立犯罪，但因分则的特别规定而获得了实行行为的性质，如前文所述的教唆特定的违法行为。

有学者引用“造意为首”“造意不为首”等来讨论教唆犯的刑事责任，将“造意者”等同于“教唆犯”。例如，周光权教授从“主犯、从犯区分的一般理论”“确定造意者作用的立场：共犯从属性说”“确定造意者作用的方法论：先客观再主观”等方面论述了其主要观点：“对于提起犯意的人，通常都应该是从犯，只有在造意后又着手实行、针对未成年人提起犯意、为犯罪集团或者聚众犯罪造意等极其罕见的场合，才有成立主犯的余地。因此，实务中流传甚广并深入人心的造意为首观念，可能并不正确，亟待改

---

① 张明楷：《刑法学》（上）（第5版），法律出版社2016年版，第383页。

变”[①]。与此相对,雄红文则从“国际刑法立法”“我国刑法的立法精神”“教唆犯对危害结果的控制效果”“构建诉讼和谐”“司法产生的导向”等方面论述了其不同观点:“造意应为首,即教唆犯一般应认定为主犯,只有在间接教唆、教唆帮助犯等极其罕见的场合,才有成立从犯的余地”[②]。显然,上述学者将“造意者”等同于“教唆犯”了。

本书认为,中国古代刑法中的“造意”与当代刑法中的“教唆”的含义是不同的,将“造意者”等同于“教唆犯”的作法是对“造意者”的误读。西晋律学家张斐在《晋律注》中解释“倡首先言谓之造意”[③],即首先提出犯意。唐律在继承前朝成就的基础上,对共同犯罪作了更为全面具体的规定。唐律中的造意已经不限于提出犯意,而且还起着谋划、计略的作用。如唐律《贼盗律》(总第256条)规定,凡预谋杀人的,造意者即使未参与实施,仍为首犯。“疏议”称:“造意者,谓元谋屠杀,其计已成,身虽不行,仍为首罪,合斩。”[④]我国古代立法中的造意者不限于犯意的发起者,还应当包括发挥着策划、谋略作用的领导者即组织犯。而在分工分类法下区分的共同犯罪参与人,教唆犯、帮助犯、组织犯、实行犯是并列的。因此,可以说中国古代刑法立法者对“造意者”内涵的界定包括分工分类法下的组织犯与教唆犯,具体而言既包括《刑法》第29条规定的教唆犯的情形,还包括《刑法》第26条所规定的“组织、领导犯罪集团进行犯罪活动”的情形。现代刑法理论认为,教唆犯的本质特征是使本无犯意的他人产生犯意,教唆者自己并不参与所教唆的行为,如果教唆者自己参与所教唆的行为,根据犯罪竞合论,则可能成立共同正犯的问题。这样看来,古代立法中的“造意犯”与现行立法中的“教唆犯”内涵是有很大差异的。

第二节　教唆犯性质之国内理论及立法现状

一、学说概览

基于在教唆犯定位上的差异,我国学者在关于教唆犯的性质问题上也是见仁见智。归纳起来可以分为两大类型:其一,在共同犯罪框架下讨论

① 周光权:《造意不为首》,载《人民检察》2010年第23期。

② 雄红文:《教唆犯在共同犯罪中作用地位的认定——也谈“造意”不为首》,载《人民检察》2011年第4期。其在《检察日报》2011年2月16日第3版发表的《造意应为首》一文更是从文章标题上就直截了当表明了自己的立场。

③ 《晋书·刑法志》。

④ 钱大群:《唐律疏议新注》,南京师范大学出版社2007年版,第568页。

教唆犯的性质;其二,在教唆犯独立构成语境下讨论教唆犯的性质。前者,教唆者与被教唆者形成共犯关系;后者,教唆行为本身即实行行为,符合教唆犯罪构成而成立独立的犯罪。

(一)二重性说

我国刑法学界关于教唆犯性质研究的通行做法是借鉴大陆法系刑法理论,在共犯框架下对教唆犯进行研究。一般认为,教唆者与被教唆者构成共犯关系,以教唆犯的从属性说与独立性说作为基础展开。但在对教唆犯性质的具体界定上,摒弃了大陆法系刑法理论通说即共犯从属性说的观点,主张教唆犯兼具独立性与从属性于一身的二重性,创造了我国刑法理论关于教唆犯性质的通说。目前,关于教唆犯性质问题的理论争鸣可以归纳为二重性说、单一性说和摒弃性质说三大类。认为教唆犯兼具独立性与从属性的属于第一类,在二重性说之中又有机械的二重性说与辩证统一的二重性说、具体的二重性说与抽象的二重性说之分;而认为教唆犯或具有从属性说或具有独立性的属于第二类;还有个别学者认为教唆犯的性质不具有讨论的意义,属于第三类。

我国刑法理论的通说采用教唆犯二重性说,认为教唆犯兼具从属性与独立性。例如,有学者认为,该说突破了教唆犯的从属性与独立性的传统争论,独树一帜,是很有见地的。① 有学者评价:“总体上看它贯彻了主客观相统一的原则,正确地解决了教唆犯的性质问题,是科学合理的。”②还有学者认为,不仅教唆犯具有二重性,组织犯与帮助犯等非实行犯都具有这种二重性。③ 该说最早由伍柳村教授于 1982 年提出,其认为“一方面,就教唆犯与被教唆人的关系看,教唆犯处于相对从属地位,教唆犯具有相对的从属性;另一方面,教唆犯的教唆行为本身具有严重的社会危害性,它使教唆犯与被教唆者之间产生联系,同时使教唆犯的人身危险性和社会危险性暴露于世,因而教唆犯在共同犯罪中又处于相对独立的地位,具有相对独立性。根据这种相对独立性,教唆犯实施了教唆他人犯罪的行为,无论被教唆者是否接受教唆并实施犯罪,教唆犯的教唆行为本身都构成犯罪。可见,教唆犯具有从属性和相对独立性相统一的二重性”④。该说被认为是辩证统一的二重性说,并得到广泛支持而迅速成为通说。有的学者虽然主张教唆犯二重性说,但认为在被教唆的人没有犯被教唆的罪时,应

① 参见马克昌:《论教唆犯》,载《法律学习与研究》1987 年第 5 期。

② 赵秉志、魏杰:《论教唆犯的未遂》,载《法学家》1999 年第 3 期。

③ 参见陈兴良:《共同犯罪论》,中国人民大学出版社 2006 年版,第 42 页。

④ 伍柳村:《试论教唆犯的二重性》,载《法学研究》1982 年第 1 期。

成立未遂犯。[1]

机械的二重性说认为,教唆犯的性质应根据具体情况而定,不可一概而论。认为根据我国刑法的规定,在某些情况下教唆犯具有从属性,在某些情况下教唆犯则具有独立性。也就是说,在机械的二重性说这里,教唆犯的从属性和独立性是分离的。例如,我国台湾学者郑健才认为,“教唆人与被教唆人成立共犯时,教唆犯有从属性,即依其所教唆之罪处罚之。视被教唆人犯罪既遂或未遂,使教唆犯亦受既遂或未遂之处罚。设被教唆人未着手于犯罪行为之实行,在教唆犯言,其所教唆之罪,被教唆人并未着手于实行,彼此不成立共犯,而有独立性”[2]。还有学者虽然支持此种观点,但认为教唆犯的二重性以独立性为主。例如,马克昌教授认为,《刑法》第29条第1款规定的教唆犯“只有在被教唆人实施犯罪时才能成立。……但这一款规定的教唆犯的刑事责任,则是依其在共同犯罪中的作用处罚,而不是依照实行犯的刑罚处罚,这就是教唆犯处罚的独立性”。第29条第2款规定的教唆犯“是被教唆人没有犯被教唆之罪的情况。在这种情况下,教唆犯与被教唆人根本不成立共同犯罪关系,刑法却仍然对之规定了刑事责任。这里的教唆犯既无犯罪的从属性,也无刑罚的从属性,亦即只有独立性”。并认为,“我们刑法规定的教唆犯,确实具有两重性,但独立性是主要的”[3]。

根据对教唆犯的从属性与独立性之间关系的不同认识,二重性说之中还有具体的二重性说与抽象的二重性说之分。具体的二重性认为,在教唆犯的二重性中,从属性与独立性是有主次之分的。一种观点认为,从属性是主要的方面,独立性是次要的方面。因此,科学、全面地论证教唆犯,就应当认为教唆犯是共同犯罪中具有矛盾二重性的犯罪,而以从属性为其矛盾的主要方面的类型。[4] 另一种观点认为,在教唆犯的二重性中,独立性占主导地位,从属性处于次要地位。[5] 抽象的二重性说认为,教唆犯的从属性与独立性之间不存在孰主孰从的问题,因为从属性是在相对独立性基础上的从属性,而独立性也是在相对从属性基础上的独立性,两者是不可分割

---

① 参见陈兴良:《共同犯罪论》,中国人民大学出版社2006年版,第225页;赵秉志、魏杰:《论教唆犯的未遂》,载《法学家》1999年第3期。

② 郑健才:《刑法总论》,台北,三民书局1985年版,第221页。

③ 马克昌:《论教唆犯》,载《法律学习与研究》1987年第5期。

④ 参见李光灿、马克昌、罗平:《论共同犯罪》,中国政法大学出版社1987年版,第82页。

⑤ 参见马克昌:《论教唆犯》,载《法律学习与研究》1987年第5期;司明灯:《论我国刑法中教唆犯的性质》,载《法学与实践》1993年第4期。

的、辩证统一的。①

（二）单一性说

越来越多的学者对二重论进行反思，认为教唆犯或具有从属性或具有独立性，“很难想象，在一部刑法里可以合二为一，或者说具有所谓‘二重性’”②。“独立性说和从属性说的基本理论表明③，对于认定教唆犯的刑事责任，从立论根据、分析方法乃至如何适用刑罚，都是根本不同的；应用到具体案件上，结论有时甚至是相反的。在一部刑法里，要么采取独立性说，即完全以教唆人所教唆之罪作为定罪基础；要么采取从属性说，即完全以被教唆人所实施之罪作为定罪基础。”④

目前，多数学者赞同教唆犯具有从属性的观点，但结合我国刑法条文来考虑（如我国1979年刑法第26条第2款，或现行《刑法》第29条第2款），多数持教唆犯从属性说的学者认为这种从属性不是绝对的、无条件的，而是相对的、有条件的。个别学者坚持极端的共犯从属性，如有学者主张：“教唆犯具有从属于正犯（被教唆者）的性质，正犯构成犯罪时，教唆犯才构成犯罪，正犯不构成犯罪时，教唆犯不能成立”⑤。有学者提出“如果被教唆的人没有犯罪，就不应该处罚教唆者。”⑥有学者认为，“教唆犯从属性说是刑法客观主义时代的必然要求，教唆犯从属性问题分为实行从属性、要素从属性和罪名从属性。根据我国刑事立法的规定和相关的刑法理论，应当认为我国刑法坚持了实行从属性和要素从属性的观点。在我国刑法中，罪名从属性则不具有立足之地”⑦。甚至还有学者坚持认为，“我国就教唆犯采取的是从属性说，第2款只是从属性原则下的例外规定”⑧。耐人寻味的是，该论者仅限于提出己见，并没有对如何将第2款的规定限于例外，“例外说”对研究我国的教唆犯性质究竟有何意义等问题并没有进行论证，这样的意见难以有说服力。限制从属性说以“责任应个别地考

---

① 参见陈兴良：《共同犯罪论》，中国人民大学出版社2006年版，第44页。

② 余淦才：《试论教唆犯的刑事责任》，载《安徽大学学报》1983年第2期；何庆仁：《我国刑法中教唆犯的两种涵义》，载《法学研究》2004年第5期；朱道华：《教唆犯二重性说之否定》，载《法学杂志》2010年第10期。

③ 刘明祥：《“被教唆的人没有犯被教唆的罪”之解释》，载《法学研究》2011年第1期。

④ 余淦才：《试论教唆犯的刑事责任》，载《安徽大学学报》1983年第2期。

⑤ 耿文田：《教唆犯论》，商务印书馆1935年版，第6页。

⑥ 何庆仁：《我国刑法中教唆犯的两种涵义》，载《法学研究》2004年第5期。

⑦ 冯卫国、王东海：《教唆犯从属性说的中国式展开》，载《法治研究》2012年第4期。

⑧ 王昭武：《教唆犯从属性说之坚持与展开》，载赵秉志主编：《刑法论丛》第15卷，法律出版社2008年版，第63页。

察”为根据，否定教唆犯的成立以正犯的有责性为必要。①

主张教唆犯独立性的学者认为：教唆犯具有独立性或相对独立性，它在共同犯罪中处于独立的地位，并不从属于实行犯；教唆行为本身就是独立的犯罪，因而被教唆人是否实施犯罪，对教唆犯的成立不发生影响。从属性说没有契合于法益保护的基本立场，也没有合理限定教唆犯的处罚范围，也无法充分获得我国《刑法》的支撑。在应然层面上，相对意义上的“教唆犯独立性说”值得提倡，仅对“重大犯罪”予以教唆的行为，方能认定为犯罪。② 理由在于：(1)教唆行为本身在实质上已具有社会危害性；(2)教唆行为对被教唆的罪的实行在特定条件下具有决定意义；(3)坚持教唆犯独立性说是贯彻直接的个人责任原则的体现；(4)教唆犯的构成作为对实行犯的修正构成与基本构成具有一致性，可作为定罪处罚的根据；(5)在教唆犯的成立条件上，国际趋势是趋向于独立性，如英美国家对教唆犯单独定一个教唆罪；(6)我国刑法总则的规定标志着在立法上确认了教唆犯的独立性，另外，在教唆者与被教唆者构成共同犯罪的情况下，教唆犯是按其在共同犯罪中所起的作用来处罚，这也是教唆犯独立性的例证。③

张明楷教授早期曾旗帜鲜明地主张教唆犯“不是共犯人中的独立种类”“不应当具有任何性质”，认为“我国刑法中的教唆犯既无从属性，又无独立性，更无二重性可言。我国刑法对教唆犯的规定完全摒弃了所谓的从属性说与独立性说。而且根据我国刑法的规定，也不能得出所谓二重性的结论。”“讨论我国刑法规定的教唆犯是否具有从属性、独立性或者二重性的问题，没有任何理论与实践意义”。④ 现在，张明楷教授改变了早期的观点：“或许，在当年制定刑法典时，起草人头脑中……可能只有一种类似于单一正犯的理念。但解释刑法并不能总是以起草人当时的想法为归宿，还是应以如何解释这些条文才能更好地定罪量刑为标准进行研究”⑤。“笔

---

① 参见王鹏飞：《教唆犯的极端从属性问题辨析》，载《海南大学学报(人文社会科学版)》2015 年第 1 期。

② 陆诗忠：《“教唆犯从属性说”之批判——兼论相对意义上的“教唆犯独立性说”之提倡》，载《东方法学》2015 年第 3 期。

③ 参见杨诚：《教唆犯理论上三个难题之我见》，载赵秉志等主编：《全国刑法硕士论文荟萃(1981 届-1988 届)》，中国人民公安大学出版社 1989 年版，第 373 页；方嘏风：《论我国刑法中教唆犯的独立性》，载《法学与实践》1992 年第 5 期；余淦才：《试论教唆犯的刑事责任》，载《安徽大学学报》1983 年第 2 期；马克昌：《论教唆犯》，载《法律学习与研究》1987 年第 5 期。

④ 参见张明楷：《刑法的基本立场》，中国法制出版社 2002 年版，第 329 页；张明楷：《教唆犯不是共犯人中的独立种类》，载《法学研究》1986 年第 3 期；张明楷：《关于教唆犯的几个问题》，载《青年法学》1985 年第 1 期。

⑤ 张明楷编著：《刑法的私塾》，北京大学出版社 2014 年版，第 174 页。

者现在认为,如果一定要回答教唆犯的性质,应当得出教唆犯从属性说的结论。""要采取教唆犯从属性说,就必须对现行刑法第29条第2款规定作出其他解释。"①

近年来,有学者开始讨论教唆犯独立性说,又称为独立罪名说。该说认为,教唆行为即实行行为,教唆行为本身已经充足了教唆犯罪的构成要件,应该将教唆犯规定为一种独立的犯罪,有的甚至认为应当设立单独的"教唆罪"。主张教唆犯独立性的学者中,有的认为,根据1979年刑法第26条第2款规定的"如果被教唆的人没有犯被教唆的罪,对于教唆犯,可以从轻或减轻处罚"主张教唆犯不具有从属性,大概没有人会提出异议。1979年刑法第26条第1款("教唆他人犯罪的,应当按照他在共同犯罪中所起的作用处罚。教唆不满十八岁的人犯罪的,应当从重处罚")的立法精神,同该条第2款一样,都是体现确定教唆犯刑事责任的独立性,并不对实行犯存在任何从属性。② 有的学者从教唆行为的法律属性以及教唆行为的实质根据等方面论述了教唆犯的独立性。③ 还有些学者在质疑教唆犯的共犯性的同时主张"教唆犯应成为具有独立犯罪构成的个罪"的观点。④ 有学者试图在上述基础上从"教唆者具有'支配事态的核心形象'角度来证明实行行为性是教唆行为的必然属性"⑤。持该主张的学者从教唆犯的立法沿革、教唆犯罪的构成要件、传授犯罪方法罪的示例以及我国刑法所存在的对共犯中某一行为设置独立的犯罪构成的先例等各个方面对之进行了论证。⑥ 有学者认为,对教唆犯性质的研究应该站在刑法客观主义立

① 张明楷:《论教唆犯的性质》,载《刑事法评论》2007年第2期;张明楷:《刑法学》(上)(第5版),法律出版社2016年版,第412页。

② 余淦才:《试论教唆犯的刑事责任》,载《安徽大学学报》1983年第2期。

③ 朱道华:《教唆犯二重性说之否定》,载《法学杂志》2010年第10期。

④ 参见韩玉胜、李凤梅:《教唆未遂之理论界定》,载《国家检察官学院学报》2006年第4期;潘莉:《论教唆罪的设立》,载高铭暄、赵秉志主编:《刑法论丛》第9卷,法律出版社2005年版,第298~342页;齐文远、刘代华:《论教唆犯应被规定为独立犯罪》,载高铭暄、赵秉志主编:《刑法论丛》第2卷,法律出版社1999年版,第1~34页;卢勤忠:《论教唆罪的设立》,载《现代法学》1996年第6期。

⑤ 李凤梅:《教唆行为:共犯行为抑或实行行为》,载《中国刑事法杂志》2009年第1期;李凤梅:《教唆行为实行性再论》,载《西部法学评论》2011年第6期。

⑥ 参见卢勤忠:《论教唆罪的设立》,载《现代法学》1996年第6期;齐文远、刘代华:《论教唆犯应被规定为独立犯罪》,载高铭暄、赵秉志主编:《刑法论丛》第2卷,法律出版社1999年版,第1~34页;吴情树、闫铁恒:《对教唆犯的反思与定位》,载《政法论丛》1999年第6期;潘莉:《论教唆罪的设立》,载高铭暄、赵秉志主编:《刑法论丛》第9卷,法律出版社2005年版,第298~342页;李凤梅:《教唆行为:共犯行为抑或实行行为》,载《法学杂志》2009年第1期;李凤梅:《教唆犯论——以独立构成说为视角的建构》,中国社会科学出版社2011年版;李凤梅:《教唆行为实行性再论》,载《西部法学评论》2011年第6期。

场上,以法益侵害为理论基础,坚持结果无价值论,才能得出正确的结论。基于此,修正的教唆犯从属性应该是教唆犯性质的客观反映,即只有当被教唆人实施了一定的行为对法益造成一定的危险之后,才能对教唆犯予以处罚。①

可见,共犯教唆犯独立性说与彻底的教唆犯独立犯说的根本区别在于:前者是在共同犯罪的范围中来讨论教唆犯的性质问题;而后者则是在单独犯罪也就是非共同犯罪的框架前提下来讨论教唆犯的性质问题。应当说,教唆犯的独立构成说具有一定的创新意义,开创了教唆犯研究的新气象。也正是基于该说的科学性与合理性,本书将部分采纳该说对我国教唆犯的性质进行建构与论证。

二、立法规定与司法实践

(一)刑法总则

我国现行刑法在总则"共同犯罪"一节中规定了教唆犯,以分工分类法为标准划分的教唆犯与以作用分类法为标准划分的主犯、从犯、胁从犯共同构成我国共同犯罪的参与人体系。

我国《刑法》在第 29 条规定了教唆犯:"教唆他人犯罪的,应当按照他在共同犯罪中所起的作用处罚。教唆不满十八周岁的人犯罪的,应当从重处罚。""如果被教唆的人没有犯被教唆的罪,对于教唆犯,可以从轻或者减轻处罚"。第 1 款中的"共同犯罪"表明了在此种情况下的教唆者与被教唆者成立共同犯罪的关系。再加上教唆犯是被规定在刑法总则第二章第三节的"共同犯罪"中,从形式上看,我国刑法总则似乎以立法的形式从体系上肯定了教唆犯的共犯地位。但问题是,教唆者与被教唆者是否必然构成共同犯罪?答案是肯定的,那第 29 条第 2 款的规定该如何解释?

教唆犯二重性说论者认为《刑法》第 29 条第 1 款(1979 年刑法第 26 条第 1 款)体现了教唆犯具有从属性,而第 2 款规定,被教唆的人即便是没有犯被教唆的罪,教唆犯与被教唆人根本不成立共同犯罪关系,对教唆犯仍然要定罪处罚,这表明教唆犯具有独立性。② 教唆犯独立性说论者则认为,"在一部刑法里,要么采取独立性说,即完全以教唆人所教唆之罪作为定罪基础;要么采取从属性说,即完全以被教唆人所实施之罪作为定罪基础。……刑法第 26 条(现行刑法第 29 条)第 1 款的立法精神,同该条第 2

① 王莉:《试论教唆犯的性质》,载《河北法学》2011 年第 11 期。

② 伍柳村:《试论教唆犯的二重性》,载《法学研究》1982 年第 1 期;马克昌:《论教唆犯》,载《法律学习与研究》1987 年第 5 期。

款一样,都是体现确定教唆犯刑事责任的独立性,并不对实行犯存在任何从属性。"[①]通说认为,我国《刑法》第 29 条所规定的教唆犯有两种情况:一是该条第 1 款规定的"教唆他人犯罪的",必须被教唆人由于教唆犯的教唆而实施所教唆的犯罪,教唆犯才能成立。在这种情况下,教唆犯的教唆行为与被教唆人所实施的犯罪之间必须存在因果关系。二是该条第 2 款规定的"……被教唆的人没有犯被教唆的罪",这相当于外国刑法理论中的教唆的未遂,只要行为人有教唆他人犯罪的行为,就能成立教唆犯。这表现了我国刑法关于教唆犯的规定的特点。[②] 通说虽然没有明确说明教唆犯的性质,但其表述体现了辩证的二重性说。

《刑法》第 29 条第 2 款"被教唆的人没有犯被教唆的罪"的含义究竟是什么,很难在立法中找到答案。学者们对其进行了各自的解释。通说认为,所谓被教唆人没有犯被教唆的罪,包括以下几种情况:一是被教唆人拒绝了教唆犯的教唆,亦即根本没有接受教唆犯的教唆。二是被教唆人当时接受了教唆,但随后又打消犯意,没有进行任何犯罪活动。三是被教唆人当时接受了教唆犯关于犯某种罪的教唆,但实际上他所犯的不是教唆犯所教唆的罪。例如,教唆者教唆他人犯盗窃罪,被教唆人接受了这一教唆,但实际上犯的却是强奸罪。四是教唆犯对被教唆人进行教唆时,被教唆人已有实施该种犯罪的故意,即被教唆人实施犯罪不是教唆犯的教唆所引起。这些情况,或者根本没有引起被教唆者的犯意,或者实际上没有造成危害结果,或者虽然造成了危害结果,但与教唆犯的教唆行为不存在因果关系。所以《刑法》第 29 条第 2 款规定"可以从轻或者减轻处罚"。[③] 还有学者专门对此问题进行探讨,认为"应当将其解释为被教唆的人没有按教唆犯的意思实施犯罪,具体包括四种情形:(1)教唆犯已实施教唆行为但教唆信息(或内容)还未传达到被教唆的人;(2)被教唆的人拒绝教唆犯的教唆;(3)被教唆的人接受教唆,但还未为犯罪做准备;(4)被教唆的人接受教唆,但后来改变犯意或者因误解教唆犯的意思实施了其他犯罪,并且所犯之罪不能包容被教唆的罪"[④]。可见,基本内容与前者差别不大。但是,还有少部分学者则对此提出了迥异的主张。例如,主张教唆犯从属性说的学者将《刑法》第 29 条第 2 款解释为"规定的是未遂犯的教唆犯",即将"被

---

① 余淦才:《试论教唆犯的刑事责任》,载《安徽大学学报》1983 年第 2 期。

② 参见高铭暄、马克昌主编:《刑法学》(第 9 版),北京大学出版社、高等教育出版社 2019 年版,第 173 页。

③ 参见高铭暄、马克昌主编:《刑法学》(第 9 版),北京大学出版社、高等教育出版社 2019 年版,第 175 页。

④ 刘明祥:《"被教唆的人没有犯被教唆的罪"之解释》,载《法学研究》2011 年第 1 期。

教唆的人没有犯被教唆的罪”解释为“被教唆的人没有犯被教唆的既遂罪”或“被教唆的人没有犯罪既遂”。[①] 还有学者为了贯彻此说，提出我国刑法中规定的教唆犯是广义教唆犯，它具有两种表现方式，即狭义教唆犯和以教唆的行为方式实施的间接正犯。狭义教唆犯是人们现在通常所说的教唆犯，即《刑法》第29条第1款规定的，它只具有从属性。第2款是对以教唆行为方式实施的间接正犯所作的规定。[②]

综上所述，根据我国刑法的规定可知，分则直接规定的教唆类犯罪显然具有独立性，而总则第29条第1款规定的是作为共同犯罪人的教唆犯，第29条第2款则是不成立共同犯罪时的教唆犯。

（二）刑法分则

除了总则的规定外，我国刑法分则亦有关于特定的教唆、欺骗行为单独定罪的规定。例如，《刑法》第103条第2款规定的“煽动分裂国家罪”、第105条第2款规定的“煽动颠覆国家政权罪”、第249条规定的“煽动民族仇恨、民族歧视罪”、第278条规定的“煽动暴力抗拒法律实施罪”，其中的“煽动”也可以作为教唆的一种手段。

不难看出，上述教唆行为的内容是犯罪行为。但是，在教唆实行不构成犯罪的特定行为的情况下，也有可能成立教唆犯罪。例如，《刑法》第359条规定的引诱卖淫罪，刑法将引诱他人卖淫的行为规定为犯罪，并非基于卖淫行为的违法性，而是由于教唆、引诱他人卖淫的行为本身危害了社会良好的风化秩序。[③] 还有《刑法》第353条规定的引诱、教唆、欺骗他人吸毒罪。在我国，吸毒不构成犯罪，但教唆吸毒则构成犯罪，根本上就在于教唆行为本身的犯罪性。

（三）司法解释

对于特殊情形的教唆行为，如教唆他人自杀的情形，我国刑法并没有规定自杀行为是犯罪行为，刑法对于教唆他人自杀的行为也没有作出明确规定。理论上对该行为的定性争议较大，有的主张不具有可罚性，有的则主张应以犯罪论处，主张以犯罪论处的学者中对于具体罪名的意见也缺乏统一。司法实务中一般对教唆他人自杀的行为以故意杀人罪论处。司法解释对于特定的教唆自杀行为进行了规定，如2017年2月1日起施行的《最高人民法院、最高人民检察院关于办理组织、利用邪教组织破坏法律实

---

① 参见张明楷：《刑法学》（第5版），法律出版社2016年版，第412页。

② 参见何庆仁：《我国刑法中教唆犯的两种涵义》，载《法学研究》2004年第5期。

③ 参见许成磊等：《再论教唆他人自害行为的定性》，载《湖南省政法管理干部学院学报》2000年第6期。

施等刑事案件适用法律若干问题的解释》第11条规定:“组织、利用邪教组织,制造、散布迷信邪说,组织、策划、煽动、胁迫、教唆、帮助其成员或者他人实施自杀、自伤的,依照刑法第二百三十二条、第二百三十四条的规定,以故意杀人罪或者故意伤害罪定罪处罚”

第三节 教唆犯性质有关学说之检视

一、从属性说与独立性说之评析

从属性说与独立性说是以大陆法系所采用的正犯与共犯相区分的“二元参与体系”为根据的。这种共犯参与体系的特点是,在数人参与犯罪的情况下,将参与者分为正犯(täterschaft)与狭义的共犯(teilnahme)。在立法上,将不同的犯罪参与人根据参与犯罪的形态区分为“正犯”和“共犯”(狭义的共犯包括教唆犯和帮助犯),在刑罚评价上以“正犯”之刑作为犯罪参与人刑罚的基础。例如,《日本刑法典》第61条规定:“教唆他人使之实行犯罪者,科正犯之刑”。也就是说,从属性说所坚持的共犯从属性必然是教唆犯作为共犯对正犯具有从属性。根据是否区分“正犯”与“共犯”,正犯的概念被划分为“统一的正犯概念”与“非统一的正犯概念”,前者与“单一正犯体系”相关,后者与“正犯—共犯”二元参与体系(或称区分参与体系)相关。[①]

单一正犯体系不区分正犯和共犯,将所有对构成要件的实现起原因作用的参与者均视为正犯,根据各犯罪参与人在犯罪中的不同参与形态在同一法定刑范围内确定各自的刑罚。意大利、奥地利、挪威、丹麦、瑞典、捷克、巴西、俄罗斯等国的刑法均采用这种做法。[②] 意大利现行刑法关于共同犯罪的规定在世界刑事立法史上占有极特殊的地位。[③] 意大利刑法中没有正犯和共犯的区别,它不对犯罪的参与者进行分类。《意大利刑法典》第110条规定:“当数人共同实施同一犯罪时,对于他们当中的每一个人,均处以法律为该犯罪规定的刑罚,以下各条另有规定者除外。”意大利刑法所采用这种新的立法模式以共犯独立性说为基础,将实施了“对犯罪的成立而言作为原因的”的人都视为“正犯”。再如,《奥地利刑法典》第12条规

---

① 参见贾济东:《外国刑法学原理(大陆法系)》,科学出版社2013年版,第350页。

② 参见《奥地利刑法典》第12条、《意大利刑法典》第110条、《巴西刑法典》第25条、《挪威刑法典》第58条、《丹麦刑法典》第32条等。

③ 参见[意]帕多瓦尼:《意大利刑法学原理》,陈忠林译,中国人民大学出版社2004年版,第23页。

定:“自己实施应受刑罚处罚的行为,或者通过他人实施应受刑罚处罚的行为,或者为应受刑罚处罚的行为的实施给予帮助的,均是正犯”①。近年来,单一正犯体系受到了越来越多学者的支持。有学者指出,其天然优势在于和我国刑法典具有文字、用语等表述上的一致性与逻辑上的自洽性。②

二元参与体系是将所有参与实施犯罪的人,依其参与的形态,分为正犯与共犯两种类型,在刑罚上给予不同的评价。以德日为代表的大陆法系国家刑法采纳的就是二元的参与体系,对数人参与实施犯罪的情况做正犯和共犯的区别。例如,德国刑法典的规定明确表明了正犯的形式有直接正犯和间接正犯(《德国刑法典》第 25 条第 1 款)以及共同正犯(《德国刑法典》第 25 条第 2 款);共犯的形式有教唆犯(《德国刑法典》第 26 条)和帮助犯(《德国刑法典》第 27 条)。这种正犯与共犯分离的体系,以分则规定的基本犯罪构成为前提,在总则中对多人参与犯罪的情形设立一般规定,使其成为分则规定的基本犯罪构成的补充。因而,在二元参与体系中共犯是作为基本犯罪构成的修正形态存在。也就是说,通过与诸如“杀人”等分则的基本构成要件相结合,创造了“共同杀人”“教唆他人杀人”“帮助他人杀人”这些修正的构成要件。共犯的成立必须符合修正的构成要件,且具有违法性、有责性。③

我国一些学者对单一正犯体系持批判和否定态度,④有学者根据我国刑法典将共同犯罪人区分为“主犯”“从犯”“胁从犯”“教唆犯”,进而认为“我国与德日均采取‘二元论的参与体系’”⑤。有学者认为,我国的共犯体系虽然维持了二元参与体系的基本框架,同时又具有单一正犯体系的某些特征,但是“我国并未采取单　正犯体系”⑥,“我国共犯制度模式属于区分制”⑦。也有学者指出,单一正犯体系实际上抹杀了所有参与人在行为类

① 《奥地利联邦共和国刑法典》(2002 年修订),徐久生译,中国方正出版社 2004 年版,第 5 页。

② 参见王振华:《单一正犯体系的危机与突围:归责体系的构建——兼与何庆仁教授商榷》,载《法学家》2019 年第 3 期。

③ 参见[日]西田典之:《日本刑法总论》(第 2 版),王昭武、刘明祥译,法律出版社 2013 年版,第 294 页。

④ 参见张明楷:《刑法学》(第 4 版),法律出版社 2011 年版,第 354 页;陈家林:《共同犯罪研究》,武汉大学出版社 2004 年版,第 1~5 页;叶良芳:《实行犯研究》,浙江大学出版社 2008 年版,第 33~35 页;谭堃:《单一制正犯体系之质疑》,载《法治研究》2013 年第 2 期。

⑤ 王昭武:《教唆犯从属性说之坚持与展开》,载赵秉志主编:《刑法论丛》第 15 卷,法律出版社 2008 年版,第 58 页。

⑥ 刘斯凡:《共犯界限论》,中国人民公安大学出版社 2011 年版,第 18~19 页;刘斯凡:《单一正犯体系初论》,载《云南大学学报(法学版)》2009 年第 2 期。

⑦ 王志远:《共犯制度的根据与拓展》,法律出版社 2011 年版,第 30~31 页;周光权:《“被教唆的人没有犯被被教唆的罪”之理解——兼与刘明祥教授商榷》,载《法学研究》2013 年第 4 期。

型上的差别。[①] 还有学者提出,相对于德日刑法单层区分制共犯体系而言,我国刑法规定的共同犯罪体系具有双层区分制的体系性特点,“我国刑法对参与人同时采用了分工和作用两种并存不悖、功能各异的分类标准。分工分类标准下的正犯与共犯旨在解决参与人的定性及其间的关系问题,而不直接决定和评价参与人的刑罚轻重,承载量刑功能的是作用分类标准下的主犯和从犯。在这种双层区分制立法模式下,正犯与共犯的界分宜采以构成要件为轴心的实行行为说”;而“在我国双层区分制之下,主、从犯的划分是一个直接决定和影响参与人刑罚轻重的重要实践性课题”[②]。近年来一些学者认为,我国刑法采取了单一正犯体系。[③] 有学者将对单一正犯体系进行类型化的考察,认为单一正犯体系可以分为“形式的单一正犯体系”和“功能性单一正犯体系”,其逻辑前提均为扩张的正犯概念。并认为,我国刑法通常在构成要件层面将共同犯罪人区分为组织犯、实行犯、帮助犯和教唆犯,在量刑层面则区分主犯和从犯,因此属于功能性单一正犯体系。[④] 教唆犯从属性说的理论根基是修正惹起说或混合惹起说:前者认为,作为参与正犯行为、间接引起法益侵害类型的共犯,是通过正犯的实行行为惹起了符合构成要件的违法结果,即共犯违法对正犯违法的从属性,[⑤] 其归结是“违法的连带性”,不仅否定“无正犯的共犯”,而且否定“无共犯的正犯”[⑥];后者认为,共犯之所以要受处罚,是因为惹起了从共犯与正犯双方来看,都具备构成要件符合性、违法性的事态,其核心观点有二——一是否定“无正犯的共犯”(如若不存在正犯的不法,就不存在共犯的不法),二是消极、例外地承认“无共犯的正犯”(即便存在正犯的不法,共犯也可

---

① 参见付立庆:《间接正犯概念的必要性及其具体判断》,载《社会科学辑刊》2020 年第 4 期。

② 钱叶六:《双层区分制下正犯与共犯的区分》,载《法学研究》2012 年第 1 期。

③ 参见刘明祥:《论中国特色的犯罪参与体系》,载《中国法学》2013 年第 6 期;刘明祥:《“被教唆的人没有犯被教唆的罪”之解释》,载《法学研究》2011 年第 1 期;姚万勤:《论教唆自杀可罚性对共犯理论的动摇》,载《中国刑事法杂志》2012 年第 4 期;刘艳红:《论正犯理论的客观实质化》,载《中国法学》2011 年第 4 期;江溯:《单一正犯体系的类型化考察》,载《内蒙古大学学报(哲学社会科学版)》2012 年第 1 期;江溯:《关于单一正犯体系的若干辩驳》,载《当代法学》2011 年第 5 期;江溯:《单一正犯体系研究》,载陈兴良主编:《刑事法评论》,北京大学出版社 2009 年版,第 405 页;江溯:《犯罪参与体系研究》,中国人民公安大学出版社 2010 年版;江溯:《区分制共犯体系的整体性批判》,载《法学论坛》2011 年第 11 期;刘洪:《我国刑法共犯参与体系性质探讨》,载《政法学刊》2007 年第 4 期;王太宁、王君伟:《我国共犯模式的合理选择》,载《昆明理工大学学报(社会科学版)》2011 年第 2 期。

④ 参见江溯:《单一正犯体系的类型化考察》,载《内蒙古大学学报(哲学社会科学版)》2012 年第 1 期;江溯:《关于单一正犯体系的若干辩驳》,载《当代法学》2011 年第 5 期。

⑤ 参见黎宏:《刑法学总论》(第 2 版),法律出版社 2016 年版,第 259 页;周啸天:《共犯与身份论的重构和应用》,法律出版社 2017 年版,第 235 页。

⑥ 钱叶六:《共犯处罚根据再思考》,载《环球法律评论》2021 年第 1 期。

能不违法)。但两说在共犯与正犯违法连带性问题上存在逻辑矛盾。我国刑法规定的犯罪参与体系应当解释为单一正犯体系,该体系下没有从属性说存在的余地。[①] 单一正犯解释论能够避免按区分制理论有可能出现的对身份犯的参与者处罚轻重失当等问题。[②]

本书不同意上述“二元论”“区分制”的观点。本书认为,我国刑法采用的是单一正犯体系。一般认为,单一正犯体系具有如下特征:(1)为犯罪成立赋予条件者,皆为正犯;(2)不重视行为形态的区别;(3)对于犯罪的成立,根据各个正犯的行为,个别地探讨不法和罪责;(4)对于各正犯适用同一法定刑;(5)根据各正犯的参与程度和性质来量刑。[③] 不同于正犯与共犯区分体系中的“正犯”,单一正犯体系中的“正犯”包括所有参与犯罪的人,即将区分制中的“正犯”和“共犯”都作为正犯。但在立法中却并不使用正犯的表述。不过,正如有学者所说的,即便是刑法之中并未使用“正犯”的概念,也不能否定其采用了单一正犯体系。[④] 1960 年《苏俄刑法典》和现行《俄罗斯联邦刑法典》中,并未使用“正犯”而是采用了“共同犯罪人”的概念,但仍然被认为是采用了单一正犯体系。[⑤] 我国刑法典尽管对共同犯罪人有所区分,以作用分类法为主兼采分工分类法,将共同犯罪人分为主犯、从犯、胁从犯、教唆犯,但是参与人在共同犯罪中的参与形式,即是否为组织犯、实行犯、教唆犯和帮助犯,对定罪和量刑的意义不大。对教唆犯以所教唆的罪定罪,对其他共同犯罪人的以所实行的犯罪来定罪。至于刑罚轻重,则按共同犯罪人在共同犯罪中所起的作用大小,以主犯、从犯来量刑。因此,可以说根据我国刑法,组织犯、实行犯、教唆犯和帮助犯的行为是互相联系的,不能单独抽取出来独立进行评价。我国刑法采用的是单一正犯体系,并未对共同犯罪人作“正犯”“共犯”的区分。

可以确定的是,根据我国刑法,当教唆犯与被教唆者成立共同犯罪时,教唆犯所承担的刑事责任是根据其在共同犯罪中所起的作用来确定的,因此,教唆犯的刑罚有可能轻于也有可能重于实行犯的刑罚。这种做法与德日等国采取二元参与体系的刑法对教唆犯的处罚有着重大的差异。在德日二元参与体系中,基于共犯从属性的立场,教唆犯作为狭义共犯对正犯

---

① 参见谭彬:《中国刑法中教唆犯从属性说之否定》,载《太原理工大学学报(社会科学版)》2016 年第 34 卷第 2 期。

② 参见刘明祥:《单一正犯视角下的身份犯的共犯问题》,载《政治与法律》2020 年第 11 期。

③ 参见陈子平:《刑法总论》,台北,元照出版有限公司 2008 年版,第 438 页。

④ 参见刘明祥:《“被教唆的人没有犯被教唆的罪”之解释》,载《法学研究》2011 年第 1 期。

⑤ 参见江溯:《单一正犯体系研究》,载陈兴良主编:《刑事法评论》第 24 卷,北京大学出版社 2009 年版,第 405 页以下。

而言处于从属性的地位,教唆犯的成立也应以正犯实行了犯罪为前提条件。对教唆犯的定罪与量刑要以正犯的定罪、量刑为基准。“对于正犯的处罚要重于教唆犯,对于教唆犯的处罚要重于帮助犯。”①从这个角度来说,作为德日大陆法系通说的共犯从属性说是以二元参与体系作为基础的。二元参与体系的困境在于如何区分正犯与共犯,这个问题如此复杂,以至于正犯与共犯的区分标准至今为止在德日尚未达成共识,尽管罗克辛把存在“犯罪支配”(tatherrschaft)作为正犯概念标志的立场已经成为目前德国的通说,“行为支配”理论是关于构成要件行为的实质客观理论,肯定某人具有行为支配,就是肯定其实施了实质的构成要件行为。② 但对于亲手犯、义务犯等问题该说仍无法解决。德国学者韦塞尔斯认为,“犯罪支配”指的是“由故意所包容的对构成要件符合性的发生过程把握在手”。③罗克辛认为,犯罪过程中的核心人物是控制犯罪并导致犯罪实现的人,而正犯是在符合构成要件的行为实施过程中的核心人物。④ 所以在认定正犯的犯罪支配特征时,应当从特定犯罪的构成要件着手。在一般犯罪中,核心人物也就是正犯始终是独立支配或与他人共同支配构成要件行为的人。罗克辛称之为“支配犯”(herrschaftsdelikte)⑤,这种情况对犯罪主体没有特别限制,任何人均能够通过支配被禁止的行为而成为正犯。根据罗克辛的主张,直接正犯是行为人亲自实施了构成要件行为,具有行为支配。⑥ 而义务犯与亲手犯的构成要件则与支配犯不同,在义务犯的情况下,只有那些违反特定的并非每个人都要履行的义务的人,才能处于实现构成要件的中心位置。在亲手犯的情况下,只有亲手实现构成要件的人才能被视为实施过程中的核心人物。因此不能够适用构成要件行为支配说。因而有学者认为,从这点上来看,构成要件行为支配说仅仅是正犯特征的必要条件,尚未成为充分条件。⑦ 因此,有学者认为,正是因为区分制模式之下对正犯与共犯区分上的困难,再加上近代学派对于刑法的定型化意义的否定倾向,

---

① 黄荣坚:《基础刑法学》(下),中国人民大学出版社 2009 年版,第 491 页。

② 袁国何:《刑法中组织支配理论的逻辑及其反思》,载《法学家》2020 年第 6 期。

③ Vgl. Wessels/Beulke, *Strafrecht Allgemeiner Teil, Die Straftat und ihr Aufbau*, 40. Aufl., Heidelberg, C. F. Müller, 2010, S. 188.

④ Claus Roxin, *Strafrencht Allgemeiner Teil, Band* Ⅱ, *Besondere Erscheinungs－formen der Straftat*, München, Verlag C. H. Beck, 2003, S. 9-10.

⑤ Claus Roxin, *Strafrencht Allgemeiner Teil, Band* Ⅱ, *Besondere Erscheinungs－formen der Straftat*, München, Verlag C. H. Beck, 2003, S. 10.

⑥ 参见付立庆:《间接正犯概念的必要性及其具体判断》,载《社会科学辑刊》2020 年第 4 期。

⑦ 参见[韩]金日秀、徐辅鹤:《韩国刑法总论》(第 11 版),郑军男译,武汉大学出版社 2008 年版,第 542 页。

导致了单一正犯体制的出现。[①] 继 1902 年的《挪威刑法典》之后,单一正犯体系在"二战"之后的德国引起了激烈的争论。虽然区分制在《德国刑法典》中取得了最终的胜利,但是单一正犯体系却被引进了德国《违反秩序法》(OWIG)。[②]

我国采取的是单一正犯体系,采用从属性说缺乏法律根据。从立法上看,我国刑法对教唆犯的规定明显不具有从属性。而在我国的司法实践中,教唆犯一般是作为主犯论处,被教唆者一般作为从犯。不同于德日大陆法系的教唆犯处于从属性地位,我国的教唆犯在多数情况下处于主要地位被处以较重的刑罚,被教唆的实行犯反倒处于次要地位被处以较轻的刑罚。完全套用德日大陆法系关于教唆犯性质的从属性说或独立性说等学说来解释我国教唆犯的性质,显然是盲目而不客观的,这种做法忽视了我国刑法与德日刑法在共犯参与体系的选择上的现实差异。正如有学者所说的,"我国共犯的规定和大陆法系有实质差异,如果直接套用其学说,根本无法解决与共犯相关的理论问题"[③]。因此,教唆犯从属性说并不符合我国刑法立法及原理的实际情况,正如有学者所说的,"从属性原理完全没有存在的余地"[④]。还有学者认为,"共犯从属性说认为教唆犯的可罚性是从正犯那里借来的,比喻固然生动形象,观点却荒唐可笑。在这个意义上说,共犯独立性说要比共犯从属性说深刻得多。共犯独立性说从教唆犯行为本身寻找教唆犯处罚的根据,这种思想是完全正确的"[⑤]。

但是,国内学者关于教唆犯独立性的观点,还是在共犯的框架之下以刑法总则中共同犯罪下的教唆犯为依据所作的探讨,这种探讨同样也需要反思。该说认为,教唆行为本身就是独立的犯罪,教唆犯在共同犯罪中处于独立的地位,被教唆人是否接受教唆,是否实施犯罪,不影响教唆犯的成立。相对于从属性说,这一见解注意到了教唆者自身的主观恶性以及成立犯罪的独立性,但其将教唆犯限定于共同犯罪的研究范围内,未免失之狭隘。既然教唆犯具有独立性,为何一定要将其界定在共同犯罪的框架内?共犯语境下的教唆犯独立性说无法解释为何当被教唆者没有犯被教唆的罪时教唆者也成立犯罪。我国刑法分则中还有一些独立成罪的教唆犯,适

---

① 参见王志远:《单一正犯体制初步》,载《昆明理工大学学报(社会科学版)》2009 年第 9 期。

② Hans-Heinrich Jescheck, Thomas Weigend, *Lehrbuch des Strafrechts Allgemeiner Teil*, 5. Aufl., Berlin, Drucker & Humblot, 1996, S. 689.

③ 刘斯凡:《共犯界限论》,中国人民公安大学出版社 2011 年版,第 26 页。

④ 江溯:《单一正犯体系研究》,载陈兴良主编:《刑事法评论》第 24 卷,北京大学出版社 2009 年版,第 405 页以下。

⑤ 陈兴良:《共同犯罪论》,中国人民大学出版社 2006 年版,第 238 页。

用共犯语境下的教唆犯独立性说也存在着无法解释的难题。

二、独立构成说之检讨

近年来,我国有多位学者建议设立独立的“教唆罪”,提出了教唆犯独立构成说的观点,认为刑法应该将教唆犯规定为一种独立的犯罪和罪名。持这种主张的学者们认为,教唆犯罪有逐步走向独立的趋势,我国教唆犯立法例的发展表明了教唆犯正一步步从“首犯”中独立出来,从从属性共犯、独立性共犯,逐步成为独立犯罪。大陆法系国家的立法例亦同样反映了这种趋势。现在可以说已经走到了独立犯的边缘,应该是使其成为独立犯罪的时候了。①

前文所述的教唆犯独立性说与此处所述的教唆犯独立构成说是不同的,根本区别在于:教唆犯独立性说是在教唆者与被教唆者共同犯罪的前提下来讨论教唆犯的性质问题;而教唆犯独立构成说是在教唆者与被教唆者不成立共同犯罪的前提下来讨论教唆犯的性质问题。独立构成说超越了共犯独立性说,它根本不承认教唆犯具有与实行犯、帮助犯等构成共同犯罪的性质,所以也根本不在共同犯罪的框架内讨论教唆犯的性质。该说只承认教唆犯是一种独立的犯罪行为并主张拥有独立的罪名,具有自己特定的犯罪构成。该说还认为,由于共犯理论本身的不足而不能圆满地解决教唆犯问题;可行的解决途径是将教唆犯罪设立为独立犯罪。

该说的不足之处在于,论者认为教唆者与被教唆者之间既不具有构成共犯关系的主客观条件,也不具有构成共同犯罪所要求的客观上的共同的犯罪行为。正如有学者所说的,“所谓共同犯罪行为的客观联结并不是泛泛地指一切共同犯罪行为之间的联系,而是指某些特定的共同犯罪行为之间的联系”,并进一步认为,“……组织行为与实行行为之间具有制约关系……教唆行为与实行行为之间具有诱发关系……帮助行为与实行行为之间具有协同关系……”②当教唆者接受教唆之后,二者之间便有了共同的犯罪故意,作为共同犯罪的参与人,被教唆者的实行行为符合刑法分则规定的法定犯罪构成,教唆者作为参与人则符合刑法总则规定的修正的犯罪构成。因而,在被教唆者接受教唆的情形下,二者应当成立共同犯罪的关系。

---

① 参见卢勤忠:《论教唆罪的设立》,载《现代法学》1996 年第 6 期;齐文远、刘代华:《论教唆犯应被规定为独立犯罪》,载高铭暄、赵秉志主编:《刑法论丛》第 2 卷,法律出版社 1999 年版,第 1~34 页;吴情树、闰铁恒:《对教唆犯的反思与定位》,载《政法论丛》1999 年第 6 期。

② 陈兴良:《刑法适用总论》(上卷),法律出版社 1999 年版,第 474~475 页。

另外,该说对教唆犯独立性的立法以及理论发展趋势有所夸大,教唆犯的立法是理论并未到“一步步走到了独立犯罪的边缘”的状况。无论是理论还是立法、本国还是外国,就教唆犯的性质来说,即使是两派分立,主要也是在共犯语境下讨论从属性和独立性,完全脱离这个框架将教唆行为独立成立“教唆罪”的主张还是少数。日本学者也认为,从共犯理论,共犯规定的历史性发展来看,在共犯从属性问题和共犯独立性问题上,可以说正逐渐朝着共犯独立性的方向变化着。“共犯理论的历史性发展,在共犯从属性的程度得到缓和的形式下,可以说逐渐朝着共犯独立性的方向变化着。”①但这种变化和发展趋势,都是在“共同犯罪理论”框架内发生的,其发展方向仅限于“共犯独立性”,而不是“独立罪名”。另外,就共犯从属性说来讲,它也有市场。在德日,理论界的通说还是共犯从属性,判例的立法也采用的是这种主张。可见,教唆犯独立构成说对教唆犯立法和理论发展的方向判断过于武断,其主张的可行性不足,有失妥当。

三、二重性说之批判

对于处于通说地位的教唆犯二重性说,持不同意见者所提出的批评主要有以下几方面:第一,认为独立性说与从属性说从认定教唆犯的刑事责任的理论依据、主要观点到刑罚的适用等方面都是非此即彼、完全对立的,在具体案件的处理时,采用独立性说还是从属性说会导致案件不同的甚至是完全相反的处理结论。在同一部刑法里,要么采取独立性说,要么采取从属性说,很难想象,在一部刑法里从属性说与独立性说可以合二为一,或者说具有所谓的二重性。第二,之所以对教唆犯的性质采取了双重标准,是因为从被教唆人的角度得出教唆犯具有从属性的结论,又从教唆人的角度得出独立性的结论,然后将二者综合得出二重性的结论。得出这个结论本身的立场就是变化的。第三,认为教唆犯具有从属性,教唆犯的犯罪意图须通过被教唆人产生决意并进而实施犯罪才能导致危害结果或者达到犯罪目的,这一说法是不正确的。第四,认为 1997 年刑法第 29 条第 1 款只认为教唆犯的处罚依其在共同犯罪中所起的作用来确定,其犯罪性不从属,行为不从属,处罚性亦不从属,只根据其在共同犯罪中的作用来确定其刑事责任,只是罪刑相称原则的一次重申,而不能说明其具有从属性。第

① [日]木村龟二主编:《刑法学词典》,顾肖荣、郑树周译校,上海翻译出版公司 1991 年版,第 348~349 页。

五,认为二重性在逻辑上是混乱的。第六,认为二重性说是荒谬的。[①] 将教唆犯的成立根据与处罚根据混为一谈,以行为的评价等同责任的认定,具有方法论上的错误。二重性说这一概念采用双重的划分标准,将一个概念在同一视角下同时解释为两个以上相反的意义,违反了理论研究的逻辑规则,不仅有损刑法理论结构的协调性,也有违刑法规范的同一性。[②]

本书认为,教唆犯性质的二重性说是时候被抛弃了,理由如下:

首先,不论是辩证的二重性说还是机械的二重性说,都并没有跳出正犯与共犯区分的体系。前文已论述我国采取的是单一正犯体系,因此,本主张的理论前提便与我国刑法自身的特性不相符,显得过于牵强,自然难以让人信服。

其次,主张二重性说可以说是缺乏立场的表现。机械的二重性说认为教唆犯的性质是变化不定的,其从属性与独立性是可以分离的,有些情况下具有从属性,有些情况下具有独立性。这种界定很不科学,表面上看主张的是二重性,实际上是主张的是单一性质——或从属性或独立性,貌似肯定教唆犯的二重性,实则否定教唆犯的二重性,在逻辑上是矛盾的。辩证的二重性说实际上没有解释教唆犯的性质。其认为,一方面,从教唆者与被教唆者的关系来看,教唆者处于从属地位,因而具有相对的从属性;另一方面,由于教唆行为本身具有严重社会危害性,暴露了教唆者的人身危险性和社会危险性,因而体现了教唆犯具有相对独立性。这种主张正如有学者评价的,“貌似辩证兼容,实则难以自圆其说”[③]。

再次,我国《刑法》第 29 条本身的逻辑矛盾是导致“二重性说”出现的主要原因。我国《刑法》第 29 条规定了教唆犯,作为共同犯罪人的一种,被安置在我国刑法总则第二章“共同犯罪”一节中。《刑法》第 29 条第 1 款明显规定的是作为共同犯罪人的教唆犯,第 2 款明显规定的是不作为共同犯罪人的教唆犯。在共同犯罪的范畴下规定了不作为共同犯罪人的教唆犯,立法例本身的逻辑矛盾导致了刑法理论上的认识混乱。“二重性说”便是为了维护和迁就这种矛盾立法而诞生的矛盾理论。

最后,从属性与独立性是一对矛盾的概念,二者不可能统一于同一事

---

① 参见余淦才:《试论教唆犯的刑事责任》,载《安徽大学学报》1983 年第 2 期;潘莉:《论教唆罪的设立》,载高铭暄、赵秉志主编:《刑法论丛》第 9 卷,法律出版社 2005 年版,第 317 ~ 320 页;齐文远、刘代华:《论教唆犯应被规定为独立犯罪》,载高铭暄、赵秉志主编:《刑法论丛》第 2 卷,法律出版社 1999 年版,第 1 ~ 34 页。

② 参见朱道华:《教唆犯二重性说的逻辑困境及其反思》,载《法律科学》2012 年第 6 期。

③ 张明楷:《刑法的基本立场》,中国法制出版社 2002 年版,第 305 页。

物之上。有学者认为,教唆犯二重性说之所以成为我国的通说,一个重要原因是对学派之争以及旧派与新派的基本理论缺乏系统与合理的评价,二重性说是“过于追求折中的结局”①。但是,“共犯从属性说、独立性说问题分别属于不同学派,完全不可能折中。即便理论上硬性提出二重性说,将从属性和独立性捏合在一起,这样的折中说也完全不能用来处理案件。因为共犯从属性说,正犯未着手实行,共犯就无罪;根据共犯独立性说,正犯未着手实行,共犯也有罪,而根据二重性说,对于正犯未着手时究竟如何处理共犯,实在是得不出结论!”②

第四节　修正的独立性说之主张

对教唆犯的性质界定可以从我国刑法对教唆犯的规定上获得认识。正如德国学者李斯特所言:“共犯从属特征只是说明正犯和共犯之间的成文法关系的一个提示,立法者可将此等关系作完全不同的安排。”③马克昌先生认为:“教唆犯固然是一种社会现象,但它毕竟是一个法律概念,论证它的独立性或从属性,不能不结合一个国家刑法规定来进行。……教唆犯的从属性或独立性往往因刑法对教唆犯规定的不同而不同。”④

我国《刑法》第 29 条第 1 款规定:“教唆他人犯罪的,应当按照他在共同犯罪中所起的作用处罚。教唆不满十八周岁的人犯罪的,应当从重处罚。”第 2 款规定:“如果被教唆的人没有犯被教唆的罪,对于教唆犯,可以从轻或者减轻处罚。”也就是说,根据我国刑法,成立教唆犯只要有教唆行为就够了,无须考虑被教唆人是否实施了被教唆的行为。我国刑法规范上所规定的教唆犯有三种情形:其一,根据《刑法》第 29 条第 1 款,教唆者与被教唆者成立共同犯罪的情形;其二,根据《刑法》第 29 条第 2 款,被教唆者的人没有犯被教唆的罪的情形;其三,刑法分则中规定的教唆型犯罪。根据我国刑法的规定,这三种情况下教唆行为都具有独立的犯罪性,也就是说,成立被教唆者的行为不是成立教唆犯的必要条件。因而,从这个意义上来说,我国刑法中的教唆犯具有独立性。

但是由于刑法分则所规定的各种教唆犯罪具有独立的犯罪构成、独立

---

① 张明楷:《论教唆犯的性质》,载《刑事法评论》2007 年第 2 期;张明楷:《刑法学》(上)(第 5 版),法律出版社 2016 年版,第 376 页。

② 陈兴良、周光权:《刑法学的现代展开》,中国人民大学出版社 2006 年版,第 19 页。

③ [德]李斯特:《德国刑法教科书》(修订译本),徐久生译,法律出版社 2006 年版,第 353 页。

④ 马克昌:《论教唆犯》,载《法律学习与研究》1987 年第 5 期。

的罪名,因而这种教唆犯具有完全的独立性;而《刑法》第 29 条第 1 款规定的教唆犯由于不具有独立的犯罪构成,没有独立的罪名,其与被教唆者成立共同犯罪,因符合修正的犯罪构成而具有部分的独立性;《刑法》第 29 条第 2 款规定的教唆犯由于立法的规定而拥有了独立性。本书所主张的"独立性"既不同于"共犯独立性"中的"独立性",也不同于"独立构成说"中所指的"独立性",而是兼采了二者的部分观点,也可以说是对二者的修正,因而称之为"修正的独立性说"。

首先,教唆行为体现了教唆者的主观恶性和社会危害性,产生了制造犯罪人的危险,承认教唆行为的可罚性有利于刑法发挥社会保护机能。有学者认为,"市民社会与政治国家在现实中得以分离的结果是,刑法从单一的社会保护机能向社会保护与人权保障机能二者并重的方向发展。因此,针对封建刑法的干涉性、身份性、恣意性和残酷性,刑事古典学派从客观主义出发,建立了刑法客观主义理论。共犯从属性说正是刑法客观主义在共犯性质上的体现"①。但是,刑法不仅有保障人权的功能,也应当具有社会保护的机能。正如学者所言:"刑法正在完成从政治刑法到市民刑法的转换。"②有学者认为,刑法受宪法所要求的人权保障是广义的,包括全体公民的人权,犯罪人和被害人都在其中;刑法受公法性质所要求的人权保障是狭义的,仅仅包括相对于国家刑罚权力而言的公民的人权。③ 有学者提出,为了区分刑法的保障与保护机能,应将刑法的人权保障功能局限于狭义的理解,对被害人、一般公民的保障解释为刑法的社会保护机能之一部分。"刑法通过罪刑法定原则,明确地规定犯罪与刑罚,从而限制国家刑罚权的发动,达到保障被告人以及犯罪人的权利的目的。因此人权保障机能主要是通过对国家刑罚权的限制而实现的。"④"被害人的权利确实是刑法保护的对象,但这并不是刑法的人权保障的意蕴,而是刑法的社会保护的内容,刑法通过惩罚犯罪保护被害人的权利,应当属于刑法的社会保护机能之内容。"⑤本书赞成这一观点。

刑法的保障机能与保护机能是对立统一的,防卫社会秩序的最终目的是对权利的保障。因此,刑法的人权保障机能的实现亦是社会秩序防卫机

---

① 冯卫国、王东海:《教唆犯性质之检讨与从属性说之提倡》,载《山东警察学院学报》2009 年第 5 期。

② 陈兴良:《刑法法理的三重语境》,载《中国法律评论》2019 年第 3 期。

③ 参见何庆仁:《刑法保护谁》,载《刑法论丛》2010 年第 2 期。

④ 陈兴良:《口授刑法学》,中国人民大学出版社 2007 年版,第 27~28 页。

⑤ 陈兴良:《刑法的价值构造》,中国人民大学出版社 1998 年版,第 136 页。

能的实现的基础。[1] 设置教唆犯的立法初衷，在于遏制教唆他人犯罪这一社会丑恶现象的产生及其所带来的巨大的社会危害性，因为，“犯意的产生，在大多数情况下，都是犯罪分子的反社会意识量的积累导致质变的结果，有直接的内在必然性。……教唆就成为一个人的反社会意识迅速膨胀的催化剂。教唆犯就是这种以对他人灌输犯罪意图，制造犯意为己任的共同犯罪人。教唆犯犹如病菌的携带者，向社会传播犯罪毒素，使那些意志薄弱者受到犯罪的感染。在这个意义上可以说，教唆犯是犯罪之病源”[2]。可以说，设立教唆犯的立法原意，在于从源头上遏制犯罪。教唆者不仅通过教唆行为使自身的人身危险性得以彰显，而且促使他人的人身危险性得以增加。主张教唆犯的独立性是惩治与预防犯罪、更好地发挥刑法社会防卫功能的必然选择。

其次，我国刑法的实然规范体现了教唆犯的独立性。从我国刑法的规定来看，教唆犯的成立明显独立于被教唆者，因而也可以得出教唆犯独立性的结论。根据我国刑法，共同犯罪是指两人以上共同故意实施犯罪。大陆法系刑法中的“共犯”不同我国刑法中的“共同犯罪”。《刑法》第 29 条对教唆犯的规定显然包括了作为共同犯罪人的教唆犯和“被教唆的人没有犯被教唆的罪”情形下作为非共同犯罪人的教唆犯，不应把德日大陆法系中的“教唆犯”与我国刑法上的“教唆犯”等同。在客观上，教唆犯的教唆行为可能使他人产生犯意，并进而实行犯罪行为，其教唆行为已使法益受到侵害或威胁，存在社会危害性，应予以处罚；在主观上，教唆犯意欲通过教唆行为，使他人堕落，产生犯意，成为潜在的犯罪人，教唆者主观上具有反社会恶性。而从我国刑法规范的实然角度看，教唆内容包括了犯罪行为及特定的违法行为。认为教唆犯的教唆内容是“他人犯罪”、教唆犯是使他人产生犯罪意图的观点并不全面，教唆犯的本质在于制造犯罪或特定违法行为的意图。教唆行为体现了教唆者的主观恶性和社会危害性，产生了制造犯罪人的危险，承认教唆行为的可罚性有利于刑法发挥社会保护机能。因此，站在行为无价值二元论的立场，教唆犯的处罚根据在于教唆行为本身具有犯罪性，我国刑法中的教唆犯应当具有独立性。

不仅在成立犯罪上教唆者独立于被教唆者，连对教唆犯的处罚，也与被教唆者相区分。讨论教唆犯的性质离不开我国刑法的客观实际，脱离我国刑法规定去讨论教唆犯的性质是不恰当的。根据我国刑法，教唆犯不仅

---

① 参见臧冬斌：《刑法保障机能与保护机能的立法调整和司法实现》，载《法学家》2002 年第 3 期。

② 陈兴良：《共同犯罪论》，中国人民大学出版社 2006 年版，第 221 页。

在成立犯罪上独立于被教唆者,在刑事责任的承担上也与被教唆者相区分。我国《刑法》第 29 条第 1 款规定:“教唆他人犯罪的,应当按照他在共同犯罪中所起的作用处罚。”在司法实践中,在教唆者与被教唆者成立共同犯罪的场合,教唆犯一般都是作为主犯而被教唆的实行犯是作为从犯认定的,教唆犯处于主要地位,被教唆者反倒处于次要地位。而根据德日大陆法系刑法的规定,教唆犯对正犯是具有从属性的,对教唆犯不可能处比正犯更重的刑罚。我国《刑法》第 29 条第 2 款还规定,在“被教唆的人没有犯被教唆的罪”的情形,对教唆犯也要定罪处罚,这明显体现了教唆犯的成立不从属于实行犯。由于其与被教唆者不成立共同犯罪,因而也不可能因为修正的犯罪构成而成立犯罪。这样,按照现行刑法直接以所教唆的犯罪论处的做法是不符合逻辑的。因此,对《刑法》第 29 条第 2 款的教唆犯,本书主张完全的独立性,即为其设立单独的罪名。我国刑法分则中还存在对某一行为单独定罪的例子,如《刑法》第 301 条第 2 款规定的“引诱未成年人聚众淫乱罪”、第 353 条第 1 款规定的“引诱、教唆、欺骗他人吸毒罪”、第 353 条第 2 款规定的“强迫他人吸毒罪”、第 358 条第 1 款规定的“强迫卖淫罪”、第 359 条第 1 款规定的“引诱卖淫罪”、第 359 条第 2 款规定的“引诱幼女卖淫罪”等,也说明了教唆行为并不具有依附性特征。也就是说,在教唆行为已被界定为犯罪行为的场合,教唆犯的成立完全是独立于被教唆者的实行行为的。

最后,我国采取的是单一正犯体系,实行犯、教唆犯和帮助犯并未严格加以区分,实行犯、教唆犯和帮助犯的行为都是互相联系、互相利用的,不能单独抽取出来进行独立的评价。脱离我国刑法本身去谈教唆犯的性质的做法是不切实际的。德日大陆法系共犯理论中的共犯独立性说是以正犯与共犯区分的二元体系为基础的,教唆犯的独立性是以严格区分正犯、教唆犯和帮助犯为前提的,①认为“教唆对于教唆者而言,就是实行行为,而正犯的实行行为,对于教唆者来说,不外乎是因果关系之过程,这意味着教唆本身即独立构成犯罪”②。以二元的犯罪参与体系为前提展开的各种主张不符合我国刑法的客观实际。我国采取的是单一正犯体系,在共同犯罪教唆犯的场合,对共同犯罪人定罪量刑时并未区分对各参与人参与犯罪的不同形态,根据其在共同犯罪中所起作用大小给予不同的处罚。我国《刑法》第 29 条第 2 款中的“被教唆的人没有犯被教唆的罪”还表明了我

---

① 参见张明楷:《刑法的基本立场》,中国法制出版社 2002 年版,第 314 页。

② [日]牧野英一:《刑法总论》(下卷),东京,有斐阁 1959 年版,第 67 页。

国还存在非共同犯罪教唆犯。套用德日大陆法系的从属性说或独立性说来解释我国刑法中的教唆犯，显然是忽视了我国刑法与德日刑法在共犯参与体系上的现实差异。将我国刑法中的教唆犯等同于“正犯—共犯”二元的犯罪参与体系的教唆犯的做法缺乏法律根据，以二元的犯罪参与体系为前提展开的各种主张均不科学，不符合我国刑法的客观实际，因而不应采用。

因此，应当正视我国刑法中存在的不同类型的教唆犯的现实，在具体考察教唆犯的性质时，兼顾共犯教唆犯与非共犯教唆犯的整合与区分。事实上，有的学者在研究教唆犯时，存在忽视教唆犯的实然规范的情况，一厢情愿地将教唆犯完全等同于一个共同犯罪问题进行阐释和展开理论叙述，将教唆犯的存在状态完全等同于帮助犯的存在状态，甚至有学者直接采用大陆法系的“共犯”来称呼我国刑法中的教唆犯。在研讨相关问题时，过于机械地照搬大陆法系国家的共犯理论，所作出的理论阐释自然缺乏妥当性。我国刑法总则和分则都对教唆犯进行了规定，具体包括共犯教唆犯和非共犯教唆犯。共犯教唆犯规定于刑法总则共同犯罪部分，非共犯教唆犯包括两种情况：一是本来成立共同犯罪的教唆行为因刑法分则的特别规定而获得了实行行为的性质。这些被刑法分则赋予实行行为性质的教唆行为成了正犯化的教唆犯。二是教唆特定的违法行为，依刑法总则关于共同犯罪的规定本不应成立犯罪，但因分则的特别规定而获得了实行行为的性质。我国刑法规范上所规定的教唆犯有三种情形：其一，根据《刑法》第29条第1款，教唆者与被教唆者成立共同犯罪的情形；其二，根据《刑法》第29条第2款，被教唆者的人没有犯被教唆的罪的情形；其三，刑法分则中规定的各种教唆犯。应当在正视我国刑法关于教唆犯的实然规范的前提下，将我国的教唆犯区分为共犯教唆犯和非共犯教唆犯。由于刑法分则所规定的各种教唆犯罪具有独立的犯罪构成、独立的罪名，因而这种教唆犯具有完全的独立性；而《刑法》第29条第1款规定的教唆犯由于不具有独立的犯罪构成，没有独立的罪名，与被教唆者成立共同犯罪，符合修正的犯罪构成，其罪名根据所教唆的罪来确定，仅在刑罚上具有独立性，因而具有部分的独立性；《刑法》第29条第2款规定的教唆犯则具有完全的独立性。

修正的独立性说一旦确立，刑法体系中与之相关的一些问题随之便发生改变，首当其冲的便是我国刑法规范的完善。建议修改《刑法》第29条第2款，并在第295条“传授犯罪方法罪”之后增加一条规定“教唆罪”，作为第295条之一。具体条文设计如下：

> 第29条第2款:如果被教唆的人没有犯被教唆的罪,对于教唆犯,依照本法第二百九十五条之一的规定定罪处罚。
>
> 第295条之一 【教唆罪】教唆他人犯罪的,处五年以下有期徒刑、拘役或者管制;情节严重的,处五年以上十年以下有期徒刑;情节特别严重的,处十年以上有期徒刑或者无期徒刑。

总之,对教唆犯性质的界定应当从我国刑法对教唆犯的规定上来认识,脱离我国立法与司法实际的论述难说妥当。我国共同犯罪的立法采取的是单一正犯体系,应当正视我国刑法中存在的不同类型的教唆犯的现实,在具体考察教唆犯的性质时,兼顾刑法总则教唆犯与刑法分则教唆犯、共犯教唆犯与非共犯教唆犯的整合与区分。单一正犯体系下教唆犯"修正的独立性说"是理性、严谨、科学立法的必要要求,在此基础上对我国教唆犯的成立条件进行相应的调整,对我国教唆犯的刑事立法进行相应的修改,有利于我国现行刑法总则与分则的协调,有利于完善我国现行刑法中的教唆犯规范体系。

第五编　结　　论

第十四章　结论与展望

犯罪论是刑法理论的核心和灵魂,其基本精神穿透时空熠熠闪光,同时各种理论方案又不乏时代烙印和地域特色。正因其备受重视,且又歧见纷呈,故而犯罪论的老话题常常被赋予新内涵,学说争论从未间断。刑法教义学影响着绝大多数刑法学者的思维方式,即以体系性为导向、对于法律规范进行概念分析并且对其进行解释。[①] 正如我国学者所言,中国刑法教义学既要放眼世界,又要摆脱对国外刑法理论的过分依赖,应当逐步建构具有中国特色、更加本土化的刑法学。[②] 正是基于此,本书选取了犯罪论的若干争议问题,立足本土特色,兼采域外之长,围绕理论、立法和司法的互动,从不同维度、不同层次,分五个区块进行研讨,既展示了本书坚守的基本立场和构建的理论体系,又论证了本书提出的具体方案,在一定程度上回答了理论和实践中的疑问。

第一节　本书的理论体系

本书开篇就交代了秉持的基本立场和主张的理论架构,即在行为无价值二元论视域下,按照"客观构成要件、排除客观违法的事由、主观构成要件、排除主观责任的事由"四阶层犯罪论体系,从客观要件(包括客观构成要件和排除客观违法的事由)、主观要件(包括主观构成要件和排除主观责任的事由)、修正形态三个维度,遴选若干争议问题依次展开讨论。

一、行为无价值二元论是本书的基本立场

本书第二章对结果无价值论和行为无价值论进行了反思,认为无论是行为无价值论还是结果无价值论都不是完美无缺的理论。"不可以认为行为无价值论或结果无价值论中的某一个是正确的,从而选择它并将其贯彻到底……现实中的解释论所做的工作是,在各个坐标轴中,在彻底化了的

---

① 参见[德]埃里克·希尔根多夫:《德国刑法学:从传统到现代》,江溯、黄笑岩等译,北京大学出版社2015年版,第171页。

② 参见周光权:《论中国刑法教义学研究自主性的提升》,载《政治与法律》2019年第8期。

两个极端之间寻找妥当的点。而这个‘妥当的点’是随着时代变动的。”① 伦理学中的结果论、非结果论、美德伦理学三大理论既是判断人的行为对错的重要依据，也是违法性判断的理论根基。结果无价值论过分强调功利主义，而行为无价值二元论除了坚持功利主义，还兼顾道义论和美德伦理学。因而，本书坚持行为无价值二元论，并以二元论贯穿始终。违法性的认定在结果无价值判断的基础上，开展行为无价值的判断。行为无价值以结果无价值的存在为前提，以行为无价值来限定处罚范围。行为无价值二元论的立场影响到犯罪论的诸多方面，本书相关章节的讨论都在行为无价值二元论的指导下进行的。

二、四阶层犯罪论体系是本书的基本理论架构

本书第三章对我国犯罪论体系的争议与共识进行了梳理，围绕犯罪论体系发展和完善之基本要求，提出并论证了完善我国犯罪论体系的路径。本书认为，犯罪论体系既要考虑理论的逻辑性，又要关注实践的可操作性。结合我国的理论和实践的实际，应当按照从客观到主观、从形式到实质、从原则到例外的逻辑层次进行思考。本书主张，犯罪的认定可以按照“客观构成要件、排除客观违法的事由、主观构成要件、排除主观责任的事由”四个阶层依次进行。这就是本书所主张的四阶层犯罪论体系。② 客观构成要件表明行为的客观违法，主观构成要件表明行为的主观责任，排除客观违法的事由是符合客观要件的例外，排除主观责任的事由是符合主观要件的例外。客观构成要件与客观违法、主观构成要件与主观责任分别是形式与实质的关系。客观构成要件与排除客观违法的事由、主观构成要件与排除主观责任的事由则分别是原则与例外的关系。

当然，正如德日刑法学提出的从“体系思考”向“问题思考”的转变③一样，本书在坚持四阶层犯罪论体系和行为无价值二元论的同时，主要展开对具体问题的讨论，注重具体问题的解决和具体结论的妥当性。

第二节　主要争议问题的基本结论

一、关于客观要件的争议问题

客观要件包括客观构成要件和排除客观违法的事由。在客观构成要

① [日]前田雅英：《刑法总论讲义》（第6版），曾文科译，北京大学出版社2017年版，第28页。

② 参见贾济东、赵秉志：《我国犯罪构成理论体系之完善》，载《法商研究》2014年第3期。

③ 参见[日]平野龙一：《刑法的基础》，黎宏译，中国政法大学出版社2016年版，第194页。

件方面,本书选取了不真正不作为犯的作为义务和刑法因果关系的理论进行分析。

关于不真正不作为犯的作为义务,大体来说,形式作为义务论追求的是作为义务来源的确定性和可预测性,实质作为义务论追求的是作为义务来源的合理性和正当性。德日刑法理论从主张形式的作为义务论到实质的作为义务论的转变是形式法治向实质法治发展的表现,二者分别与罪刑法定主义的形式侧面和实质侧面相对应,具有理论上和实务上的合理性。我国刑法学界早也掀起了一场作为义务的实质化运动,认为应逐步脱离形式的作为义务论,在实质领域为作为义务来源找到根据。[①] 本书主张形式与实质相结合的作为义务论,作为义务的发生实质根据是不作为犯对保护法益及危险源的现实化的过程支配。根据这一实质根据,可以将该过程支配分为对保护法益的支配与对管理监督的危险源的支配。随着司法实践的发展以及犯罪形态的变化,形式的作为义务围绕其实质将不断发展变化,关于不真正不作为犯作为义务的理论也将逐步推向深入。

关于刑法因果关系的理论,本书在对客观归责本体论进行批判性反思的基础上,主张合理借鉴客观归责的方法论,通过对客观归责论与相当因果关系说的辩证分析,提出我国刑法因果关系论应当借鉴危险的现实化说的判断框架,但不必将其作为因果关系相当性的判断基准,因为它属于对实行行为危险性的评价;可以引进结果的抽象化说和综合判断说中的部分基准,因为这才是对因果经过相当性的评价。因而,修正的相当因果关系说更加契合我国刑法理论,它应当成为我国刑法因果关系论的发展方向。因此,我国应当借鉴危险的现实化说的判断框架,并引进结果的抽象化说和综合判断说中的部分基准,以完善具有中国特色的刑法因果关系理论。

在排除客观违法的事由方面,本书选取了防卫的限度、紧急避险的利益衡量以及被害人承诺的规范与适用展开研讨。

关于防卫的限度,正当防卫制度是法治国家原则上禁止私力救济的例外,该制度本身应当具备并发挥"严进宽出"的刑事政策功能。[②] 本书指出,正当防卫涉及生死对错,关乎社会良善,涉及正当防卫的案件总是会受到社会大众的瞩目与热论。然而,司法实践中大量应当认定正当防卫或者防卫过当的案件,司法机关却没有作出正确的认定,而是最终被判为故意

---

① 参见郝川、詹惟凯:《不真正不作为犯"作为义务二元论"再提倡——兼论作为义务与等价性之关系》,载《社会科学战线》2018 年第 12 期。

② 参见李世阳:《正当防卫中法益侵害急迫性的存立根据与司法认定》,载《中外法学》2021 年第 1 期。

伤害，于欢故意伤害案就是十分典型的例子。① “于欢案”的错判源于司法实践中盛行的“唯结果论”和“对等武装论”。为了克服防卫限度判断中的这些偏向，需要将考察重心转移到行为上。② 故本书认为，“明显超过必要限度”与“造成重大损害”属于分列的要件，且论述了“明显超过必要限度”比“造成重大损害”更重要，占据更大的比重。同时，反思“唯结果论”立足于损害结果反推行为限度的思考路径，重构了防卫限度认定的正确路径，即把“明显超过必要限度”与“造成重大损害”视为防卫限度的两道防线，先判断是否“明显超过必要限度”，再判断是否“造成重大损害”。其次，在判断“明显超过必要限度”的时候，立足于旧相当说进行改进，明确“新相当说”是属于对“明显超过必要限度”的判断，而不是衡量是否“明显超过必要限度造成重大损害”的学说；剔除其中的结果要素，避免对损害结果进行重复评价；对“新相当说”基础中的“基本相适应”中的“基本”作广义的理解，应为不存在较为悬殊的差异，而不是紧紧相适应、恰恰相适应等理解。“新相当说”立足于制止不法侵害所必需，通过综合考虑侵害行为与防卫行为的性质、强度等因素，判断防卫行为与侵害行为是否存在悬殊的差异来判断。同时强调，防卫人的能力判断应以防卫人的实际能力为基础来判断；立足于防卫人在行为时实际获取的信息以及当时本应能够获取的信息来判断防卫行为是否“明显超过必要限度”。最后，根据是否“明显超过必要限度”的判断结果来决定是否需要对“造成重大损害“进行认定。若防卫行为“明显超过必要限度”且“造成重大损害”，则防卫行为超过限度，构成防卫过当。若防卫行为没有“明显超过必要限度”或没有“造成重大损害”，则防卫行为得到肯定，构成正当防卫。并认为将“重大损害”界定为重伤及以上后果较为适宜。③

紧急避险中的利益衡量既是一个法律难题，也是一个道德难题。本书从利益衡量的理论基础和考虑的要素展开研究。伦理学上的结果论、非结果论和美德伦理学三大理论相互补充，共同构成紧急避险利益衡量的理论基础。紧急避险利益衡量应当采取综合主义的基本立场。利益衡量需要考虑一系列要素，主要包括：法益的位阶关系、法益受影响的程度、法益受

---

① 参见陈兴良：《正当防卫如何才能避免沦为僵尸条款——以于欢故意伤害案一审判决为例的刑法教义学分析》，载《法学家》2017 年第 5 期；李晓明：《“正当防卫”四十年：“于欢案”映射刑法第 20 条的修改》，载《河北法学》2020 年第 4 期。

② 参见陈璇：《正当防卫、维稳优先与结果导向——以“于欢故意伤害案”为契机展开的法理思考》，载《法律科学》2018 年第 3 期。

③ 参见尹子文：《防卫过当的实务认定与反思——基于 722 份刑事判决的分析》，载《现代法学》2018 年第 1 期。

侵害的可能性、法益救助成功的机会、法益对个别救助者的特殊意义和避险行为的社会相当性等。其中,生命法益除特殊情况外,原则上不允许紧急避险。

被害人承诺问题涉及刑法学的一些基本理论,被害人承诺立法是刑法谦抑性的体现,同时也是尊重公民自主决定权的体现。[①] 根据被害人承诺在我国刑法中的存在方式,本书主张刑法总则和分则共同支撑起被害人承诺方面的立法,以使被害人承诺符合罪刑法定原则,从而使司法实践中的相关案件得以有法可依,明确化的司法适用得以有效实施。具体而言:应将被害人承诺以正当化事由的方式作为第 22 条之一规定在刑法典的总则之中。同时,在具体的罪名方面,也可适当地体现被害人承诺所具有的刑法效果,并建议在《刑法》第 234 条“故意伤害罪”中规定被害人承诺,体现出被害人承诺具有的减轻刑事责任的作用。

二、关于主观要件的争议问题

主观要件分为主观构成要件和排除主观责任的事由。在主观构成要件方面重点讨论了过失犯罪构造理论,在排除主观责任的事由方面主要研讨了违法性认识可能性在犯罪论体系中的地位和企业合规与单位刑事责任。

“没有责任就没有刑罚”是现代刑法的一个基本原理。[②] 过失犯罪构造理论一直是德日刑法学讨论的重要课题。从旧过失论、新过失论、新新过失论,到客观归责理论,过失犯罪的构造理论逐步发展完善。本书从过失犯罪的典型案例中,总结我国司法实践认定过失犯罪的缺陷与不足,对比分析过失犯罪构造理论,认为我国刑法语境下采取新过失论更为合理。将结果预见义务作为结果回避义务的前提,将避免义务作为中心,可以使过失犯认定的说理逻辑更加清晰。

关于违法性认识可能性,本书主张明确其在犯罪论体系中的地位,坚持违法性认识可能性主观要件说,这是一种既符合实践需要又契合我国主流犯罪构成理论的制度安排。

企业合规与单位刑事责任是近年来的研究热点,本书基于组织体责任论和积极预防主义的立场,提出了完善立法的建议方案。企业合规概念由经营管理策略衍生至刑事合规制度,并与法人刑事责任及刑罚措施形成联

---

① 参见陈璇:《紧急权:体系建构、竞合适用与层级划分》,载《中外法学》2021 年第 1 期。

② 参见张明楷:《责任论的基本问题》,载《比较法研究》2018 年第 3 期。

动机制。法人犯罪随社会发展而兴起,法人承担刑事责任的理论依据也渐趋多元。企业合规制度建设旨在推动单向度刑事治理模式变革,①企业合规与法人刑事责任之间的联动具体表现为引入监督过失理论、企业犯罪单独立法模式及灵活的刑罚裁量措施。以此为基础,本书剖析了我国单位犯罪在认定依据、处罚模式、刑罚种类等方面所存在的疏漏,在合规背景下对于单位犯罪的刑法规范予以适当调整。建议增设企业的监督与合规义务,并实行举证责任倒置;对单位犯罪统一实行独立的双罚制模式,并扩充单位刑罚措施之范围。

三、关于修正形态的争议问题

修正形态方面讨论了共同犯罪的疑难问题和教唆犯的性质。在共同犯罪的疑难问题方面,对共犯与身份的基本问题、共犯的未完成形态、共犯关系的脱离、共犯的错误、共犯的罪数、竞合等进行了初步的探讨,而对于共同过失犯罪、间接共犯、共谋共同正犯、间接正犯、片面共犯、网络共同犯罪等仅蜻蜓点水式地提及。

在教唆犯的性质方面,本书在考察我国刑法关于不同类型教唆犯的规定的前提下,对二重性说(认为教唆犯兼具独立性和从属性)和单一性说(主张教唆犯从属性说或者主张教唆犯独立性说)进行了评析,主张将我国的教唆犯区分为共犯教唆犯和非共犯教唆犯,进而提出修正的独立性说。本书所主张的“独立性”,既不同于“共犯独立性”中的“独立性”,也不同于“独立构成说”中所指的“独立性”,而是兼采了二者的部分观点,可以说是对二者的修正。由于刑法分则所规定的各种教唆犯罪具有独立的犯罪构成、独立的罪名,因而这种教唆犯具有完全的独立性;而《刑法》第 29 条第 1 款规定的教唆犯由于不具有独立的犯罪构成,没有独立的罪名,与被教唆者成立共同犯罪,符合修正的犯罪构成,其罪名根据所教唆的罪来确定,仅在刑罚上具有独立性,因而具有部分的独立性;《刑法》第 29 条第 2 款规定的教唆犯则具有完全的独立性。以修正的独立性说为指导,建议修改《刑法》第 29 条第 2 款,并在第 295 条之后增加一条规定“教唆罪”,《刑法》第 29 条第 2 款适用“教唆罪”的规定予以处理。

---

① 参见杜方正、刘艳红:《国有企业刑事合规制度的法理重塑》,载《南京社会科学》2021 年第 3 期。

第三节　不足与展望

任何事物都不可能完美无缺,本书的状况尤其如此。例如,本书所主张的四阶层犯罪论体系将正当防卫纳入排除客观违法的事由之后,难免会引起一些争议,如它是否包括主观罪责?如果包括主观罪责,那么客观与主观的界限何在?如果不包括主观罪责,那么正当防卫与防卫过当如何区分?这个判断的过程是否会扰乱先客观后主观的顺序?对此,本书尚未进行深入探讨。可见,缺陷和不足是客观的、绝对的,不容回避。但事物犹如硬币,往往是一体两面的,有反面必有正面,正是因为存在诸多缺憾,才会产生研究的动能,未来努力的靶向才会更加明确,分析问题才会更有针对性,研究的结论也才会更具妥当性。

本书的不足和努力方向可以概括为以下几点:

一是研究方法的不足可能导致研究结论的非完美性。本书主要运用教义学的方法进行分析论证,实证分析的方法未被运用,正所谓“法律的生命一直不是逻辑,而是经验”①。精美的逻辑分析最终可能只是一场文字游戏而已,得出的结论并非预防和惩治犯罪的解药。尽管本书试图选取若干案例进行分析,但选取的样本不具有全面性,也难说具有代表性,即使经过了努力论证,亦非尽善尽美。纵使结论看似美好,但可能不全面,或者不实用,不能对症下药甚至是下错了药。这是今后的研究需要努力克服的。

二是研究视域的局限性可能导致研究结论的非体系性。犯罪现象作为一种社会现象,它与社会的方方面面均有千丝万缕的联系,仅仅是从学科体系而言,哲学、宗教学、心理学、经济学、统计学、社会学、政治学、历史学、地理学、环境学、生物学、物理学等学科均可与犯罪现象产生交互影响。不谋全局者,不足以谋一域,研究个体必须在整体中予以把握,而本书的研究仅仅局限于刑事法领域,无异于井底之蛙,以管窥豹,所见并非真相。因此,未来的探讨应拓展至社会科学领域乃至整个科学领域,在总体把握中对犯罪的现象、原因、防控对策进行全局性、体系性的观照,以得出与周边环境相协调的解决方案。

三是研究背景的变化性可能导致研究结论的滞后性。社会是在时刻发展变化着的,作为社会现象组成部分的犯罪现象也会呈现出新的特点和发展趋势,相应地,作为其解决方案的理论观点、法律制度和实践措施均需

---

① 转引自武宏志:《论霍姆斯的“逻辑”和“经验”》,载《政法论丛》2016 年第 6 期。

随之变化。例如,随着科技的发展,利用网络、通信、电子支付、区块链技术等实施的犯罪行为激增,倒逼了刑法的修正。如果理论观点和实践措施故步自封,则会在面临新型犯罪时无所适从。在国际法律实践中,随着英美法系与大陆法系的冲突与交融,以及国际旧秩序向国际新秩序过渡,特别是在构建人类命运共同体的过程中,各种理论、制度和措施之间必然发生激烈的碰撞,像刑事管辖权的确定、犯罪主观要素的认定等,都是实践向理论提出的难题。要迎接新形势,很多时候就必须破除旧观点。当然,法律有其自身的发展规律,法律主要是对社会环境的被动反应,滞后性本为其重要特征。尽管在风险刑法的推动下,积极预防主义对刑法修正影响甚巨,前瞻性立法并不少见,但总体而言,立法还是滞后于社会形势的。这种时候,刑法理论应当与司法实践并肩冲锋在前,在理论研讨中坚持前瞻性和引领性,以智慧和勇气对冲立法的滞后性。

研究结论的正确性只是暂时的,解决问题的针对性也不是永恒的。社会在不断发展,作为社会现象之一的犯罪现象也必然与时偕行,变幻不定。因此,理论思考、实践对策乃至立法方案均需同步跟进甚至是超前发展。当然,这种超前思维要避免杞人忧天式的思考。最近关于人工智能刑事责任的大讨论,就反映了刑法学界的客观反映与主观臆测两种立场之间的根本对立。其实,从这个角度正好可以看出,结论的正确与错误是相对的,没有永远的正确,也没有永远的错误。甚至犯罪现象也是空性的,随着行政犯的大量增加,原本无罪的行为一夜秒变犯罪,也有一些犯罪随着政策的变迁而出罪,正所谓"无善无恶""无对无错"。因而研究者必须在动态中把握其平衡。

本书虽然对犯罪论有关争议问题进行了探讨,但由于研究尚浅,所得结论远非完美,错漏之处必然不少,观点或旧或误,尚待来日匡正。加之我们当前所处的风险社会及其催生的积极的预防主义刑法观①对刑法完善的影响日甚,为适应经济社会发展和全面深化改革的要求,刑法修正已成常态,②刑法的稳定性难以期待,时移世易,所主张的观点必然持续更新。"路漫漫其修远兮,吾将上下而求索!"我们当以此为起点,在勤耕励耘中查缺补漏,变缺憾为潜能。

① 参见高铭暄、孙道萃:《预防性刑法观及其教义学思考》,载《中国法学》2018 年第 1 期。

② 参见赵秉志:《改革开放 40 年我国刑法立法的发展及其完善》,载《法学评论》2019 年第 2 期。

参考文献

一、中文著作

1.《现代汉语词典》(修订本),商务印书馆 1996 年版。

2.《刑法学(上册·总论)》,高等教育出版社 2019 年版。

3. 蔡墩铭:《刑法精义》(第 2 版),台北,翰芦图书出版有限公司 2007 年版。

4. 蔡桂生:《构成要件论》,中国人民大学出版社 2015 年版。

5. 陈家林:《共同犯罪研究》,武汉大学出版社 2004 年版。

6. 陈兴良:《本体刑法学》,中国人民大学出版社 2011 年版。

7. 陈兴良:《共同犯罪论》,中国人民大学出版社 2006 年版。

8. 陈兴良:《规范刑法学》(上),中国人民大学出版社 2013 年版。

9. 陈兴良:《教义刑法学》,中国人民大学出版社 2010 年版。

10. 陈兴良:《口授刑法学》,中国人民大学出版社 2007 年版。

11. 陈兴良:《刑法的价值构造》,中国人民大学出版社 1998 年版。

12. 陈兴良:《刑法适用总论》(上卷),法律出版社 1999 年版。

13. 陈兴良、周光权:《刑法学的现代展开》,中国人民大学出版社 2006 年版。

14. 陈兴良主编:《刑事法评论》,北京大学出版社 2009 年版。

15. 陈志辉:《刑法上的法条竞合》,台北,春风煦日论坛 1998 年版。

16. 陈子平:《刑法总论》(增修版),中国人民大学出版社 2009 年版。

17. 陈子平:《刑法总论》,台北,元照出版有限公司 2008 年版。

18. 储槐植:《刑事一体化论要》,北京大学出版社 2007 年版。

19. 储槐植、江溯:《美国刑法》,北京大学出版社 2012 年版。

20. 甘添贵:《刑法之重要理念》,台北,瑞兴图书股份有限公司 1996 年版。

21. 高铭暄、马克昌主编:《刑法学》(第 9 版),北京大学出版社、高等教育出版社 2019 年版。

22. 高铭暄、马克昌主编:《刑法学》(上编),中国法制出版社 1999 年版。

23. 高铭暄、赵秉志编:《新中国刑法立法文献资料总览》,中国公安大学出版社 1998 年版。

24. 高铭暄、赵秉志主编:《刑法论丛》(第 2 卷),法律出版社 1999 年版。

25. 高铭暄、赵秉志主编:《刑法论丛》(第 9 卷),法律出版社 2005 年版。

26. 高铭暄主编:《刑法学原理》(第 1 卷),中国人民大学出版社 2005 年版。

27. 耿文田:《教唆犯论》,商务印书馆 1935 年版。

28. 黄荣坚:《基础刑法学》(上)(第 3 版),中国人民大学出版社 2009 年版。

29. 黄荣坚:《基础刑法学》(上),台北,元照出版有限公司 2012 年版。

30. 黄荣坚:《基础刑法学》(下),中国人民大学出版社 2009 年版。

31. 黄仲夫编著:《简明刑法总则》(修订再版),台北,元照出版有限公司 2013 年版。

32. 贾济东:《外国刑法学原理(大陆法系)》,科学出版社 2013 年版。

33. 江溯:《犯罪参与体系研究》,中国人民公安大学出版社 2010 年版。

34. 姜伟:《犯罪形态通论》,法律出版社 1994 年版。

35. 劳东燕:《风险社会中的刑法》,北京大学出版社 2015 年版。

36. 黎宏:《刑法学》,法律出版社 2012 年版。

37. 黎宏:《刑法学总论》(第 2 版),法律出版社 2016 年版。

38. 李凤梅:《教唆犯论——以独立构成说为视角的建构》,中国社会科学出版社 2011 年版。

39. 李光灿、马克昌、罗平:《论共同犯罪》,中国政法大学出版社 1987 年版。

40. 李海东:《刑法原理入门(犯罪论基础)》,法律出版社 1998 年版。

41. 李金明:《不真正不作为犯研究》,中国人民公安大学出版社 2008 年版。

42. 李希慧主编:《刑法总论》,武汉大学出版社 2008 年版。

43. 林东茂:《刑法综览》(修订 5 版),中国人民大学出版社 2009 年版。

44. 林山田:《刑法通论》(上册)(增订 10 版),北京大学出版社 2012 年版。

45. 林山田:《刑法通论》(下册)(增订 10 版),北京大学出版社 2012 年版。

46. 林亚刚:《犯罪过失研究》,武汉大学出版社 2000 年版。

47. 林亚刚:《刑法学教义(总论)》,北京大学出版社 2014 年版。

48. 林钰雄:《新刑法总则》,中国人民大学出版社 2009 年版。

49. 刘斯凡:《共犯界限论》,中国人民公安大学出版社 2011 年版。

50. 刘宪权主编:《刑法学》(上)(第 3 版),上海人民出版社 2012 年版。

51. 吕英杰:《客观归责下的监督、管理过失》,法律出版社 2013 年版。

52. 马克昌:《比较刑法原理——外国刑法学总论》,武汉大学出版社 2002 年版。

53. 马克昌主编:《近代西方刑法学说史略》,中国检察出版社 1996 年版。

54. 马克昌主编:《刑罚通论》(第 2 版),武汉大学出版社 1999 年版。

55. 钱大群:《唐律疏议新注》,南京师范大学出版社 2007 年版。

56. 苏惠渔主编:《刑法学》,法律出版社 2001 年版。

57. 童德华:《刑法中客观归属论的合理性研究》,法律出版社 2012 年版。

58. 王世洲:《现代刑法学(总论)》,北京大学出版社 2011 年版。

59. 王政勋:《正当行为论》,法律出版社 2000 年版。

60. 王志远:《共犯制度的根据与拓展》,法律出版社 2011 年版。

61. 谢雄伟:《紧急避险基本问题研究》,中国人民公安大学出版社 2008 年版。

62. 许成磊:《不纯正不作为犯理论》,人民出版社 2009 年版。

63. 许玉秀:《当代刑法思潮》,中国民主法制出版社 2005 年版。

64. 许玉秀:《主观与客观之间——主观理论与客观归责》,法律出版社 2008 年版。

65. 杨春洗:《刑法总论》,北京大学出版社 1981 年版。

66. 杨兴培:《犯罪构成原论》,中国检察出版社 2004 年版。

67. 叶良芳:《实行犯研究》,浙江大学出版社 2008 年版。

68. 於兴中:《法理学前沿》,中国民主法制出版社 2015 年版。

69. 张斌峰、李永铭、李永成、张莉敏编著:《法律逻辑学导论》,武汉大学出版社 2010 年版。

70. 张明楷:《法益初论》,中国政法大学出版社 2000 年版。

71. 张明楷:《犯罪构成体系与构成要件要素》,北京大学出版社 2010 年版。

72. 张明楷:《犯罪论的基本问题》,法律出版社 2017 年版。

73. 张明楷:《外国刑法纲要》(第 3 版),法律出版社 2020 年版。

74. 张明楷:《刑法的基本立场》,中国法制出版社 2002 年版。

75. 张明楷编著:《刑法的私塾》,北京大学出版社 2014 年版。

76. 张明楷:《刑法格言的展开》,北京大学出版社 2013 年版。

77. 赵秉志:《犯罪主体论》,中国人民大学出版社 1989 年版。

78. 赵秉志等编:《全国刑法硕士论文荟萃(1981~1988 届)》,中国人民公安大学出版社 1989 年版。

79. 赵秉志主编:《犯罪总论问题探索》,法律出版社 2003 年版。

80. 赵秉志主编:《刑法总论》(第 2 版),中国人民大学出版社 2012 年版。

81. 郑健才:《刑法总论》,台北,三民书局 1985 年版。

82. 郑泽善:《刑法总论争议问题研究》,北京大学出版社 2013 年版。

83. 周光权:《刑法总论》,中国人民大学出版社 2011 年版。

84. 最高人民法院中国应用法学研究所:《人民法院案例选(1992~1999 年合订本)》(刑事卷),中国法制出版社 2000 年版。

二、中文译著

1. [德]M. 玻恩:《我的一生和我的观点》,李宝恒译,商务印书馆 1979 年版。

2. [德]埃里克・希尔根多夫:《德国刑法学:从传统到现代》,江溯、黄笑岩等译,北京大学出版社 2015 年版。

3. [德]安塞尔姆・里特尔・冯・费尔巴哈:《德国刑法教科书》(第 14 版),徐久生译,中国方正出版社 2010 年版。

4. [德]恩施特・贝林:《构成要件理论》,王安异译,中国人民公安大学出版社 2006 年版。

5. [德]冈特・施特拉腾韦特:《刑法总论 I——犯罪论》,杨萌译,法律出版社 2006 年版。

6. [德]汉斯・海因里希・耶赛克、托马斯・魏根特:《德国刑法教科书(总论)》,徐久生译,中国法制出版社 2001 年版。

7. [德]汉斯・韦尔策尔:《目的行为论导论》(增补第 4 版),陈璇译,中国人民大学出版社 2015 年版。

8. [德]克劳斯・罗克辛:《德国刑法学总论》(第 1 卷),王世洲译,法律出版社 2005 年版。

9. [德]克劳斯・罗克辛:《德国最高法院判例・刑法总论》,何庆仁、蔡桂生译,中国人民大学出版社 2012 年版。

10. [德]克劳斯・罗克辛:《刑事政策与刑法体系》(第 2 版),蔡桂生译,中国人民大学出版社 2011 年版。

11. [德]李斯特:《德国刑法教科书》,徐久生译,法律出版社 2006 年版。

12. [德]理查德·大卫·普雷希特:《该不该把桥上的男人推下去》,周海燕等译,中国青年出版社 2009 年版。

13. [德]齐佩利乌斯:《法学方法论》,金振豹译,法律出版社 2009 年版。

14. [德]韦塞尔斯:《德国刑法总论》,李昌珂译,法律出版社 2008 年版。

15. [德]沃斯·金德霍伊泽尔:《故意犯的客观和主观归责》,樊文译,载陈兴良主编:《刑事法评论》第 23 卷,北京大学出版社 2008 年版。

16. [德]乌尔斯·金德霍伊泽尔:《刑法总论教科书》(第 6 版),蔡桂生译,北京大学出版社 2015 年版。

17. [俄]库兹涅佐娃、佳日科娃主编:《俄罗斯刑法教程(总论)》(上卷),黄道秀译,中国法制出版社 2002 年版。

18. [俄]孟金沙主编:《苏联刑法总论》(下册),彭仲文译,大东书局 1950 年版。

19. [俄]伊诺加莫娃—海格主编:《俄罗斯联邦刑法(总论)》,黄芳、刘阳、冯坤译,中国人民大学出版社 2010 年版。

20. [法]卡斯东·斯特法尼等:《法国刑法总论精义》,罗结珍译,中国政法大学出版社 1998 年版。

21. [韩]金日秀、徐辅鹤:《韩国刑法总论》(第 11 版),郑军男译,武汉大学出版社 2008 年版。

22. [韩]李在祥:《韩国刑法总论》,[韩]韩相敦译,中国人民大学出版社 2005 年版。

23. [美]劳伦斯·索伦:《法理学词汇:法学院学生的工具箱》,王凌皞译,中国政法大学出版社 2010 年版。

24. [美]理查德·波斯纳:《波斯纳法官司法反思录》,苏力译,北京大学出版社 2014 年版。

25. [美]美国法学会:《美国模范刑法典及其评注》,刘仁文、王祎等译,法律出版社 2005 年版。

26. [美]乔治·弗莱彻:《反思刑法》,邓子滨译,华夏出版社 2008 年版。

27. [美]辛格、拉方:《刑法》(第 2 版),王秀梅等注,中国方正出版社

2003年版。

28.［美］休·拉福莱特主编:《伦理学理论》,龚群主译,中国人民大学出版社2008年版。

29.［美］雅克·蒂洛、基思·克拉斯曼:《伦理学与生活》(第9版),程立显、刘建等译,世界图书出版公司、后浪出版公司2008年版。

30.［美］约书亚·德雷斯勒:《美国刑法精解》(第4版),王秀梅译,北京大学出版社2009年版。

31.［日］川端博:《刑法总论二十五讲》,余振华译,中国政法大学出版社2003年版。

32.［日］川端博:《刑法总论讲义》,成文堂1997年版。

33.［日］川端博、前田雅英、伊东研祐、山口厚:《彻底讨论·刑法理论的展望》,成文堂2000年版。

34.［日］大谷实:《刑法讲义总论》(新版第4版),成文堂2012年版。

35.［日］大谷实:《刑法讲义总论》,黎宏译,中国人民大学出版社2008年版。

36.［日］大谷实:《刑事政策学》,黎宏译,中国人民大学出版社2009年版。

37.［日］大塚仁:《犯罪论的基本问题》,冯军译,中国政法大学出版社1993年版。

38.［日］大塚仁:《刑法概说(总论)》(第4版),有斐阁2008年版。

39.［日］大塚仁:《刑法概说(总论)》,冯军译,中国人民大学出版社2003年版。

40.［日］福田平:《全订刑法总论》(第3版增补),有斐阁2001年版。

41.［日］高桥则夫:《共犯体系和共犯理论》,冯军等译,中国人民大学出版社2010年版。

42.［日］高桥则夫:《刑法总论》(第3版),成文堂2016年版。

43.［日］井田良:《犯罪论的现在与目的行为论》,成文堂1995年版。

44.［日］井田良:《讲义刑法学·总论》,有斐阁2008年版。

45.［日］井田良:《刑法总论的理论构造》,成文堂2005年版。

46.［日］林干人:《刑法总论》,东京大学出版会2000年版。

47.［日］芦部信喜:《宪法》(第3版),林来梵、凌维慈、龙绚丽译,北京大学出版社2006年版。

48.［日］木村龟二主编:《刑法学词典》,顾肖荣、郑树周译校,上海翻译出版公司1991年版。

49. ［日］牧野英一:《刑法总论》(下卷),有斐阁 1959 年版。

50. ［日］平野龙一:《刑法的基础》,黎宏译,中国政法大学出版社 2016 年版。

51. ［日］平野龙一:《刑法概说》,东京大学出版会 1977 年版。

52. ［日］平野龙一:《刑法总论 I》,有斐阁 1972 年版。

53. ［日］前田雅英:《日本刑法总论讲义》(第 4 版),东京大学出版会 2006 年版。

54. ［日］前田雅英:《刑法总论讲义》(第 5 版),东京大学出版会 2011 年版。

55. ［日］前田雅英:《刑法总论讲义》(第 6 版),曾文科译,北京大学出版社 2017 年版。

56. ［日］浅田和茂:《刑法总论》(补正版),成文堂 2007 年版。

57. ［日］日高义博:《违法性的基础理论》,张光云译,法律出版社 2015 年版。

58. ［日］山口厚:《从新判例看刑法》,付立庆、刘隽译,中国人民大学出版社 2009 年版。

59. ［日］山口厚:《刑法总论》(第 2 版),有斐阁 2007 年版。

60. ［日］山口厚:《刑法总论》(第 3 版),有斐阁 2016 年版。

61. ［日］山口厚:《刑法总论》,有斐阁 2007 年版。

62. ［日］山中敬一:《刑法的客观归属理论》,成文堂 1997 年版。

63. ［日］山中敬一:《刑法总论》(第 2 版),成文堂 2008 年版。

64. ［日］松宫孝明:《刑法总论讲义》(第 4 版补正版),钱叶六译,中国人民大学出版社 2013 年版。

65. ［日］松原芳博:《刑法总论》,日本评论社 2013 年版。

66. ［日］松原芳博:《刑法总论重要问题》,王昭武译,中国政法大学出版社 2014 年版。

67. ［日］藤木英雄:《过失犯理论》,有信堂 1969 年版。

68. ［日］西田典之:《日本刑法总论》,刘明祥、王昭武译,中国人民大学出版社 2007 年版。

69. ［日］西田典之:《日本刑法总论》,王昭武、刘明祥译,法律出版社 2013 年版。

70. ［日］西田典之:《刑法总论》,弘文堂 2006 年版。

71. ［日］小野清一郎:《犯罪构成要件理论》,王泰译,中国人民公安大学出版社 2004 年版。

72. [日]野村稔:《刑法总论》,全理其、何力译,法律出版社 2001 年版。

73. [日]伊东研祐:《刑法讲义总论》,日本评论社 2010 年版。

74. [日]曾根威彦:《刑法的结果归属理论》,成文堂 2012 年版。

75. [日]曾根威彦:《刑法的重要问题(总论)》(第 2 版),成文堂 2005 年版。

76. [日]曾根威彦:《刑法学基础》,黎宏译,法律出版社 2005 年版。

77. [日]佐伯仁志:《刑法总论的思之道·乐之道》,于佳佳译,中国政法大学出版社 2017 年版。

78. [苏]A·H. 特拉伊宁:《犯罪构成的一般学说》,薛秉忠等译,中国人民大学出版社 1958 年版。

79. [苏]杜尔曼夫:《苏联刑法概论》,杨旭译,新华书店 1949 年版。

80. [意]贝卡里亚:《论犯罪与刑罚》,黄风译,中国法制出版社 2005 年版。

81. [意]杜里奥·帕多瓦尼:《意大利刑法学原理(注评版)》,陈忠林译评,中国人民大学出版社 2004 年版。

82. [英]乔纳森·赫林:《刑法》(影印版),法律出版社 2003 年版。

83. [英]威廉姆·威尔逊:《刑法理论的核心问题》,谢望原、罗灿、王波译,中国人民大学出版社 2015 年版。

84.《奥地利联邦共和国刑法典(2002 年修订)》,徐久生译,中国方正出版社 2004 年版。

85.《法国刑法典》,罗结珍译,中国人民公安大学出版社 1995 年版。

86.《日本刑法典》(第 2 版),张明楷译,法律出版社 2006 年版。

87.《最新法国刑法典》,朱琳译,法律出版社 2016 年版。

三、论文类

1. [德]乌尔斯·金德霍伊泽尔:《论所谓"不被容许的"风险》,陈璇译,载陈兴良主编:《刑事法评论》第 34 卷,北京大学出版社 2014 年版。

2. [美]乔治·P. 弗莱彻:《美国刑法理论的形成》,蔡爱惠译,载《中外法学》2009 年第 2 期。

3. [日]大谷实:《日本刑法中正犯与共犯的区别——与中国刑法中的"共同犯罪"相比照》,王昭武译,载《法学评论》2002 年第 6 期。

4. [日]关哲夫:《结果无价值论与行为无价值论的对立及其趋向》,王充译,载《吉林大学社会科学学报》2016 年第 5 期。

5. [日]桥爪隆:《刑法总论之困惑(一)作为危险之现实化的因果关系》,王昭武译,载《苏州大学学报(法学版)》2015 年第 1 期。

6. [日]山本高子:《西班牙语圈刑法的客观归属论》,载《亚细亚法学》2013 年第 47 卷 2 号。

7. [日]山口厚:《犯罪论体系的意义与机能》,付立庆译,载《中外法学》2010 年第 1 期。

8. [日]山口厚:《日本刑法学中的行为无价值论与结果无价值论》,金光旭译,载《中外法学》2008 年第 4 期。

9. [日]松原芳博:《刑法总论专题研究(二)》,王昭武译,载《河南省政法管理干部学院学报》2010 年第 4 期。

10. 安翱、涂文:《论活体器官移植中的被害人承诺——从刑法的视角》,载《华中科技大学学报(社会科学版)》2003 年第 1 期。

11. 曹斐:《刑法上瑕疵同意的处理规则——从阿梅隆的方案论向传统刑法视角回归》,载《中德法学论坛》2017 年第 2 期。

12. 车浩:《德国关于被害人同意之错误理论的新进展》,载《环球法律评论》2008 年第 6 期。

13. 车浩:《法定犯时代的违法性认识错误》,载《清华法学》2015 年第 4 期。

14. 车浩:《论被害人同意在故意伤害罪中的界限——以我国刑法第 234 条第 2 款中段为中心》,载《中外法学》2008 年第 5 期。

15. 车浩:《论刑法上的被害人同意能力》,载《法律科学》2008 年第 6 期。

16. 陈杰:《紧急避险与生命价值的衡量》,载《法制与社会发展》2019 年第 4 期。

17. 陈姗姗:《客观归责论之辨析》,载《苏州大学学报(法学版)》2014 年第 4 期。

18. 陈兴良:《纯正的过失犯与不纯正的过失犯:立法比较与学理探究》,载《法学家》2015 年第 6 期。

19. 陈兴良:《犯罪构成论:从四要件到三阶层一个学术史的考察》,载《中外法学》2010 年第 1 期。

20. 陈兴良:《犯罪论体系的去苏俄化》,载《政法论坛》2012 年第 4 期。

21. 陈兴良:《犯罪论体系的位阶性研究》,载《法学研究》2010 年第 4 期。

22. 陈兴良:《共同犯罪论》,载《现代法学》2001 年第 3 期。

23. 陈兴良:《过失犯的规范构造:以朱平书等危险物品肇事案为线索》,载《比较法研究》2020 年第 5 期。

24. 陈兴良:《刑法法理的三重语境》,载《中国法律评论》2019 年第 3 期。

25. 陈兴良:《正当防卫如何才能避免沦为僵尸条款——以于欢故意伤害案一审判决为例的刑法教义学分析》,载《法学家》2017 年第 5 期。

26. 陈兴良:《注释刑法学经由刑法哲学抵达教义刑法学》,载《中外法学》2019 年第 3 期。

27. 陈璇:《德国刑法学中结果无价值与行为无价值的流变、现状与趋势》,载《中外法学》2011 年第 2 期。

28. 陈璇:《防卫过当中的罪量要素——兼论“防卫过当民刑二元化”立法模式的法理依据》,载《政法论坛》2020 年第 5 期。

29. 陈璇:《结果无价值论与二元论之争的共识、误区与发展方向》,载《中外法学》2016 年第 3 期。

30. 陈璇:《紧急权:体系建构、竞合适用与层级划分》,载《中外法学》2021 年第 1 期。

31. 陈璇:《论过失犯的注意义务违反与结果之间的规范关联》,载《中外法学》2012 年第 4 期。

32. 陈璇:《论过失犯中注意义务的规范保护目的》,载《清华法学》2014 年第 1 期。

33. 陈璇:《论客观归责中危险的判断方法——“以行为时全体客观事实为基础的一般人预测”之提倡》,载《中国法学》2011 年第 3 期。

34. 陈璇:《侵害人视角下的正当防卫论》,载《法学研究》2015 年第 3 期。

35. 陈璇:《生命冲突、紧急避险与责任阻却》,载《法学研究》2016 年第 5 期。

36. 陈璇:《责任原则、预防政策与违法性认识》,载《清华法学》2018 年第 5 期。

37. 陈璇:《正当防卫、维稳优先与结果导向——以“于欢故意伤害案”为契机展开的法理思考》,载《法律科学》2018 年第 3 期。

38. 陈璇:《正当防卫与比例原则——刑法条文合宪性解释的尝试》,载《环球法律评论》2016 年第 6 期。

39. 陈忠林:《关于我国刑法学界对意大利现行刑法的几点误解》,载《中外法学》1997 年第 5 期。

40. 储槐植:《刑法例外规律及其他》,载《中外法学》1990 年第 1 期。

41. 储槐植、高维俭:《犯罪构成理论结构比较论略》,载《现代法学》2009 年第 6 期。

42. 崔建:《正当防卫的“防卫限度”阶层理论构建》,载《上海法学研究》2019 年第 3 卷。

43. 邓毅丞、申敏:《被害人承诺中的法益处分权限研究》,载《法律科学》2014 年第 4 期。

44. 董桂武、肖媛媛:《论不纯正不作为犯认定的评价内容及顺序——以母亲女友案系列案认定为例》,载《法律适用》2016 年第 5 期。

45. 杜方正、刘艳红:《国有企业刑事合规制度的法理重塑》,载《南京社会科学》2021 年第 3 期。

46. 方暇风:《论我国刑法中教唆犯的独立性》,载《法学与实践》1992 年第 5 期。

47. 方军:《紧急避险的体系再定位研究》,载《现代法学》2018 年第 2 期。

48. 冯军:《防卫过当:性质、成立要件与考察方法》,载《法学》2019 年第 1 期。

49. 冯军:《刑法中的责任原则:兼与张明楷教授商榷》,载《中外法学》2012 年第 1 期。

50. 冯军:《刑法中的自我答责》,载《中国法学》2006 年第 3 期。

51. 冯卫国、王东海:《教唆犯从属性说的中国式展开》,载《法治研究》2012 年第 4 期。

52. 冯卫国、王东海:《教唆犯性质之检讨与从属性说之提倡》,载《山东警察学院学报》2009 年第 5 期。

53. 付立庆:《被害人因受欺骗而同意的法律效果》,载《法学研究》2016 年第 2 期。

54. 付立庆:《间接正犯概念的必要性及其具体判断》,载《社会科学辑刊》2020 年第 4 期。

55. 高铭暄:《对主张以三阶层犯罪成立体系取代我国通行犯罪构成理论者的回应》,载赵秉志主编:《刑法论丛》第 19 卷,法律出版社 2009 年版。

56. 高铭暄:《关于中国刑法学犯罪构成理论的思考》,载《法学》2010 年第 2 期。

57. 高铭暄:《论四要件犯罪构成理论的合理性暨对中国刑法学体系的坚持》,载《中国法学》2009 年第 2 期。

58. 高铭暄、孙道萃：《预防性刑法观及其教义学思考》，载《中国法学》2018 年第 1 期。

59. 高艳东：《不纯正不作为犯的中国命运：从快播案说起》，载《中外法学》2017 年第 1 期。

60. 耿佳宁：《单位固有刑事责任的提倡及其教义学形塑》，载《中外法学》2020 年第 6 期。

61. 韩玉胜、李凤梅：《教唆未遂之理论界定》，载《国家检察官学院学报》2006 年第 4 期。

62. 郝川、詹惟凯：《不真正不作为犯"作为义务二元论"再提倡——兼论作为义务与等价性之关系》，载《社会科学战线》2018 年第 12 期。

63. 何秉松：《单位（法人）犯罪的概念及其理论根据》，载《法学研究》1998 年第 2 期。

64. 何庆仁：《我国刑法中教唆犯的两种涵义》，载《法学研究》2004 年第 5 期。

65. 何庆仁：《刑法保护谁》，载《刑法论丛》2010 年第 7 期。

66. 黄风：《意大利刑法引论》，载《意大利刑法典》，中国政法大学出版社 1998 年版。

67. 贾济东、谈绪军：《德日犯罪论体系转型的启示与借鉴》，载《江汉论坛》2014 年第 9 期。

68. 贾济东、赵秉志：《我国犯罪构成理论体系之完善》，载《法商研究》2014 年第 3 期。

69. 贾健：《新行为无价值论的困境与出路》，载《现代法学》2018 年第 6 期。

70. 贾宇：《论违法性认识应该成为犯罪故意的必备要件》，载《法律科学》1997 年第 3 期。

71. 江溯：《单一正犯体系的类型化考察》，载《内蒙古大学学报（哲学社会科学版）》2012 年第 1 期。

72. 江溯：《关于单一正犯体系的若干辩驳》，载《当代法学》2011 年第 5 期。

73. 姜涛：《正当防卫限度判断的适用难题与改进方案》，载《中国法学》2019 年第 2 期。

74. 劳东燕：《法条主义与刑法解释中的实质判断——以赵春华持枪案为例的分析》，载《华东政法大学学报》2017 年第 6 期。

75. 劳东燕：《法益衡量原理的教义学检讨》，载《中外法学》2016 年第

2 期。

76. 劳东燕:《防卫过当的认定与结果无价值论的不足》,载《中外法学》2015 年 5 期。

77. 劳东燕:《结果无价值与行为无价值论之争的中国展开》,载《清华法学》2015 年第 3 期。

78. 劳东燕:《责任主义与过失犯中的预见可能性》,载《比较法研究》2018 年第 3 期。

79. 劳东燕:《责任主义与违法性认识问题》,载《中国法学》2008 年第 3 期。

80. 劳东燕:《正当防卫制度的背后》,载《清华法学》2006 年第 1 期。

81. 黎宏:《过失犯若干问题探讨》,载《法学论坛》2010 年第 3 期。

82. 黎宏:《紧急避险法律性质研究》,载《清华法学》2007 年第 1 期。

83. 黎宏:《论单位犯罪的刑事责任》,载《法律科学》2001 年第 4 期。

84. 黎宏:《我国犯罪构成体系不必重构》,载《法学研究》2006 年第 1 期。

85. 李本灿:《单位刑事责任论的反思与重构》,载《环球法律评论》2020 年第 4 期。

86. 李本灿:《企业犯罪预防中国家规制向国家与企业共治转型之提倡》,载《政治与法律》2016 年第 2 期。

87. 李本灿:《刑事合规理念的国内法表达——以“中兴通讯事件”为切入点》,载《法律科学》2018 年第 6 期。

88. 李鄂贤:《法人刑事责任的本质转变与法人犯罪立法的未来改革》,载《法学杂志》2019 年第 5 期。

89. 李方政、张理恒:《不作为诈骗罪的认定》,载《人民法院报》2011 年 12 月 29 日,第 7 版。

90. 李凤梅:《教唆行为:共犯行为抑或实行行为》,载《法学杂志》2009 年第 1 期。

91. 李凤梅:《教唆行为实行性再论》,载《西部法学评论》2011 年第 6 期。

92. 李冠煜:《环境犯罪刑事政策论纲》,载赵秉志主编:《刑法论丛》第 36 卷,法律出版社 2013 年版。

93. 李冠煜:《客观归责论再批判与我国刑法过失论的完善》,载《法学家》2016 年第 2 期。

94. 李冠煜:《再论危险驾驶罪的客观方面——超前立法观、实质解释轮、类型思维法之运用》,载《北方法学》2014 年第 6 期。

95. 李世阳:《刑法中有瑕疵的同意之效力认定》,载《法律科学》2017 年第 1 期。

96. 李世阳:《正当防卫中法益侵害急迫性的存立根据与司法认定》,载《中外法学》2021 年第 1 期。

97. 李涛:《违法性认识的中国语境展开》,吉林大学 2010 年博士学位论文。

98. 李晓明:《"正当防卫"四十年:"于欢案"映射刑法第 20 条的修改》,载《河北法学》2020 年第 4 期。

99. 李昱:《被害人基于错误做出承诺的效力》,载《江西警察学院学报》2019 年第 3 期。

100. 梁根林:《但书、罪量与扒窃入罪》,载《法学研究》2013 年第 2 期。

101. 梁根林:《防卫过当不法判断的立场、标准与逻辑》,载《法学》2019 年第 2 期。

102. 梁根林:《责任主义原则及其例外》,载《清华法学》2009 年第 2 期。

103. 刘佳雁:《海峡两岸刑法中教唆犯理论之比较研讨》,载《台湾研究》1995 年第 2 期。

104. 刘明祥:《"被教唆的人没有犯被教唆的罪"之解释》,载《法学研究》2011 年第 1 期。

105. 刘明祥:《单一正犯视角下的身份犯的共犯问题》,载《政治与法律》2020 年第 11 期。

106. 刘明祥:《论中国特色的犯罪参与体系》,载《中国法学》2013 年第 6 期。

107. 刘斯凡:《单一正犯体系初论》,载《云南大学学报(法学版)》2009 年第 2 期。

108. 刘艳红:《犯罪构成体系平面化之批判》,载《法学研究》2011 年第 5 期。

109. 刘艳红:《客观归责理论:质疑与反思》,载《中外法学》2011 年第 6 期。

110. 刘艳红:《论正犯理论的客观实质化》,载《中国法学》2011 年第 4 期。

111. 刘艳红:《形式入罪实质出罪:无罪判决样本的刑事出罪机制研究》,载《政治与法律》2020 年第 8 期。

112. 刘跃挺:《论刑法过失犯罪框架中的医疗行为与注意义务》,载《河北法学》2016 年第 9 期。

113. 刘之雄:《违法性认识的刑法学理论异化与常识回归——基于解读犯罪故意实质内涵的分析》,载《法商研究》2019 年第 4 期。

114. 卢建平:《详解美国反海外贿赂法》,载《上海国资》2006 年第 4 期。

115. 卢勤忠:《论教唆罪的设立》,载《现代法学》1996 年第 6 期。

116. 陆诗忠:《"教唆犯从属性说"之批判——兼论相对意义上的"教唆犯独立性说"之提倡》,载《东方法学》2015 年第 3 期。

117. 吕英杰:《论客观归责与过失不法》,载《中国法学》2012 年第 5 期。

118. 骆群:《被害人的推定承诺与类推思维》,载《社会科学论坛》2019 年第 1 期。

119. 马克昌:《论教唆犯》,载《法律学习与研究》1987 年第 5 期。

120. 彭美英:《浅论刑法紧急避难利益衡量之法理基础》,载《法令月刊》2007 年第 9 期。

121. 彭文华:《论正当防卫限度的重大损害标准》,载《江汉论坛》2015 年第 7 期。

122. 钱叶六:《共犯处罚根据再思考》,载《环球法律评论》2021 年第 1 期。

123. 钱叶六:《双层区分制下正犯与共犯的区分》,载《法学研究》2012 年第 1 期。

124. 邵维国:《行政犯前置法认识错误问题研究》,载《法商研究》2020 年第 1 期。

125. 施君:《解读美国〈萨班斯法案〉404 条款及其立法启示》,载《扬州大学学报(人文社会科学版)》2009 年第 13 卷第 3 期。

126. 时延安:《合规计划实施与单位的刑事归责》,载《法学杂志》2019 年第 9 期。

127. 司明灯:《论我国刑法中教唆犯的性质》,载《法学与实践》1993 年第 4 期。

128. 苏俊雄:《从刑法因果关系学说到新客观归责理论之巡历》,载《法学家》1997 年第 3 期。

129. 孙国祥:《违法性认识错误的不可避免性及其认定》,载《中外法学》2016 年第 3 期。

130. 孙国祥:《刑事合规的刑法教义学思考》,载《东方法学》2020 年第 5 期。

131. 孙运梁:《从因果支配走向客观归责——不纯正不作为犯的归因与归责》,载《法学评论》2016 年第 2 期。

132. 谭彬:《中国刑法中教唆犯从属性说之否定》,载《太原理工大学学报(社会科学版)》2016 年第 2 期。

133. 谭堃:《单一制正犯体系之质疑》,载《法治研究》2013 年第 2 期。

134. 田宏杰、许成磊:《单位共同犯罪具体认定中若干问题探讨》,载《湖南省政法管理干部学院学报》2001 年第 5 期。

135. 童春荣、张凯:《体育竞技伤害行为的刑法规制——基于正当化事由的考察》,载《西安体育学院学报》2018 年第 1 期。

136. 童伟华、王献英:《正当防卫限度判断的路径修正与视角转换》,载《广西社会科学》2020 年第 6 期。

137. 万方:《企业合规刑事化的发展及启示》,载《中国刑事法杂志》2019 年第 2 期。

138. 王充:《犯罪构成理论与犯罪事实认定关系考察》,载《法律科学》2020 年第 1 期。

139. 王钢:《被害人承诺的体系定位》,载《比较法研究》2019 年第 4 期。

140. 王钢:《紧急避险中无辜第三人的容忍义务及其限度》,载《中外法学》2011 年第 3 期。

141. 王钢:《正当防卫的正当性依据及其限度》,载《中外法学》2018 年第 6 期。

142. 王皇玉:《法人刑事责任之研究》,载《辅仁法学》2013 年第 46 期。

143. 王俊:《法定犯时代下违法性认识的立场转换》,载《现代法学》2020 年第 6 期。

144. 王骏:《刑法中的正当化事由基本问题研究》,武汉大学 2012 年博士学位论文。

145. 王莉:《试论教唆犯的性质》,载《河北法学》2011 年第 11 期。

146. 王鹏飞:《教唆犯的极端从属性问题辨析》,载《海南大学学报(人文社会科学版)》2015 年第 1 期。

147. 王世洲:《"昆山案"中正当防卫的生死标准》,载《中国检察官》2018 年第 18 期。

148. 王太宁、王君伟:《我国共犯模式的合理选择》,载《昆明理工大学学报(社会科学版)》2011 年第 2 期。

149. 王莹:《先行行为作为义务之理论谱系归整及其界定》,载《中外法学》2013 年第 2 期。

150. 王莹:《中国刑法教义学:经验、反思与建构》,载《法学家》2020 年第 3 期。

151. 王昭武:《教唆犯从属性说之坚持与展开》,载《刑法论丛》2008 年第 11 期。

152. 王振华:《单一正犯体系的危机与突围:归责体系的构建——兼与何庆仁教授商榷》,载《法学家》2019 年第 3 期。

153. 王政勋、贾宇:《论正当防卫限度条件及防卫过当的主观罪过形式》,载《法律科学》1999 年第 2 期。

154. 王志远:《单一正犯体制初步》,载《昆明理工大学学报(社会科学版)》2009 年第 9 期。

155. 王志远:《在"公益"和"私权"之间:违法性认识问题再认识》,载《法学家》2015 年第 1 期。

156. 王志远、邹玉祥:《刑事合规视域下单位犯罪刑事治理的检视与完善》,载《甘肃社会科学》2020 年第 5 期。

157. 隗佳:《责任阻却性紧急避险的厘清与适用》,载《法学家》2020 年第 1 期。

158. 魏超:《论推定同意的正当化依据及范围——以"无知之幕"为切入点》,载《清华法学》2019 年第 2 期。

159. 闻志强:《明知、社会危害性认识与违法性认识》,载《北方法学》2019 年第 2 期。

160. 吴情树、闫铁恒:《对教唆犯的反思与定位》,载《政法论丛》1999 年第 6 期。

161. 吴思齐:《被害人承诺表示之反思——以行为无价值论为基础》,载《山西省政法管理干部学院学报》2016 年第 2 期。

162. 吴允锋:《正当防卫限度的判断规则》,载《政治与法律》2018 年第 6 期。

163. 伍柳村:《试论教唆犯的二重性》,载《法学研究》1982 年第 1 期。

164. 武宏志:《论霍姆斯的"逻辑"和"经验"》,载《政法论丛》2016 年第 6 期。

165. 肖敏:《被害人承诺探究——民权刑法视域中的利益衡量》,载《政治与法律》2007 年第 4 期。

166. 肖中华、朱璨:《论正当防卫中必要限度条件的激活》,载《法学杂志》2019 年第 4 期。

167. 邢娟:《论企业合规管理》,载《管理纵横》2010 年第 4 期。

168. 徐成:《防卫限度判断中的利益衡量》,载《法学研究》2019 年第 3 期。

169. 许佳:《试论英美法系法人犯罪的规则路径及其对我国的启示》,载《刑法论丛》2018 年第 1 期。

170. 姚诗:《不真正不作为犯的边界》,载《法学研究》2018 年第 4 期。

171. 姚万勤:《论教唆自杀可罚性对共犯理论的动摇》,载《中国刑事法杂志》2012 年第 4 期。

172. 尹子文:《防卫过当的实务认定与反思——基于 722 份刑事判决的分析》,载《现代法学》2018 年第 1 期。

173. 许成磊等:《再论教唆他人自害行为的定性》,载《湖南省政法管理干部学院学报》2000 年第 6 期。

174. 余淦才:《试论教唆犯的刑事责任》,载《安徽大学学报》1983 年第 2 期。

175. 袁国何:《刑法中组织支配理论的逻辑及其反思》,载《法学家》2020 年第 6 期。

176. 臧冬斌:《刑法保障机能与保护机能的立法调整和司法实现》,载《法学家》2002 年第 3 期。

177. 张宝:《防卫限度司法认定的困境与出路》,载《法学杂志》2016 年第 10 期。

178. 张克文:《法人本质与法人刑事责任》,载《刑法论丛》2009 年第 4 卷。

179. 张丽卿:《客观归责理论对台湾地区实务判断因果关系的影响》,载《北方法学》2009 年第 5 期。

180. 张明楷:《不作为犯中的先前行为》,载《法学研究》2011 年第 6 期。

181. 张明楷:《犯罪构成理论的课题》,载《环球法律评论》2003 年第 3 期。

182. 张明楷:《防卫过当:判断标准与类型》,载《法学》2019 年第 1 期。

183. 张明楷:《构建犯罪论体系的方法论》,载《中外法学》2010 年第 1 期。

184. 张明楷:《关于教唆犯的几个问题》,载《青年法学》1985 年第 1 期。

185. 张明楷:《教唆犯不是共犯人中的独立种类》,载《法学研究》1986年第3期。

186. 张明楷:《论过失犯的构造》,载《比较法研究》2020年第5期。

187. 张明楷:《论教唆犯的性质》,载《刑事法评论》2007年第2期。

188. 张明楷:《论实质的法益概念——对法益概念的立法批判机能的肯定》,载《法学家》2021年第1期。

189. 张明楷:《刑法学研究的五个关系》,载《法学》2014年第6期。

190. 张明楷:《行为功利主义违法观》,载《中国法学》2011年第5期。

191. 张明楷:《也谈客观归责理论——兼与周光权、刘艳红教授商榷》,载《中外法学》2013年第2期。

192. 张明楷:《责任论的基本问题》,载《比较法研究》2018年第3期。

193. 张小宁:《论基于保证人地位的作为义务——关于保证人说的缘起与现状》,载《山东警察学院学报》2009年第4期。

194. 赵秉志:《改革开放40年我国刑法立法的发展及其完善》,载《法学评论》2019年第2期。

195. 赵秉志、魏杰:《论教唆犯的未遂》,载《法学家》1999年第3期。

196. 赵军:《正当防卫法律规则司法重构的经验研究》,载《法学研究》2019年第4期。

197. 赵天琦:《"刑事一体化"视野下违法性认识的司法接纳》,载《四川师范大学学报(社会科学版)》2020年第6期。

198. 赵渊:《英国刑法中公司过失杀人刑事责任之发展与改革》,载《刑法论丛》2008年第1期。

199. 赵运锋:《违法认识可能性理论的检讨与反思》,载《东方法学》2020年第6期。

200. 郑祖星:《论单位犯罪的处罚模式——以"单位刑事责任双层论"为视角》,载《华中科技大学学报(社会科学版)》2018年第6期。

201. 周光权:《"被教唆的人没有犯被教唆的罪"之理解——兼与刘明祥教授商榷》,载《法学研究》2013年第4期。

202. 周光权:《犯罪构成四要件说的缺陷:实务考察》,载《现代法学》2009年第6期。

203. 周光权:《价值判断与中国刑法学知识转型》,载《中国社会科学》2013年第4期。

204. 周光权:《客观归责理论的方法论意义——兼与刘艳红教授商榷》,载《中外法学》2012年第2期。

205. 周光权:《客观归责与过失犯论》,载《政治与法律》2014 年第 5 期。

206. 周光权:《论持续侵害与正当防卫的关系》,载《法学》2017 年第 4 期。

207. 周光权:《论中国刑法教义学研究自主性的提升》,载《政治与法律》2019 年第 8 期。

208. 周光权:《违法性认识不是故意的要素》,载《中国法学》2006 年第 1 期。

209. 周光权:《现代刑法的理念与方法》,载《法治研究》2020 年第 6 期。

210. 周光权:《行为无价值论与客观归责理论》,载《清华法学》2015 年第 1 期。

211. 周光权:《正当防卫的司法异化与纠偏思路》,载《法学评论》2017 年第 5 期。

212. 周维明:《雅各布斯的客观归责理论研究》,载《环球法律评论》2015 年第 1 期。

213. 周详:《规则功利主义违法观之提倡》,载《清华法学》2013 年第 1 期。

214. 周啸天:《行为、结果无价值论哲学根基正本清源》,载《政治与法律》2015 年第 1 期。

215. 周振杰:《企业适法计划与企业犯罪预防》,载《法治研究》2012 年第 4 期。

216. 朱道华:《教唆犯二重性说的逻辑困境及其反思》,载《法律科学》2012 年第 6 期。

217. 朱道华:《教唆犯二重性说之否定》,载《法学杂志》2010 年第 10 期。

218. 邹兵建:《正当防卫中"明显超过必要限度"的法教义学研究》,载《法学》2018 年第 11 期。

219. 邹玉祥:《单位犯罪的困境与出路——单位固有责任论之提倡》,载《北京社会科学》2019 年第 9 期。

四、外文类

1. Claus Roxin, *Strafrecht Allgemeiner Teil Band I*, Verlag C. H. Beck, 2006.

2. Hans-Heinrich Jescheck, *Thomas Weigend*: *Lehrbuch des Strafrechts*

Allgemeiner Teil, Drucker & Humblot, 1996.

3. Matthew Lippman, *Contemporary Criminal Law: Concepts, Cases, and Controversies*, second edition, SAGE Publications, Inc. , 2010.

4. Clarkson & Keating, *Criminal Law*, Text and Materials, Sweet & Mawell, 1990.

5. Urs Kindhäuser, *Strafrecht Allgemeiner Teil*, 7. Aufl. , Baden – Baden: Nomos, 2015.

6. Rudolf Rengier, *Strafrecht Allgemeiner Teil*, 8. Aufl. , München: C. H. Beck, 2016.

7. Joshua Dressler, *Understanding Criminal Law*, fifth edition, LexisNexis Matthew Bender, 2009.

8. Franz von Liszt, *Lehrbuch des Deutschen Strafrechts*, 10 Aufl. , Berlin, De Gruyter, 1900.

9. Friedrich Geerds, *Einwilligung und Einverständnis des Verletzten im Strafgesetzentwurf*, ZStW 72 ,1960.

10. Hirsch, *Soziale Adäquanz und Unrechtslehre*, ZStW 74 ,1962.

11. Hans-Heinrich Jescheck und Thomas Weigend, *Lehrbuch des Strafrechts Allgemeiner Teil*, 5. Aufl. , Berlin, Drucker & Humblot, 1996.

12. Günter Stratenwerth und Lothar Kuhlen, *Strafrecht Allgemeiner Teil*, Die straftat, München, Verlag Franz Vahlen, 2011.

13. Wessels/Beulke/Satzger, *Strafrecht Allgemeiner Teil*, 47. Aufl, Bonn, C. F. Müller, 2017.

14. Jescheck H H, Weigend T Lehrbuch des Strafrechts Allgemeiner Teil Drucker & Humblot, 1996.

15. Liszt, Deutsche Reichsstrafrecht, 1881.

16. Engisch, Untersuchung über Vorsatz und Fahrlässigkeit im Strafrecht, 1930.

17. Welzel, Das deutsche Strafrecht, 11. Aufl, 1969.

18. Wessels/Beulke, Strafrecht AT, 36. Aufl, 2006.

19. Michael Jefferson, *Criminal Law. 5th ed.* , Beijing, Law Press, 2003.

20. Gallas Täterschaft und Teilnahme, Materialien, Ⅰ ,1954.

21. Wessels/Beulke: Strafrecht Allgemeiner Teil, Die Straftat und ihr Aufbau, C. F. Müller, 2010.

后　记

本书是我主持的2016年度国家社科基金后期资助项目《犯罪论争议问题研究》(16FFX012)的结项成果。尽管该项目申报于2016年,但相关研究实际上自2010年就已着手。我先后主持了2010年度华中科技大学第四批"教学质量工程"精品教材基金项目"外国刑法学"、2011年度华中科技大学自主创新研究基金(人文社科)资助项目"犯罪论体系比较研究"(2011WC043)、湖北省2012年度社会科学基金项目"三阶层犯罪论体系研究"(2012025),这些项目不约而同地指向刑法学特别是犯罪论的基本问题,而犯罪论的基本问题又面临诸多争议,于是我联合有关高校的老师,带领我指导的博士生和硕士生组成项目组①,对犯罪论的争议问题展开研究,形成了初步研究成果《行为无价值二元论视域下犯罪论争议问题研究》,并得到中央高校基本科研业务费的资助(2016AE009),随后以此成果为基础成功申报了2016年度国家社科基金后期资助项目。

由于后期资助项目是根据已有的成果进行申报,随着时间的推移,原来的前沿问题已不再新颖,且有的成果已经公开发表,故已谈不上创新性和前瞻性。加之本人的认识也在不断深化,有些观点亦有修正,甚至认为辨析的若干观点本无对错,研究成果仅是过眼云烟,不具有绝对真理性和永恒性。所谓的研究成果即是文字相,着相便是错,故圣人行不言之教,上善之道乃无语,著书立说便是多余。但考虑到项目组成员付出的心血亦应留痕,项目的结项尚需出版,故勉为其难删改定稿。首先按照出版社关于出版字数的要求删繁就简,删除《抽象危险犯》《严格责任的理论与实践》《不能犯的理论与适用》《犯罪中止的自动性》《中立的帮助行为》《共犯关系的脱离》以及《牵连犯的争议问题》;随后根据出版社提供的最新出版规范,对剩下的内容逐一进行勘校。具体分工如下:贾济东:第一章、第二章、第三章、第十四章;孙楠、谈绪军:第四章;李冠煜、胡扬:第五章、第十二章;杨源峰、雷志春:第六章;谈绪军:第七章;王晓艳、雷志春:第八章;付洁、谈

① 先后参加本项目的人员有:李冠煜、张娟、雷志春、谈绪军、孙楠、王晓艳、付洁、袁娜、杨源峰、王靖宇、王晨笛、楼烈伟、严翠、陈勇、范津、万鹏、徐瑜、李琴、黄子耘、邹莹莹、吕晚霞、潘杏琼、刘春阳、王颖、毛丝雨、陈梦娟、孟然、许莹、蒲小惠、秦天、马武星、何兰馨、胡扬、赵学敏、罗亚飞、柳焕春、岳艾洁、李荣、李婉莹、林震、潘倩、周凌子、徐广平、陈宛莹等。

绪军:第九章;王靖宇、雷志春:第十章;赵学敏、胡扬:第十一章;张娟、雷志春:第十三章;岳艾洁、李荣、李婉莹、林震、潘倩、周凌子、徐广平:参考文献。项目组成员任劳任怨,无私奉献,令人感动!特向因删除、校对以及完善诸事项而付出智慧和劳动的项目组同仁致歉并致谢!

本项目的结项和出版历经风雨,实属不易。2018年我因工作调动导致项目管理单位变更,随后又逢突如其来的新冠肺炎疫情,致使项目的结项出版等工作一度陷于停顿,幸好在全国哲学社会科学规划办公室、北京师范大学、华中科技大学和法律出版社的共同努力下,本项目终于迎来圆满结局。在此,谨向全国哲学社会科学规划办公室的老师、项目鉴定评审专家、北京师范大学科研院、法学院暨刑事法律科学研究院、二十国集团反腐败追逃追赃研究中心、华中科技大学文科处、法学院以及法律出版社韩满春老师致以诚挚的谢意!

如果说本项目的成果于研究于实践有一丝一毫的助益,皆应归功于项目组同仁的集体智慧和无私付出;若有缺漏乃至错讹,都是因为本人水平所限,我自当全力承担。寒潭鹤影,雁过无痕。无痕并非虚无,而是以"有"作为前提的;正因为存在"有"的不足,才成就了"无"的境界;有无俱忘,才能激发无限的潜能。正是有本项目研究上的不足,才有后续探讨的潜质,才有发展完善的可能性。我们将以此为契机,迎着目标,奋力前行。

贾济东

2021年3月于北京师范大学